敬贈

惠存

晨早當思謀生計

閑時應讀道德經

陳霖生

年

月

日

敬贈

陳霖生

U0130458

陳子論政

劉成湘

陳霖生編著

陳子論政

誰曾說「人創造鬼神」?

道德經說「道可道,非常道;名可名,非常名。無名天地之始,有名萬物之母」。道德經第一章就肯定:人創造鬼神。加上第六十章再說:其鬼不神,非其鬼不神,其神不傷人。更說明人創造鬼神是不容否定的真理。如果尚有人說神創造人,此人肯定是個"非常人"即蠢人。

全人類歷史開章以來,唯有中國人老子《道德經》闡悉「道法自然」,數天下科學家、哲學家、政治家、宗教家誰曾提出「人創造鬼神」?並無一人,唯圖文八卦,易經,和道德經!可說唯有中國人知道而敢說人創造鬼神。

陳子於 1999 年提出「人創造鬼神」,指出觀點來自全人類天書《道德經》。

敢問天下能洞悉道德經者曾有幾人?道德經核心思想是,唯德唯能,其功能是無為而無不為。有誰能知此真理嗎?

道是能量統稱,分由「人之道」和「天之道」兩者組成。所以道德經是人類唯一科學天書。

鄧小平先生超歷史的貓論概述道德經核心思想是唯德唯能,是唯一能洞悉道德經者;改革開放是先生洞悉無為而無不為;習近平先生天才發揮,而提一帶一路,和世界共同體,而實現世界大同。此兩者是時代兩大中國聖人。古人說,聖人出黃河清,陳子說聖人出世界必太平。

「人創造鬼神」是全人類宗教唯一最完美共同出路,最無

逃避，唯有如此才最恰當和最可求取統一的觀點。"普天之下莫非王土"，這句話，實質是説人（王）創造鬼神。唯有人創造鬼神，可促使世界宗教走向統一。宗教統一，為人類世界共同體，而邁向世界大同。世界共識人創造鬼神，可促使人類加速世界共同體，而邁向世界大同。人類社會經濟、政治、宗教，從此三位一體，而由科學天書道德經哲學督導，而人類永恆繁盛強大而和平共一世界大同。

鄧小平先生改革開放，韜光養晦，實踐檢驗真理唯一標準，唯能唯德貓論；尤其是一國兩制為習近平聖人天才發揮，而為世界共同體，一帶一路，由中國起點邁向全人類。全人類共邁永遠幸福與和平。

人類文明由中國拓展，人創造鬼神亦由道德經啟始。世界宗教共同體亦由中國啟導。

宗教鬼神人創造　神仙本性愛和平
中華德報環球讚　道德為宗世界寧

然而，人類毋忘，社會發展、完善進步必須永恆要以道德經為督導天書。

道德經是全人類無為而無不為的永恆共同天書，永恆解決全人類任何困難。

序

道德為宗永治本　推崇馬列掃門庭

一本書寫好了，倘若有名人能賜序，身價飆升百倍。據聞曾有人得名人賜序，書的內容不見卓越却因而洛陽紙貴，名噪一時。序是多麼重要！

陳子寫了多本書，總是自己寫序，因有自知之明：

若盼名人肯賜序　除非已是有名人

自我努力，唯一是望。簷前石心堅事必成。

但在百無聊賴中，却記起一個老朋友伍類斯曾賜贈的一語：「**蠶蟲吐絲，却預想不到竟吐出一條世界絲綢之路！**」

這是最樸素最令人發笑的好賜序。不是嗎？

陳子用名，將出版一系列書籍：

《陳子論道》、《陳子論政》、《陳子論宗教》、《陳子論報應》等書籍。前三本已寫好初稿，先將《陳子論道》出版，跟著《陳子論政》出版。

這總算為《陳子論道》再版和《陳子論政》找到一則濫竽充數的序。請知情者不要見笑為盼。但名人的序，永遠是陳子渴時的水，永遠誠懇在等待。

序無所謂有或無，時代對內容接受才是最完美，猶較名人好序！

《陳子論政》今天面世，敬請專家政要名人批評指導。

陳子世界吟
儒家文化開天地　　災難皆由它帶來
道德永恆救世界　　道宗儒輔世無災

世界道學社長
陳霖生自序
2021 年 5 月 25 日（農曆四月十四日）

自序

少年早立炎黃志　灑血拋頭國難捐

願中國人緊記：晨早當思謀生計，閑時應讀《道德經》。

中華文化，像個巧奪天工的園林，應有盡有，琳瑯滿目；心性善良者，踏了進去，則留連忘返，享盡怡情；但心術不正者，走了進去，則嫉妒如焚，恨不得一把火全部燒掉，或掠奪回家、據為己有，火燒圓明園是最好的例證；如果把西方他們罪證細列出來，罄竹難書。西方政客是邪惡的勢力代表，永遠邪惡仇恨中國秦始皇、漢朝、唐朝保衛和發展中華文化的偉大行為。中國文化恩及整個世界文明發展，但西方知恩圖報者曾有何人？

老子和孔子是園林中的兩棵巨大的喬木，茂密參天；一年四季，無分春夏秋冬，總是綠葉蒼蒼和落英繽紛；在整個宇宙中飄舞蹁躚，呼喚全人類醒覺而跳出仇殺侵略的沉淪，共同創建幸福與和平，共邁世界大同。追求全人類唯一理想政制。

《道德經》像個強力思想大磁場。陳子大概十年前，得侯寶垣、羅智光、張中定、麥炳基四位長者引導，更深刻接觸了它；在他們日常閒談中，感情更受到他們俘虜，更堅志願効犬馬之勞，而寫了：**「但願誠心寫道德，何須著意做神仙」**以表永恆之志。

《〈道德經〉的實用價值》此書，**分由哲學、政治、經濟、宗教及其他等五個內容組成**，現先出版哲學部分。其內容

涉及很多參考書，舉不勝舉、列不勝列，唯好恭敬衷誠説一聲，多謝曾接觸海內外學者，您們都是作者的老師，為中華民族強盛，為《道德經》普及世界願永遠結伴同行。

為了將《道德經》的哲學思想向廣眾推介，使用了較為淺白的語句，句式亦較為平板；希望能使大家讀懂、將它接受。

《道德經》是世界上最偉大的哲學經典。作者對它的理解，那怕費盡九牛二虎之力，見解亦僅是滄海一粟。在此一粟之見中，相信亦有不少謬誤；惟有等待眾見的評淘，看尚有多少金砂微粒的剩存，它確實能以指導日常生活和事業，聊表寸草心。

中華民族雖然在短暫的道治年代中，積聚了輝煌璀璨的歷史；但其流離顛沛的歲月十居其九，尤其是在近兩百年中，受盡蹂躪和欺凌。為什麼歷史會如此安排？令人無限悲痛和沉思。從無數《道德經》版本的複雜性，可推測能懂《道德經》者，相信其入群中，未見其人。只有白貓黑貓者和一帶一路及社會共同體提倡者，是真懂《道德經》。寄寓聖代得以認識、支持、發揮、貢獻，而中國永恆強盛無衰。

中華民族衰落的原因，本書從新的角度進行探討，作了長篇幅的論述；但其總的中心思想是圍繞此一金科玉律：

順其道者，萬變而愈盛；逆其道者，萬變而愈衰。

無論那一個朝代、那一個時期、那一個政黨、那一個個人，曾令某人家破人亡，其痛恨和報復的感情，誰也擺脱不了；不過，倘能冷靜觀察，很易找到冷血恐怖的行為，原因來自統治者或個人欠缺對老子《道德經》的認識、掌握和宣傳所造成；即所謂統治者"無道不仁"，將百姓、萬物淪為芻狗！豈不痛

心耶？

是以，去仇恨某一個政黨和時代、去啖某個個人的肉，真的有用嗎？這種行為只能作為受害者一時心理滿足，根本對中華民族無補於事；且看，類似的災難不是仍然周而復始、永無止終嗎？新舊殖民主義者同是一樣，趁着中國人這種感情的矛盾，進行愚弄、挑撥、離間，使中國人鬧內鬨、內亂、對峙，達到其徹底破壞中國經濟與政治的目的；對西方政客全是居心叵測的侵略者，切莫盡信他們！

民主、自由、人權，永遠是經濟的兒子，不同的社會經濟狀況，其民主、自由、人權也就不同。外國人將民主、自由、人權去引離和強迫中國人入彀，實質是居心叵測的。不過，中國領導者應當在埋頭搞好經濟的同時，要時刻關注民主、自由、人權，循序漸進地跟上經濟，取得平衡；在百姓方面，只適宜通過和平、建議去爭取，切勿採取激烈的手段去進行。不然，會導致缺乏經驗而促使根基幼嫩的政治方針大亂，而經濟計劃亦遭受破壞；國外的新殖民主義者正眈眈垂涎等待這樣的日子到來，乘虛而入，製造大混亂和大災難，強盛的願望頓成夢幻與泡影。西方永抱豺狼的眈望，永遠統治和奴役中華。

國家上下認真要冷靜忍耐，切勿輕舉妄動。中國亂不得！西方渴望中國如此日子到來！

老子早已經洞悉人性之貪，是永遠利用不完的破壞力量；面對此一問題，舉國都要認真檢討，克制自己、潔身自愛、棄貪倡廉，立心為民族貢獻力量，家家多生孝順兒孫。尤其是香港一國兩制漸為全人類共識，是全人類社會主義特色典範政制，促使西方政制加速衰亡、促使西方共幻想力反華。鄧小平

先生為時代提出偉大驚人觀點：藉西方資本主義衰亡中，建立中國特色社會主義。改革開放是永恆國策。

《道德經》是天下唯一天書，能洞悉者，唯有老子第一人；承接者是鄧小平先生，繼承而發展者是習近平先生，其後普及全中國人民，繼而散播全人類，促使全人類共邁世界大同。《道德經》是全人類第一本天書，永恆指導全人類！

「道可道。非常道」──《道德經》第一章開頭兩句，可翻搜千卷萬冊，相信找不到恰當與貼切的解釋。二千六百年前的中國人老子，已知「道」的兩面性：一是普通性，二是特殊性。「道可道」，是指能言傳全述的道，是整個普通的道；「非常道」，是指特殊永恆而演變的道。「道」是能量統稱，能量分為自然能量和社會能量：自然能量是無思維的自然能量；社會能量以有思維能量為主導，以人類為代表。「道可道」是思維可及的範疇；「非常道」是指以自然能量為基礎，以思維主導而發展的結果。兩句全意：語言直達的「道」，並非永恆演進宇宙的常道；「道」是能量統稱，由社會能量和自然能量組成。《道德經》永恆是全人類生存天書，因此拓展人類文明是中國人，本着以德報怨的道德觀啟導人類邁向大同。中國人要世代相接，以置股掌之間的天書──《道德經》指導人類大同。中國習聖人指出，前後要建設兩百年！「道主儒輔」是全面完整繼承中華文化，永葆中華富強無衰。

陪同侯寶垣觀長回內地建設道觀，接觸無數願獻力中國民族宗教道教的黨員幹部，廣東省博羅縣林啓明先生，願以鞠躬盡瘁精神投身協助重建羅浮山黃龍觀，令人無限興奮中國的將來；切戒一股作氣！而要熱愛國家民族永恆！

侯寶垣觀長辦道的精神和經歷，是道教近半世紀來發展珍貴的縮影。他今年八十高壽，謹以此書之出版作為賀禮，恭祝他遐齡儼若泰山，長生久視東海與朝陽。

希望大家認真讀完這部書。如果發覺有害，應投入垃圾桶；如果有益中華和人類，那就本着積福勝過積財的精神，集資去自行出版此書，贈遍中華。如有此好意者，請致函本社共商作決定，豈怕西方的流行性感冒傳進中華！總之，共愛中華，共建中華，共護中華，中華萬世強盛不衰！

謹以此為序，誠待如蝗批評賜教的箭飛來，是幸是福，雀躍歡迎。

廣結善緣宣道德　安居樂業話昇平

作為一個中國《道德經》研究者，應當然義無反顧、責無旁貸、全情投入，付出終生推敲和咀嚼《道德經》真諦：

《陳子論政》出版面世，敬請廣眾、專家、政治家指導和批評。

但願誠心寫道德　何須著意做神仙

一九九三年八月十六日　定稿
一九九三年十月九日　初版
二〇一八年（戊戌）夏曆三月二十三日　再版

作者簡介

　　陳霖生（陳子）是義門第四十傳裔孫，客家人。原籍中國福建，數百年前，祖先輾轉南下至廣東、五華，後在香港新界打鼓嶺坪洋村定居，成為早期的香港原居民，見證了香港的建設及成長。

　　陳子自幼對哲學就有濃厚的興趣，在求學時期，陳子已認識到國家的衰落，因此積極鑽研救國之策。在香港的香島中學完成中學課程後，決心回國攻讀大學，當時雖不獲經營藥材生意的父親同意，但憑著一腔愛國熱誠，終於說服父親，回到湖南師範大學進修。

　　學成後，回港隨父經營藥材生意，後移民英國開設餐館；七十年代捲土重來承接父業，八十年代開始則從事股票及地產買賣。事業的發展並沒有影響他對國事的關心，在餘閒之時亦不忘研究經國濟世之策。

　　直至一九八六年，在偶然的機會下，在粉嶺蓬瀛仙館讓他看到了《道德經》所載：「道可道。非常道。名可名。非常名。」他驚詫地說：「啊！這是一本了不起的書。」相逢恨晚，於是埋首鑽研《道德經》相信直至永年，發覺「道」原來就在身邊，不知不覺地融入我們的生活中，例如：他的父親常常提到《稱骨歌》的一句歌訣：「一生若能勤與儉，老來可得免憂愁」，便是《道德經》中所載「知足者富」的道理。他的父親不知內裏，只知奉行此訣，這是否意味著「道」是無處不在呢？繼續的發掘，愈發現經中所謂的「道」，其實是一

種能量，而道家哲學思想所提倡的「二合為一」，其實是萬事萬物發展和存在的動力與形式，根據作者多年來的研究心得，認為我們只要掌握它和善用它，無論個人或國家便可以跳出所有災難的漩渦，開開心心做個快活人，和國泰民安。同時也可以改善世界政治秩序。與此同時，陳子從《道德經》中獲得最大的收穫，就是發現了他日夕追求的治國和救國之道，因此將心得著書立說，公諸於世，冀盼有更多人真正明瞭《道德經》的實用價值，更希望可以培育下一代對國家、民族的建設。雖然，這個理想未必可以即時實現，不過正如陳子所言：「但願誠心寫道德，何須著意做神仙。」道德傳中國，人間無妄凶。這是何其通達之言！

　　陳子《道德經》系列：《陳子論道》、《陳子論政》、《陳子論宗教》、《陳子論報應》等，共四本系列書，相繼出版。

　　《陳子論政》今天出版面世，敬請中國、世界學者賜教，大膽批評為荷！

　　陳子誠懇永是讀者學生。

　　　　道德為宗永治本　　中華強盛遠傳揚
　　　　普天共讚神州好　　世界從今少災殃

天地為我而生，我為天地而死！聊表為人寸心。

晨早當思謀生計
閒時應讀道德經

世界道學社長　陳霖生　撰

二〇〇六年三月十四日
丙戌年二月十五日

中國恆強有兩平
前通富裕後斷貧
尊崇道德無倫比
從此江山鐵鑄金

世界道學社長　陳霖生　撰

二〇二〇年七月廿七日

永恆紀念周恩來總理

恩來為政如純金
領袖永尊不變心
盡悴清廉灰散海
神州長記淚滿襟

世界道學社長陳霖生撰

二〇二〇年三月二日

世界齊歌中國強

資本衰亡失彩光
跟隨亦是運難常
應知興盛神州好
世界齊歌中國強

世界道學社長陳霖生撰

二〇一九年九月一日

無怨和諧德報揚

唯德唯能黑白貓
推崇養晦獲韜光
長贏強盛永恆日
無怨和諧德報揚

世界道學 社長 陳霖生 撰

二〇一九年八月卅日

世間政績任君裁
——道德經人類天書

群書博覽稱完士
道德無知亦蠢才
老子經言全洞悉
世間政績任君裁

世界道學社長　陳霖生　撰

二〇二〇年二月十三日

永恆共產該無疑

宋明理學開西體
朱哲思維馬克思
響應宣言華國立
永恆共產該無疑

世界道學社長陳霖生撰
二〇一九年八月卅日

目　錄

陳子論政　　　　　　　　　　　　　　　　　　　4

序　　　　　　　　　　　　　　　　　　　　　　6

自序　　　　　　　　　　　　　　　　　　　　　8

作者簡介　　　　　　　　　　　　　　　　　　13

對聯　　　　　　　　　　　　　　　　　　　　15

改名《只有〈道德經〉能夠救世界》序　　　　38

自序 ── 只有《道德經》能夠救中國（原序）　40

第一章　概述人類的起源和發展　　　　　　45

　　　緒論　　　　　　　　　　　　　　　　46

　　　第一節　概述對人類起源的一般觀點　　49

（一）人類來自上帝的創造　　　　　　　　　51

　　1.上帝的歷史性　　　　　　　　　　　　52

　　2.對外來文化的應有態度　　　　　　　　54

　　3.上帝怎麼造人　　　　　　　　　　　　56

　　　（1）第一部新舊約全書中譯本出版帶給　54
　　　　　中華民族的大災難

　　　（2）上帝怎樣造人　　　　　　　　　　59

　　4.為甚麼要宣傳迷信和荒謬的造人理論　　66

（二）勞動創造人類　　　　　　　　　　　　68

（三）西方有人説人類起源非洲　　　　　　　72

　　1.其錯誤的思想根源　　　　　　　　　　72

2. 西方説人類起源非洲　　　　　　　　　　　　73

第二節　《道德經》對人類進化的論述　　　　77

（一）宇宙如何初開　　　　　　　　　　　　　77

　　1. 道存宇宙無始無終　　　　　　　　　　78

　　2. 道創造宇宙　　　　　　　　　　　　　79

　　3. 宇宙生命的來源　　　　　　　　　　　81

　　4. 現代世界科學家對生命起源的研究　　　83

（二）世界人類的開始和由來　　　　　　　　　84

　　1. 喜瑪拉雅山是人類進化的搖籃　　　　　86

　　2. 人類由喜瑪拉雅山散佈全世界　　　　　87

（三）中華的遠古史　　　　　　　　　　　　　91

　　1. 揭開中國黃土高坡的謎　　　　　　　　92

　　2. 岩畫的啟示　　　　　　　　　　　　　94

　　3. 黃帝由傳説轉變為真　　　　　　　　　96

　　4. 印第安人是中國商朝的子民　　　　　　98

（四）殷商臣民如何登上新大陸　　　　　　　101

第三節　《道德經》的歷史觀　　　　　　　103

（一）劃分人類歷史的傳統觀點　　　　　　　107

（二）用《道德經》的觀點去劃分世界歷史時期　110

　　1. 進化和發展時期　　　　　　　　　　112

　　2. 漁獵時期　　　　　　　　　　　　　112

　　3. 農牧時期　　　　　　　　　　　　　113

　　4. 農工業生產時期　　　　　　　　　　113

5. 工業生產時期　　　　　　　　　113

6. 世界經濟融通和交流時期　　　　115

第二章　《道德經》的完整政治思想體系　118
引論　　　　　　　　　　　　　　118

第一節　《道德經》的政治觀　　122
（一）《道德經》的政治概念　　　　122
（二）《道德經》的科學宇宙觀　　　124
1. 道的自然性　　　　　　　　　125
2. 道的社會性　　　　　　　　　126
3. 道是政治的核心思想　　　　　127
（三）《道德經》的政治思維方法　　130
1. 微觀的政治思想　　　　　　　130
2. 宏觀的政治思想　　　　　　　131
3. 微觀和宏觀的辯證關係　　　　132
（四）二合為一的科學政治觀　　　134
1. 二合為一永遠是事物存在的本體　135
2. 二合為一的社會意義　　　　　136
（五）事物的絕對性、相對性和兩者的辯證關係　139
1. 事物的絕對性　　　　　　　　140
2. 事物的相對性　　　　　　　　143
3. 事物的辯證關係　　　　　　　144
（六）任何事物先質變而到量變　　146
1. 事物的質變　　　　　　　　　150

2. 事物的量變 153

3. 質變和量變的關係及其現實意義 154

（七）人的價值觀 156

1. 人的主管地位 158

2. 人的價值觀 161

（八）《道德經》的政治實踐論 166

1. 政治理論的永恆性 168

2. 政治理論的階段性 170

3. 檢查政治理論實踐性和原則 172

（1）為理論實踐的歷史性 174

（2）為理論實踐的科學性 176

（3）為理論實踐的生活性 178

（4）為理論實踐的包容性 180

第二節　《道德經》論政治家的修養 181

（一）《道德經》的人性論 181

1. 人的本性 182

2. 人性改造的必要性 184

3. 人性改造的可能性 186

（1）改造可能性的科學根據 188

（2）改造人性的方法和途徑 189

（3）人性改造的經常性 190

（二）道家政治家的修養 191

1. 修身 192

2. 尊道貴德 194

3. 絕學無憂　197

4. 絕聖棄智　198

5. 聖人永遠無為而無不為為百姓立心　201

6. 恆持道家三寶　203

（三）《道德經》論述道治的王國　206

1. 小國寡民的內容　208

2. 維持高科技經濟生產　212

3. 保持先進社會設施和精良軍備　216

4. 堅持社會公民教育　218

5. 經常留意並檢查小國寡民的實踐效益和　222
意義

6. 宣揚推行人創造鬼神的宗教改革政策　225

（1）宗教的原始共性　226

（2）宗教的種類　226

（3）人創造鬼神觀的道家是人類唯一科　227
學思想

（4）宗教必須改革的原因　228

（5）宗教改革的唯一方法　229

（6）宗教統一成功改革貢獻　229

7. 新時代道家思想的新發展　230

第三章　運用《道德經》觀點去看中國歷史問題　234

第一節　中華民族的盛衰　236

（一）中華民族的正統思想　236

1. 老子思想是諸子百家萬變之宗　236

2. 諸子百家出現的源由　　238

3. 評價諸子百家　　239

　　（1）墨翟（公元前 480-420)　　240

　　（2）楊朱（公元前 395-335)　　243

　　（3）莊子（公元前 369-286)　　245

　　（4）稷下黃老之學　　249

　　　　（甲）宋鈃和尹文　　252

　　　　（乙）慎到　　253

　　　　（丙）鄒衍　　253

　　　　（丁）法家和兵家　　254

　　　　（戊）稷下名家兒說、田巴、公孫龍　　255

　　（5）儒家諸子　　256

　　　　（甲）孔子（公元前 551-479)　　256

　　　　　　(A) 孔子思想時代背景　　257

　　　　　　(B) 見利思義　　258

　　　　　　(C)「忠」、「孝」思想　　259

　　　　　　(D) 中庸之道　　261

　　　　　　(E) 女子與小人　　262

　　　　　　(F) 教育思想　　264

　　　　（乙）孟子（公元前 390-305)　　266

　　　　　　(A) 仁政的思想　　266

　　　　　　(B) 善端的思想　　268

　　　　（丙）對孔孟儒家的評價　　269

（二）中華民族的盛衰原因　　270

　1. 諸子百家思想對中華文化的壞影響　　272

2. 封建制度和思想使中華民族衰落 274

3. 佛教輸入使中華民族加倍走向衰落 278

　（1）簡介佛教在印度興起 280

　（2）佛教思想概述 282

　（3）東漢明帝迎入印度佛教 288

　（4）佛教發展的全盛時期 292

4. 落後民族思想的干擾 298

5. 西方基督文化的侵略和干擾 301

　（1）明朝西方殖民主義宗教輸入 303

　（2）清初西方殖民主義宗教 306

　（3）新殖民主義主宰宗教來華進行新殖民 310

　（4）拜上帝會的太平天國起義和失敗 314

　（5）辛亥革命後的基督文化干擾 317

（三）如何面對使中華民族衰落的五大原因 323

1. 諸子百家使中華民族落後第一個原因 327

2. 諸子百家使中華民族落後第二個原因 327

3. 諸子百家使中華民族落後第三個原因 327

　（甲）是尊重和宣揚中華民族發展的正確 329
　　　　歷史性

　（乙）是科學性 330

　（丙）是生活性 332

　（丁）發展民族的包容性 332

4. 諸子百家使中華民族落後第四個原因 333

5. 諸子百家使中華民族落後第五個原因 334

第二節　試從《道德經》觀點看某些歷史問題　337

（一）對平均主義的評價　339

　　1. 平均主義的自然性和社會性　339

　　2. 平均主義與西方社會　341

　　3. 平均主義與中國社會　344

（二）對剝削理論的闡釋　349

　　1. 剝削一詞的概念　350

　　2. 剝削的社會性　352

（三）從道家觀點看革命　356

　　1. 人類社會為甚麼會產生革命　358

　　2. 甚麼革命才能順天應人　360

　　　（甲）民族性　362

　　　（乙）生活性　364

　　　（丙）科學性　365

　　　（丁）包容性　366

　　3. 革命與反革命的辯證關係　368

（四）對階級論的闡釋　370

　　1. 闡釋階級論　371

　　2. 經濟地位的差距是等級而不是階級　373

　　3. 老子社會經濟理論徹底解決社會問題　375

　　　（1）老子的「微觀」和「宏觀」的哲學　379
　　　　　思想方法

　　　（2）老子把社會分配問題看作頭等大問題　380

　　　（3）老子非常關注低下層生活　381

　　　（4）老子的五大經濟法則　382

（5）社會全面性就業　　　　　　　　　　384

（五）闡釋國家和政黨的社會意義　　　　　387

　　1. 國家的社會意義　　　　　　　　　388

　　（1）西方唯心主義誤盡蒼生　　　　　388

　　（2）《道德經》是唯一的救世之政治聖經 390

　　2. 國家是裁判工具　　　　　　　　　392

　　3. 闡釋中國近代史中的政黨　　　　　398

　　（1）中國國民黨的豐功偉業　　　　　399

　　（2）中國共產黨的偉大貢獻　　　　　403

　　　　（甲）辛亥革命後的國內外形勢　　405

　　　　（乙）中國共產黨的誕生和貢獻　　407

　　4. 中華民族、共產黨和國民黨三者的關係與 410
　　未來

　　（1）建立一個統一的中國是孫中山先生 413
　　　　與國民黨的革命目標和信念

　　（2）中國近代史的災難全由國際帝國主 416
　　　　義所炮製

　　（3）唯心主義哲學是人類災難總漩渦　 418

　　（4）中華民族、共產黨和國民黨三者的 421
　　　　未來

第四章　用《道德經》的哲學觀點去認識和指導中國未來 426

第一節　如何進行民主改革　　　　　　　　426

（一）權衡民主改革的基礎　　　　　　　　426

　　1. 經濟基礎　　　　　　　　　　　　426

2. 思想基礎　428

3. 文化教育基礎　431

（二）強化和純化執政黨的功能　434

1. 多黨制的時機尚未成熟　436

2. 堅持一黨領導　438

3. 堅持以道性指導黨性　442

（三）堅持改革開放政策　447

1. 改革開放的時代背景　447

2. 改革開放的必要性和成功可行性　449

3. 強化宣揚和推行民族思想教育　451

（1）歷史性　454

（2）生活性　456

（3）科學性　458

（4）包容性　459

4. 推行科學哲理性的民族信仰和習俗　461

（四）調動婦女投入改革開放這一時代的政策中　466

1. 婦女是社會的根　467

2. 婦女是社會的嚴重受害者　469

3. 西方女權運動後患無窮　471

4. 發揮中國婦女的偉大貢獻　472

（五）推行「尊道貴德」為綱的全面性教育方針　476

1. 學制文憑教育　478

2. 推行社會性普及教育　481

3. 全面推行民族思想教育　484

第二節　向二十一世紀邁進的中華民族　490

（一）建立世界性的和平統一戰線　491

　　1.建立和平統一戰線的必要性　492

　　2.建立和平統一戰線的可能性　494

　　　（1）世界形勢　494

　　　（2）中國的國內形勢　497

（二）如何宣傳建立和平統一戰線的思想　501

　　1.《道德經》是世界唯一正確的哲學思想　501

　　2.世界性宣傳老子《道德經》哲學思想　503

　　　（1）把老子《道德經》擺入課堂　504

　　　（2）廣泛成立研究老子《道德經》學會　505

　　　（3）成立世界性《道德經》交流協會　506

　　　　（甲）在渦陽舉辦世界學者交流會　507

　　　　（乙）舉辦世界性老子渦陽朝聖會　508

（三）推行和平外交促進建立和平統一戰線　510

　　1.互相尊重主權和領土完整　510

　　2.堅持互不干涉內政　512

　　3.推行平等互利經貿政策　515

（四）團結海外華人維護世界和平　517

　　1.鼓勵海外華人守法隨俗　518

　　2.鼓勵海外華人貢獻居往國家和人民　520

　　3.樹立世界人民一家親的思想　522

（五）對人權思想的認識　524

　　1.西方人權思想是時代的災難漩渦　525

　　2.老子《道德經》的人權思想　530

（1）生存權 533

（2）發展權 533

（3）享用權 534

（4）服務權 534

（六）西方社會發展超前中國的原因 536

1. 中國歷史發展與歐洲文明息息相關 537

2. 中國落後於歐洲根源 542

3. 中華民族如何永處不敗之地 549

（1）推行道家思想的政治 550

（2）當代偉人鄧小平先生 555

（3）中華民族永不衰落的鑰匙 567

（4）向宋美齡先生進一言 574

第三節　只有《道德經》能夠救世界 582

（一）導言 582

（二）《道德經》是全人類最珍貴「中國哲學經典」 583

1. 按青龍白虎出土文物演繹中國文明有一萬 583
二千年歷史

2. 伏羲氏圖文八卦是全人類哲學鼻祖 584

3. 中國哲學蟠桃《易經》的面世 585

4. 中國民間文學《詩經》登場 586

5.《道德經》是諸子百家學說之源的時代 586
天書

6.《道德經》是全人類的永恆天書 586

（三）《道德經》是全人類的微型百科全書 587

1. 諸子百家源出《道德經》開拓世界文明　587

2.《道德經》全人類哲學總綱　589

　（1）《道德經》指出人領悟「天道」為　591
　　　宇宙主導者

　（2）指導人類如何思想並表達思維永恆　591
　　　社會發展

　（3）道是能量的統稱　592

　（4）《道德經》對天、地、人與道關係　592
　　　的論述

　（5）《道德經》指導人類如何治好社會　593

　（6）《道德經》指導人類如何解決一切　593
　　　生活困難

　（7）《道德經》能和諧徹底永恆解決社　594
　　　會分配問題

3.《道德經》是全人類經濟總綱　595

4.《道德經》是全人類政治總綱　598

　（1）人類欠缺投入研究《道德經》不知　599
　　　《道德經》的偉大和貢獻

　（2）《道德經》是全人類政治總綱　601

　（3）道是社會宇宙根本，因此政治要維　601
　　　護「道法自然」，組成政治總綱

　（4）聖人對《道德經》的修為　602

（四）如何正確科學理解和認識《道德經》的內容　604

　（1）對「道可道。非常道」的正確理解　605

　（2）對「不尚賢。使民不爭」的正確理解　605

（3）如何理解「常使民無知無欲」　　　606

（4）冀中國學者批評對《道德經》第五　607
　　　章研究的見解

（5）如何理解認識《道德經》第十四章　609
　　　中的夷、希、微

（6）對絕聖、棄智的理解　　　　　　611

（7）對「孔德之容。惟道是從」的理解　612

（8）對「域中有四大。王居其一焉」的　613
　　　理解

（9）如何理解「天下神器。不可為也。　614
　　　為者。敗之。執者。失之」

（10）怎樣解釋道的「無為而無不為」　615

（11）對「損或益」與「強梁者不得其死」616
　　　關係

（12）應如何理解「不出戶知天下」　　617

（13）怎樣理解「明民」和「愚民」　　619

（14）怎樣認識《道德經》「有餘」和「不　620
　　　足」

（15）怎樣理解《道德經》「聖人之道」　622
　　　和「天之道」

（16）道德經能夠救世界首要貢獻世界見　624
　　　解：“人創造鬼神”

（17）道德經永恆肅倡廉方法　　　　　624

（18）對“治人事天，莫若嗇”，是中國　624
　　　永恆戰略思想

第四節　《只有〈道德經〉能夠救世界》結束語　626

第五節　推介一篇創世紀政論文　635
（一）召開時間地點　635
（二）全文分二十一點摘要闡述和演譯　635

第六節　介紹如何認識道儒起始和鬥爭嚴重影響　650
　　　　中國歷史
（一）何謂道家思想　650
（二）何謂儒家思想　651
（三）道、儒兩家思想鬥爭　652
（四）在一國兩制的兩制中推行 "道主儒輔" 策略　653
（五）總結香港特區推行道主儒輔向西方推介　654

改名《只有〈道德經〉能夠救世界》的說明　657

道德經第三十六章的偉大實用價值重點介紹　660

後記　667

在璀璨陽光下
世界無不騙人的人
無不騙人的政治
無不騙人的宗教
無為而無不為則無騙
《道德經》永遠是人類唯一天書

中國歷史
分久必合　合久必分
全由中國帝制
和儒家欠缺唯德唯能哲學指導造成
《道德經》概括千變萬化哲學原理
永恆解決人類任何困難
《道德經》是全人類總天書

中國人
懂《道德經》者希若晨星
萬籍皆次等　唯一《道德經》
晨早當思謀生計
閑時應讀《道德經》
中國必然永恆富強
只有《道德經》能夠救世界
中國啟導世界共大同
人類共識人創造鬼神

—　陳子曰

改名《只有〈道德經〉能夠救世界》序

1992 年道教香港青松觀侯寶垣觀長接中國道教協會通知，國家批准開啟羅天大醮。侯道長率領青松弟子參加。陳子是宣道部主任，亦有份跟隨。

中國道教協會會長在有關智亭道長致詞中提點本人應將《只有〈道德經〉能夠救中國》改名為《只有〈道德經〉能夠救世界》；吾心領有理而銘記。

亦曾有學者朋友問起為何不將《只有〈道德經〉能夠救中國》經修改再版。時既來之，何不完成改名《只有〈道德經〉能夠救世界》出版面世。

為了更深刻全面闡述《只有〈道德經〉能夠救世界》，在結語前增加一節，《只有〈道德經〉能夠救世界》。

陳子論《道德經》哲學專題，將接踵有系列著作出版：

一、《陳子論道》

二、《陳子論政》

三、《陳子論宗教》

四、《陳子論報應》

冀中國學者提出批評和指導，促使《道德經》成為千錘百鍊的世界哲學天書。希望永不會落空。

因為背後有偉大的中國人！中國永恆以德報怨，促使人類努力實現世界大同。

道德經是世界人民天書，中國必然既是世界文明拓展者，

亦是人類世界哲學拓展者；亦是人類世界大同的啟導者；亦啟
導全人類共識人創造鬼神，促使世界宗教擺脫神創造人的不科
學而迷信的觀念，全人類共邁大同，世界共同體。

　　　但願誠心寫道德　　何須著意做神仙
　　　謹祈道德全人類　　唯望成功此一天

　　　　2021 年 5 月 25 日（農曆四月十四日）再版序

自序

只有《道德經》能夠救中國（原序）

讀萬卷書，不如行萬里路。跟隨侯寶垣觀長，到過中國各地名山大川和古蹟名城，結合歐美各國的觀感，豁然開朗了視野和胸襟。

結識了香港道教學院的海內外教授和學者，進一步增廣見聞。

回想高中畢業學程年代的張仲熙老師、陳麗芳老師、廖笑薇同學，尤其張仲熙老師已在九六年九月中旬去逝，更加加重欠了社會一些甚麼，猶應建樹什麼以報答老師他們。

記憶猶深晴天霹靂的 1949 年夏天，三十四歲的母親，與世長辭；純貞的淚水，像秋霖夜雨，接連不停。隨着社會閱歷的增長，把母親的辛勞命運，跟中國廣大貧窮農村的婦女聯繫起來，淚水化作「千里之行」的耐力，更加無厭世事的滄桑。

《〈道德經〉的實用價值》，由五個部分組成。自從第一部分的「哲學部分」出版以來，收到海內外教授、學者、政界、商界、出版界的鼓勵來函，經兩年半的時間，把第二部分的「政治部分」完成，無限高興的心情，在於刮磨《道德經》的積垢，看見了微弱的光輝。

這部書顧名思義，純粹以老子《道德經》哲學觀點，去分析、研究、評估中外古今歷史的癥結，提出老子《道德經》政治為體系，作為擺脫人類災難的通途。

因為覺得時機尚未蒂落，把「監獄補償法」、「香港的回

歸」、「台灣的統一」三個內容刪掉，怕它們會誤導蒼生，刪除也就毫無遺憾。

政治，是波瀾壯闊的江海，航船、舵手、導航台，哪一樣是命根中的命根？

哲學思想，是航船上的導航台。它決定航船的去向，如果沒有它，彼岸也就永遠是苦海無邊。

西方長期汲收中華文化。和本身宗教相結合，雖然所形成的，是一種唯心主義思想；但到十九世紀初期，已經找到了以社會「選舉」，作為取代「政變」的途徑。社會因之得到安定，使經濟發展避免了顛簸。

中國很早已經向西方學習，但對社會選舉的意義，置若罔聞。殖民主義者趁着中國人飢不擇食的機會，盡其愚弄之能事，奴役中國人的靈魂，充當他們的走卒，促使中國內部矛盾加深，為中國內戰種下禍根。

孫中山先生，對選擇的社會意義很有遠見，能知功成名遂身退，當然是時代的創舉，傳頌千秋，只可惜以君子之腹去度喜愛終身制的政治野心家的心，枉費了辛亥革命先賢所流的熱血。其後陋習因循，平均主義思想，亦為其所俘虜；抱憾終身，誤盡蒼生。

由公元 1921 年計起，中華民族　給超過半個世紀的終身制所害，不少精英和百姓死在自己人的槍下和自己人炮製的監牢中。最令人莫名其妙的，是罐子裡的骨灰，難於肯定是否那位枉死的名人。

為時代而無辜犧牲、枉死的英靈，安息吧，如此的日子，相信不復再來。

改革開放政策的推行，來之不易，由三起三落的折磨所換取。希望它為中國開創了萬世之太平，是繼承了老子道家政治的里程碑。

當今世界，雖然和平的要求壓倒了戰爭的欲望，但新霸權主義者，死心不息，把中國當作假想敵人，積極推行「以華亂華」和「以華亡華」的政策，再加上國際圍堵，中華民族真不要麻痺大意，唯顧自己私人的腰包，罔顧振興中華。

廢除一黨主政，而推行多黨制，恐怕言之過早，還須稍待一段時間。目前發揮政協和人大的監督作用，亦足以達到多黨制的效能。為了避免施政決策出錯，以道治黨，以黨治國，是最關鍵的一環。

《道德經》第六十六章有云：

「是以欲上民。必以言下之。欲先民。必以身後之。是以聖人處上。而民不重。處前。而民不害。是以天下樂。推之不厭。以其不爭。故天下。莫能與之爭。」

一個以道為治的黨，必然「莫能與之爭」，那麼，一黨主政，應是一件好事情，而西方的多黨制，不一定是學習的榜樣；且看台灣的民主，把國會的地方當作較技場，它抄襲來自西方。

香港運動員李麗珊小姐，為香港首次在世界奧運會上取得一面女子滑浪風帆冠軍金牌，這預告著香港的回歸和將來將是一帆風順。

香港基本法的制定，原是以君子之心為心作基礎，豈知「英國人」卻利用灰色地帶去做手腳，製造諸多刁難。有些靈魂渙散的香港人，卻在推波助瀾，唯恐香港不亂。英國素來在

政治上都很高明，為甚麼這次在香港問題上，不把握「和大怨」的機會，再通過精誠合作，把「餘怨」全部消除？然而，剛愎自用的人，要到最後才會自慚。

英國今後的經濟發展，可以跟在港、在華的利益斷絕嗎？英國政治家值得三思。

香港青年，是回歸後之寶，不要聽信那些靈魂渙散的人的煽動，而要站穩腳踭，不要去參加他們引火自焚。

相信誰坐上了首任行政長官的職位，誰也懂得推行「聖人無常心。以百姓心為心」的羣眾政策，亦知民族思想的重建是一件任重道遠的事務；更知香港治安不可放鬆，只要略施類似勞動教育，香港很快成為世界無犯罪的模範地區。那時，世界人民都要爭相到來，一睹回歸後的香港風采！

台灣當局，好應趁此時機，多做點好事，號召海外的擁護者，協助香港和平回歸。

香港有亂，吃虧的永遠是中國人，試問誰會原諒那些搞亂香港回歸的人！

不少海外的中國人自詡於自己對西方民主、自由、人權的理解，然而他們並未留意西方社會露出崩潰的端倪。西方得意洋洋以民主與自由蒙騙世人。自由和民主永遠不和諧的對壘著，令社會產生層出不窮的欺騙。靈芝是中國特色社會主義。中國將必然成為世界最民主、自由、開明的唯一先進國家。唯德唯能永恆主導國家。

「服文采。佩利劍。厭飲食。財貨有餘。是謂道夸。非道也哉。」

這是西方社會崩潰前的現實寫照。

無論中國社會將來富裕到要風得風，亦不要忘記老子的教導：

「聖人為腹不為目」這是中國發展永恆策略，「民至老死。不相往來」。

杜甫譏笑唐朝，「朱門酒肉臭，路有凍死骨」。這樣羞恥的統治，在中國永成歷史過去。

這是治國治民不變的基本方針。西方人是"為目不為腹"，這樣本末倒置，拭目以待，看它能享多久時間！西方必亂，完全與人無尤，完全由人為的欺騙和浪費造成。

最後，希望這部書能夠暢通無阻，送到海內外中國人的家庭。中國婦女要認真讀讀這部書，讓自己的思想步伐跟上時代，做個賢妻良母，堅持相夫教子的職責。中國社會上不良的風氣會由你們扭轉乾坤。這樣，才不辜負老子在《道德經》中對你們的讚揚。西方到 2035 年，明顯的衰亡必然到來！中國人拭目以待。

《道德經》第六十一章：

「大國者。下流。天下之交。天下之牝。牝常以靜勝」

婦女永遠受到社會尊敬，而永遠促進社會發展大同。

《陳子論政》誠心歡迎大家指導和批評。

太陽，循環地在東方升起，但人類必將全都唯望紫氣東來！

中國人永遠報怨以德，此是「無為」的範疇，而「無不為」貢獻人類。

世界必然永遠屬於「道常無為。而無不為」的人民。

中華民族唯志堅持以德報怨，躬行道德經唯德唯能，世界必然唯看中華。

第一章

概述人類的起源和發展

第一章　概述人類的起源和發展

緒論

天數茫茫眾不知　陳書細說大家知

　　信仰是人類原始的政治，兩者儘管渾然一體，無隙無縫，然而，社會的發展和進步，卻使它們藕斷絲連地分離。政治是社會秩序管理之本，信仰是人性約制的軟鞭。信仰走上了有組織而成為宗教，它是政治不貳之臣。

　　政治是顆完美無瑕晶瑩通透的寶石，多姿瑰麗璀璨的光輝，來自它那必須與必然的獨裁。

　　獨裁是政治處事的貶意，任何人敢於支持或贊成，立即會受到批評和攻擊，皆因人們孤陋寡聞所造成。如果他們能夠清心靜思，理解其中奧妙和真諦，必然自慚幼稚無知。

　　雖然，中外有哲學家著書立說，推崇獨裁的好處，可惜他們因不懂老子《道德經》哲學，認識獨裁只是皮毛而不徹底，結果在實踐過程中「不知常。妄作凶」，把人類推進災難的漩渦，誤盡蒼生。

　　《〈道德經〉的實用價值（哲學部分）》已經戳破自詡唯物的哲學思想，實質是典型的哲學唯心；它是變型美化的神權哲學，販賣猶太思想，企圖魚目混珠。

　　中華民族是宇宙獨一驕子，願世代統治者愛惜黎庶蒼生。前車可鑒，莫再冥頑不靈。

　　中國歷史有過被人們罵了兩千多年的典型事例，指責秦始

皇是獨裁罪魁禍首的代表；其後統治者處理政治不當，每每用秦始皇作為獨裁暴政的代名詞，去譴責他。

近代史有兩位分庭抗禮超過大半個世紀的政治人物，為西方推行愚弄和瓦解中華政策所困，亦為不同羣體指責施行秦始皇政治，他們已經作古蓋棺了；然而，贈送秦始皇的名字，似乎不是恰當的言詞。

中華民族的智慧終有一天會在政治領域上大放異彩，超過歷史上任何一個朝代，太平盛世，神州大地，無處不是百姓的春臺；那時，秦始皇和被指為秦始皇的歷史人物，評價肯定會有所改觀。

其實，「道法自然」的獨裁，不但不是洪水猛獸，而是人民生活的甘泉，國家政治有了《道德經》作決定，才可通往「眾妙之門」。

道家的獨裁，是社會珍品，是百姓幸福生活的支柱；上帝是由人類思維浪漫塑造的、世上無可稽考的形象，它行使的是迷信的獨裁。兩者風馬牛不相及，千萬不要涇渭不分。

《道德經》是老子思想的結晶品，是中華民族的政治寶典，歷史已經作了鐵一般的證明。每一個朝代，痛苦和災難、國家與百姓則欲罷不能，原因無知運用《道德經》。

當前世界，人權之聲愈吹愈亮，不少中國人隨聲起舞、得意忘形；殊知中華民族暗藏殺機，薄弱的民族思想、鬆散基礎，如大廈建立在不打樁的沙灘，稍有風吹草動，民族四分五裂、各自為政；神州本是一個，變成數十個國家。新霸權主義垂涎虎視眈眈，等待此日到來。倘若中國人共識《道德經》是救國救民天書，西方馬上收斂其侵略狂態。

　　中華民族病源是民族思想太弱，近百年來受盡西方思想侵蝕，被外國侵略宗教摧殘而疲乏凋零；倘若仍然執迷不悟，中華民族遲早總難免步巴比倫的後塵。中國應知，1842 年英軍塘沽登陸，全由中國的外教教徒所提供消息。

　　《道德經》是中華民族思想立足的磐石，是挖掘民族思想無窮無盡的寶藏。只要中華民族堅定不移地把握着此一綱領性的方向，中華民族必然繁榮昌盛，新霸權主義者的夢想必然灰飛烟滅，永遠無法成真。堅持傳統以德報怨，中國必然成為「百谷王」。

　　全世界炎黃子孫，團結起來，同心同德振興中華；在不久的未來，目標必然達到。世界霸權代表美國，已開始走向衰亡，到 2035 年美國明顯衰退。中國本着《道德經》指導「無為。而無不為」，提高愛國愛家思想，發奮於生產力提高。

　　《道德經》的政治思想好像一顆璀璨無瑕的晶瑩寶石，「道法自然」的軌道，引向「眾妙之門」的獨裁。**獨裁的永存是掌握自然能量運作規律天道，結合順應人道，獨裁永遠運作無衰。**

　　本書是《道德經》的政治部分，準備暢談其政治價值，由人類開始說起，到中華民族繁榮富強地兀立世界，以及人類世界幸福和平。

　　中華民族和世界人類幸福，無須到其他書本去尋找，全部薈萃在《道德經》之中。大膽完全堅信《道德經》是人類唯一萬能天書，是全人類永恆遵循的人間哲學經典，億萬代永恆。

　　《道德經》是哲學經典、政治的藍本、幸福的源泉！

　　全人類永恆唯德唯能能量為綱的哲學天書。

　　　　晨早當思謀生計　　閑時應讀道德經

第一節　概述對人類起源的一般觀點

從萬物重複的派生與繁衍的過程中，尤其是人類本身的世代延續，接受了對血緣的認識和尊崇；然而，在日常生活中，卻碰上了無數不可思議的現象，變幻層出不窮，自然懷疑現象的背後，可能有神靈差遣和把持。當然相信人創造鬼神的永恆真理，先知先覺者是中國人道德經。

神靈是人類思維塑造出來，而由語言傳遞的「聖品」，不但將之世代互相威嚇，並且還將人類的由來交給它去主宰和安排。不過從「以道莅天下。其鬼不神」，鬼神永遠不可干預人。鬼神由人類創造。鬼神永遠不可能創造人。這是永恆真理。

説上帝創造人類，是整個原始人類以訛傳訛的愚昧通病，絕非言過其實；問題之差，在乎那一個民族最早跳出這個愚昧的桎梏與迷信的藩籬。中國人早知「我命在我不在天」；而西方卻將迷信以上帝主宰人類生養去綑綁人類，用以侵略別人，統治別人。因此，西方人永不可能以德報怨待人。西方政客永遠是人類的罪魁禍首。他們滿手鮮血淋漓。西方政客永遠不會放棄仇視而要滅絕中國人，中國人自娘胎就應教導他們終生永記毋忘。

世界上不少學者，以其他族之短，去取笑中華民族之長；説其他文明古國都有一段瑰麗的神話創世紀，唯獨中國欠缺而踪影全無；殊不知中華民族是天之驕子，其先祖以伏羲氏為代表，早已洞悉能量在主宰整個宇宙，擺脫了上帝造人的愚蒙。八卦是世界上最早一部圖文哲學經典，標誌着中華民族在世界人類中脱穎而出，以科學創世紀取代了幻想和神奇。中國的科

學創世紀比較其他民族的神話創世紀起碼要早了五六千年。四大發明，標誌中國的智慧貢獻全人類，惜西方毫不顧念此恩義而"以怨報德"！中國推行以德報怨同時，要緊記西方却以怨報德。中國是人類文明的拓展者，並是人類啟導世界邁向大同的領頭人。陳子敢預言：世界沒有中國人領導邁向大同，大同永遠是寥寥無期。世界必然由永恆以德報怨的中國人啟導世界大同！以德報怨科學人性結合環境中國民族萬世不衰，發展永恆。

　　且看西方的科技已經發展到了前茅的水準，進入太空時代，但上帝造人的烟霧仍然籠罩着人類思想領域，用以愚弄百姓，這當然是他們瓦上霜雪，中國人無須去管此等閒事，問題在乎他們運用威迫利誘的手段，去「以華愚華」，豈可讓此門前之雪愈積愈厚，封鎖中國思想大門？試問一個民族沒有自己的獨立思想，振興豈不是空言？要永遠警惕西方政客永遠是人類罪魁禍首。我們中國人，全人類寄以大任！以永恆推行公民教育，結合以德報怨，中華民族萬古長存。

　　中華民族思想是先進而並非落後，豈可任由那些數典忘宗之輩以外國落後迷信宗教思想，去擾亂和瓦解具有科學先進思想的中華！尤其是那些受西方政客蒙騙毒害的人，在欺騙毒害自己中國人，利用受毒害的中國人去害自己的中國人。

　　唯物主義者，對上帝造人的理論，口誅筆伐不遺餘力，以勞動創造人類的觀點去取締上帝的威靈；可惜因平均主義經濟的無能，因而支持和捧賞這種觀點的人似乎有減無增。因此中國人要警惕防人之心不可無！中國強盛無比；仍然不要像歷史上"宋人"，對僵蛇勿與同情，而送掉自己性命！警惕應是永

恆。尤其是西方政客永遠是中華民族的敵人！

　　儘管西方科技大大超過東方，但東方的精神文化始終凌駕西方。這一點很令西方傲慢情緒反感，難於氣餒向東方認同。不過，中國人時刻置《道德經》於股掌之上，在以德報怨的進行中而要警惕「須防仁不仁」，以保萬全。

　　伊甸園是古老猶太人豐富想像之作，亦是黔驢技窮的思想病癥。西方人藉着此一啟發，夢寐以求將它遷冊非洲。這種妙想天開、平分秋色的設計，相信世界考古學家不會那麼容易服氣，同樣會否定伊甸園在非洲，而是在喜瑪拉雅山。

　　下面是一些較有代表性有關人類起源的理論，將它列舉出來，供大家判斷它們誰是誰非，也許全是「癖論」，亦不足以為奇。

　　然而，迷信和導人迷信，同樣有損人類最根本的道德，唯有「道法自然」這一浩瀚澄澈天池之水，才能清洗冥頑不靈！全人類堅信科學的真理“人創造鬼神”。

　　中國人永遠要寬懷大量永抱以德報怨貢獻全人類，但「須防仁不仁」是完全必須，尤其是西方政客，永恆是中國敵人！

　　西方政客政府永遠是中國人的敵人，西方政客奕世不改的敵人和害蟲。

　　中國永恆堅持以德報怨，促使世界民族，越多越興起羨慕中國人。

（一）人類來自上帝的創造

　　要使中國人明白此課題，將問題分為四個方面論述，大家

可以提出不客氣批評。下面此問題分為：

　　1. 上帝的歷史性；

　　2. 對外來文化的應有態度；

　　3. 上帝怎麼造人；

　　4. 為甚麼要宣傳迷信和荒謬的造人理論；進行論述。

1. 上帝的歷史性

　　在中華民族世代口頭交談中，使用上帝一詞，相信超過萬年的歷史，在文字上的出現亦有數千年的時間。但中華文化傳進世界，西方卻拾此名詞欺騙自己人民，也用作侵略別人。這當然是政客的惡意，但「百姓皆注其耳目」，任由政客失掉人性的基本道德。這揭西方拾中國牙慧去欺騙西方人侵略中國人的卑污行為。

　　在周朝《詩經·大雅》和《詩經·魯頌》中，可以看到上帝一詞的詩句：

　　「上帝臨汝」和「上帝是依」。

　　稍後的《孝經》、《呂氏春秋》和《禮記》，亦相繼出現。

　　到了清朝十九世紀，西方殖民主義為了加劇經濟和政治掠奪與侵略，將宗教殖民，變本加厲，與政治擰成一體。為了容易打入華人社會，將神的稱謂中國化，原是中國人的上帝，被基督教新派採用，使宣傳提供不少方便。侵略發揮無限效能，上帝成了侵略的代名詞。這種不惜侮辱神靈而用作侵略別人，充分體現西方政客宗教品德下流。中國要永遠刻骨銘心，西方政客品格永遠下流，警惕永不可放鬆。

　　偶爾有人提及上帝，很易被誤認為是基督教的上帝。從此

以後，中國的上帝被基督教的借用上帝掩蓋了，中國人不知中國的上帝。上帝成了西方宗教獨佔名詞。俗云：鵲巢鳩佔！按陳子觀點，天地中外神靈同是一樣無害，均以公平愛護善良，絕無因顏色、語言、習俗不同，而神靈愛護人類有絲毫分別。神的意旨全由政客立黨安排其喜怒哀樂。政客永遠不信神靈，是欺弄神靈，愚弄人民，侵略別人。如果神靈有知定天譴政客無疑。可惜永恆真理是人創造鬼神欠人堅持。

從上帝一詞的歷史性，足以提醒炎黃子孫，豈可顢頇於西方殖民宗教對民族思想的被腐蝕和瓦解？尤其是中國政治家、思想家和學者，更要警醒經常！

殖民主義宗教是五鬼亂華中的一鬼，歷史提供了鐵的事實，誰也袒護不了。

任何一種宗教，對它自己民族也許有過建樹，但威迫利誘地向其他民族宣傳，完全可以肯定宣傳者或他背後是居心不良。政客宗教家永遠在利用鬼神去侵略別人，幹盡喪心病狂的壞事，本該受神靈懲罰，令人懷疑鬼神的威靈和存在。**陳子規勸天下人民應相信「人創造鬼神」，若能人類如此，西方宗教政客則破產無疑。人創造鬼神科學真理可解放全人類思想，破除一切迷信。全世界宗教鬼神皆由人所創造，定然加速世界大同的到來。一切宗教科學化，破除迷信。**

人類堅信"人創造鬼神"則宗教統一，人類必然很快共邁大同。

中國政府永恆普及公民教育，認識鬼神創造人的宗教是騙人的宗教，要堅決卑棄割席，建立人創造鬼神永恆偉大全人類宗教思想。

2. 對外來文化的應有態度

外國文化的輸入，這是世界文化交流的好事情；由開始日起到現在，在整個人類來説，並沒有一天中斷過。但相信這種交流隨着科技的進步會擴大加強。

在交流的過程中，必然存在一個取捨問題。到底取捨的標準和條件是甚麼？

標準和條件的確立，其主要的依據，應是各國的歷史情況、民族結構、經濟和政治的發展水平。根據此上述依據，提出下面三個原則性的取捨要求：

（1）民族性；（2）科學性；（3）生活性。

倘若能按照以上三個原則去取捨外國輸入的宗教文化，既保障了各國的尊嚴和獨立，亦照顧到各民族政治和經濟的發展水平，循序漸進地穩步向前，改善人民的生活；更重要的，是使各民族預知發展道上的各種障礙，可避免多走彎路，浪費資源。輸出的宗教當然害人，而無益於人，是害人的行為。尤其是哪些説神創造人的宗教，是害人迷信的宗教。而人創造鬼神是永恆的真理。西方永遠傷天害理輸入別人國家，使用神創造人的迷信，奴化別人國家人民。

中國向外國輸出的文化，基本上是符合上述三個原則的。西歐能有今天的進步，中華文化在其中起着非常重要的啟蒙與開發作用；然而，西方列強卻"以怨報德"，向中國輸入落後、野蠻、殘暴、迷信的殖民主義宗教思想，藉以愚弄、瓦解、分化、毒化、污染中華民族思想，並作為線眼長期刺探，提供殖民主義軍事、政治、經濟情報，給中華民族釀製了亡國滅族的大災難。外國宗教毒害中華！知者幾人？中國人要永恆緊記，

西方政客永遠是侵略中國的奸細和敵人。

西方政客藉秦始皇修築萬里長城不斷宣傳，迷惑西徙的人民。秦始皇為了保衛自己民族和眾生，哪何罪之有呢？秦始皇是保衛中華民族偉人。

最令人莫名其妙的，西方殖民主義在近兩百年來對中國的侵略卻未能撩起一些政治家和學者引以為鑑，他們似乎無動於衷，不然，他們為甚麼在遺害中要向殖民主義宗教的上帝表忠呢？西方宗教完全受了政客污染，促使神靈失掉公平，而指使信徒侵略別人，和奴役別人。**其實西方宗教已成了政客玩物，神靈做了政客奴才。神靈怎可稱為神靈？完全失掉分辨是非的能力！神成了人的奴才。"人創造鬼神"，神才有解除痛苦的日子。人創造鬼神是解放鬼神偉大思維。**

是以，中國要樹立堅貞的民族思想，正確對待外來文化的輸入，絕非是老生常談。堅持宣傳"人創造鬼神"，神永遠是神，人永遠是人，兩者不相干，而聽由人創造鬼神，世界永遠太平。世界宗教亦因此走向大統一大容和。天下宗教一家親，必須"人創造鬼神"。

中國人從 1949 年建立偉大新中國，永遠擺脫西方欺凌；中國天天強盛富強，郤招惹西方採取宗教毒害，並以此加強迷惑中國人而藉用此套方式煽動反華。

民族性、科學性和生活性此三個衡量取捨外來文化的準則，好像三重過濾的程序，經過過濾後的外來文化才是對中國人民有益的香洌清泉。

國家是個過濾機器，主政者是主理過濾器的人，他們是老子所稱謂的聖人。《道德經》是永恆過濾器，普及道德經教育，

人人有《道德經》智慧，將西方傳入文化變成無毒清泉。《道德經》教導人類認識「人創造鬼神」！鬼神永無能力創造人。如果"全人類共識人創造鬼神"，世界不久會邁向大同。全人類共享和平。

　　中國要堅信"人創造鬼神"，是民族傳統，反映中國人由始至終永遠以科學信仰傳世教人。配合以德報怨的永恆公民教育，無論去到天涯海角。

　　人類想世界大同，必須推行"人創造鬼神"！不然永為而受欺騙而成西方的奴隸。

3. 上帝怎樣造人

　　對以上帝造人的描述，以中譯《新舊約全書》中的舊約內容表現得最為典型；以它作為實例，對整個中華民族來說有百害而無一利；因為它的負面影響最為厲害。建議中華民族細讀《陳子論政》內容的時代見解，完全可肯定，"陳子論政"它是流行時疫的預防針。下面分兩點論述：

(1) 第一部新舊約全書中譯本出版帶給中華民族的大災難；

(2) 上帝怎樣造人。以認識西方政棍藉神如何騙人，犯下不赦天條。

（1）第一部新舊約全書中譯本出版帶給中華民族的大災難

　　殖民主義功臣馬禮遜於 1814 年印刷中文《新約全書》，於 1823 年出版中文《新舊約全書》。這部《新舊約全書》的出版，標誌着西方殖民主義者侵華進入新的階段，潛伏著新的變化和災難。經過十多年對中華民族的愚弄、腐蝕、瓦解、分

化，取得了好些信徒；藉着中國信徒的方便，對中國軍事、政治、經濟瞭如指掌，殖民戰爭一觸即發，終於在 1840 年挑起第一次鴉片戰爭。無能的清朝政府，結果於 1842 年被迫簽訂喪權辱國的南京條約。反映殖民主義宗教是侵略戰爭和領土受侵佔，所謂割地賠款的罪魁禍首。中國人民永遠毋忘此羞恥。香港因而失去。廣東打不進中國，福建打不進中國，全靠中國漢奸國賊走漏消息由空虛兵力的塘沽打入中國。

日本侵略中國，與西方有莫大關係，《舊約全書》、《新約全書》好像兩顆思想核彈；今天世界外國教徒不少於廿五億。且看 1922 年科學家愛因斯坦訪問中國，把中國人貶得一錢不值。他說世界一旦為中國人佔有，西方不堪設想烏煙瘴氣！他到了日本，稱讚和鼓勵日本是理想政治國，暗示應去統治中國。足見愛因斯坦是典型侵略者！反映世界名人，對中國是真正的正人君子者，少之又少；尤其西方政客。中國青年！日本侵華全與西方政客有莫大關連！愛恩斯坦是呼籲日本侵略中國的罪人！日本政客的人員，全是壞蛋，是侵略中國罪人！

陳子説西方政客是中國永恆敵人，愛因斯坦科學家亦是政客罪人，足見西方政客何其多！

中譯《新舊約全書》，帶給中華民族的浩劫和災難，炎黃子孫應當痛定思痛，時刻關注外來文化對民族的危害是義不容辭的民族職責；莫再像清朝政府那樣昏庸、無能、膽怯、無知，任由西方殖民主義者愚弄和瓜分。雖然，過去殖民主義者的野蠻、殘暴、陰險似乎有所收斂，其實並非如此。它只用化妝掩蓋了其過去面孔，內心世界並無改變，發作只待機遇。它今天仍舊不忘用宗教進行欺騙和侵略，時刻採用威迫利誘向在

華的代言人招手，推行「以華亂華」的方針和策略：「宗教自由」向國際提出，是用「人權」侵略世界另一版本。香港終有一天爆發宗教大害！**特區政府和官員真要打醒精神。中華民族要睜大眼睛關注西方政府無時無刻想侵略我中華，亡中華以作奴隸。公民教育是永恆，香港特區更要加強。**

香港回歸了，但文化侵略仍在進行，宗教活動比過去更加頻密。尤其是"取消政治部"特務更滿佈各部門和各界。一場大型暴亂必然產生。其實可採用人事科取代政治部。**特區為甚麼而不為？是忽略還是不敢行？特區政府太愚昧了。**

宗教是原始的政治，散播它們的宗教思想，實質是變相的政治侵略，只是不易為人所知。回歸後的特區政府，應加倍注意和防犯。國民教育一定要進一步加強，不然災難必然驚人發生。**為特首者要加倍小心，災難降臨香港人民！是香港人的特首先可以此必然降臨而不可置若罔聞，香港人民靠您保護，它是個偉大責任和工作。教育和宗教分家是最重要的一環，治好香港是少不了的這一重要措施！特首！**

中華民族不為炮彈摧毀，小心被西方殖民主義宗教和特務騙上絞索架套，多麼可恥，至死而不知！所以對特首要特別訓示和要求。特首，您一舉一動，與中國有關！切勿有辱國人！

善於識破、制止、預防、運化居心叵測的行為，才可建立坦誠、真摯的友誼。

《道德經》第三十三章云：

「知人者。智。自知者。明。」

《道德經》諄教香港中國人進入重要時刻，知道宗教的侵略是香港人的智；自然知道對香港市民要推行《道德經》國民

教育，是香港人要惡補的思想工作。

兵家來自道家，孫子亦云：

「知己，知彼，百戰百勝。」

意思是指香港認識西方人居心，雖然土地已歸還中國，但他們思想仍由殖民地思想佔有，西方政客仍利用宗教徒中國人千方百計，形形色色宣傳西方侵略宗教。特區政府全體上下共重視此一問題！**堅決永恆不歇，推行愛國教育思想宣傳。政治部取消，可改選"人事科"取代。這是對消的巧妙辦法！特區定要做，才可防止大災難的到來。如果有失此一著，咎由自取！特首先生！**

人之相交，貴相知心！居心叵測者，豈是上門來訪的貴賓？

西方政客全是壞蛋！經長期訓練的教徒，是西方政客死心不變聽從者。香港特區滿佈宗教壞蛋！提防警覺此一計時炸彈！此計時炸彈一定會爆炸！拭目以待。

如果此場災難發生，是誰之過？災難來臨，受災者香港中國人豈不痛心哉。

（2）上帝怎樣造人

人創造鬼神，是人類社會裡一條絕對永恆的科學真理。誰違背它，誰就是思想騙徒，是人類的罪魁禍首。如果神鬼有知，亦得低頭承認不諱。作為一個真正靈善鬼善，必然心公正而處理事情，有太上老君、佛祖、關帝、天后、上帝、耶穌要以同樣好心為人間服務，全無彼此分相別。

世界上能脫穎而出的科學鬼神觀，絕無他人，唯一是中國

老子《道德經》。《道德經》第六十章：

「治大國。若烹小鮮。以道莅天下。其鬼不神。非其鬼不神。其神不傷人。非其神不傷人。聖人亦不傷人。夫兩不相傷。故德交歸焉。」

這章反映鬼神的存在。鬼是一方，神是另一方。神與人是結合體，神要依靠人不斷修為，直至人神完全結合一體，那時「故德交歸焉」。人神結合，此是聖人。經為國為民長期服務，便「死而不亡者。壽」。修成了「長生久視之道」。

不過陳子認為這樣的神是人精神；人的精神不受干擾，精神正常，人亦正常。說明人神一體不分。其實最根本的意思是人創造鬼神，是人類永恆科學真理。

語言和思維是人類塑造鬼神的鉥刀，借助文字的記錄，世代流傳。鬼神無一不由此鉥刀而來。人創造鬼神是永恆科學真理。神創造人，是騙人侵略別人的鬼話。

鬼神彼此永是對立面的兩者。鬼是代表萬事萬物困難的一方，人修成仙，永遠服務於「治大國」為民為國謀福利。上帝屬鬼一方；上帝造人，完全是人類錯誤的思維當道的結果。是人造上帝，而並非上帝造人！人創造上帝是永恆科學真理。**請重溫！"無名天地之始，有名萬物之母"；也就知道在道德經首篇就指出，人創造鬼神！**

道即能量，是宇宙的「有」，萬物本來是「無」，為道所創造而為「有」；鬼神原本是無的，而由人所創造出來。上帝是歸屬鬼神的範疇，當然，它是由人所創造。絕非本末倒置，由它造人。上帝全由人思維提升其地位，如果上帝是人思維創造的神，他與人的結合聽從指揮才是真正的神，主導宇宙萬物；

人超過上帝是完全正確的觀點，永不改變。如果按陳子見解，"其神不傷人"，和"非其神不傷人"，應理解神是人的精神，精神人體取得平衡正常，而"夫兩不相傷"。如此，人的德完整而統一。

「無神論」，是三生萬物後妄斷之言，毫無科學根據；説神早於人類之前已經存在，這種觀點，稱它為「前神論」，是愚昧、顛頂之言，完全欠缺邏輯支持；説鬼神為人類所創造，稱它為「後神論」，是道家對鬼神的哲學觀。世界唯有道家才能科學地認識鬼神此一問題。因此「人創造鬼神」是永恆的真理；而「無神論」是由欠缺哲學家欠缺科學哲理而強蠻無理提出，是幼稚不科學的哲學觀。這種哲學觀，打着科學哲理，遺害人類。「無神論」是完全欠缺科學頭腦理論；「人創造鬼神」才是真正唯德唯能的《道德經》世界觀，是人類必然的共同世界觀。

希伯來文或英文版本的《舊約》，內容説的是對是錯，無可奉告，豈能有所批評？這些都是他人瓦上的霜，可以不管，然而，有人譯成中文，將它變成了中華民族大門前的雪，中華民族難道讓它阻塞大門而不掃嗎？如果不掃，豈不是將中華民族受困堵而閉塞了嗎？因此中國人要大膽批評外來的不正確宗教思想，因它違背科學思想而違害中華；認真科學態度批評是完全必須。人創造鬼神觀是世上唯一的永恆科學觀，以批評鬼神造人觀最為有力。道德經是永恆是全人類唯一天書。

鄧小平先生是世界偉人，救了中國，救了世界，他的貓論，反映他繼老子第一個洞悉《道德經》偉人；貓論概括了《道德經》是唯德唯能人類天書。貓捉老鼠為人類除害，是唯德唯

能的反映。**中國當今聖人習近平先生天才繼承，是出類拔萃的觀點，世界共同體、一帶一路，啟導全人類邁向大同。**

　　有傳聞説，《舊約》是由童話編集而成，亦有人説是玩世不恭者之言，更有人説它是一部原始政治，用以團結當時民族的廣大人民，宗教信仰之作。三者之説，雖然各有不同，但歸結是後者。因此，到了明末清初，殖民主義者將其統一宗教化，掩人耳目，通過思想殖民而達到國土殖民；那麼，《舊約》進入了中國後，已經完全失卻其原始意義，而是西方殖民主義者的迷湯，是中國人的思想毒品，作為炎黃子孫，應永恆提醒國人不要受迷、不要受毒害、不要做西方的殖民，難道有違背民族大義嗎？豈有褻瀆神靈！焉有抵觸真正的民族宗教信仰！「人創造鬼神」是全人類宗教信仰真理。是永恆真理，唯相信此一真理，宗教才能徹底服務人類。人是地球上唯一運用道的運作而創造主理一切。人為萬物之靈，主管萬物，而運用萬物主導萬物；人是域中有四大之唯一者。

　　西方新殖民者，企圖掩耳盜鈴，明知人權是依時間、環境和民族性而推移的，卻以人權去欺騙那些心地純潔而經驗不足的中國人，與那些深受殖民宗教毒害者擰成一股力量，進一步擴大殖民宗教的勢力，企圖以華亂亡華思想去打擾中國的經濟和政治，而最後達到徹底搞垮中華民族的目的。如果你們不接受此一指控，那麼請立刻停止宗教殖民的故技，你們的人權將像那失控的衛星，終於難逃自我消失的命運！倘若西方宗教政客敢於承認「人創造鬼神」，世界宗教大團結的局面必然出現！人類大團結大和平必然到來。世界共同體是永恆真理！

　　殖民主義宗教的消長，和中華民族的盛衰，必然構成反

比例，大家可以拭目而待之。人創造鬼神的理論，必然將人類帶出走向 "世界共同體"，與鄧小平先生貓論，改革開放是前後相繼而有異曲同功之妙。習近平先生的世界共同體更明確指引，走向世界大同。敬請中國人精心細讀。

現試列舉《舊約》中譯本造人的理論，以供大家去審評，以認識其荒謬和毒害。

根據「人創造鬼神」的原理，完全可以肯定《舊約》中的上帝，並非真正的上帝，是借上帝為題而發揮作者自己的謬論。因此，下面引用的語句，其中的神或上帝的名稱，實質是謬論者即褻瀆神靈者蠱惑、譏評的代名詞。

「太陽系」這一名稱，是久經科學探索、研究和論證的成果結晶，而褻瀆者提出「地球系」的謬論：

「神造了兩個大光：大的管晝，小的管夜。又造眾星，把這些擺在天空，並普照在地上，管理晝夜，分別明暗。」

眾所周知，不但太陽比地球大，就說眾星中亦有不少比地球大好幾倍的，那麼，上帝豈能將製造太陽和眾星的工場設在地球？這足反映造神論者完全無知，也許是早立騙人之心，欺騙世人，是世界罪人，人類騙子。為甚麼西方要推行這一毒害人類的錯誤宗教觀呢？無他，西方政客想藉此欺騙本國人民而因以侵略別人。西方政客，是罪該萬死的始作俑者！所以說，西方政客永恆是中國人的罪魁禍首。

如果上帝是有亦絕不會像褻瀆者那樣愚昧和無知。上帝愚蠢是政客的愚蠢！

「神說，我們要照着我們的形象、按照我們的樣式做人。」

　　褻瀆者一時疏忽，露了馬腳，用了「我們」這眾數代名詞，無疑揭示了褻瀆者他們在假神之名表達自己的謬論。西方政客褻瀆侮辱神靈一罪，欺騙世人之罪，並有鬼心，奴役別人之罪。西方政客，是全人類罪魁禍首，全非過分之言。

　　「神用地上的塵土造人，將生氣吹在他鼻孔裡；他就成了有靈的活人，名叫亞當。」

　　褻瀆者將亞當說成人類社會的第一個人；他們是井蛙之見，無知中華民族矗立地球，比摩西上西奈山早了六千多年；倘若如此說來，是否上帝先在黃河流域造了亞父，然後才到中東去造亞當呢？人類的由來，是經過一段漫長的進化道路，絕非亞父亞當的問題。是西方人智識淺短的問題。是西方製造罪惡、侵略、奴役人類的卑污行為。

　　神用塵土做人的啟發，可能來自人類身上的污垢，天天搓之不盡，而至牽強附會，瞎猜人造於塵土。不過它總比西方上帝造人道理較好有理有生活根據。前後兩者皆是錯誤歪理。

　　《道德經》云：

　　「道生一。一生二。二生三。三生萬物。」

　　人類進化，經此一路程，由萬物中站立起來，執主管萬物之地位。

　　「神在東方的伊甸園立了一個園子，把所造的人安置在那裡。」

　　褻瀆者由人類對家禽牲畜的籠栖牢，而想到上帝亦如此處理初造的亞當，把他安置在一園欄裡；他們的思想智慧，豈不是捉襟見肘嗎？

　　「神說，那人獨居不好，我要為他造一個配偶幫助

他。」

這種男先女後的造人理論，實質是為男女不平等提供錯誤的根據。

「神使他睡着了，於是取下他的一條肋骨，又把肉合起來；神就用那人身上所取的肋骨，造成一個女人，領他到那人的跟前。那人說，這是我骨中的骨，肉中的肉，可以稱他為女人，因為他是從男人身上取出來的。」

照此說來，女人應是男人的奴隸，因她是男人的骨肉所變成。

萬物皆二合為一是根本一體，然後一分為二，但立即新二合為一的產生。西方在造人理論中，把人看作是神的奴隸，以自己的愚昧和無知胡說神創造人。

世界上的女人們，你們接受如此創造你們的理論嗎？然而，卻少見你們炮轟《舊約》的聲音，到底是甚麼原因？是慣於逆來順受了嗎？抑或是你們的覺醒方興未艾！奉勸世界婦女，應起來支持人創造鬼神的觀點，徹底解除人類中婦女低男的一等。西方由歷史到今輕視女性是長期而欺騙的政治污垢。而某些中國人卻受蒙騙而歌頌西方。從「元牝之門，是為天地根」，足見西方騙人。

《道德經》云：

「元牝之門，是為天地根。」

如此看來，天下只有老子把婦女擺在最崇高的地位，你們為甚麼不去教導兒女去尊崇老子這一位中國的完人，亦是世界的完人！

「神對女人說……我必多多加增你懷胎的苦楚，你生

產兒女必多多苦楚。」

上帝是多麼蒙昧無知，不但不體諒婦女生兒育女的偉大，還要增加他們的痛苦，他們附會出不可令人置信的上帝，而是徹頭徹尾的褻瀆神靈的冥頑不靈者！

褻瀆神明者，休矣，你們這一套肥皂泡的造人理論，不但必然在科技時代全盤毀滅，並且必然遭到婦女們的詛咒！上面西方宗教政客提供《舊約》的語句，充分反映寫《聖經》者全是文化騙子，採欺騙和貶低人類智慧的語句；另一面反映「人創造鬼神」，更反映寫《聖經》者凌辱神靈。他們這班宗教政客是神憎鬼厭的罪人！西方傳教者，全是有意或無意的用鬼神欺騙以達侵略世界。

道德經第六十一章："牝常以靜勝，牡以靜為下"，指出女性在社會重要性，要比男性"牡"地位高。根據科學道理，完全可斷定西方宗教是騙人的迷信思想，人類不徹底把它拋棄是人類不負責行為。全體人類要把上帝造人的騙人理想拋棄，宣揚人創造鬼神取代。

4. 為甚麼要宣傳迷信和荒謬的造人理論

宗教是原始的政治，無論怎樣矯正和過濾，其政治的本質是無法摒除的，誰說宗教沒有政治性，誰也就自欺欺人，是人類道德不純不潔的人。他們是道德破壞者！

人類由起始到今天而至無可計算止境的將來，戰爭無分大大小小，可說是「千里之行」，而是起自宗教的足下。人類要進入真正和平幸福的社會，必須徹底衡量和解決宗教的危害性。全人類宗教改革核心問題是共永恆真理「人創造鬼神」；

若能如此，宗教的排他性完全拋棄，而全面共邁人類宗教大融和，人類也必然共邁世界大同。拋棄宗教的排他性跟本治理法則是「人創造鬼神」。

「諱疾忌醫」，是政治家居心叵測的陋習。「錯而能改，聖莫大焉」此是療治社會一切奇難雜症，即人類宗教病的聖者。

猶太主義的宗教野心，是殖民主義最為醉心傾慕的絕色伴侶，為實現世界殖民的共同目的和理想，立誓結盟，生死與共，採用爾虞我詐和威迫利誘的手段，去對付殖民對象。全人類以"人創造鬼神"徹底醫治人類宗教毒害，世界很快邁進大同。企圖想欺騙人類共同反華的思想破滅。香港雖然回歸但美台勢力煽動學生思想全未回歸，遲早在香港會爆發大規模學運，教師是反華的主導者。宗教學校必然是製造罪人的機構。

特區政府真要推行公民教育，切不可墮慢！敬愛的特首！

西方政客一向頑固抱着統治和奴役世界，促使殖民統治世界永恆不衰。這種殖民主義野心，比以前更為猖狂對付以德報怨中國。中國和平自然強大，西方以此煽動全面反華。西方宗教永遠毒害中國學生，應嚴格要求宗教退出學校。

《舊約》是殖民宗教最易接近人的首碗迷湯，為宗教和政治建立了殖民豐功偉績，時到今日，雖然「人老珠黃」，豈願將之束之高閣？宗教永遠配合政治毒害中華，香港特區故然不要放棄公民教育，國內同樣要永遠不要放棄公民教育。

如果將其迷信和荒謬理論摒棄不言，也就無法交代其過去騙人的行藏，豈不是不打自招了嗎？因此西方宗教惟有繼續堅持「以訛傳訛」。宗教和教育分家是迫切大事，應永遠是改進

之中心。

　　猶大主義者也曾出過大思想家，企圖將神權轉變為政權去繼續思想殖民，誤盡了不少愛國愛民的純潔者和其領導下的無辜蒼生，結果還是給一位偉大哲學家扭轉中國的乾坤，其影響力量亦將扭轉世界性政治火車頭！

　　偉哉！其功蔭及中華民族和世界人類！

　　新殖民主義者冥頑不靈，仍寄望其殖民宗教的寶刀未老的神奇轉換，繼續重施故技，繼續向中華民族思想殖民而再圓其政治殖民的舊夢。

　　新殖民主義者能否實現其舊夢，相信時光不會倒置吧！

　　中國共產黨，徹底解決中國社會革命因素，中國社會永遠向前！中國人民響應黨國體制永恆本著「常無欲以觀其妙。有欲以觀其竅」，徹底洞悉「道常無為。而無不為」，為中國富強而奮鬥，實現永恆改革開放而世界共同體，一帶一路的中國夢。經濟生產永遠是基礎，政治是上層建築。經濟政治永遠連鎖關係。中華民族千秋萬古不衰。

　　鄧小平先生是精通洞悉道德經的政治家，其貓論，是徹底唯德唯能科學思想，永恆正確指導改革開放，韜光養晦，摸著石頭過河，應以此穩當發展中國經濟。習近平先生是新時代的偉大見解者。一帶一路，世界共同體啟導世界必然邁向大同。新時代在中國努力下出現，永恆吸引世界各國和人民。

（二）勞動創造人類

　　西方唯心主義哲學與西方宗教哲學彼此是孿生兄弟，共褲

連襠，內在關連，萬縷千絲，把持哲學陣地，使思想領域烟霧迷茫。迷惑天下受侵略和奴役人類。

唯物主義像一顆訊號彈，劃破了西方漆黑的哲學天空，吸引了世界上無數熱心堅貞為國為民追求光明和幸福的精英，奮不顧身到衝激唯心主義的思想枷鎖，似乎喚醒了人類共望此一線希望曙光，殊知卻是一場驚心動魄的惡夢，枉費了精英們的熱血和殷勤。

唯物主義整套哲學理論基礎是由“新舊兩約”轉移過來，經過塗髹上自炫科學的金漆，使人們眼花繚亂，無法辨認其是猶太思想變相再版，亦無法識穿其改頭換貌後欲霸佔整個世界思想領域的企圖。

迷信色彩的平均主義思想是神權的凝聚廣眾的核心思想；霸道色彩的平均主義思想是由神權轉化為政權的吸聚磁力。此兩者不同色調，但共穿一軸，目的和方向一致，掀起人類災難的漩渦。

為了鞏固和維護其霸道平均主義，永遠處於不敗之地，建立起其階級論作為第一度護閘，將勞動創造世界的護臂伸展至人類起源的領域，以“勞動創造人類”此一似是而非理論，盤據此一陣地，與平均主義扣成一個迴環，將其他思想和觀點排斥與掩埋。

有關唯物主義的平均主義思想，將擺在其他章節探討，在這裡著重談談其“勞動創造人類”此一觀點的錯誤。

相信大家定然同意，人類的語言是由簡單而發展至複雜，詞彙的出現是為了表達和概括某種現象的存在，將其記錄和流傳。「勞動」一詞肯定其出現要比人類起源相距很遠。人類的

出現是否經由勞動所創造，純屬臆測與倒推之理，因此大家對問題的探討切勿先入為主，而要看理論充分與否而接受。

當人類尚且停留在動物界時，有誰能知道哪種動物會進化為人類，而其他哪些動物是不可能。又有誰知道哪種動物在「勞動」，哪種動物在「活動」？似乎説他們全在「進化活動」不是更為確切而成理嗎？勞動創造人類的觀點，似乎是強詞奪理、剛愎自用了。如果説人類由單細胞開始進化到人，抑或還是勞動創造人呢？分明勞動創造人是後人所加，而預備為平均主義理論服務。分明人類由單細胞發展成，而硬説勞動創造人，是魚目混珠的欺騙行為。莫怪，錯誤的理論由人認識階段所產生，大家明白嗎？因此人要每日三省吾身！

把勞動創造人類這句話擺在事理邏輯上看，「人」是在接受勞動的創造，勞動好比是個工場，人是由此工場製造出來的。那麼，誰是勞動的執行者呢？完全可肯定不是人，因為人仍處於被創造的地位，説是上帝把握勞動去創造人，也許較為脗合唯物主義者盡在不言中的意旨。説唯物主義者拾《舊約》之牙慧，推行變相的猶太主義殖民思想，不會是「何患無辭」吧！為了服務“猶太主義殖民思想”，毫無理論根據説勞動創造人類。為了要人們理智比較哲學理論，如果有人説，如果説勞動創造人，那比得上説，人創造勞動！大家比較誰對誰錯？半斤和八兩之見。

唯物主義者受了原罪的薰陶和平均主義的洗禮，從十九世紀初期的社會發展找到靈感，提出階級論的觀點，以勞動創造世界作支持，將勞動概念偏重於體力勞動，與人類開始相結合，説勞動創造人類。這種囫圇吞棗的觀點，已經不是科學

的認識論，再以未經分析過濾的表象去逆證"勞動創造人類"的道理，是典型的唯心主義觀。反映唯物主義是歸屬主觀唯心主義的範疇。其後雅稱自己為辯證唯物主義更為荒唐。勞動創造人類的錯誤，反映在腦力勞動與體勞動分割，去愚弄廣大人類。其實唯心主義者和唯物主義者，無知體力勞和腦力勞動不可分。最令人莫明奇妙是："腦力勞動者是剝削者"！其實人類完整由體力和腦力統合，而分為"有餘"和"不足"兩類人。其實，人一出生後，首先是由人的智或知去指導人的一切活動。有些人做出蠢笨行為，是由知或智不理智指導結果！你說對嗎？

勞動是社會發展主要動力，請問一個勞動者不用腦力，怎樣完成產品？

老子在二千五百年前，已經洞悉「道是能量的統稱」，是萬物的主宰，萬物由它所創造；人是萬物之靈，亦由它所創造。說"道"創造人類，本是事實，但為了說得確切一些，「人創造人」，會最為確切無差。動物之所以各種各類，差別的關鍵在基因。人的基因在發展，實質是「人創造人」的過程。人類的體力勞動和腦力勞動兩者相結合，成為萬物之靈主宰社會，全由"有餘"和"不足"兩者組合造成人類社會的矛盾與和諧。很明顯，人類社會發展是由"有餘"和"不足"所共同推進。

"勞動創造人類"當然豈是真理？「人創造人」才是人類社會永恆真理。才能反映「域中有四大。王居其一焉」。道主宰宇宙，人類主理宇宙，並非由人的意識的觀念勞動創造人。勞動是後來的意識概念，豈能枉加其上，何不說「人創造人」最為確切？人類的社會勞動而發展多層次的時代和階段，

反映人創造人是完全的真理。勞動創造人是失誤的哲學真理，作為指導思想，必然災難無窮。

人類社會發展和複雜化，全由腦力勞動和體力勞動相結合，配合有餘和不足的推動，促使社會發展和進步。道可道，非常道；名可名，非常名；是其活動所產生的總結。

"有餘"和"不足"是社會矛盾與和諧的基石。妥善解決此兩者根本問題，社會永遠國泰民安，而邁向共產中國先民的概念世界大同。中國人最早拓展人類文明，亦必啟導全人類世界大同，正如習近平先生天才指出世界共同體。

（三）西方有人說人類起源非洲

說明此觀點的錯誤，分由兩個方面論述：1. 其錯誤的思想根源；2. 西方說人類起源非洲。

1. 其錯誤的思想根源

西方的文明與東方的關連，不勝枚舉，萬縷千絲，好像那東方升起的旭陽，將照耀過東方大地的餘輝轉送到西方。東西均有人類居住，太陽確先由東方升起，如果西方不顧東方先見太陽而說自己先見陽光是可以用主觀決策一切，而不顧其一切。世界大亂。所以陳子說世界一切亂禍先西方起始，然後禍延東方。

偉大的西方人民發揮其傑出的才能，在二百年中，科技上創造出驚人的成績，給經濟塗髹上傲人炫目的金漆，然而，卻為政客們增添了擴大殖民主義的野心，帶給世界人類蹂躪的痛

苦；隨着殖民主義勢力的增長，一種難於抑制的榮耀心態，使他們要擺脫人類源起東方的關連。陳子大膽地指出，人類一切災難來自西方政客。

為了顯示自己本身有獨立古老的文化，處心積慮地仿製了古老的人類化石，可惜好夢難圓，終於給自己的學者使用炭素鑑年法，將此上演了很久的西洋鏡拆穿。陳子研究結論，世界的欺騙源由西方。人類起源於西方的欺騙行為經碳元素鑑定徹底揭露西方政客的醜陋咀臉。其中還有很虛偽的欺騙尚待揭露。

然而，那剛愎頑強的意志始終難於平息，將會要將非洲大陸翻開，希望在這幅自己的殖民地上，找到出人意表人類化石的東西。喜瑪拉雅山最早露出水面，相差其他地方露出水面早數百萬年。説人類起源於非洲，相信者有幾人呢？人類起源於喜瑪拉雅山，將必為全人類堅信不移。

2. 西方說人類起源非洲

東方文明要比西方早，有實物出土為證，似乎早已成了定論，再無人提出爭議；然而，卻仍然有不少西方人寄望奇蹟的出現，找到人類最早起源的遺物，在東方以外的地點，證明西方人並非來自東方的遷徙，而是共同來自另外一個地方。其實西方説人類起源非洲，以為可清洗那揶揄西方侵略的可恥！而並非父族受子族的侵略和屠殺。西方政客居心叵測，非人所思。如果承認人類先由亞洲最早起源，而分佈世界各地，即是説，是由“子地”人侵略“父地”人；這一罪多麼可悲！西方此罪可由捏造人類起源非洲，而可見司馬炎父子之心；居心叵

測。其極為卑污道德觀淺而易見。

最近，在非洲的東部，找到一塊被認為距今二百五十萬年的古老人骨化石，連同過去兩次在北方和南方發現的人骨化石，宣稱找到了人類在非洲起源的「扣環」，以此證明人類最早起源的地方在非洲。這種以人骨的歷史去否定地殼的形成發展年代。這以點蓋面的辯論手法。

中國發現 6500 年古墓，西方政客，還說人類來自非洲嗎？和八千年前圖文八卦的伏羲氏又接近一步；再溯推青龍白虎；人類起源於喜瑪拉雅山應是不爭的真理。

如果大家公認人類起源非洲這是真的，中華民族的璀璨文明，是來自非洲，叫人無可置疑；當然西方人亦會直認不諱，而慶幸世界文明並非起自東方。請靜待下面說明。

前時科學家論證宇宙的年齡有一百五十億年的歷史，最新推斷有三百億年的時間，將以二百五十萬年時間的非洲化石比較，它是微不足道的小東西。而會自然而然人類起源喜瑪拉雅山，而徙去非洲。這是無可爭論的事實。

相信大家不會反對如此的見解，動物在水裡的進化速度遠不如在陸地那樣速度驚人。不信，且看今天海洋下底，找不到像陸地上的人類社會，生活得如此文明和自由！反映說明地球的明顯進步，起點在陸地的出現，陸地是地球進步人類社會建立。以此去看誰最早露出水面而定進步早遲。人類最早起源於是早露出水面的地方，喜瑪拉雅山。

喜瑪拉雅山共稱是世界的屋脊，是動物蹲曝太陽的最先最早的地方，應是人類進化的大搖籃，隨後西藏高原和雲貴高原毗連突起，形成人類進化的大樂園；到了伊朗高原的升起，

進化的人類擴展到非洲甚至世界各洲。非洲原由亞洲脫離而另存。

人類進化活動，逐水而居是不變的規律，中國在黃河流域，印度在印度河，巴比倫在幼發拉底河和底格里斯河，埃及在尼羅河，分別建立文明古國，是最好的例證；其他人類在歐洲及其他地方，同樣是逐水而居；至於長久居住山區的民族，其他民族的文明，變成了圈劃他們長居山地的藩籬。

喜瑪拉雅山好像一座雄偉無比的農磨，人類像由頂上放進的穀粒，變成白米在磨台散向四面八方。人類就是如此，「綿綿若存，用之不勤」，遷徙到海角天涯。

非洲的西尼亞高原，比中國西藏高原要低一萬三千多公尺，兩者相隔突出水面的時間，不會少過數十億年的時間。人類要等到非洲冒起才起步進化，豈不是錯失了數十億時光？黃河流域，源頭在崑崙山脈，要比非洲高原為高，華夏的土地真是要預先準備給非洲人遷徙來居？難道這不是天方夜譚嗎？說人類起源非洲，分明是一聖經式的欺騙。是西方政客鬼把戲。企圖說非洲是人類起源地，目的為否定中華文化是全人類拓展者。居心叵測，顯而易見。

在三千多年前，希伯來人已經說上帝造人於在伊甸，是否西方人知道上帝造人的理論不久人世，不如把伊甸搬到非洲？西方政客企圖因埃及文明作為世界文明中心，而取代中國的文明，亦幻想取代喜瑪拉雅山文明。中國一萬一千年前已有青龍白虎的出土。按文化發展推理，中國文化應於 12000 年前已經出現。

西方人說人類起源非洲，可見是醉翁之意不在酒；在乎欺

騙世人，尤其是中國人！西方政客為了奴役中國人而否定中國是人類文明拓展者，居心叵測！

人類起源於喜瑪拉雅山是不爭的事實；中國拓展世界文明亦是鐵的事實。八卦、《易經》、《道德經》是人類最古老最完善的哲學經典！如果非中國孔子的文明傳播，人類仍處什麼水平，真難於估計。

道德經是總結圖文八卦、易經、詩經的偉大哲學理論，總結成全人類的天書，是全人類不得不承認的事實。因中國人能洞悉道德經哲學理論的人不多，中國夏朝已經開始"家天下"，束縛社會選擇孔子理論，不接受道家理論，亦使孔子思想拓展世界，而道家後期才傳出。如果道德經先出國門，也許現在的中國早已變了"普天之下莫非后土"的世界唯一強國。

孔子功勞蓋世，然而其思想與帝制相結合，束縛至 1911 年辛亥革命，創造孫中山先生中華民族國父的偉大稱號。所以"道主儒輔"是中國未來政制的必然。

西方一切思想，皆由儒家思想傳播後才開始文明；西方資本主義和馬克思主義其根源是宋明理學傳播所帶出。世界人類文明進步全由中華文化所引起。

第二節　《道德經》對人類進化的論述

（一）宇宙如何初開

當今的科技已經把衛星送上太空，收發自如，人類漫步太空；儘管科技如此進步驚人，但令人遺憾的是，對宇宙如何由來，仍然眾説紛紜，諸多臆測，莫衷一是。

西方璀璨的科學天空凝聚了整個世界科學家的目光，忽略了回顧東方的文明，因而枉費二千多年摸索的路程。中國文明是全人類唯一核心代表，世界不少西方問題可在中國道德經得到解答。陳子預計美國於 2035 年必然明顯衰退，是根據道德經。陳子自 1986 年研究道德經，發現道德經在 2500 年前已經在世界整個尖端科學概列中。道是能量統稱，由自然能量和社會能量組成，主宰整個宇宙起始和發展。

「有物渾成。先天地生」這一既全面又精確的宇宙形成的科學概念，老子在二千五百年前已經提出，可惜中國科學家和世界科學家，都想不到落後的東方政治和經濟裡掩藏着超時空的科學原理。為甚麼中國歷史上的先進，為甚麼為人侵略，原因是無人用道德經知道，西方民主與自由永遠在鬥爭，西方無論在任何一方面，均用欺騙作苟延殘喘。

最近有科學家推證，宇宙開始時是團氫氣體，經過一番爆炸才形成，至今已經有三百億年歷史；姑且不論其他，説它初開是一團氣體，已脗合了「有物渾成」。

「有物渾成」這句話，所指的包涵很廣，「有物」是對整個能量的統稱，「渾成」是指宇宙各種能量在運作，共創

宇宙的初開。

中外古今宇宙發展全聚於「有物渾成」，全闡釋「有物渾成」，中國是宇宙的選民。全人類宇宙的解釋首創者中國人，《道德經》是全人類一百求知而可百解；無論宇問任何問題，均可在此天書中找到解答。可惜中國人太粗心太意，把全注意力到西方。陳子告訴大家，蔣中正先生不知進退，原因無知道德經，而偉大毛澤東先生精洞悉道德經軍事，所以以"小米加步槍"，把蔣介石先生趕出大陸老死台灣。蔣經國先生亦無知道德經拱手贈送台灣與李登輝。

下面分由三個方面闡述：1. 道存宇宙無始無終；2. 道創造宇宙；3. 宇宙生命的來源；4. 現代世界科學家對生命起源的研究。

1. 道存宇宙無始無終

西方科學家最新研究成果發表，在宇宙開始形成之前，曾經發生過一場大爆炸，歷時六十萬年。在大爆炸結束後，宇宙形成一個大氣泡，表面瀰漫着氫雲霧，內部充滿着氫氣，開始其緩慢的膨脹；按照膨脹率每秒九十公里進行，在完成一千光年之直徑路程中，產生了大約一千個星系，演化至今，用三百億年的時間，比以往說宇宙形成所花時間多了一倍。陳子告訴中國人，這一切且信之由人，日後中國科學家必然給予正確的說明。舊的科學論斷，將由中國科學作正確論斷。

人類科學之父老子，認為宇宙最早由「道」開始，道是能量的統稱，它充斥着整個宇宙，並主宰和創造整個宇宙，無論宇宙經歷多少寒暑和滄桑，道存守着宇宙是無始無終。「道」

是能量統稱，道主宰整個宇宙。先主宰而導致人類的出現，主宰社會，統理萬物，人類為社會而宇宙而絕聖。任何無知能量運作規則的智慧全由西方是否正確或欺騙別人的理論造成。《道德經》是全人類智慧總滙天書。如果中國早知道德經而早知道是能量統稱，當然中國人不致如此如痴如醉投入全看西方為人！任何一個有知識的中國人多麼痛心！因無知道德經而落後於人。

　　《道德經》第四章：「道沖而用之，或不盈。淵兮似萬物之宗；挫其銳、解其紛、和其光、同其塵，湛兮似或存。吾不知誰之子，象帝之先。」概述宇宙天地的由來。

2. 道創造宇宙

　　在人類社會裡，老子是第一個最早最完善最正確對宇宙初開和形成認識的科學家。中國人是全人類科學知識首創造者。因此，陳子敢說，中國人是世界文明的拓展者，將亦必然啟導人類邁向世界大同。中國人認真細讀道德經就會全認識此觀點。

　　「有物渾成。先天地生」

　　「有物」，是説宇宙中存有一股能量的總體，老子給它一個「道」的名字。道是能量的統稱，是能量總體的代名詞。「渾成」，這股能量總體，是以一種甚麼形式存於宇宙，老子指出它是大而無限、廣而無邊，在運作和醞釀。這種現象和情況，稱之為「渾成」。道，這一能量總體，在宇宙形成前已經出現，它的「渾成」過程，就是宇宙各種星系創造的程序，因此，道在「渾成」而「先天地生」。

「獨立而不改。周行而不殆。」

道在「渾成」過程中，存有甚麼特點？它存在宇宙之間，不變不改，不生不滅，開始、現在和將來，亦是如此，表現其「獨立而不改」的特性。道的存在，還具有其另一特性，往返不停，強弱替迭，「周行而不殆。」。「獨立而不改」、「周行而不殆」這兩種特性，使道居功至偉，「可以為天地母」。

為了說明「獨立而不改」和「周行而不殆」兩者的統一性，老子繼續說：

「大。大曰。逝。逝曰。遠。遠曰。反。」

老子用形象和具體的語句，把道的運動抽象性寫了出來，然後將此現象概括為：

「反者。道之動。弱者。道之用。」

最後，老子根據道的「渾成」、「獨立」、「不改」、「大」、「逝」、「反」等種種現象和情況，概括出一個指導性並且萬世不變的金科玉律的真理。

「道法自然」

「道法自然」這句話，有兩層意思，兩者構成互換辯證關係。道在匡制和約束自然是絕對的，不用懷疑和否定的，在此絕對的基礎上，道要隨着自然的發展，而順應自然，才出現道與自然的辯證互換關係。互換辯證關係是老子代表中國的思維方法，並以認識和追查事物規律。人類要認識宇宙，離不開中國人，他思想方法是全人類唯一正確方法，稱之為"道德經思維"。道德經是全人類天書。

把西方對宇宙初開和形成的理論，與老子在二千五百年前提出的理論作一比較，似乎西方的理論仍然是循依着老子的

「道法自然」一步一步地走下去，看不出西方有甚麼獨創的見解在其中。但在其中唯它反映東方文化以中國人代表早於西方，不知早多少萬千年。但西方科學卻不肯承認自己智慧的啟發來自中國文明，但他們噤若寒蟬。這反映西方人心懷鬼胎。西方盲目否定中國，而中國亦盲目跟隨。多麼可悲。**中國人永遠要自信自豪，知天知地知人的世界哲學由中國人奠定。完全可說：沒有中國人，就沒有今天的世界科學。老子，是全人類科學之父！道德經是全人類天書。**

相信，天體科學之父的寶座，唯有老子坐之而無愧。反覆說明中國人是宇宙文明的拓展者。其拓展過程"以德報怨"，至今仍堅守着此一規條。中華文化是全人類共有的文化，全人類應共同維護和發展中華文化。唯有如此，世界人民才可找出真正的出路。任何西方文明和哲學理論，全源自中國人。人類任何理論全始於中國文化。還有中華民族的"以德報怨"永固永循的民族精神，永恆無改服務全人類，根據"取天下而為之"的卑污品格。世界必然實現"世界共同體"。

3. 宇宙生命的來源

老子在二千多年前，已經掌握運用其「微妙元通。深不可識」的智慧，結合其「致虛極。守靜篤。萬物並作。吾以觀其復」的"微觀"與"宏觀"相互交替循迴的方法，找到了宇宙生命的起源，提出其前無古人的科學論斷。

「谷神不死。是為元牝。元牝之門。是為天地根。」

地球是宇宙太陽系中一個星球。它由一個大火團，表面逐漸冷卻，為積水所淹蓋，至其陸地突露水面，地球才出現能為

人類生命存在的環境和條件。這時候，人類生命開始了演進！人類的出現，地球才可層出不窮的發展。

「谷」，是指陸地圍繞着空濛深邃低窪的地方；「神」，是說人類開始有生命的東西；「不死」，是言道在醞釀和作功，使生命衝破和擺脫死亡條件的束縛與控制，產生包括人類在內的單細胞。這個單細胞，就是比喻有如在"雌性陰戶"的"谷中誕生"。

老子用非常堅定的語句去讚揚，並叫人類不要忽視此一生命起源的陰戶：

「元牝之門。是為天地根。」

谷，是生命之源，萬物進化起始之點，人類亦與之而共源。它是「道生一」的元始地方。"道生一"的一是宇宙生物在地球上誕生。這一誕生是指生物在地球陸地上誕生。最早生物誕生在水裡，這一次誕生在地面。此是生物發展分為在水和在陸地兩個階段。

老子是人類社會中，第一個最天才最偉大的生物學家，當之無愧！不是嗎？

老子是全人類智慧的代表，《道德經》是全人類唯一天書。人類知識由中國人開始，但中國有些崇洋知識分子，不但永堅持崇拜西方一切，甚至迷信於落後的宗教。這是中國人最無知、羞恥的思維。這種羞恥思維，貶低了自己一切，當然道德經亦在其內。這類人是中國人中最無民族道德的人，可說是民族敗類。除了那些忍辱偷生的中國人！全像偉大孫中山先生。

4. 現代世界科學家對生命起源的研究

　　西方科學家藉着先進的科學儀器的測示與分析，最早提出地球生命啟始於十億年前；其後根據古生物體化石的發現，把地球上生命的起源提早了十五億年。**最近美國科學家在澳大利亞西部發現了古生物體化石，該化石距今三十五億年，因此，肯定了地球生命的起源歷史起碼超過了"三十五億年"。現世界一切既有的知識的確切和真實性，有待日後的中國科學的切實判定。**

　　三十五億年的歷史似乎不短，但根據老子提出的科學論斷，「谷神不死。是為元牝」來看，以人類為代表的生命是起源於陸地露出水面以後，試把澳大利亞的水平線與中國西藏高度作個比較，兩者相差很遠，如果將澳大利亞的古生物體化石距今的年代作為判斷地球生命的起源年代，豈不差之毫釐，謬以億年嗎？也許大家誤信"謠言"，相信更加古遠的傳奇充耳而來。唯望中國的科學大發展。將來必有所獲。老子是人類的科學鼻祖，將來的中國科學家，必然是唯一科學解釋的闡述者！

　　西方科技的起步，開始於文藝復興之後，中國的科技落後是近兩百年來的事情，四大科學發明足以證明，中國科技由軒轅黃帝時代開始，在一段頗長的時間裡，名列前茅，足足超過四千多年。因此，老子所説「元牝」，並非無稽之談，如果世界科學家把目光凝聚到老子指的「元牝」上，在地球生命的起源上，絕對不會徒勞無功，空手而回。但完全可斷言，人類起源於喜瑪拉雅山。

　　無論世界科學在什麼時候根據什麼發現物證推斷生命起

源，總跳不出「谷神不死。是為元牝」！中國老子是全人類科學家鼻祖。完全可堅信，將來中國科學家，一定超過現在的西方。對宇宙的起源提出新觀點。中國科學必然執世界科學牛耳！

根據老子的道德經見解，由"元牝之門，是為天地根。"推斷生命起源地球，定然不只三十五億年。中國人努力吧！世界文明中國人拓展，能道地球的啟導定然是中國人。總之，中國人智慧是全人類唯一代表。中國恆守以德報怨服務全人類。全人類必然共頌中國人！

（二）世界人類的開始和由來

中國古詩民歌，"日出而作，日入而息，帝力與我何有哉"，有人能知其中的預言嗎？可說全無人知，它預言中國最後是共產！道德經可告訴你們知！共產的必然。共產思想，最早啟端於中國古人。道德經"貴以賤為本，高以下為基"，更明顯說明共產思想。

人類為了弄清楚自己祖先怎樣來到這個世界，不但尋根問底，並作了諸多的臆測和偽造，暫時尚無定論。上面開頭的文學，似乎有點語不驚人死不休，但中國的天才是全人類敬佩的民族。

尤其是中國文化西傳，促使西方更文明更進步，但人心更亂、更不安、更憤激，為什麼東方那樣進步，而西方要比東方落後那麼多，那班政客，那班宗教政客挖空心思要侵略中國，大洩心頭之恨。儘管中國"以德報怨"，他們不顧而採取"以

怨報德"。大家完全可以猜測，西方政客全無道德可言，日藉夢寐以求，打敗中國，可唯我獨尊！要全世界為西方政客所佔有。多麼可恥。

上文已經評論過上帝造人是導人迷信，勞動創造人類是片面唯心，人類起源於非洲是剛愎自用的見解，但老子對人類起源的論述，打算在下面介紹。人類起源於較可信道理，因為世上沒有百億歲的老人。

在介紹老子人類起源的觀點之先，英國人達爾文先生是值得推崇的。他是個較客觀學者。

達爾文先生（1809－1882），是十九世紀最天才而偉大的生物學家。他是世界上第一人，把老子自然性方面進化思想，發揮得淋漓盡致。「**道生一。一生二。二生三。三生萬物**」成為達爾文進化論的核心思想。他不但向西方人介紹了進化論思想，而更重要的是揭露了上帝造人是一種迷信思想。達爾文先生這一狠狠的刺槍，儘管上帝造人的理論並未因此一槍而氣絕身亡，但它的傷口卻在慢慢擴大，任何的掙扎亦難擺脫其必將了結的安排。這一傷口將繼續發炎，而促使此宗教更窮凶極惡，更無孔不入侵略，以求傷口的痊癒。鴉片戰爭是一鐵證。更有力反映西方政客夢寐以求滅華，而世人却尊崇西方；野心家豈不樂乎。不過西方宗教政客完全是白日夢，幻滅是其必然。

儒家思想和帝制相結合，阻礙達爾文等天才在中國出現。

雖然，有些人把達爾文先生的自然進化論，引用到社會哲學上去，變成「庸俗的社會進化論」，但這一錯誤的產生，與達爾文的進化論拉不上必然的關係，因此，達爾文先生無愧是

偉大的生物學家。他把中國老子，向世人初級宣布《道德經》是一部偉大生物學。這更進一步說明道德經是全人類永恆的天書。

無所謂達爾文，曾否讀過道德經與否，其理論客觀性，宣揚了道德經！

偉大的英國人達爾文先生永垂不朽！深深感謝您宣傳老子的中國天書。如果世界學者均如先生公直，世界共道中國是人類文明的啟導者，人類必然很快共享世界大同。中國是人類文明拓展者，亦是人類世界大同的啟導者。請拭目以待。

下面分由兩方面闡述：1. 喜瑪拉雅山是人類進化的搖籃；2. 人類由喜瑪拉雅山散佈全世界。

1. 喜瑪拉雅山是人類進化的搖籃

原是熊熊烘烘的地球，因冷卻而為水全部淹蓋，陸地隨後露冒上水面，標誌和宣告人類生命可以起源的環境和條件已經由道創造完成，迎接地球人類生命的開始。

陸地是地球上的陰戶，老子稱它為「谷神不死。是謂元牝」；這「元牝」出現後，地球上的生命也就「綿綿若存。用之不勤」，「是為天地根」。

「道生一」，是道在「元牝」中運化產生各種各類的原始基本進化的單細胞，這絕非獨一無二的單純的單細胞，不然，**人類和那昆蟲豈會各有這樣遠的差別和距離？達爾文先生說由單一單細胞開始，理論有欠全面。不如老子的理論完善。**

「道生一。一生二。二生三。三生萬物。萬物負陰而抱陽。沖氣以為和。」

　　老子揭示了生命進化的程序，並打開生命進化之謎。生命進化的根本原因是「萬物負陰而抱陽」；無論哪一種最根本的細胞，均存在不同程度的陰和陽在結合，它們好像那太極圖一樣，生生不息地進化和生存。宇宙之所以如此繁複，皆因來自陰陽交媾的「沖氣以為和」，人類最為明顯遵循此一規律繁衍，相信億萬年後，抑或更長的時間，那怕到時流行了試管嬰兒，亦擺脫不了「沖氣以為和」的過程和必然。

　　喜瑪拉雅山，是生命最早起源的基地，人類共同進化的大搖籃！

　　喜瑪拉雅山，如此巍峨尊崇，萬山臣伏，在地球上稱雄，是生命之源的堆積，全人類祖先進化血汗的結晶！

　　喜瑪拉雅山，是人類共同的偉大母親，無時無刻不是祝願人類幸福和平！

　　喜瑪拉雅山是人類的搖籃，全世界人類全由此徙居世界各地，説人類起源於非洲的政客純屬是為提供侵略中國的根據。中國要警惕，西方政客每一句話，每一觀點，均有一個壞的侮辱和侵略的惡意，中國要特別小心警惕。世界政客永遠是壞蛋一群。緊記他們永遠是趁機傷害中國人。西方宗教是政客的打手，是侵略工具，傳教士是政客的奴才！西方政客永遠是全人類的罪魁禍首。唯有中國人以德報怨，是全人類的永恆發展正確思維。

2. 人類由喜瑪拉雅山散佈全世界

　　喜瑪拉雅山是人類公認的世界屋脊，亦無人懷疑是它最早露出水面，根據現代考古學者諸多的證明，無可置疑當時亞熱

帶氣候濕熱多雨，而在此遼闊的大平原上，湖泊星羅，川流交錯，鳥獸繁雜，海產豐盛，是人類進化福地，生存的大樂園！

帕米爾高原、西藏高原和伊朗高原，隨後冒升而毗連，形成更為遼廣梯級式的大平原。它好像一座無比巨型的農磨，整個植物、動物和人類，像放進去的穀粒一樣，散佈在四周的磨台上，繼而擴展至世界各地。萬物起源之地，當然萬物之靈的人類亦起源於此。請聽三字經，人之初，性本善，性相近，習相遠。這不是由簡到繁的事物發展總原理嗎？**由老子道德經中第五十章中"陸行不遇兕虎"，兕是犀牛，加上河南省簡稱豫，更說明當時喜瑪拉雅山地帶是亞熱帶氣候。**

喜瑪拉雅山，是整個地球生命的播種機，人類從此最早的起聚點，而散遍整個地球，因此無論天涯海角，荒莽無人，也許該地下早埋人類骨植，等待人類不斷發展，在無意發掘中得到證明。

且看全世界人類，身型和外貌大同小異，惟有語言和膚色，經長期環境和氣候的漂染，存在最明顯的差異和不同。

人類和其他動物一樣，很早從喜瑪拉雅山散居各地，開始於數千萬年以前，從歐洲海島和非洲均可找到數百萬年前的人類骨塊化石，可以想像而深信不疑，也許在一億多年以前，或者更早的時期，人類已經流徙，這要等待進一步的發掘而證明。陳子寄望偉大中國科學家的證明。

四大文明古國的文明，是由長期聚居不散的人羣羣策羣力共同努力創造的結果；而散居各地的人羣，因孤軍奮鬥，為生活疲於奔命，而無法創造輝煌的文明，長期過着較原始的生活。因此西方政客各為了掩蓋其野心下流，而偏說人起

源非洲。

　　中華民族用着興奮的眼睛，望着朝陽和腳底下東退的潮水，移居黃河流域，努力創造河套文明，歷劫長存地凝聚一股雄渾強大民族精神，持續擎舉輝煌璀璨的中華文化，引發世界人類邁向更先進的文明。中國是人類文明的拓展者。

　　好些勇敢的弟兄姊妹，藉着河套的獨特文明基礎，本着不可羈留的頑強意志，經西伯利亞，跋涉萬里去到阿美利堅加洲。在一段頗長的歲月裡，無人理解他們的由來，以為他們是原有的土著，最近才為人從基因的發現，結合他們的語言和古老文化參證，知道他們是最早發現新大陸的古老中國人，他們有些是黃帝時代的百姓，有些是商代的子民。商代是古老的中國，最早擁有阿美利加洲是中國人的領土，不知如此說法有多少人同意和支持？阿美利堅加洲原是中國人最早居住的地方，後為其他民族侵佔。反映中國人確是以德報怨的民族。

　　西藏高原接連雲貴高原像一度摩雲的高牆，自然地使喜瑪拉雅山西南居住的人羣沿着地勢向南和西南走，建立三大文明古國。四大文明古國均起源於亞洲和毗連的非洲邊沿，難道仍要強詞奪理說人類起源於非洲嗎？據說，非洲源自亞洲，足以反映非洲人源自亞洲。世界政客，為甚麼要捏造事實騙人？政界政客目的要否認中國人文明，目的要永恆奴役中國人，以其宗教為先鋒！

　　印度人經由喀什米爾到印度河，延展到印度半島，開創印度這個文明古國。

　　巴比倫人經伊朗高原，進入底格里斯河和幼發拉底河，建立巴比倫古國文明。

另外一支人羣經敍利亞、以色列和西奈半島聚居非洲尼羅河，建立埃及文明。

尼羅河和兩河文化，其後向愛琴海伸展，孕育出整個歐洲文化雛形。

古老的絲綢之路像一條中西文化交流的韌帶，把中華文化輸送到歐洲以及轉運到世界各地，與尼羅河和兩河文化相會，參化成今天西方的文明。

今天的西方文明，實質是四大文明古國文化的融會體，它主幹的延展是來自喜瑪拉雅山這一世界文化的總根。喜瑪拉雅山是人類發展的根，當然同樣是人類世界文化的根，總的一句話，是全人類的總根。不過在四大文明古國中，以中國貢獻最為顯著超群。儒家思想散播全世界最無可爭議。中國人拓展世界文明。

本是同根生，相煎何大急！西方政客夢寐以求用宗教煽動西方人侵略亞洲以及全世界，是多麼可恥可悲！西方政客，是全人類的罪魁禍首。西方政客今天仍繼續用宗教侵略中華奴役中國人。西方政客，完全失掉人性！

寄語世界列強，何須以勢凌人！世界仇恨全由"您們做成"。

中國始終"以德報怨"對待西方侵略者，西方政客不要執迷不悟，善惡到頭終有報，你們自己善人定會懲罰你們這班政客壞蛋。

一支很早已經踏入菲律賓、澳洲和非洲的人羣，相信開始於數千萬年前，但因受環境困擾和氣候陶冶，文明的步伐惟有緩慢地向前；加上三百多年前西方殖民主義宗教、政治、經濟

的愚弄和劫掠，不用説文化進步，連軀體支持步行亦成困難！

　　喜瑪拉雅山！全人類的母親！只要全人類共同回望這一偉大的母親，大家自然要求同心協力，建設世界幸福與和平！**"一帶一路，世界共同體"，由偉大習近平先生天才發揮鄧小平先生一國兩制，改革開放，韜光養晦，共產主義必然普及幸福世界。**

人類由來共一丘　　亞洲移徙到全球

山遙水遠情懷薄　　世界和平華共謀

（三）中華的遠古史

　　喜瑪拉雅山是全人類的總根，是人類共同的偉大母親！

　　中華民族長期扎駐在喜瑪拉雅山懷抱的東麓，世代無時無刻不是朝着朝陽，面對浩瀚的東方海洋。太陽賜給了他們光明的心地，海洋培育了他們寬廣的胸懷，喜瑪拉雅山遼闊的懷抱，薰陶了他們頑強的意志和敏鋭的頭腦。從他們發展過程的遠古史，可由此代表性的人類歷史縮影，清楚回顧人類的過去，亦瞻望到人類歷史的將來，更洞悉人類幸福和平生活的道德淵源和可靠支柱力量。從歷劫猶存中總結出以德報怨是永恆必然，才能徹底服務全人類。

　　謹冀世界人民慎思謹想，中國人民哲學天書選民，沒有中國人，世界永不會有人類的和平。中國人以德報怨是永恆共信真理。人類因此而永遠和平。中國人永遠帶給人類只是幸福永無災難。

　　"道德經"是全人類永恆天書，永遠指導全人類邁向世界大同。世界是人類共同體，習近平先生明告大家。改革開放是中國永恆國策，"治人事天莫若嗇"，韜光養晦，一國兩制，道主儒輔由中國人啟導世界大同。偉大鄧小平先生，偉大發展繼承者習近平先生，堅志不移，為中國幸福而終生。

　　下面分由四個方面闡述：1. 揭開中國黃土高坡的謎；2. 岩畫的啟示；3. 由黃帝傳說轉變為真；4. 印地安人是中國商朝的子民。

1. 揭開中國黃土高坡的謎

　　宇宙已經過三百億年以外的華誕，迎接了三十多億年前生命的到來；由一億數千萬年祖鳥爬行地面開始，大概一億三千萬年前鳥兒已經可在天空飛翔；恐龍此一恐怖的龐然大物，在一億年前已經肆虐；大象在一千七百萬年在草原上奔馳；三百萬年前的人猿頭骨在非洲出土，暫且稱它是人類的祖先；然而，從中國黃土高坡的揭秘，似乎很多論斷均成了疑案，還要等待進一步的資料證明；當然人類的始祖豈止三百萬年那樣短小，再説多兩倍也不説長！喜瑪拉雅山大平原才是人類真正發源地。西方説人類起源非洲，他們傳統的固執西方政客，他的仇華來自秦始皇築起防衛性的萬里長城！中國人不該斷他們搶掠口糧和物資。

　　中國近年古墓 6500 年出土，所以陳子早斷非洲三百萬年前的猿頭骨，西方政客以之炫耀，全屬反華的宣傳。

　　完全可以肯定，人類是由喜瑪拉雅山移徙到非洲，人類最早的發源地是喜瑪拉雅山。

在中國陝西一帶，考古學家發現古象羣的化石，揭示了黃土高坡的謎底，確認一億年前，此地是浩瀚的汪洋大海；三百萬年前的黃土高原是森林茂密地帶和一片亞熱帶氣候濕潤的大草原。由河南的"豫"簡稱完全可確斷當時中原是亞熱帶氣候，其後因喜瑪拉雅山上升，地球重量向南移，而中國中原變冷。此斷絕中國人步行到美洲。從此推斷，人類最早起源於喜瑪拉雅山，而並不是非洲。

道德經第 50 章「陸行不遇兕虎」，反映中國中原五千年前源正是亞熱帶地方。

從黃土高原在一億年前是大海的謎底，完全有理由相信，世界屋脊的喜瑪拉雅山是地球上最早的大草原；也許看見今天她那高聳嶙峋的樣子，懷疑她原身是一大草原，大家切勿忘記和忽略，她每年還繼續在增高三十厘米。

老子說的「谷神不死。是謂元牝」，就是指這個地方，生命起源於此，人類從這大草原起步，向世界各地徙移。

"人創造人"，是進化的真理，人是由有人類基因細胞體進化而來。進化的歲月，豈止三百萬年，一億年恐怕仍然太短。喜瑪拉雅山確是人類起源的搖籃。

中華民族雖然有部分人羣跨洋越海到東南亞一帶，甚至萬里迢迢的去到亞美利加洲，但大部分人羣是羣守母親懷抱，朝日趕潮去到黃河流域，創造了光輝璀璨的河套文明，中國高踞世界四大文明古國的寶座，引發整個世界的文明，並為整個世界人類鋪設了走向和平幸福的前程。中國深知自己肩負重責，既開拓世界文明，亦啟導世界大同，必須以德報怨，實踐此偉大重任的未來。

中國人是世界人類文明的拓展者，因永恆堅持以德報怨，亦必然是啟導世界大同的唯一可能的國家民族。

2. 岩畫的啟示

喜瑪拉雅山山麓下的四大文明古國，她們共同以象形文字開始，但除了中華民族以卓越的才能解決了重重困難，數千年一直保持象形文字的發展並創造了輝煌驚人的成績外，但其他的文明古國均無法堅持，終於改轅易轍，走上了拼音文字道路。由此可見中國古國永存，人類世界大同是中國人應負目的。

在象形文字之前，岩畫是其先驅，可以在岩畫殘存中，找到人類活動和遷徙的蛛絲馬跡。目前在世界上發現的岩畫，不少是出於深下一千尺的洞穴裡，線條的流暢和優美，完全可以相信是道出人類腦袋指揮的雙手；但此不足以說明當時人類是穴居在過千尺的深洞裡，只是經過地殼的自然變動塗改了原狀而已，使現代人產生神秘並不切實際的幻想。

中國不少學者和教授，對岩畫的研究受到世界性的肯定和欽佩。根據他們廣泛考察及細緻深刻的分析與比較，找到中、美、俄三國的岩畫有其驚人相似之點；射日的神話岩畫，在中國境內，在俄羅斯東海岸和美洲西北海岸，存在不少近似而相同；從此岩畫的近似和相同，使人彷彿找到了當時人類遷徙的路線，從中國經俄國到亞美利加洲，揭示了印第安人的族根。另從江蘇省至福州到台灣和香港，在岩畫的近似和相同中，看到它們是同一文化區域源流。這似乎是告訴人們，中國是移民的起點。亦暗示人類的起源。亦啟示，中國是文明拓展者。

亦說明喜瑪拉亞山是人類起源的搖籃。並非西方政客假設的非洲。

人類岩畫好像古老文化懸吊的路燈，由中國向北延向世界各地，亦由南方走向世界各方，而組結成一個連環相接文化圈。全世界文化以中國為核心發展。

西方政客，和宗教政客，更加心連一致侵略中華。啟拓世界文明非中國人不可，咱們西方而體面何存。實現矢志永恆侵華掠華。這是政客終生的仇恨任務。這亦反映歐洲人要偽造人類起源非洲的原因。

中華民族由喜瑪拉雅山落到黃河流域，岩畫描述了一條人類遷徙的路線，由黃河流域經俄國到美洲；另經江蘇去到福建到台灣到香港到東南亞一帶。這是一條初期的文化輸送韌帶；其後的絲綢之路，是另一條新的文化輸送帶，它促進西方早日結束黑暗時代，並啟蒙了文藝復興，更為工業革命提供了科學思想基礎。西方歷史學家，宣傳西方工農業革命由希臘哲學家自動而發展。是一派謊言。

中華文化的傳播，全無血腥和硝味，聯想起近百年的殖民主義宗教、政治、經濟和軍事，對華失卻人性的侵略和蹂躪，令人切齒而衝冠。不過中華民族永遠心地平靜。不離以德報怨的民族重任。中國改革開放、一帶一路，世界共同體充分體現中國人永遠不放棄和平。

人類新的時代已經露出曙光，全世界善良者團結起來，給居心叵測的政客們敲起喪鐘，讓他們早日"蒙主寵召"！人的社會之外，如果真有鬼神，能被封鬼神一定品德優良，視人視物態度尺度無偏；誰作惡犯科，必然受到懲罰，所以敢說西方

政客"必受上帝懲罰無疑"！天庭上、太上老君、佛祖、上帝、耶穌、天后、亞那真神，無分彼此，均平等共挽天下之人群。世界政客，必是最後受審判者。為美國罪魁禍首，應已備大監牢等待他們；美國政客，是世界罪魁禍首。

全人類共步和平幸福的坦途！中國人永抱以德報怨，貢獻人類堅決與全人類共古共全共心。當然，天佑中國人，百廢俱興。"世界共同體的論斷必然實現"。

陳子早根據道德經推斷 2035 年，美國明顯走向衰亡。全人類可拭目以待。

3. 黃帝由傳說轉變為真

對中華五千年文化，不少人抱有存疑，認為欠缺文字根據，尤其是近日年來，受到殖民主義宗教、政治、經濟和文化瘋狂的污染與侵蝕，不但對自己民族文化更虛無而菲薄，並且還積極去引導年青一代，出賣他們自己的靈魂。西方宗教是罪魁禍首。

螺祖是華夏民族先祖軒轅黃帝的元妃；她在五千年前，最早掌握栽桑、養蠶、繅絲、織染技術而被後世奉為蠶神。由此歷史而推斷，中國科學技術已經達到很高的水平，並非其他國家和民族國家可比。中國是人類文明的拓展者，亦是科學的先導者。陳子提醒中華民族，為甚麼中國夏朝後接著是商朝，"商"反映中國到了商朝已經進入商業社會！當世中國人勿粗心大意盲目妄自非薄中國人！商朝是全人類進步的總標誌。

有關她的一般的證物，琳琅滿目，但古蠶卵、古蠶蛾、盆罐等最為有力的證物，並非是誰可偽造偽託的東西，證明螺

祖是歷史上信實的人物。歷史証物勝於雄辯。如果這歷史是事實，由一萬二千年文明至螺祖只是相距五千年。五千年可以進步到螺祖的程度嗎？似乎中國文明應再推前。從螺祖的聰明才智，所以中國由古至今仍諛傳：天下無不是父母！中國人永遠"以愛得天下"，從螺祖完全反映。

近年發掘 6500 年前的古墓，更可推算中華文化文明有一萬二千年。

螺祖史跡和證物的發現，為找尋古西陵園的舊跡，提供了寶貴的線索。

有關黃帝的記載，資料非常豐富，但螺祖的史跡和證物，更證明黃帝在歷史上真有其事、確有其人。更有力証明陳子説世界文明由中國人拓展，而推斷啟導人類邁向世界大同。這是必然的將來。加上一帶一路發展，世界共同體，更可實現無疑。

自從西方工業革命成功，和西方宗教的傳入，為了吃飯、金錢、有保護勢力，卑躬屈膝的中國人服務西方當跑腿，為害國家和人民，恬不知恥。中國社會要永恆推行唯德唯能教育，貫徹始終！為政者！不然，您是害國昏君。道德經是全人類天書。尤其是香港特首推行一國兩制，對內可防左，對外可促使西方資本主義加速衰亡。鄧小平先生，救了中國、救了世界、救了共產黨，是全人類聖人。習近平先生天才繼承，一帶一路，世界共同體。

"青山有幸埋忠骨，銑鐵無辜鑄佞臣"，這一聯對無恥讀書人有否警誡作用呢？一個真正讀書人，一個真正為政為國為民者，好應"天地為我而生，我為天地而死"！豈能瀆職貪污乎？更不要胡思亂想，千方百計搞壞中國偉大政治走向，道德

經是全人類天書。天書由中國起始，中國人永抱以德報怨服務全人類。

4. 印第安人是中國商朝的子民

在一段悠長的歲月裡，世人無法理解印第安人的族根，因此稱他們土著紅番，豈知他們出自名門望族，是推行商品經濟殷商時代的子民和人臣的後裔。他們是偉大中國人！美國原是中國人的發祥地，但却遭美國人當紅番而遭受屠殺見賤！美國政客真是罪魁禍首。

"攸侯喜"是殷商時代的將軍，由他領導軍民經俄國進入亞美利加洲（簡稱美洲）。

中美洲印第安人三千年前玉圭遺物，上面所刻留的文字被人譯破，原來它們是殷商時代所使用的文字："且有娥氏黽翟伯，祀農姙辛，祠多目、蚩尤、多咼、「日黽」（相士）並王夾，十二示土（社）二……"這些文字證明了五六千年前，中國上古確有黃帝、蚩尤；夸父族團的存在。有歷史為證，證明他們是炎黃後人。美國從古代中國人手中搶佔現在美國本土。並說明真正美國的原居民是古老中國人。**難怪當今美國人祖宗如此仇恨古中國人，並緣至今要打貿易戰。美國政客是人類罪魁禍首。中國人要世代相傳，銘心永記，美國政客永遠是中國敵人，切勿輕信他們。大家要健康長壽見證陳子根據道德經論證，美國於 2035 年走向衰亡！醒眼看螃蟹，看你橫行到幾時。祝中國人愛國者長壽！拭目以待此天到來。**

印第安人，再不是生番土著了，他們是中華民族的後裔。最早到亞美利加洲的中國移民，確是中國歷史上經濟繁榮殷商

時代的人民和將軍的後人，新大陸最早發現者，是中國人！現在的美國，原是中國古老民族領土國家！美國是古老中國人領土。其後為美國人奪取，並遭屠殺滅族。美國政客直至今天仍念念不忘侵略中國。美國政客可恥！**緊記 1899 年宣佈門戶開放政策，1900 年發動庚子賠款，足見美國的慈悲，最終目的是侵略中國人。中國歷史學家，好應揭露此一美國掠地滅族的醜惡作為，聯想至今天的貿易戰，不痛恨美國政客者，他是個甚麼樣中國人？**

　　偉大中國革命家，開創中國民主新紀元的孫中山先生，在他遺囑中這樣説：

　　　　「⋯⋯在求中國之自由平等，積四十年之經驗；深知欲達到此目的，必須喚起民眾，及聯合世界上以平等待我之民族，共同奮鬥！」

　　孫中山先生這段遺囑，對中國人千秋萬世，仍有其偉大意義！

　　由孫中山先生「天下為公大道行也」，足可信他是個忍辱負重偉大革命家，縫補中國歷史偉人。但悲日本軍事學妄夫，無知三民主義的真諦堅持發展下去有共產主義因素，唯恐國共終有合作一天。不過國民黨因有蔣中正先生剛愎自用，依奉日本軍國主義軍事學，無知毛澤東先生洞悉道德經戰術，蔣先生屈居敗將，敗走台灣，永不回鄉，唯有停屍有待國共統一而榮歸大陸家鄉；入土為安。其子蔣經國先生亦曾有驚人政績，但可惜父子均無道德經的修為，故意拖延民族統一，而將台贈送給李登輝，禍害台灣人民！不過經陳子再三思考研究，蔣家父子均有國共言和之心，但為美國政客所迫，美國深知，如果國

共和談合作中國必走向強盛，美國因此迫國民黨絕不能與中共言和。蔣氏父子在此威迫下而國共必須決裂。

偉大的殷商時代的人臣子民的後裔，印第安人，寄語你們「甘其食。美其服。安其居。樂其俗」，雞犬之聲相聞，與人類老死往來！但緊記，我們同是偉大古老中國人！

您們祖先中國人的偉大中華民族已經建設偉大國家，高舉拓展世界文明的壯志，啟導全人類邁向世界大同。

悠長的苦難歲月已經過去，新時代在開始，正所謂古語有云：

天若有情天亦老，人間正道是滄桑

中國商朝的子民印第安人，要保重，努力趕上時代潮流！與偉大新時代中國會合。宣揚中國人傳統道德，以德報怨，實現世界共同體，改革開放，發展光揚中國人是人類文明拓展者的偉大貢獻，並是人類大同的主導者，貢獻全人類。

「天將救之。以慈衛之」。好人有好報，是科學的報應，並非虛言。

唯能唯德永高舉　　啟導世人恒向前
政客何須橫暴惡　　衰亡日子必膠纏

（四）殷商臣民如何登上新大陸

印第安人，長期以來無人敢想像他們來自黃河流域；其後儘管譯破他們三千年前祖先遺留下來的玉圭內的文字，但他們如何長途跋涉去到美洲，則頗為費盡思量。原來根據道德經第五十章的"陸行不遇兕虎"，兕是犀牛，証明中原是亞熱帶，和河南簡稱豫，更説明推斷無差，反映殷商人可去美洲。

地球開始之初，表面全為水所淹蓋，汪洋一片。經若干萬年後的地心和地殼運動變化，喜瑪拉雅山徐徐升起，露出水面，成為一片遼闊大平原。它的上升，直到今天尚未停止，每年仍然上升三十厘米。帕米爾高原和西藏高原亦隨着先後升起。**這三處高原升起後，改變了南北半球的平衡，使赤道慢慢向南移，地球氣候因之而產生變化，北半球亞熱帶的氣候向南縮減。在中國氣候歷史變遷中，可以找到證明。喜瑪拉雅山升起，改變地球南北平衡，而出現氣候改變。**亞熱帶向南移。南陲香港氣候，取代了河南。

今天的河南，在古代氣候潮濕，森林茂密，草原遼闊，是大象成羣結隊生活的地方，所以簡稱它為"豫"。到堯舜時代，舜帝在湖南用象耕種。東漢後的三國，曹丕年幼時以智取象，説明中原尚有象生存。唐朝時代的韓愈，貶官到潮州，此地尚有鱷魚肆虐。大象和鱷魚是熱帶地方的野生動物，今天的韓江仍找到淡水鱷魚，這充分反映歷史氣候的變遷。説明商民去到美洲的真實歷史真實性。

古代的西伯利亞，氣候不像今天那樣冷酷無情。殷商時代臣民供經西伯利亞東北部，作為跳板去到亞美利加洲，生根落

籍為印第安人。印第安人是偉大古中國人，亞美利加洲是古代
中國人印第安人國土；他們是該土地的老祖主宗，亦是現代居
民，豈可遭受屠殺？按世界神靈品德無分，殺害印第安人者必
受上帝懲罰無疑。尤其是美國政客是世界罪魁首，不受天譴，
也必受人民將來懲處。

　　喜瑪拉雅山、帕米爾高原和西藏高原，她們仍然喜愛向上
發展，而促使南北極的分野；因赤道而轉移，很多動植物他們
是氣候的兒女，喜愛跟母親過他們一生。相信地球和氣候難於
改變她們的脾性，惟有人類遷就她們三分，這些問題寄望科學
家去斡旋，使天地交泰，整個人類適時應天，快樂一家！美國
的政客永是人類罪魁禍首，永是人類的害蟲。悔改吧，以功償
罪，美國政客們。

<blockquote>
無邊宇宙雲橡瓦　　聲色無分是一家
努力和平終有望　　天心無負是中華
</blockquote>

第三節　《道德經》的歷史觀

《道德經》的歷史觀是甚麼？肯定不少人會認為此是標奇立異、無稽之談，二千多年來，並無一人提過此一問題。敬請中國人慎思和研究《陳子論政》之言。

「道法自然」，這是老子在《道德經》中的總觀點，把宇宙萬事萬物的發展和運動盡皆概納其中；毫無疑問，人類的整個進化、發展和運動的過程，無論是大是小，那怕細若微塵的瑣事，亦不能跳出此一總觀點的規限。

為了進一步更具體地說明他的歷史觀，《道德經》特別強調地說：

「執古之道。以御今之有。能知古始。是謂道紀。」

把過去的歷史好好地總結和把握，並找到其中的規律，即所謂「紀」，再將之去指導現實、衡量現實，也就可以「御今之有」，那所謂掌握了現實的歷史發展規律了。

"道德經"是全人類天書，中國人切勿輕視這本天書！要洞悉精通。

到底歷史的發展規律是甚麼？這一問題肯定令不少人歡顏失色，啞口無言，懷疑自己有限的智慧和天才；經深入而經了解後，才會相信中國老子是一位宇宙精英。也許尚有部分平均主義的殘餘的學者，會懵懂地衝口而出，說歷史的發展規律是"鬥爭"。這一觀點，肯定完全愚昧無知；事物的發展是進步而"和諧"而絕非"鬥爭"。鬥爭是永無寧日，世間其事萬物，以二合為一，是發展的核心，然後一分為二。一分為二，是為新的二合為一而產生，不然，必然是死亡的走向。

　　《道德經》是世界上唯一唯能唯德哲學天書，唯能必須唯德，不然是空虛騙人的哲學，並是傷天害理的哲學。世界上"只提鬥爭"而"不顧和諧"的哲學，災難人類，人類飽受其害而必然。這種害群之馬的在歷史發展中經常反覆零星出現，為政者小心，勿為愚惑走錯害民。鬥爭無止無休，最後的必然的結局是必然衰亡。萬事以和為貴，意指任何鬥爭的結果，必然是要和的結局。不然，是錯誤的哲學思維。

　　在一段頗長的歷史過程中，因為有些人堅持「鬥爭」這種觀點，以「鬥爭」去「御今之有」，把人類陷入悽風慘雨的災難漩渦！害死中國多少精英。

　　念蒼生之不辰兮，獨愴然而淚下！

　　老子認為萬事萬物發展核心動力是來自「和」，和諧是萬事萬物的發展規律核心，和諧的內涵包括了運動、淘汰、取捨，和諧與矛盾等內容；因此，把「鬥爭」提到欲蓋彌彰地步，仍然「義無反顧」，豈不是太惋惜而痛心了嗎？

　　不過，鬥爭偉大的貢獻，是有"救亡的效能"。救亡的偉大貢獻，使不少人無知和諧是事物必然的發展規律。為政者要永恆謹之慎之。

　　"物競天擇，適者生存"，這句話是指物的自然適應，但忘記人的思維適應性。人為萬物之靈有其能動作用。就其能動作用，亦是事物主要的結果而是為求和而生。

　　適者生存，是指以生為貴。

　　願中華民族當代亞父，能健康長壽！

　　是他扭轉中國乾坤，救了中國人！救了共產黨，救了世界！鄧小平先生是共產主義的革命英雄，永恆的英雄。中國人

永遠緊記而感謝此位時代偉人。

他的言行、思想和情愫脗合了老子《道德經》：

「萬物負陰而抱陽。沖氣以為和。」

一個卵子和精子在人體內成熟了，排出人體或在人體內消亡，這是必然的途徑。它們的排出和消亡，這種必然是因為要「和」的要求所帶來。如果它得不到「和」的實現，最後的盡境是消亡。當精子和卵子得到和的出路後，新的事情才會誕生。這是事物的共同要求的發展客觀要求！

説到社會中的生產力和生產關係，哪一樣、哪一個環節，可以跟「和」背道而馳呢？

萬事總"以和為貴"，"鬥爭到頭必然是災殃"。家衰口不停，口不停是鬥爭無止無休必然，亦是衰的必然。治國治家，永遠欣求和諧，國泰和諧。

鬥爭是吐固納新的必然，全為連接新生；既然如此，則和諧是永恆。而鬥爭是暫時，階段性的事情。鬥爭永遠是劇痛的止痛餅。這是救亡的作用。和諧的發展性，必然產生鬥爭性。鬥爭的最終目的永恆是和諧。和諧是萬事萬物鬥爭最終目的。

以工廠主和生產者為例，他們彼此的關係是因「和」而結合，是因為求「和」而產生矛盾，最後亦因「和」而破裂或發展。如果雙方共求取「和」，則向和發展而必然。雙方得不到和的目的，必然有一方脱離實際而不鬥爭，結果兩敗俱傷。到頭的挽救還是"以和為貴"。**國共矛盾，來自蔣先生欠缺道德經修養而敗給毛先生。這是毛先生要求和，而蔣先生恃強凌弱要求鬥爭帶來失敗收場。**

「為腹」是彼此「和」的核心力量，如果能解決他們兩

方「合理的和」，「新的和」也就水到渠成，生產又重新發展進行。這充分體現"以和為貴"的深刻道理。道德經的"哀兵必勝"是永恆真理，持之以理的規律必勝。這話的核心，是哀者知和的必要性。

因此，說歷史的發展動力是「和」，歷史的發展歷規律亦是「和」，兩者都是「沖氣以為和」。如果說"沖氣以為爭"，則天下大亂，永無寧日，《道德經》就成了缺德者的"天書"，批評他遺臭萬年，永不受用。《道德經》永遠以「和」為核心，戰無不勝！體現"哀兵必勝"的永衡真理。毛澤東先生戰勝蔣先生是典型歷史教典。

老子的歷史觀在整個人類歷史中，是唯一「前無古人，後無來者」的正確觀點，《道德經》的歷史觀，是認識歷史、衡量歷史、批判歷史、指導歷史、掌握歷史、創造歷史的指南。道德經是全人類永恆的天書，豈虛言哉，誠全而歸之。

「和」是人類生活的命根、民族的命根、國家的命根、政黨的命根。

要真真正正去宣傳中華、說服中華、取得中華，領導者無分高下大小，一定要懂得「和」的道理，要掌握「和的途徑」，要巧妙地運用「和的方法」，總的一句話，要全面理解和運用《道德經》。以和為貴，萬事迎刃而解。"和"指導一切戰勝一切。其實和的核心是"無為而無不為"。萬物若存"自恃"，"自恃"是自敗自困自降失敗核心！因目中無人，心中剛愎自用。

全人類的命根是《道德經》！

「生而不有。為而不恃。功成而不居。夫惟弗居。是

以不去。」

其核心是「和」。永遠戰無不勝！人要永恆不衰，要洞悉 "和" 的優劣而則永勝。尤其是急躁的青年和英才，要認聽陳子的勸告，永遠是英雄！要掌握和去取勝。

人類之所以生生不息，是因為人類遵循了《道德經》這一「和」的金科玉律的道理。"和" 是事物的金科玉律，是政治金科玉律，是生活永恆的金科玉律！以和為生，以和為活，人生永遠是活的偉人。謹冀中國人盡皆共識於 "和"！偉大的鄧小平先生救了共產黨，救了中國，救了革命，救了全人類，其改革開放，一國兩制，韜光養晦，其核心是 "和"；習近平先生的今天新世界，一帶一路，世界共同體必然勝利，其亦是 "和"。這是聖人的核心思維。善和必勝。蔣先生是兵家妄夫，無知善和必勝；毛先生則不然，是善和的聖人。

中國堅持以德報怨；道德經第 78 章云：天下柔弱，莫過於水；其攻堅強者，莫之能勝；其無以易之。

（一）劃分人類歷史的傳統觀點

對以人類歷史的劃分，從傳統的角度看，似乎不甚紛紜，大致相同，其是在上古史和中古史方面，傳統的架構保持最久，到現在仍不見有大的更改和變動，但在近代史方面，頗見爭論，並且持續了一段很長的時間，為平均主義的歷史學家所把持；但隨平均主義的萎縮，爭吵已經沉寂下來，似乎另一個新的變革將會到來。

人類最早的一個歷史時期，稱之為原始社會。在原始社會

此一單元下，人類進化史，和新舊石器時期。平均主義者，亦
不反對此一劃分，但他們卻把它渲染得美如天堂，並且要以此
為複製更美好人類的將來，那就太幼稚而無聊。如果原始社會
是那樣幸福可愛，人類為甚麼要將之砸碎而進入痛苦的奴隸社
會？

平均主義者對原始社會的讚揚的歷史觀，顯然是主觀唯心
主義的，將當時人類的呻吟痛苦聲，配上輕快美妙的旋律！

當然，奴隸社會是一個受咒罵的社會；不過用奴隸這一詞
去概括，是否恰當而全面反映了當時社會的實際情況？

奴隸社會實質是一個部落戰爭，走向較大的國家形成時
期，在戰爭中被俘虜了的，變成戰勝者的奴隸。當時的人類，
怎知善和必勝？

如隸的產生和存在是無可否認的客觀事實，但他們是否是
社會生產的主要成員？而普通老百姓是否全都過着奴隸主般的
生活？如果普通百姓仍然要參加生產勞動，而他們是社會主要
勞動成員，豈不是把普通百姓都劃入了奴隸的隊伍中去了嗎？
那麼，如何還當時普通老百姓以清白呢？

還有，奴隸社會由何時開始，問題尚且不大，但到甚麼時
期結束，那就成問題了。

中國有位甲骨文專家，可能他太恨奴隸的存在，所以僅憑
幾根奴隸骨頭，就把中國奴隸社會劃到秦始皇朝代之前。完全
可以肯定，這位先生不會知道中華民族文明史不少於一萬年，
亦無動於衷於商周的商業經濟，也許不相信「**不貴難得之貨，
使民不為盜**」是出自老子本人的著作《道德經》。

奴隸社會這一歷史時期的名稱，應當要更改，不是呼之欲

出了嗎！

封建社會，更是一個不知所謂的名稱，不但看不到當時經濟生產的情況；最壞的地方，在於使人錯覺它是一個與民主和自由完全絕緣的社會，尤其是中國社會，給封建社會此一大被覆蓋到民國元年，那怕歷史學家用盡九牛二虎之力，去發掘和弘揚中華文化，評價只不過是封建社會中的殘存、垃圾的灰燼，沒有半點高貴可言。中國歷史學家是否在進行雙重價值觀的歷史中工作，先將中國歷史非薄，然後再將中國歷史抬高，而拿出來炫耀呢？

最令人痛心的，近百年來，中國人受盡西方殖民主義宗教、政治、文化和經濟的蹂躪，然而眼睛和心情仍然盯着和傾向西方，並且還反過頭來咒罵和鄙薄自己的傳統文化，高叫全盤西化。當然，這種思想感情和行為的產生，西方殖民主義者難辭其咎，但封建一詞把歷史菲薄，使國人厭惡自己歷史，豈可說中國歷史學家責任全無嗎？

還有，中國文明史，豈只五千年那麼短，起碼超過一萬年時間，單憑《道德經》這一部哲學經典，已經超過歐哲學思想二千多年。老子先進的哲學思想並非從天而降，是商周繁榮經濟的產物。接着，出現春秋戰國學術思想黃金時代，“百家爭鳴”，在西歐，到了十五世紀後的文藝復興時期，亦不足與之媲美。其後的漢朝的文景之治，相隔八百年後，又唐代貞觀之治，其昇平盛世，不但是西歐歷史所無，當時的西歐正處於「黑暗時期」。在昭昭歷史事實下，奉勸中國歷史學家和政治家不要拘泥於幾根奴隸骨頭皇帝龍袍和妃嬪的記載，就去侮辱中國璀璨的文明，給中國歷史戴上一頂齊腳的封建之大帽！

辛亥革命後，中國進入甚麼性質的社會，更是模棱兩可，眾說紛紜，莫衷一是，尤其是當平均主義歷史學家把關當道後，唯我獨尊歷史觀點，令中國歷史學家惟有附會適從，兢兢業業地"共步古為今用的行程"！出現光怪陸離的歷史觀。

如何劃分中國歷史，怎樣劃分世界歷史，如何把兩者統一起來，這都是中國人責無旁貸而要探討的大問題。

生產是社會基礎，其他全屬上層建築，任何違背此觀之歷史觀者，全是為歷史製造災難的人，因此劃分人類歷史，政治一定要離場！下面提出新觀點，以《道德經》觀點劃分歷史時期，永遠解決中國歷史問題。

眾知中國和諧好　世界鬥爭永可無

（二）用《道德經》的觀點去劃分世界歷史時期

經濟是社會的基礎，除此以外，其餘的都是上層建築。可能會有不少人認為此是西方學術思想，並非中國的東西。中國古代早知「民為重，社稷次之」，足見中國人早以經濟為基礎。社稷是政治複合體，社稷次之則可以經濟為準而劃分正史分明。儒家如此說，似乎很高貴，中國江山落後延續是儒家與帝制相結合所造成，**直至 1949 年中國才見歷史真正改變。**

只要大家翻開老子《道德經》，這種學術思想在二千多年前，東周時代，已經完整成熟地由老子提出，絕非西歐哲學家的新發明。就因儒家和帝制結合，而道家無光。社會變壞，老子出關。儒家受帝制賞識得勢。造成分久必合，合久

必分的重複。

　　中國是人類文明的拓展者，亦是人類未來和平啟導者。鄧小平先生改革開放，習近平先生一帶一路，世界共同體，促使一國兩制更如虎添翼，促使西方加速衰亡。世界將會形成五大反華潮。中國人作好準備。因此中國人要平安度過將來，要有一種永恆思想作指導。這種思想是甚麼呢？中國要永抱以德報怨。永恆謹守：治人事天，莫若嗇。夫惟嗇，是謂早服；早服，謂之重積德；重積德，則無不克。嗇的偉大思想內涵：理性知識檢查，善於發展經濟，完善行使政治，民風純樸，亦是"嗇"的範籌。永遠要不衰不被人看低，但永不趾高氣揚枉自作大。韜光養晦，是永恆的修養，嗇的精神永恆。

　　《道德經》第十二章云：

　　「五色令人目盲。五音令人耳聾。五味令人口爽，馳騁田獵。令人心發狂。難得之貨。令人心防。是以聖人為腹不為目。故去彼。取此。」

　　五色、五音、五味、田獵和貨，均非人類首要得到和解決的東西，而最要緊的，是要解決肚子的問題，如果肚子問題解決不了，其他的問題也就不是無法解決。老子要求人們看問題和想問題，切勿脫離溫飽為腹這一人類發展的基地。

　　偉大毛澤東先生文革產生，是因經濟困擾而當時香港不是一國兩制，不像今天金融收入。老子為腹不為目是人類永恆真理。歷史上乾隆皇遊江南耗盡國庫，所以佈局嘉慶殺和珅；還有漢武帝通西域，空虛國庫，弄得漢朝每況愈下。

　　人類萬事萬物的產生和發展，均脫離不了肚子的思想觀點，實質比把經濟看作是社會基礎的觀點更為具體而明確，一

針見血，大家一聞則明，一見則知。

人類由進化發展到建立文明，在此整個歷史進程中，一切活動均以經濟為中心；落後、奴隸和封建等大家不滿和鄙薄的現象，只不過是濺起的泡沫而已，豈能把它們看作里程碑，以之豎起，這不但不會警惕擺脫此一慘痛的經歷；相反，把人類引入政治的圈套，並在此漩渦中打轉，而居心叵測的政客充當了導遊！中國除老子《道德經》外，或多或少總將錯誤混雜其中。

以人類的經濟活動為依歸，將世界人類歷史劃分為六個時期，供大家參考和批評。歷史到了第六時期，是世界人類大同時期，也即習近平先生說的世界共同體時期。

希望中國領導者，代代出聖人，由幼稚園開始要以道德經精神培養。中國永強無衰。敬請中國聖人長壽，與民同樂。世界千變萬變，但中國要永強不變衰，永恆以德報怨服務全人類，永受世界人民的尊崇，要緊記永恆：治人事天，莫若嗇！嗇是治國治民治家的永恆。下面是六大時期的劃分和闡述：

1. 進化和發展時期

由「谷神不死。是為元牝」開始，經歷頗長的時間，以億計年。

2. 漁獵時期

由徒手本能到運用簡單的生活工具，包括新舊兩個石器時代。這段歲月艱辛且長。人與生產博鬥。

3 . 農牧時期

人類問始定居黃河流域、印度河流域、底格里期河流域、幼發拉底河流域和尼羅河流域，將畜牧業與農業結合成一體，附屬於農業生產之內，農業登上社會生產的主要地位。

4 . 農工業生產時期

農業生產像滋潤的雨，促使工業不斷擴大和膨脹，慢慢超越和脫離農業引導，而轉換為社會的主導，開始了工業生產時期的過渡。這時期應稱 “農工業生產時期”。

5 . 工業生產時期

工業躍居為社會生產的首位，農業無能為力地退居輔助性的次要地位，為原料提供而生產。工業生產因機械的廣泛使用而豐盛，向國外市場找尋出路，推銷自己的產品。

可惜，工業革命的成功，為殖民主義者所利用而受扼殺，在進行商品生產的同時，亦進一步加強軍事生產，藉着船堅炮利，強迫傾銷其商品，並在其中掠奪別國的資源，再將其資源製成商品，運返原國或其他國家推銷。這種平買貴賣的殖民主義手段，將人類推下災難的深淵。一個無知民主、自由永難和合的社會愈來愈複雜發展，明和暗鬥，欺騙層出不窮，戰爭、死亡、飢餓、疾病蹂躪人民不休。資本主義是歷史怪胎，因無知民主自由是永恆鬥爭所造成，社會以欺騙為中心，苟延殘喘。

1899 年的世界經濟危機，完全暴露了殖民主義把持着工業生產時期的缺點；1914 年第一次世界大戰和 1939 年的第二次世界大戰，雖然警醒了人類，認識了帝國主義的可怕，為了防

止世界性的災難重演，成立了聯合國的組織，但並未能避免朝鮮戰爭、越南戰爭和中東戰爭，以及仍然進行的地區戰禍。反映聯合國如同虛設。這說明舊的帝國主義已經衰亡，但新的霸權主義卻取而代之，將工業生產納入軍事生產的軌道。世界警察的裝扮和人權的宣傳，使人類迷惘而無所適從，受困於錯誤的思想藩籬，影響了工業時代為人類創造和平幸福生活的推前！

大家均心知肚明？美國是罪魁禍首，發揮宗教、政治、經濟侵略世界。

雖然，認識此一時代錯誤的大曾有其人，可惜卻為平均主義思想乘虛困擾，在一段頗長的時期中，不但未能作出貢獻；相反，不但破壞了本國的經濟，而在國際上亦無能為力去扭轉新霸權主義者的倒行逆施。**殘酷的自由民主的欺騙激發人類引用偉大馬克思想去救亡改造此一世界。導致世界共產主義的必然。新中國的出現，是世界永恆進入正軌的標誌！道德經必然普及世界，以中國為主導，啟導世界共同體，世界永久和平。人類幸福無邊。世界明顯出現：馬列主義救了道德經；道德經發展了馬列主義。道主儒輔的政體將徐徐升起結合新時代而發展。**

在最近二十年中。儘管有人領導四分之一的人類跳出平均主義的泥潭，步向新的紀元，但仍須這一羣人努力和堅持，喚醒更多的人加入此一真正代表時代的陣營。道德經永恆是全人類天書，堅持推行道主儒輔，永恆改變世界錯誤危機，而永恆國泰民安，風調雨順。

社會發展愈複雜，人類災難愈加重，霸權愈囂張。《道德經》成為救世良藥良政。陳子於 1986 年在香港新界北區粉嶺蓬瀛仙館接觸《道德經》，驚為天下人類聖經，苦心研究，發

表《只有〈道德經〉能夠救中國》，推動《道德經》人類天書。經詳細研究和思考，提出第六社會發展時期，稱之為"6. 世界經濟融通和交流時期"，是世界共同體時期。下面闡釋此一偉大時代，即習近平先生提的"世界共同體"新時代時期。

6. 世界經濟融通和交流時期

工業生產時期，實質是資本主義發展和沒落時期，但它的未落，並不是平均主義者所説的，通過某些社會力量去推倒它去埋葬它，它的沒落是通過本身衰亡來體現，可説是自然的衰亡，衰亡的進入必然，大家可漸見其端倪。而光明的時代必然到來。**2035 年，美國經濟明顯衰落，由此開始，西方資本走向世界共同體過渡。習近平先生天才指出時代由中國新時代開始邁進。**

新霸權主義是這個時代的最後支柱，隨着它的衰退而衰亡，資本主義社會兩者的影響和形成的關係在發展過程和結局。

另一方面，代表時代的陣營，愈來愈為世界人類認識清楚其真正代表人類利益的面目，毅然放棄對新霸權主義的支持，連同其本國人民，加入此一代表時代的陣營，通過和平的演化，進入世界經濟融通和交流時期。這是一股無可阻擋的必然趨勢！

這一和平幸福的時勢要求必然實現，因為人類終有一天會共識，人類之所以遭受飢餓的蹂躪和戰爭的摧殘，原因來自人類並未完全理解「聖人為腹不為目」世界性的老子的經濟生產法則；這一指導性的萬世必依的法則，一旦為人類所掌握，並

以中華民族振興為實例，自然地會形成一股排山倒海的力量：高舉老子的《道德經》，奮勇前進，迎接新時代的曙光。

這一時期到來的過程，仍須經過三十至四十年的思想醞釀和對老子《道德經》的宣傳，以及振興中華的成效，大概在二十一世紀四十年代末期，它定如旭日初升，全人類為之歡呼雷動！中國應擺脫一切阻撓而迎接此一新時代。是中國人偉大使命。

「聖人為腹不為目」，是人類歷史的發展基石，惟有站在此一基石上高瞻遠矚，將歷史劃分為六個時期，才可引導人類跳出災難的深淵，為未來的和平幸福奮鬥不殆，解決一切不必要的束縛和爭持。

以經濟發展為基礎，去劃分人類歷史時期，它好像一把天梯，引導人類提前望見光明。

「世界經濟融通和交流時期」，是人類建設永久幸福和平的時期，亦是憧憬付諸實踐的大同世界！

不亦樂乎？

《道德經》是全人類天書，它的唯德唯能，永遠必然督導全人類邁向世界大同，所以陳子著作要改名為《只有〈道德經〉能夠救世界》，是適應時代的要求。

中國是人類歷史文明拓展者，亦是未來世界大同的啟導者，中國人偉人智慧將今中國革命因素全部化解，讓人類無改地邁向大同。

分歧思想紛爭久　道德天書化困難
經濟永恆朝發展　人民生活享悠閒

第二章

《道德經》的完整政治思想體系

第二章　《道德經》的完整政治思想體系

引論

　　《道德經》面世已經有二千多年了，鑽研它的人多若九牛之毛，但仍然無人能譯破這個謎，清楚地告訴人們它是一本甚麼樣的書。正因如此，中國窮困受外國侵略和霸凌，原因是洞悉道德經的人少得可憐。作為今天的青年，洞悉道德經是最崇高標誌。

　　不少人對它的內容還沒有弄清楚，連其中的語句仍未弄懂，已經在批評它的思想缺點，實在是蚍蜉撼樹，並且暴殄天物，對民族不負責。這些人要認真全副精神投入《道德經》中，戒除找缺點的心態，多從正面去考慮問題，結合現實，發揮其偉大意義，貢獻中華。呼籲不懂《道德經》的學者尊重《道德經》和其本人，棄粗野學術態度，認真讀懂《道德經》，將多有益國家民族、人類和自己。

　　中國國教道教，尊它為聖經，由東漢時期已經開始沿用。他們在《道德經》的註解和闡述上，所談的是難於捉摸的修身練體的理論，但在治國治民方面似乎不見多言。道德經是一本天下天書，是天下困難，無不解決的天書。

　　然而，歷史上不少道家人物，當天下大亂時，就義不容辭地自告奮勇，救民水火，大顯其才，建立豐功偉績，其後受助得天下帝王却追殺而則退隱江湖，過其不受勾心鬥角牽制

的平淡生活。統治者不但不多謝感激他們，卻千方百計陷害他們，怕他們去扶助他人，而自己的江山不保。如此的帝王數不勝數。這種現象的生存，與儒家有莫大的關連！儒家鐵桶包裹社會帝制主觀，使道家難於改變的客觀，不得不説出氣數未盡或已盡，而無窮無盡的追求，以助自己得天下。如此事例細心觀察分析歷史，反映總共治者為能苟延殘喘確與儒家有莫大關連。以清朝為例統治三百多年，以連係張勳復辟而足見儒家的遺害。如果社會「道主儒輔」天下必有所改變。

諸葛先生是位出色道家人物，可惜受情義所困，為盡托孤之義，卒死軍中。偉大道家思想諸葛先生，因三顧草廬之義，儒家和道家混合思想綑綁了他，鞠躬盡瘁。這事例反映道家亦受儒家思想影響，使道家道儒家而自走末路！看，那麼道主儒輔，不是有其好處嗎？

研究的學者，無分中外，萬萬千千，但對「道」的觀念，從不離先天之氣和混元之氣，把舊的觀點和內容重複反芻，並未能提出新的時代見解，很困難與現實相結合。這是典型受儒家之害。宋朝提倡君要臣死，臣子不死，是為不忠；父要子亡，子不亡是為不孝。宋儒創出宋明理學，傳至西方，使歷史社會劇變，造成世界彌天大禍的降臨。宋明理學促使西方出現資本主義和馬克思偉大救亡社會思想主義。

人類從開始就處於你死我活的鬥爭，唯心主義哲學家總結出來對立鬥爭是事物發展的動力，因此當鬥爭是圖騰，帶給人類災難無窮。此事實有幾人能知道呢？

殊知歷史由開始就是毀於人類誤以鬥爭是推動社會發展動力，連不少偉大聰明的君主亦將國家政權政治鬥爭是核心。由

夏商周開始，無一不是無知政治不當害國害家害人民。世界上唯有道家政治，永利人民永利國家，更永利聖人發揮其治國天才，永恆天下政治。受尊受崇！

　　中國人都是偉大的老子道家哲學家，他們整天在說「以和為貴」，提醒人求進步而要「和」。道德經是天書，確有促使天下同和的偉大能力。

和氣一門添百福　　平安二字值千金
道宗儒輔清明治　　中國江山永太平

　　道家的「和」以時間、地點和環境而轉移，不肯「和」的「強梁」，最後還是「不得其死」！歷史層出不窮。

　　統治者當皇帝前非常謙虛，但當了皇帝就脫離人民和社會。

　　《道德經》第二十九章：

　　「將欲取天下而為之。吾見其不得已。天下神器。不可為也。為者。敗之。執者。失之。故物或行。或隨。或噓。或吹。或強。或羸。或載。或隳。是以聖人。去甚。去奢。去泰。」

　　人類要擺脫鬥爭帶來的禍害，跳出人為自私自利的災難漩渦，唯一的途徑是推行老子道家政治，不然，別無其他通道。社會的安寧有賴，"晨早當思謀生計，閑時應讀道德經"。這是金科玉律。道德經是全人類天書。

　　《道德經》的政治，是世上唯一最理想、最完善的政治指南。請大家深入研究，而不用懷疑。尤其是第二十九章，更要

精心研究，一個國家領導人更要置股掌之間，夢寐毋忘！偉大統治者，您是人民父母！毋忘！毋忘！江山那會有失去之理，人民那有飢餓的發生，天下那有大亂。昇平、幸福應是永恆！明末崇禎是亡國之君無恥典型，上煤山前仍對鏡説自己非亡國之君，典型可恥統治者。中國領導人，切勿學習他，如此昏君。

　　　　道儒王位尊天定　　道法自然不敬崇
　　　　倘若神州循道法　　中華無間永英雄

第一節　《道德經》的政治觀

（一）《道德經》的政治概念

　　政治，是人類經濟生活的意識形態，抽象而解釋困難，歷來有關解釋，絕非三言兩語，如果要求言簡意賅，有古謂登蜀道之難。

　　然而，老子把政治比作「無名之樸」，應是前無古人，並且在三十七章中，用不足五十個字，把政治　念說得清清楚楚，亦應是後無來者！且見其原文：

　　「道常無為。而無不為。侯王若能守。萬物將自化。化而欲作。吾將鎮之。以無名之樸。無名之樸。亦將不欲。不以欲爭。天下自正。」

　　人類若能共識道主宰一切，將一切運作均以道為核心，政治全面歸付於道，將政治與道相結合，如此的政治也就會成為戰無不利的政治。若不然，政治脫離了道，則孤立而無作為，成為害人的政治。

　　天地人間永恆之道，永遠順應「道法自然」，不偏不倚，因此它無所不能為；任何一位領導者若能恆遵它的意旨去做，宇宙間萬事萬物，均會順應自然常規和人之常性化育與發展。如果在此過程中，因私欲萌生而亂常性，我就會用那「道」的純樸精神，去約制和化解它。這種純樸的精神，是永無私心雜念的。因為推行無私無欲的精神，整個人類世界也就自然地按着常規正軌去運作而不偏不倚。

　　道統天地，一切運作均依附於道而運作，是永恆不變的社

會真理。政治永恆聽道指揮，國依道、群依道、事依道、政依道，總而言之，一切依歸於道，社會才永恆不出錯誤。

　　老子認為，人之所為，必須依循天道之規律，不得按私欲而為之。所謂天道，是宇宙能量之統稱，由物質所發揮。人道是社會能量，來自社會物質的發揮。在天道和人道之中，人是其中的主管，通過人去協調和發揮，為全人類創造幸福與和平。因此，人必須時刻要警惕自「少思寡欲」、「萬物作焉而不辭」、「為無為。則無不治」。

　　人要永恆主導事物正確無誤，必抱永恆道與政合，政治附從於道。

　　「無名之樸」，是人從道中領悟出來的精神，用以治理社會，實質是人類社會中的政治指南，亦即是理想政治的指導思想。從廣義來說，它是哲學思想，從狹義去看，老子是用以表達一種理想政治的總概念。

　　老子在此一章中，集中反覆地談論它的由來、作用和運用，以及其效能，是人類社會中不可缺少的思想意識，即政治思想。

　　樸，是魁梧高偉的喬木、花、果、幹、葉和皮，為人類貢獻，毫無保留。木最大的特點，是雌雄共體，似乎體現了「萬物負陰而抱陽」的太極原理，藉此以表達「道」的思想和感情。

　　「孔德之容。惟道是從」，人類社會一切「惟道是從」，而社會不是以道政治為中心，則人類社會永恆不會不政通人和，國泰民安。若然政治脫離道，則社會走上必然雞犬不寧，人類走上自然毀滅。社會所以永恆存在、永恆交替不改，因為

政治永恆以道為中心。政治結合於道，道指導政治，政治永遠
有益於人。它是生活政治，人民的政治，是永恆的好政治。

**道指導聖人，政治永恆為道而為中心，指導一切，永恆無
敗無失。永恆政通人和。**

（二）《道德經》的科學宇宙觀

儘管唯物主義者怎樣誇耀他們的哲學思想是如何如何的科
學，可惜他們的哲學的最高境界只能去到物質的"細分"，並
未能接觸到"能量"的地步，因此"功虧一簣"而掉進"主觀
唯心主義"的泥潭。唯心主義哲學是"神權哲學"的延續，唯
物主義亦是神權哲學的另再延續，兩者只是五十步笑百步之分
別而已。全是騙人自稱科學的哲學，害人的哲學。好好地用科
學道德經觀去研究它，是低級的哲學，不入流的哲學。它們永
恆害人。

因此，西方哲學，那怕物質怎樣發達，它們仍然無法有機
會跳出神權的藩籬；不似中國哲學，在二千多年前，已經由老
子把它推上前無古人，後無來者的高峰，認識論去到能量的境
界，使國政、民政永恆擺脫必然衰亡。

**鄧小平先生洞悉道德經是唯德唯能的哲學，他的貓論是典
範的唯德唯能科學哲學；習近平先生的一帶一路，世界共同體，
天才發揮，邁向世界大同。**

是以，《道德經》的宇宙觀，才是真正的科學宇宙觀。《道
德經》永恆是人類天書。如果人類一意孤行，以政治為中心，
政治將永恆衰亡相繼；如果以《道德經》為根本，世代接踵永

不衰亡。《道德經》永恆是人類社會政治指南，一旦脫離《道德經》的指導，政治變成促使社會衰亡而滅亡。道德經永恆全人類天書。

1. 道的自然性

　　整本《道德經》的政治觀，是建立在道的自然性的基礎上。道的自然性，是指道是能量的統稱，它是來自物質的發揮。永恆由社會能量和自然能量組合而成總稱之為道。即道德經所言的道。

　　當宇宙一開始時，道已經存在，並且在運作，主宰宇宙，創造宇宙。

　　道，絕非是神，也更不是上帝。神和上帝，是由人類出現後幻想和塑造出來的思維產品，它們的工場，是人類的腦袋，沒有人，就沒有神和上帝，所以說「人創造鬼神」，是顛撲不破、放之四海而皆準的永恆真理；然而，道卻不然，它不須經人的創造；相反，人，是道的產物，有了道，才有人。「孔德之容。惟道是從」。道永遠主宰人類，和萬物，促使人類成為萬物之靈而處理萬物。

　　道原本是沒有思維的能量，萬物的產生，並非經過一種思維組織和安排，而是經自然進化所完成。"道法自然"是永恆為宇宙恆理。

　　道，創造人；人創造鬼神，上帝屬於鬼神的範疇，是由人所創造，即人創造上帝。任何宗教，只要說神創造人，它必然是由宗教騙子和政客用宗教騙人。

　　因此，西方傳入宗教；應由政府管理。連科學中國國教亦

要找回經濟政治服務。

作為道家的政治家，必須認識和相信道的自然性，即能量的客觀性，不然，他就不是一個道家的政治家，而是一個唯心主義的政治家。危害人民危害國家。

任何宗教，必須接受人創造鬼神的思想改造，完全為國家民族服務。

「道常無為。而無不為」；「惟道是從」，事事必無難，事事必成功，「惟道是從」。

任何違背人創造鬼神宗教，永遠是叛國叛民的宗教。人創造鬼神觀，應納入公民教育內容。尤其是香港特區特首永恆尊從實行。

2. 道的社會性

道的社會性，是來自對道的自然性領悟所產生。道的社會性，實質是能量的社會性。一個道家的政治家，必須認識能量的社會性，才可能根據能量的自然性的規律去指導發揮能量的社會性。認識並運用「道」是能量統稱「惟道是從」，社會政通人和，天下無難事，唯怕常人心不堅。

道的社會性，是一種客觀的存在，要把這種客觀存在經常性組織起來，並發揮其作用，必須通過人的主觀將它們組織和聯繫，形成一種政治體系，服務社會，貢獻人類。「常無欲以觀其妙。有欲以觀其竅」，人類在日常中能將運用也就掌握道的規律。

作為一個道家政治家，必須認識道的社會性，才可能掌握道的社會規律性，為人類創造幸福的生活。道的國民教育永恆

不放鬆，出國的留學生，外國工作的外交人員，永遠忠於中華民族，永不當西方走狗，中國人民叛徒。

總而言之，道的社會性必須以道的自然性作指導，使道的社會性完全脗合於道的自然性；「萬物莫不尊道而貴德」，這是道的社會性的總綱領。

這一總綱領，時時不忘，時時不棄，時時以之指導，也就事事遂意。

「道法自然」反映統一社會和自然整合，將道的自然性的規律完全掌握而有效率準確地運用於指導作功社會；這稱之為「道的社會性」。促使中華民族永恆效忠道德經的中華！

3. 道是政治的核心思想

一個政治家，如果不懂得道是政治的核心思想，他無疑是個唯心主義政治家，定然為人類製造重重災難。人類正因為長期受着非道家思想的政治籠罩，過着叫苦連天的生活，無法跳出痛苦的深淵。人類要事事有成，永不衰亡，必須要永恆認識道的性能。領會道的無窮自然性和社會相結合，以此為永恆是核心，將政治完全道化，社會政治也就永恆以道為核心，其力無窮其效無窮了。

「道常無為。而無不為。」

這反映和總結「道」必然是社會政治的核心思想。

道是客觀存在的能量，是各種能量的統稱，它無所不包、無處不在。它並非任何神的意旨，但存在一定的自然規律，按着這一自然規律，把它發揮，服務人類，那麼，它就會成為無所不能的力量了。道永恆是政治的核心指導，政治才能永恆貢

獻人類，不然，則人類永無寧日。陳子誓言：但願誠心寫道德，何須著意做神仙。為人，要永恆唯道是從！人才永恆不敗不失效忠國家和人民。

道是萬事萬物的主宰，亦是那萬事萬物核心。人類要做好社會上任何一件事，必須先從客觀的道找到它的規律，按照它的規律去辦；在進行這一件事時，道的規律成為人類主導任何事的核心思想，促使它走出失敗，達到成功。永恆貢獻人類。**所以陳子提倡：天為我而生，我為天而死，永恆唯道是從。**

道主宰一切，指導人類思維，人類才能正確指導一切工作，工作才能事事有成。人凡要謹依謹導於道，萬事作為而必然成功無疑。

再從《道德經》第十八章，也就可以清楚地看到道是政治的核心思想的論述。

「大道廢。有仁義。智慧出。有大偽。六親不和有孝慈。國家昏亂有忠臣。」

仁義、智慧、大偽、不和、孝慈、昏亂、忠臣，這系列問題，皆因「大道」廢了，才接踵而來。這些問題全是政治內容，它們之產生和消失，全由「大道」之廢和不廢所決定，因此，「道」是政治思想的核心，無庸置疑。道要永恆遵守不棄。

且看，「大道」一旦失誤則廢，情況也就不堪聞問了：

「天地不仁。以萬物為芻狗。聖人不仁。以百姓為芻狗。」

「天地不仁」，是指天地失了道之常規，萬物和百姓也就遭劫了；聖人失掉常性天地人間也就大劫大亂！

歷史上任何一個朝代，任何一個或大或小的暴君，皆因無

「道」，而剛愎自用，好大喜功，荒淫無度，弄到民不聊生！蔣先生擁有八百萬大軍，以為可指點江山，萬民叩首聽話；豈知敗於小米加步槍，皆因蔣先生無道失道，結果老死台灣。

按陳子精心研究中國人全是愛國、愛民、愛家、忠孝盡生而了生，但經受外引誘煽動所迫所害。蔣介石父子的失敗全由美國政客所引誘、所煽動、所威迫而導致失敗、失知、失德，西方政客之所惡，盡反映在蔣家父子身上。

是以，道是政治的思想核心，還須多言了嗎？

道是政治核心，奉勸當政者，要兢兢業業，尊道貴德，事業永恆，一帆風順，成功永恆。尊道貴德，唯道是從！

毛澤東先生建立新中國功勞偉大，因尊道：但此後因思想脫離「道」而背「道」產生文化革命；幸得鄧小平先生改革開放救了中國救了世界，永恆貓論啟導的唯德唯能，《道德經》永恆指導政治，社會萬世不衰。習近平先生天才發揮，促使世界共同體。中國永恆不衰。中國由改革開放，韜光養晦，實踐是檢驗真理唯一標準；和天才發揮而促進新天地的世界共同體。中華永恆昌盛無衰。

改革開方，和韜光養晦配合，天衣無縫；接著世界共同體，中國必然風調雨順，發展向前，造福中國，強盛中國。中華民族永恆啟導世界共軌前進！

中國古云：聖人出黃河清；陳子言：鄧小平先生是在前聖人，習近平先生是在後天才發揮，而接棒聖人；聖人接連出，世界必然清！世界必永恆太平！

（三）《道德經》的政治思維方法

要闡釋此課題，由三方面去說明：1. 微觀的政治思想；2. 宏觀的政治思想；3. 微觀和宏觀的辯證關係。中國青年應閑熟掌握！

1. 微觀的政治思想

任何一個政治家，如果他不懂得對生活的微觀，豈能明察秋毫？因此，微觀是政治家為百姓辦好事的重要第一度政治觸角。如果欠缺此一觸角而觸覺事物，他並非政治家。他必然是桀紂之徒，江山盡毀於此。

為了引導好政治家如何去做好微觀，老子特意為他們定出一個微觀的法則：

「常無欲以觀其妙。」

妙，是指日常生活中事物的發生和演變，政治家對待這種現象要有喜愛樂觀的心情，並且要持之有恆，事事關心，處處留意，稱之為「常」；普通的人，對一件事物的發現和出現，很快就作出主見或者另下個判斷，這是一個政治家的大忌；無數蒼生就要斷送於此一念之間，弄到他自己身敗名裂。老子要求政治家切守恆遵，腦子心間，恆常客觀「無欲」，萬萬不可操之過急，先入為主地存有成見。

因此，政治家的腦海心間，是人民百姓的資料收藏室，這些資料絕非囫圇吞棗地貯藏起來的，而是經過細緻觀察檢驗才收藏的，可稱為國為民的備料。

如果能夠如此，微觀工夫可謂盡矣！

　　有了微觀的基礎，宏觀也就大有用場。微觀為基礎與宏觀相持運用恰當，天衣無縫，大器必成，必完必美。

　　事事微觀，時時微觀，樣樣微觀。能善微觀如此，則永無敗事。微觀和宏觀交互混作，斷事則無差，成功必然。

2. 宏觀的政治思想

　　微觀是資料客觀細緻廣泛的收集，宏觀是將整個資料環觀廣察，然後經過深思熟慮、高瞻遠矚，按照事物資料內在和外表的聯繫與制約，找到其中的規律，根據規律的精神，結合未來的估計，作出新的計畫和方針政策，這就是老子要說的宏觀思想：

　　「有欲以觀其竅。」

　　任何事物的發生和出現絕非孤立的，與其他事物有着千絲萬縷的關連，問題的困難就在這裡，彼此的關連和制約，可能不會在同時同地同一個空間和環境出現，如果過早「有欲」地作出主觀判斷，錯誤在所難免，正所謂差之毫釐，謬以千里，豈能不惕惕於君子之懷嗎？

　　「有欲」，是指有了具體的資料後，就要全神貫注地找到資料間的必然關係。在總關係中，去假存真，找到其中「竅」的規律。

　　這種的「觀」，和「有欲」是同時進行的，切勿有所分割，如果其中稍有微間，也就不叫宏觀了。很明顯，宏觀是指對整個事物要完整地、系統地、首尾相顧地、歷史和現實相結合地去觀察和分析，並找出其總結論。辦事也就不錯厘毫。

　　倘能如此周章，宏觀也就盡矣！成功必然是不變的結果。

微觀與宏觀結合運用天衣無縫，對事情的判斷也就完準無差。

對任何事物，能作"常無欲以觀其妙，有欲以觀其竅"，慎終如此，則無敗事。處事精明，辦事必勝，是必然成功。但為政者，還必須把微觀和宏觀看深一層，清楚了解它們兩者其辯證關係，才可達到微觀和宏觀的巔峰。

3. 微觀和宏觀的辯證關係

微觀和宏觀的關係，彼此存在一個辯證的關係。微和宏是事物兩個不同的階段，微是宏的開始，宏是微的結果；微是宏的根，宏是微的果。根果的關連，是母與子的相依相存，正如老子說的：

「天下有始。以為天下母。既得其母。以知其子。既知其子。復守其母。沒身不殆。」

微觀是始，相信無人反對以微觀為「母」。既然找到了開始，宏觀應是「其子」；既然知道了宏觀是「子」，回過來認識「其母」微觀的價值，應是理所當然。

由微觀看它與宏觀的關係，由宏觀反過來看微觀的作用和價值；這種哲學思想方法，是《道德經》永存的價值，是整個宇宙人類社會萬事萬物規律的總結和指南。這是永恆的規律，永常掌握此道理，運用道理去客觀事物處理日常生活，甚麼困難也就迎刃而解。道德經永恆是解決任何困難天書。

辯證觀點，是中國人首創的觀點，並非甚麼「樸素的觀點」，而是一套完整至美的理論，問題是後世人妄自菲薄，盲目崇拜，強言它是外國人所發明；奉勸如此的中國人應當從此

愚蒙的泥潭中跳出來，而屁股坐在中華文化一邊，高歌頌揚：

老子天下第一，是宇宙的完人！

辯證法是老祖宗的東西，如善如痴把它説由外國來。宋明理學是春風又綠登西岸！

如果每個中國人自幼稚園開始教導，也認識和學會此道理，中國對西方任何事物開目就明，那裡怕西方奴化中國人。西方人即能胡作非為呢？

辯證觀點，為中國最早使用和發明；所謂唯物主義，實質是唯心主義，比使用辯證觀點一詞，起碼遲了二千年。其實西方自以為是的辯證觀，是拾中國人的牙慧，《道德經》是全人類天書，無知西方説辯證觀點是由他們發明是何居心？如果無知道《道德經》這本天書則是愚蒙，難道連屬儒家思想的「宋明理學」亦不知道嗎？若是如此學者，肯定是自狂的白痴，抑或有心遺害天下，甘自受罵名，無懼企圖為害他人。倘若如此，這種道德觀，是中國人所無。此舉誰不退避三舍，敬佩他另類面皮尺厚的"偉人"！那些願作奴才騙自己中國人的"國賊"，他們全是不知羞恥的人，是中國人渣滓。説得不好聽，是認賊作父！

也許偉大炎黃子孫見中國人在辛亥革命後政治無可救藥，忍辱負重，故意曲解西傳的宋明理學餘緒挽救可愛中華。也許這種人是另類中國人，洞悉《道德經》第三十一章：「殺人眾多。以悲哀泣之。戰勝。以喪禮處之」，陳子要另眼看這種人並無限敬佩這種特殊人！

任何人掌握了微觀和宏觀的人，永遠知悉宋明理學是儒家走投無路而所找出路。西傳演變馬克思主義和資本主義思想。

民國「五四時期」回流中國。中國是世界文明拓展者，整個世界文化源自中華。五四運動應如何評價，是一場學識道德經的活學活用的考試。且看自己成績如何。

道德經是全人類天書，萬事萬物天秤，以它定事物的標準。

天下大事，以道德經標準，必對而無差錯！

（四）二合為一的科學政治觀

在一段頗長的歲月裡，人們的思想被局限在一分為二的哲學桎梏中，不少人想跳出此一藩籬，但卻有心無力並無法，因他們苦於欠缺哲學理論根據。然而，老子的哲學，**為二合為一是提供了科學根據，簡接地批判了一分為二主觀唯心主義的哲學觀，而把人類從「鬥爭」的漩渦中，拯救出來，把社會納入常理發展的軌道。鄧小平先生是偉大共產黨員，他的貓論，將道德經唯德唯能的核心內容公諸天下，他的改革開放充份反映二合為一的科學哲學觀。為習近平先生打開發展大門，戰勝美國貿易戰。敬希為政者，好好閑熟此一永恆正確哲理。**

萬物的發展，先由二合為一，然後有一分為二的情況。一分為二，錯在事物發展不知合分之先後，而喧賓奪主。造成人類認識論錯誤，倒果為因。所以哲學是人類永恆眼睛，因欠缺科學的"道德經"哲學觀，促使人類掉進災難深淵；緊記道德經人類天書。

一分為二是世界上最容易鼓動和煽動人產生破壞情緒，並產生富有破壞鬥爭的動力。此是爭先恐後的破壞力量，可一言

以蓋之，對創造和平盛世難有建樹。二合為一處處受人歡迎接受，人類所求是二合為一。二合為一是靜的結合；一分為二，是破壞動的開始。「靜為躁君」，「靜」是事物要妙，是動的根本基礎；肯定一分為二是錯誤哲學理論，是錯誤政治觀，是人類災難的深淵！不信，請回顧中國歷史而推及世界歷史。事實的歷史反映這一害人的哲學觀；害人非淺，災難深沉。

為了說明二合為一的科學政治觀，分為兩方面說明：1. 二合為一永遠是事物存在的本體；2. 二合為一的社會意義。

1. 二合為一永遠是事物存在的本體

二合為一是人類永恆《道德經》哲理。下面詳述之。

「萬物負陰而抱陽。沖氣以為和。」

「萬物」，是指各種各樣或大大小小的事物，那怕分割至最微小，陽的仍然存陰的成分，陰的存在陽的成分。這種陰陽存在的現象是不穩定而暫時的。對陰或陽都急於要求「沖氣以為和」，以表現其原有存在的最基本的本體。這說明一分為二只是一種表象，而並非存在實在的本體。就說一分為二的某一方面，他們的存在仍然是二合為一的兩性共體。這兩者是不穩定而要急於尋找平衡的新結合。很明顯，一分為二是為二合為一而發生。試以人類的精子和卵子來作例子說明。

男性的精子，其本身存在陰少陽多的兩個方面；女性的卵子，其本身亦存在陰多陽少的兩個方面。當精子排出體外，表象是一分為二，其實是「二分為二」；因為男性是陰陽二性的負抱，而精子亦是陰陽二性的負抱。精子進入女性體內，女性本身是陰陽負抱，那卵子亦是陰陽二性負抱。精子和卵子結

合，並非陰和陽單一對單一的結合，而是陽陰和陰陽的結合，即二合為一又結合二合為一而已。促使精子和卵子的陰陽全面平衡。因而成胎穩定發育成人。

當今嬰兒男女選配服務，負責選配工作的人員，只能說有百分之七十的可能，可能按人之願望達成。為甚麼不能擺脫那百分之三十的束縛和阻撓？原因是精子和卵子絕非單陽單陰的東西，其發展方向，不可能完全受到人為的思維的控制。

儘管舉十萬個例子，連那一分為二的特殊例子，恐怕亦無一個。

是以，二合為一，永遠是萬事萬物存在的本體。

二合為一，是事物必然的要求，此是「道」的運動基本原則，提醒人類處理事情時應按此理去處理，使事物正常發展。政治是維持社會法則，政治必須按此法則進行，政治才不致有錯誤傷害人民。災難也就不會發生。

二合為一是永恆事物存在的本體；但在本體發展中經常會出現一分為二的發生和發展。但仍是反映二合為一是任何事物的本質。

2. 二合為一的社會意義

在一段頗長的歲月裡，好些人給矛盾鬥爭對立面的理論迷惑了，尤其是那些血氣方剛的青少年，鬧得天翻地覆，使天空烈陽無雨，不少中華民族精英因暑熱而身亡，錯過了經濟發展和文化建設，苦盡蒼生，暴殄天物。

人，是宇宙和社會的總導體，萬事萬物的總樞紐，是宇宙萬事萬物二合為一的典型。

　　人有一對手、一雙腳，左右手腳合作，才能好好地工作和走路；雙眼合作，才能準確選擇，明察秋毫；雙耳配合，能知左右訊息；口鼻配合，一進氣，一進食。去到人的五臟六腑，亦通過合作而完成攝取後的功能。這反映萬事萬物均不離二合為一，才能發揮其完整完善的作用和合作。

　　人體的功能過程，亦是一合作過程，即是「二合為一」的過程，如果稍為對抗和矛盾，毛病也就產生，如果持久嚴重對抗和矛盾，也就難免身體毀滅死亡。「二合為一」一旦失調，影響整個生存和存在的核心點。事物失掉二合為一，是不正常觀點。從此理解其治理社會道理，必須按「二合為一」去進行。政治是其中之一，人是其中另一，二合為一，才能政通人和，社會安定。二合為一是萬事萬物的基本結合，二合為一是事物一定的正常現象。否定二合為一的哲學，是災難非人的哲學。

　　人的思想是複雜的，對同一事物見解各有程度不相同，接近的走攏一堆，這些人很明顯是通過二合為一而成堆；另一些人也是二合為一地結成另一團。這樣，形成好幾種見解去推動同一事物，不過它們有一共同點，是想把此一事情辦好，這是二合為一的基本因素，但也有一部分人用私利去進行破壞。畢竟這部分人壞的程度各有不同，這又是二合為一的基本因素。在整個事情當中，二合為一的情況不斷出現，也許到最後出現鬥爭白熱化去取新的二合為一；這仍然屬於二合為一的範疇，而絕非一分為二。一個團體有幾派人鬥爭，亦因各自二合為一所造成。萬事萬物的共同點，均存二合為一的要求，萬事萬物才有發展的動力和要求。事物的必須要求，事物才會發展，才會生「有」。「二合」為社會基本動力，時刻毋忘。

　　一個道家的政治家，懂得二合為一的政治理論，在實踐過程中會主動地去團結可以二合為一的因素，因反對而走向敵對的因素自然減少，到最後不得不走向新的二合為一。社會，因此而保持二合為一的因素，社會統一無分，國家永遠團結富強。二合為一，是事物發展的必然；一分為二是暫時，為二合為一而出現。陳子告訴大家，二合為一是必然性，但存在發展性，因而產生階段性。而認識發展性的永恆。

　　《道德經》第三十四章云：

　　「大道氾兮。其可左右。萬物恃之以生。而不辭。功成不名有。衣被萬物。而不為主。常無欲。可名於小。萬物歸兮。而不為主。可名於大。是以聖人終不為大。故能成其大。」

　　老子告訴大家，任何一件事物，均為「道」所主宰，本着大公無私的精神去處理它，它們自然會納入道流。

　　是以，二合為一的政治思想有其社會的廣泛意義，永遠存在不可抗拒的力量，是唯一正確解決社會問題的方針。

　　且看，宇宙中哪一件事物，在形成、發展和體現的過程中，哪一個環節和步驟可以脫離二合為一這科學真理的主宰？道德經是唯一人類天書。

　　二合為一是萬事萬物發展的原動力，失掉二合為一的動力，萬事萬物衰亡而死亡，甚至完全消失，原因是失掉二合為一動力。二合為一，永遠是事物的發展和存在動力。

　　當今世界裡，凡對國家、民族、人類有利的政策方針，在推行過程中，均是通過二合為一才能取得成功的。

　　切勿忘記和忽略，壞的東西亦是由二合為一所造成。物以

類聚，是二合為一的道理。懂得認識此一道理，要幫助壞因素變好，因而亦採用二合為一去對待和化解。

總之，二合為一，左右了整個宇宙社會的好壞兩個方面的事情。

可作一個荒謬大膽的假設，如果辛亥革命後，有人洞悉二合為一的哲學道理，並努力去運用它和宣傳它，也許可以避免很多不必要的民族內部爭端。不過亡羊補牢，海峽統一，二合為一的理論，仍然大有用場。二合為一的要求，永遠主宰着台灣大陸的一，即中國的統一。分裂是暫時，統一才是永恆。大陸、台灣統一，誰也阻撓不了而必然。

戰爭亦是二合為一的範疇，是迫不得已而為之的途徑！台海亦可能選擇此種二合為一是台灣學者太不懂哲學，而自焚。

兩黨合作統一後，各方時刻改進造成各一分為二的壞因素而二合為一，兩黨萬古長存。國民黨人似乎懂道德經者，不見其人！不然，台灣為何仍不統一？共識道德經是中國永恆統一富強不衰的唯一天書。

（五）事物的絕對性、相對性和兩者的辯證關係

老子認為宇宙萬事萬物均存在其絕對性、相對性和兩者的辯證關係，作為一個道家政治家，如果不掌握這一哲學原理，運用到政治上去，他就無從做個聖人，為百姓服務，推行道治的理想，而却為害百姓。人類社會為什麼永恆動盪和更換，原因社會上失掉聖人，統治者不知不明「道」，胡作非為，產生胡作非為的社會政治。社會有了聖人，認識了道治，永遠永恆

政通人和。所以《道德經》整本由頭至尾亦「治人事天」。「道可道。非常道」的規律用於指導認識事物的絕對性和其相對性，可以容易認識事物的兩面性，並微妙地運用兩面性在社會政治上。懂得道德經的政治家，必然是個好政治家，歷史上不少帝王，因半懂半不懂道德經而半途而廢。唐太宗是典型例子。我們偉大天才的毛澤東先生亦如此！想起不惜而落淚。

　　"道可道，非常道"，中國知道其中真理者，少之又少。尤其是統治者，他們因掌握武力而取得天下，統治天下；他們真無知治理國家。道統天地，道分為自然能量和社會能量兩種，主宰著宇宙。社會日新月異發展。人類社會發展必須以被運動而治理，社會永恆進步不息。下面分由三個方面去認識發展而治理，社會則國泰民安，天長地久。國泰民安。

　　其三個方面是：1. 事物的絕對性；2. 事物的相對性；3. 事物的辯證關係。

1. 事物的絕對性

　　天下間任何事理，必然會先有其絕對性，才可能出現相對性。倘若任何一位政治家有此常識，必然，錯而能改，善莫大焉，為無為則無不治。

　　治理社會和人民，統治者必須懂得此一道理而去治國治民。

　　比方，禍，是指不好的東西，人類是不喜愛而唾棄的，如果有一個人向別人宣告，說他喜歡禍，希望禍害無止無終，接踵綿綿。若這個人不是故意地歪說，就肯定是經受過重大打擊而神智失常。不過，亦經常有人碰上一個傷心失意的事情，會

對人説作為一次教訓，下次知道避免，這前後兩者的意義完全不同，前者是求禍，後者是求福。否極泰來，是禍福的關連；其關連有無，看聖人如何處理得而不常有，問題能得聖人恰當處理和解決，而天下太平；聖人如此治天下，天下必太平，此永是真言。人，無論是聖人或平常人，知錯皆改是責任，責無旁貸！必然善莫大焉！

禍的必然性是指禍傷害人，這是禍的絕對性。

因此，禍，從事理角度説，是絕對壞的，人類討厭的，千方百計要避免的。

福，是指好的，人人追求的，它也是絕對的。一件事物，有其絕對好和壞兩面性。

禍是壞，不好，這是禍的絕對性；福是好，人喜愛，這是福的絕對性。稱之為其他絕對性。聖人玄妙恆通，完全通曉事物的兩面性，在微妙元通地解決一切困難。

事物不管是好是壞，兩方面單一來説，是絕對。

如果一個政治家不認識事物的絕對性，他是一個沒有是非觀的政治家，他不但辦不好人民百姓的事情，並且還會把百姓的利益，任由壞人去予取予求。歷代帝王治國不通曉道德經而滅國滅族。

一個政治家知道事物的絕對性，就專心解決此一絕對性，事情就終會解決，國常泰民常安。

殖民主義者為了掠奪和蹂躪中華民族和非洲等地人民，他們用殖民主義宗教去宣揚一種無是非觀的宗教思想，打開受侵略者的靈魂門戶，有此人充當他們的幫兇，而肆意損害自己國家人們的利益，而無所後悔。這幫人是賣國賊，永提醒人民警

惕這些人。所以國民教育要永恆推行不怠。**道德經由第一句道可道，至尾頁八十一章，聖人之道，為而不爭；全在教育人民，指出國民教育要永恆。**

　　根據此一絕對性去解決，中國受外來侵略的絕對，偉大中國共產黨堅決尋求解決，最終解放中國建立中華人民共和國。所以共產黨要以法治黨，徹底為人民服務，江山永葆無衰。

　　今天的新霸權主義，只是將故技塗上人權的迷魂藥，重施於中華民族身上，把中華民族當個假想敵人來破壞。中國共產黨不懈提醒人民要警惕敵人。

　　中國採用唯德唯能新的方法去對抗，使新霸權主義無法可施。敵人永遠失敗如影隨人。

　　可惜，仍有些人執迷不悟，並且一意孤行拖累自己的民族走向振興之途！這些人定然是不明不白道可道，非常道的科學哲理而甘作敵人的奴才。

　　第四十六章云：

　　「天下有道。却走馬以糞。天下無道。戎馬生於郊。則罪莫大於可欲。禍莫大於不知足。咎莫大於欲得……」

　　「有道」和「無道」是兩種相反的絕對，帶來兩個不同的結果，「有道」，戰馬為耕種使用；「無道」，母馬在戰場產子。「可欲」、「不知足」和「欲得」，三種不同程度的私念，也就產生三種不同絕對，「罪」、「禍」和「咎」。

　　各種的行為和舉動，都會導致不同的結果，這是事物的絕對性。

　　晨早當思謀生計，閑時應讀道德經。國家永恆太平，人民永恆豐盛無災。

道德經是全人類永恆天書。

2. 事物的相對性

「天下皆知。美之為美。斯惡已。善之為善。斯不善已。故有無相生。難易相成。長短相較。高下相傾。音聲相合。前後相隨。」

「有」是對「無」而提出，「無」和「有」是相對的；「難」和「易」、「長」和「短」、「高」和「下」、「前」和「後」，都是相對而並提。

道家的政治家，必須遵從老子的指示去認識萬事萬物的相對性，看起問題時，才不致孤立和片面而錯誤。能看到問題的兩面，辦起事來，錯誤易於得到糾正和避免。

是以，事物的兩面性，是道家政治家在考慮、觀察問題和處理事物時，不可忽略的思想原則，連同事物的絕對性，結合成陰陽的軌跡運動關係。

《道德經》第四十章云：

「反者。道之動。弱者。道之用。天下萬物生於有。有生於無。」

這說明萬事萬物的兩面性是相對而並提。這是恆常真理，聖人，政治家，治國的人！永守固而尊永恆。

道家的政治家，在認識事物的絕對性而知必然的相對性。事事有知，事事有防，事事謹慎，事事必成無敗。全面認識事物，全面解決問題，事物得到全面認識全面解決。這反映對事物相對完全認識，解決任何事情也就完善無缺。此聖人所必為而無誤也。

道德經是全人類唯一天書，萬古常新。聖人要緊記。國人要常學永恆而掌握道德經。永恆以此推行國民教育，億萬歲不衰。

3. 事物的辯證關係

在道德經哲學理論指導下，永遠能辨別是非、才可説真正洞悉事物的辯證關係。

事物的相對性與絕對性，兩者形成了對立面。對立面雙方，但並不存在完全必然的對立。因此有人把它們理解為矛盾對立統一的，顯然是唯心主哲學的片面觀；社會長期受這種思想影響而動盪不安，妨礙了經濟的發展。其實事物對立面的出現和存在，主要作用是為了事物本身的平衡和穩定，絕非為了對抗和鬥爭而存在。因此政治必須恆守認識事物的對立面，不是發揮鬥爭，而是為了找到其統一面，完美解決矛盾而促使事物永恆正確發展和認識。不過，想要如此，必須永恆推行國民教育。香港回歸後，無顧國民教育，不推行教育與宗教分家。後患必然無窮。重大災難還會繼續來臨，敬請香港特首深思，國家信您託您，靠您！

在對立中的雙方，它們形成一種反比例的關係，那一方增加，另一方相對地減少，循環往返，構成兩者真的辯證關係。辯證關係，是説明事物的相對性，雙方均會出現強弱的現象，這一現象的強弱，使事物和諧而產生相對性，往復永恆，永恆發展，永恆對立，永恆和諧。切勿犯大錯於不認識事物矛盾才是永恆的千錯萬錯。

從一台天秤的運作，可以清楚地看到，對立面和辯證的關

係。

　　把物品放在天秤另一面，如果想知道它的重量，就得把砝碼放上另一面，使它們平衡，物品的重量多少，馬上體現出來。很明顯，物品和砝碼，雖然兩者形成對立，但並無鬥爭不和的傾向，彼此之間，是個相互表現的關係。所以對立不定對抗，聖人必然要懂此常理。要知物品的重量，可由法碼反映而知。

　　物體和砝碼，相互影響，輕重位置隨之變化，出現互換。稱這種關係為辯證關係。其實強說辯證的人，無知此道理而錯誤無知辯證，亂說辯證，令辯證害人。世界上不少學者、政治家、理論為甚麼會犯錯，原因欠缺此種認識和思維。

　　絕對、相對和辯證，這三者關係，體現了宇宙萬事萬物變化的規律。作為政治要清楚洞悉和掌握，每當解決社會人民問題時能關注此三者的影響和作用，也就可化解任何困難。道德經云：「慎終如始，則無敗事！豈虛言哉」。道德經是永恆天書。堅信它，精通它，它永遠是你的一生護身符，無往而不利。

　　對立面兩方，產生迴環相交，相交是對立面平衡的表現。當平衡出現變化，對立面又要求新的平衡。變化和平衡，使對立面雙方，出現反漩渦的迴環軌跡運動。這種軌跡運動，無止無終，事物向前發展和進步，亦因之而永無盡頭。

　　「反者。道之動。弱者。道之用。」；「獨立而不改。周行而不殆。可以為天地母。」

　　任何一個道家政治家，如果時刻洞悉事物的絕對性、相對性和辯證關係，政治上任何困難，對他來說，早已經心中有數：

　　「不爭而善勝。不言而善應。不召而自來。坦然而善

謀。」

儘管絕對、相對和辯證三種現象三種關係不斷辯證交織必然，但《道德經》為道者提出途徑和方法解此三者的一切存在問題。《道德經》是天書，萬用萬能而全能。所以有人説神是萬能，此君永遠是騙子，永遠是罪魁禍首的起源，遺害自己和別人。因此任何錯誤的宗教思想，應當受到批評，改造禁上。中國民族科學宗教道教，必須時刻永恆人創造鬼神改革。奉勸中國道教人士，真要立心以道德經為指南恢復人創造鬼神的科學觀點，成為科學的中國民族道教。中國道教將成世界性典範性科學宗教。

《道德經》是天下政治家的臨政天書。聖人永恆掌握此本天書，國政風調雨順，天下太平，萬民感恩戴德，江山永固。

謹冀中國學者研究和批評：中國分久必合，合久必分，完全因中國不懂道德經所造成和應有的懲罰！不服氣者敬請大膽批評。也許因大家批評，加速世界共同體早日出現。改革開放韜光養晦，世界共同體，全是聖人之言。中國人要聽，要學。中國共產黨將中國革命因素化解，中國亂不得，中國永恆要進行和平改革開放，萬世不衰。永恆推行國民教育，用人唯賢，永不唯親！共產黨萬歲！中國民族萬歲！中國永強永盛萬歲。共產思想是道德經根本思想，並非天外思想。

（六）任何事物先質變而到量變

整個西歐哲學，是一丘之貉，在宗教的思想領域中浮游，無所謂先出宗教娘胎的唯心主義，抑或表示反宗教的唯物主

義。它們到了今天，仍然不肯與世推移，而死守原來觀點，想改變者只能暗度陳倉；因此，它們不可能公開接受事物的變化，先由質變然後到量變。如果西方哲學肯接受先質變後量變，以致導致整套西方兩種哲學面目全非，而帝國主義侵略野蠻立即改變，走向世界和平。一切世界災難來自歐洲。站在中國人立場看，是如假包換的永恆，但中國始終以德報怨而不移。那管西方忘恩負義，而總以怨報德。而中國永勝無敗。

世界要全面大同，必須在科學哲學上找到共同點，而走向哲學統一於道德經天書。世界人類何時融和一家，看道德經哲學天書普及的速度。

全人類要從歷史的角度去共識唯心主義和唯物主義兩者的禍害。西歐是戰爭的溫床，災難的漩渦中心在西歐，全世界的災難之所以來自西歐，就是因為錯誤的哲學籠罩着西歐。西方哲學改變，世界上全面改變。世界唯一正確永恆的哲學經典，唯有唯德唯能的老子道德經；全人類若然能認真研究哲學，共識的結果是道德經，倘若終有一天如此，全人類很快共享世界大同。改革開放是永恆國策；世界共同體是全人類永恆理想。

哲學是人類的眼睛，說得更重要些，是人類心臟；它主導着整個社會的安危，和全人類的福祉。中國社會為什麼中國將來必執世界牛耳？原因在於中國早有道家哲學指導中國的思想，是全人類文明拓展者，創造四大發明。《道德經》是全人類天書，最先指導中國人以德報怨發展貢獻全人類。且看中國軒轅黃帝發明的指南車，由古至今指導人類，可惜西方以此而侵略中國，侵略全人類。指南針，為人展明宇宙的方向，中國是向何方，而中國却受侵略之災。歐洲人恩將仇報，擺脫不了

政客主政。災難世界。大家客觀點，中國災難全由西方而增加。

過去的十字軍東征、第一次世界大戰、第二次世界大戰、朝鮮戰爭、越南戰爭、中東戰爭等等，有哪一樣災難，西方政客哪有不在其中興風作浪、搬弄事非？西方政客還通過宗教愚弄本國人民，失卻理性地進攻東方國家，造成大怨，罄竹難書！

世界要公認，人類災難全來自西方。

到了今天，西方仍然本性難移，進行戰爭的威嚇和營造，大家有目共睹，它們何嘗不是來自西方呢？總之慈善為懷是中國人，以災難贈全人類者，唯一只是西方，惡報世界至今，尚無知回頭是岸！一切人類災難來自西方。西方必然要遭天譴的災難降臨。報應是科學的必然！不信且拭目以待。陳子第四本書，就寫陳子論科學報應。西方必然遭天譴人怨走向衰亡。

西方物質文明發展不錯，現在溫飽不成問題，現在享受方面平均比東方好；但東方人已經不究過往，而埋頭苦幹，為爭取廣大人民溫飽。難道東方人他們真的不該如此嗎？不然，你們為甚麼毫不休止地用殖民主義和你們所定標準的人權去腐蝕和唆擺別人，企圖達到內應外合瓦解和摧毀別人呢？相信中華民族非常清醒，記得這樣一句偉大文學家韓愈的話：

「食不飽，力不足，才美不外見。」

你們這班無聊政客是在不知害怕嗎？善惡到頭終有報。道是能量統稱，到時大家共識人創造鬼神，上帝可能羞愧而舒展積怨。不過照陳子科學推理，上帝是沒有思維的，是西方政客的傀儡，用以欺騙本國人及世人。西方政客道德卑污。

怕中華民族「食得飽，力就足，才美可外見」了，因而將

會「艷壓羣芳」嗎？

不過，中國人永遠恆守以德報怨，貢獻全人類。中國強到爆亦不會侵略你們西方！

整個世界的政客和應聲蟲都是一樣，他們全是唯心主義的膜拜者。人民生活改善了，他們的人權必然難於阻擋地必然惡意改變的將來！中國永遠毋忘貢獻世人，為全人類效獻功勞而歡樂無窮。中國人永遠是以德報怨的民族。推行"道主儒輔"的完善政制世界必然大同無疑。鄧小平先生一國兩制，啟導你們回頭是岸！因對是內可防左，對外可促使資本主義衰亡。習主席天才發揮，一帶一路，世界共同體。全是貢獻全人類主張好意。

西方人權和自由並提，目的為了掩蓋自由的缺點而欺騙。這一欺騙由西方擴展至世界，並連鎖反應到中國。西方宗教配合西方反華政治。中國真要睜眼看清，美在煽動世界反華！中國社會已經完全擺脫革命因素，西方千方百計在等中國黨政質變。這必然是小人之妄想；中國人一定制服你這班政客，終有一天因你們盡害死世界人民而低頭認罪。道德經説，天網恢恢疏而不漏！西方政客你不會有好日子過。

你們！何必操之過急，《道德經》的人權，定然超過你們，大家可以拭目以待！把《道德經》全民化，中國永遠鋼鐵般團結，堅奉以德報怨，堅信中國勝利必然，世界邁向大同，一帶一路，世界共同體實現無疑。中國為世界人類實現超過美國強盛，但絕不稱霸而恃強凌人。"治人事天，莫若嗇"，反映中國人唯一貢獻於人而不害人。

聖人治國永不忘事物先質變而到量變，對人民要將政治緊

貼服務永遠為人民，永遠有利於人民，人民永無質變。江山鐵桶，永強無衰。全人類共享太平。

道德經天書，永遠清楚告訴人們，必須尊道貴德於下面的內容。道德經是人類天書。

要説明道德經永恆哲學觀點，任何事物先質變而到量，分為三個方面闡釋。1.事物的質變；2.事物的量變；3.質變和量變的關係及其現實意義。

1. 事物的質變

西歐的哲學，無一能夠肯定質變先於量變。他們錯誤地把量的分割看作量變。比方一杯水盛得滿滿的，太陽把它蒸發了，他們説這是量先變而質未變，其實水並未產生量變或質變，而只是水給太陽分割了其本量，太陽並未能把它分解。分割了的水，其分子式結構仍保持並未變化仍是 (H_2O) 水與原本體一樣無別。西方哲學無分割與變的不相同。

當一盆水進行電解時，將兩個氫分子和一個氧分子解體而釋放出來。電解水的過程，大家可以看到，水先質變而後量變。為甚麼人們不明水的分割而混淆水的質變。電解水，水是先質量也隨著量變此顯見先質而量即變。質變先於量變完全可見。質變與量變，是先質後量何須爭論？西方無知哲學。是甚麼？堅持其無知觀點，災難人類。足見西方全無哲學知識！

一塊紙張，用剪刀剪一小部分下來，這叫量的分割，如果改用火去燒，紙的質發生變化，量變跟着質變。紙在燃燒，質變到量變，兩者先質變後量變，豈不易見嗎？

鐵在氧化亦一樣先質變到量變。一塊鐵給氧化了，鐵變了

150

氧化鐵，鐵的質變了，跟着量才變。

「萬物負陰而抱陽」，這是先質變後量變的根據。萬物皆由二合為一陰陽互抱而存在，要將其拆開才會產生變化，因此切割，不會使物質產生量變。

要將萬物中的「陰」和「陽」拆開而開離，這叫質變。不然，怎能稱之此則屬量變！西方哲學觀是完全錯誤，真正哲學道德經在中國，而尚未傳到西方。

在數學上無論正數或負數，均由陰陽所組成，「０」這個數向右邊發展，「正」無限小在增加，同時亦出現負無限小的減少。數學上正負數的變化，亦說明先質變而後量變。總而言之，事物必先質變到量變。是無可爭論的永恆真理。

總而言之，任何事物均由一陰一陽合成，當陽增加時，陰的一面也就減少，同樣陰方面增加而陽那一面亦減少。這是任何事物由質變到量變的過程。

一件事物，陰陽的對比或增多或減少，它的質在開始變，不同原來的事物也就增加了或減少了。

從不銹鋼的合成和使用，就是人類想擺脫鋼的質變的最好例子。從此一例應當領悟到，一個人、一件事、一個團體、一個家庭、一對夫妻、一個政黨、一個國家，甚至其他，均會先由質變而到量變。質不變而量永不變。不銹鋼質不變，那見量變！中國普及道德經的永恆公民教育，"道主儒輔"而永恆督導世界向前而不改。

一個政治家，認識了事物先質變然後到量變，那麼修身、齊家、治國、平天下，也就知道「千里之行。始於足下」了。

認為事物"先量變然後質變"的人，他的思想，是自欺欺

人、烏合之眾、濫竽充數的，畢竟會將民族、社會、國家弄糟，把人民百姓推進災難的深淵，而斷送國家，斷送家庭，斷送事業，斷送個人。歷史昭昭，無一國破家亡統治不是如此而無例外。

奉勸不知質變然後量變，千萬勿做領導者，誤己誤人，誤國誤民誤家誤自己。

人類受先量變到質變帶來的痛苦，太多太長了，總得要懂得去接納先質變然後量變所創造和賜予的福吧！

質變和量變的發生，亦是因為事物的二合為一所造成。

掌握先質變然後量變的道理，如何去運用「**聖人無常心。以百姓心為心**」這一為民造福的法寶，更有深刻的意義。

外來事物全俱有正負兩邊，簡稱好壞；好的對中國有益，壞的對中國有害，壞的是引導質變的有害東西。西方宗教用物質去引誘別國由質變而達量變，變成奴役國家成殖民地。任何一個中國人，應明西方將宗教先輸入而產生中國人思想質變與量變相結合，產生奴化中國人，而滅亡中國。中國人認識質變先於量變，中國人人皆懂道德經，身邊那個人好與不好、用質變到量變認識身邊的人，誰是好人，誰是壞蛋一清二楚，國家世代出好人。大家齊用道德經監督中國人。中國全是好人。道德經是全人類天書。香港能重視此道理，香港必太平發展，不然，諸事不吉！所以西方宗教的存在和宣傳，中國人不近為好，它是引導中國先質變的永恆有害中國人的宗教。西方宗教為害中國人，亦為害全人類！

2. 事物的量變

事物質變與量變本應共為一談，但為更清楚説明而分論。

老子的「萬物負陰而抱陽」這一事物的結構觀，連物理學家和化學家均提不出反對的科學理由，而更有人提出反問物質的定義是甚麼？有人認為物質的定義是陰和陽的結合體。中國《道德經》是全人類的天書，早已為物質下了定義，是陰陽的結合體。陰陽是代表事物兩個方面，以甲乙、AB、作完全是代表無別；完全是民族、地區、時間所造成。總而言之，物質是二合一的，是永恆定義。

陰陽負抱的事物結構觀，提出了事物質變和量變是事在必行而無可避免的事情。同時事物的質變與量變，是由新的二合為一所引起。若想事物的質變和量變受到控制，必須懂得和運用此一法則：

「其安。易持。其未兆。易謀。其脆。易破。其微。易散。為之於未有。治之於未亂。」

這一章道德經指導人們如何正確認識質變和量變的過程。洞悉掌握此理，自然很易掌握事物發展的好壞。

《道德經》此原理，屬以規令萬事萬物的變異，此即事物的量變。無論人體、家庭、團體、國家以及任何事物。所以變才是永恆、合是永恆、分是永恆。世界無不變的事物，亦無事物不變。結合互換是永恆。因此對任何理論一成不變，必然導致社會趨向人民不安於所居。中國由儒家思想主宰的世襲災難世代相接不止，任何人永恆改變不了此一必然，分久必合，合久必分是災難分合的不停。

先質變到量變，是二合為一後，而一分為二，為接新的二

合一的到來。道家完全掌握此永恆道德經哲理，永恆是事物變化主人。掌握事物好壞變化，知壞而不防止；對好而不支持者，分明此掌握者是壞人，應另選一聖人主事。

質變欣然存在，量變也就自然產生。

在這裡舉天秤上的法碼和物品為例，兩者相等而平衡；經過一段時間後，不平衡的現象出現。這亦是因物品質變而影響量變的出現。物品質變而法碼不變。這亦反映質變先於量變。

重和輕的問題，是個正和負轉換的問題，亦是先質變而後量變的問題。發現量變，往質變方面找，這對一個政治家來說，有真正的助益。有人說以不變應萬變這觀念是錯的。人必須明白不變是什麼，如果解釋是緊握道的運作規律此觀點不變，也就以變知萬變，才能夠應萬變，不然，失敗是永恆。道德經是人類天書，人類以它去認識萬變而永遠不敗。穩操勝券者。這是聖人。

以萬變思維，去應對萬變的事物，才永遠是世上偉大聖人。道德經是全人類天書。凡是自然的事物，沒有不變的道理，完全不察覺是小變而不察覺，而說不變而已。

3. 質變和量變的關係及其現實意義

質變和量變兩者是個結合體，先後只是一個概念而已，兩者不存在辯證的關係。它們的出現，是因為本身問題和新的二合為一所帶來。質變和量變兩者相結合和原有物體發生辯證關係，所謂「對立關係」；然而本身兩者全無如此關連。

聖人掌握事物先質變到量變，並且認識，新的二合一在後者，若能掌握此道理，困難也迎刃而解了。這是無為而無不為

的哲學思維。

其實質、量的變化，是與原物體存在辯證關係但並無「對立」的關係，所謂「對立」，是人將自己思想加入其中，是唯心主義的思想糟蹋和污染了自然規律，把對立看作鬥爭。

試問一塊純鐵，給氧化了表皮，鐵本身有甚麼痛苦呢？有甚麼對抗行為呢？豈能不責自己為甚麼會給氧化？而只單方面指責氧的行為？很明顯，這種做法是片面的；其實正確的做法，是鐵本身自我受提煉好，另一方面則避受與氧不恰當氧化的接觸。之所以「**為者敗之。執者失之**」，原因可從鐵與氧的關係找到。

且看，那不銹鋼，不是提高了本質不給氧化嗎？不結合氧，那裡會產生銹？

質變和量變的關係，啟發人無窮治國，治民、治黨、治家的智慧。國、民、黨、家的變化，要從本身去找，又要另找出其新二合為一的動向是甚麼，世上也就無不解的困難了。「**為無為。則無不治**」，偉大治國理論在此！

人類能根據老子《道德經》這人類天書去道統一切作為和認識萬事萬物，萬事萬物的規律全為聖人掌握，國家、民族永恆團結強盛。天下無不治的國，無不治的民。道德經主導社會，社會向前發展無衰。

中國永恆萬古不衰，並非天方夜譚，因道德經是天書，掌握道德經，無為而無不為。永遠是個不敗的聖人。永恆的國民教育，促使代代出聖人，中華民族唯盛無衰。受國家榮任香港特首的人，如果無知推行公民教育世代無休，那他必然是個無楞兩可的多餘人，如此的人，怎能為國為民？何必

領銜承擔特首呢？

（七）人的價值觀

　　人類社會之所以災難重重，如影隨形，無日無之，它好像漩渦和撲滅不了的大火，不知吞噬了多少生命。這一切發生的根源很簡單，就是統治者漠視了「人的價值觀」，而將社會政治看作是統治百姓止亂的唯一是綱刀，以之趕盡殺絕，然後安撫片刻，以騙人民，全不知為人民服務。人民價值何有？如果有聖人提出永遠為人民服務，天下永遠由如此聖人聖黨執政，統治者哪有不變永恆？倘若統治者要享受天下，而視人民奴才，那能可達到呢？不是幻想是甚麼？

　　老子《道德經》，在二千多年前，已經將「人的價值觀」解決，但並未引起人類的注意和鑽研。因此人類只是統治者工具而已，為其統治政治服務。社會因政治要求超過社會生產限量。統治者違背了老子《道德經》第七十二章：

　　「民不畏威。大威至矣。無狹其所居。無厭其所生。夫惟不厭。是以不厭。是以聖人。自知不自見。自愛不自貴。故去彼取此。」

　　中國皇帝向來害怕《道德經》對他們帝制帶來不良的影響，因此向來抱着利用、污染和抵銷的態度。只要統治者給人民休養生息，人民也趁機發展生產和生育。對人民重視，取得暫時生機，社會不會大變。永遠為人民服務，社會永遠國泰民安。道德經是鼓勵人民奮鬥的天書，歷代帝王却害怕人民起義，所以不願讀懂道德經。亦不願長久道治；文景之治、貞觀

之治等，完全因此而變遷。所以陳子認為中國人不懂道德經是中國治不好的根本原因。

西方雖然吸收了中國變形的《道德經》文化，但結合它本國宗教哲學思想，而變化出一套有別東方的政制，帶來大大超過東方的經濟和科技。此是反映《道德經》理論的偉大。中國人真要置《道德經》於股掌之上。中國永遠強盛。

西方的進步並未給人類帶來幸福與和平，相反，對人類的「人的價值觀」的踐踏，為歷史上所無，人類災難更源源來自西方。西方是人類災難永恆的製造者。反映五四時期的西方熱是失智之舉。從社會歷史的發展去理解"五四運動"是促進中國社會，但亦是破壞中國傳統思想。孫中山先生推翻清朝，將中國歷史發展納入世界軌道，但對國家實存有壞影響應要去蕪存精，要全做另一功夫，才可切實解決中國根本問題。道德經的天書是永恆。但孫中山先生對道德經是了解不深的人。如果不是，怎麼會把政權轉託蔣介石先生呢？讓蔣氏父子出賣中華民國呀！也許蔣介石父子出賣中國而至台灣，可能在美國煽動威迫下造成。

十九世紀一種脫胎於宗教思想的平均主義思想興起，而中國借以反擊西方，豈知它更加全面性糟蹋「人的價值觀」，帶來經濟死水一潭，幸得一位偉大哲學家及時推行改革開放，擺脫了死路一條，把「人的價值觀」提到歷史上所無的崇高地位，和老子《道德經》的「人的價值觀」脗合起來。改革開放，韜光養晦以法治黨，符合《道德經》的理論。中國飛躍前進，為其後社會發展提供偉大經濟基礎，中國不會亡，中國永久富強。鄧小平先生改革開放，為中國打下牢固經濟基礎。為習近

平先生天才發展，必然戰勝世紀危機貿易戰提供基礎。

下面準備從兩個方面進行探討《道德經》的「人的價值觀」，並且揭開西方民主、自由、人權對「人的價值觀」侮辱的畫皮。西方政制是災難政制，是衰亡政制。下面要認真討論好，（1）人的主管地位；（2）人的價值觀。能認識此兩問題，江山才可永葆永強。

1784 年工業革命成功，西方採用民主自由彼此永遠矛盾的政制，靠欺騙發展政制，對外靠侵略掠奪發展本身而災難全人類。西方工業革命，對社會起了難得的進步和發展，但亦帶入人民大眾新的災難。亦無知蘊藏災難本國和世界人民。西方民主和自由，是騙人的花假政治，中國人學不得。洞悉下面問題完全可知。

1. 人的主管地位

在漫長的人類歷史中，出現過無數的政治家、寫了汗牛充棟的著作，然而，對人的地位的認識非常膚淺，可以說一無所知。自儒家政治主導中國政治，國泰民豐政通人和的政治觀。不過其卻仍，分久必合，合久必分。而成為歷史反覆不變。儒家的政治觀很易為國君主所接受，一直發展到一九四九年新中國成立。而儒家結合帝制政治才告結束。

一班無知中國文化的白痴。崇拜西方文化的人，把柏拉圖先生（公元前 427 - 347）推崇到聖人的地位。他最著名的「國家論」，論述了人類以自然狀態的自由、平等為基礎的意義。先生之見地，不外乎見大道已廢，而思想仁義出而已。這是極端自由唯心主義的思想萌芽，為西方「人的價值觀」開壞

了個頭、一直滑入深淵。它可說是人權的思想源頭，但無知人權怎樣正確推行和保障。西方自由民主人權帶來西方經濟生產迅速發展。但派生出來的納粹主義和唯物主義，災難全人類。幸得中國偉人鄧小平先生改革開放救了中國，救了世界。他是一位世界偉人，為接踵發揮的偉人打下基礎。習近平先生一帶一路，世界共同體就是天才的發揮。

中國的孟子（公元前 372 - 289），大力鼓吹：

「民為貴，社稷次之，君為輕。」

他從社會現實觸覺到統治者對老百姓的卑視，並未把他們擺在重要的地位，這種解決百姓與社會問題雖較柏拉圖來得現實，當然較他偉大；但只是停留在社會的角度，失卻道的思想作指導。也許孟子讀過《道德經》而領會「民為貴」的觀點，天下眾君臣均為次要，統治者（並非聖人）更不足為道。他能提出如此觀點很了不起。但無知如何實現。只是加深儒家、帝制的欺騙而已。

法國自由思想家盧梭先生（公元 1712 - 778），於公元 1762 年發表了他的《民約論》，催促了 1789 年法國革命發表的《人權宣言》。它的內容遠比《民約論》進了一步，但它卻促使法國社會的狂風暴雨的到來，而法國至今全無因此產生特殊表現。

第二次世界大戰結束後，聯合國於 1945 年成立，草擬和宣布不少和平方案。但這些宣言並未接觸到「人的主管地位」那樣深，因此，對人類的災難不但未能減少，相反還在加深，朝鮮戰爭、越南戰爭……現在中東還在戰爭醞釀中，人民叫苦連天！而聯合國職責難逃。聯合國是強國的幫兇，維護帝國主

義的強權，對象是使中國成為受奴役的他子孫國家。總而言之，西方自工業革命成功，給中國人帶來殖民地和被殖民地位，受盡凌辱。對人類本有另一新希望，但可惜為美國操縱重其實權聯合國出現，倘若美國不把持用作侵略號令世界，也許它可起世界和平的作用。

二千多年前的老子，他超歷史之凡，脫人類之俗，在《道德經》中提出了人在宇宙中的主管地位，是年輕的柏拉圖先生、盧梭先生兩人無法理解的道理：

「故道大。天大。地大。王亦大。域中有四大。王居其一焉。」

這裡的"王"，包含管理和地位的雙層意思。人在四大中，佔據着首要地位，主管着整個宇宙，如果四大中，欠缺了人，其他三大的存在也就完全失卻意義。這種偉大思想已在中國道家出現，誰知去推行而實踐呢？

誰能如此認識人類的重要，懂如此讚揚人的地位？唯中國老子；唯中國老子《道德經》。中國是全人類文明的拓展者，亦必然是人類未來大同的啟導者；道德經是全人類天書。

人類要認識了自己的主管地位，也就進一步更認識到。人要管好這麼廣闊無邊際的宇宙，必須發揮人的作用，而不是互相猜忌和仇殺，而大家要相親相愛團結起來，把管理工作分配和安排，才能體現人類的崇高主管地位。但必須永恆推行公民教育。公民教育是社會的永恆靈魂！尤其是香港特區更要堅持推行，永葆一國兩制的優越。道德經全部書的核心是闡述社會公民教育是人類的永恆工作。

世界人類倘若能認識自己地位和責任，世界人類的共望全

人類共和平。世界為甚麼不快大同？但這全賴永恆公民教育。道德經公民教育要永恆。

晨早當思謀生計，閑時應讀道德經。這樣公民教育其結果可供制裁罪魁禍首世界政客！

因此，説新霸權主義者是全人類的敵人，該不是危言聳聽。人類確應共制裁罪魁禍首政客。但"道法自然"的偉大推動力，定然促使 2035 年美國出現明顯的衰亡！

他們的行為，正如老子在《道德經》中説的一樣：

「罪莫大於可欲。禍莫大於不知足。咎莫大於欲得。」

西方予取予求，掠奪世界人民，奴役人民，中華民族是西方帝國主主要掠奪對象！抗日戰爭，國共內戰，全由西方所製造。西方是人類罪魁禍首。中國人要永恆警惕！

中國人以德報怨的永恆精神推動全人類的大同，定然要時刻警惕西方政客，而促使政客不亡中國却不罷休的思想落空。

道主儒輔政制，全面總結了中國歷史優良傳統推行此一科學理想思想政制，中國永恆不變而永恆富強，實現世界共同體而世界必然大同。但公民教育要世代永恆。

2. 人的價值觀

人的價值觀和人的社會地位，是同一個意思，而提法不同。

當人類了解自己的宇宙主管地位後，那麼回到人類社會中，其價值觀如何？

西方提倡的人權，不但看不到人的價值觀；相反，破壞和誤解了人的價值觀，其後，是把人類的社會毀滅，亦可説人權

是人類的災難漩渦。促使人類自我摧毀自己崇高地位。西方提倡人權，收效並不見徹底的成功，原因是西方將人性局限於個人，而無知人權的廣泛性。**西方學者，掌握了破壞人權的妙計，是發揮人權的個人化，自然而然將人權徹底破壞。大家必須洞悉清楚，西方自由民主兩者是永恆矛盾不調和的永恆政體，而促使資本主義自我衰亡，大家可拭目以待，於 2035 年從美國明顯衰退開始。人權更加速西方經濟的衰亡。**

人權，是強調個人的權利，以個人的權利為前提，無疑是把人的團結性和互助性破壞，使人類走向更加自私，失卻人的應有感情。西方目前的現象不但自作自受，卻將之遺害全人類。中國人的社會革命因素已完全消失，但政策仍要收緊不能放鬆，原因是在警惕西方。中國政治時刻警惕西方這一人權和宗教策略，西方就束手無策，等待衰亡。

人類社會發展是由小集體發展到大集體，而進到社會國家。

現在人類的運作和交往，是受國家的交往為前提所規限的。很明顯，有人提出人權，目的是強調個體，通過個體的自由和權利而衝破國界，打開種族的界限。這個主張似乎很理想而完美，試問，打破了族界和國家，對誰有利？有利的，只是經濟較富裕的國家和民族；他們可通過此一愚惑、麻痺和利誘，對經濟不發達的國家予取予求。得大利的是經濟發展和政治穩定的國家和民族，暫得眼前小利的不發達國家和民族，可因貪小利而亡命，永遠當別人的奴隸。相信大家不難領悟其中的道理。總之，西方凡推行一種政策，必以利去引誘別國入彀，有利於他。

中國政治舉措為世界所無，鄧小平先生貓論是唯德唯能的道德經理論，完全體現中國天書《道德經》，他把《道德經》的核心思想唯德唯能，用貓形象表達。貓能捉到老鼠是發揮貓的唯德唯能。能如此簡單表達出《道德經》的核心思想唯德唯能，是世界第一人。其一國兩制，更起着人類永恆改革開放，是藉香港國際都市地位，發展中國特色社會主義，促使西方加速衰亡！當今西方的動亂已經展開，美國 2035 年走向衰亡絕非神話，接着 2042 年，中國政通人和，完全實現。習近平先生一帶一路，世界共同體，加速中國富強的步伐。鄧小平偉大《道德經》唯德唯能哲學觀，在聖人習近平天才繼承下，加速世界性共產主義的到來。

中國已經清除了國內革命因素，只要能運用"道可道，非常道"的永恆道德經哲學觀去發展和改進，中國必然衝破一切國際阻撓而創造出永恆強盛的經驗和永生精神。

新殖民主義者不再使用軍隊去佔領別人的國土，而是用思想和經濟和宗教去控制別人，比舊殖民主者更加陰險和毒辣。這是西方政治垂死爭扎的現象，反映美國 2035 年明顯衰亡必然到來。世人應用《道德經》擦亮眼睛，加速促使美國的衰亡。

敬請諸君提出主見世界霸權為何改變策略？因新霸權主義欠缺兵源，使用生化戰必然到來。大家拭目以待，看陳子的預測。

實現打破族界和國界，必須各國互相公平、民主、互利地協作，讓大家的經濟富裕起來，政治穩定起來，才有真正的意義，不然，全是居心叵測，用「人權」去利誘他人當自己的奴隸。人類要眼精鼻靈，時刻警惕這一守則，人類實現世界大同，

完全不能失掉中國的傳統以德報怨品德保障實現。以德報怨，是中國傳統品德，促使世界大同必然的到來。世界全人類要共識道德經這一哲學天書，才可保証世界共同體必然實現無差。請世界人類回顧歷史，但 1784 年西方工業革命開始，西方政客即一舉一動不是掠奪人類資源而奴役他人！世界唯一有待中國道德經普及全人類，世界才能開始步入大同。

道德經永恆是中華民族永恆的保護衣，中國人真要晨早當思謀生計，閒時應讀道德經。緊記，公民教育，是社會的永恆。

提出民主、自由、人權的西方國家的人格、道德、居心是甚麼？大家一目瞭然，是欺騙自己並欺騙別人。中國人傳統道德觀，既不害人也不害己而以德報怨貢獻全人類世界共同體的到來。

「人的價值觀」，老子認為必須建立在人的社會責任上，不然，全無價值觀可言。人類時刻警惕自己的責任觀和責任感，人類永遠省覺為自己國家而奮鬥，中國永遠強盛無衰，而永遠有利於全人類。中國人永遠高舉道德經邁向世界大同。

人生的目的，不是為了個人權利有多少，而是應知責任有多大；這樣，社會才可能安寧，生活才可能愉快，人的價值才可發揮。中國人要永遠是愛國中國人。

人生有兩大目的，一個是為人，另一個是為己。為人的最後目的是為己。這整個過程是「無為」。它是老子的「人的價值觀」。無為而無不為，永遠戰無不勝。

老子認為，人的存在是依靠集體，欠缺了集體，社會就無進步和改善可言。要求社會進步，人類生活改善，必須要樹立「無為」觀點，有了「無為」在先，才可達到無不為的「有

為」。「無為」是全心全意為己的連鎖反應道德觀；人類掌握了此人類的根本道德決心，人類的道德規則發揮淋漓盡致。人類世界大同必然到來。

「為人」的範圍，去到整個集體，包括自己和自己的下一代亦在內。任何一個人本着如此為人的心，那麼每個人做的全有利於集體，利益自然去到自己個人的身上。老子為「無為」作了這樣的評價：

「既以為人己愈有。既以與人己愈多。」

比方一個人為了社會而去鑽研某一項科學，他付出的時間和精力愈多，他的成就愈大，對社會貢獻當然更大，另一方面，他得到報酬也愈多。

「無為」，是老子的「人的價值觀」，推動社會永恆發展而不衰；而「人權」，是西方的「人的價值觀」，終於把人類社會推向崩潰和死亡。大家拭目以待，美國於 2035 年必然明顯衰亡。

人權是西方搬起的石頭！西方人權永遠是騙人的鬼把戲，為了奴役世界。

《道德經》是全人類天書，任何一位政治家由古至今，政治失敗，全因不懂《道德經》。最令人可惜是毛澤東先生，運用《道德經》戰略戰勝擁有八百萬大軍的蔣中正先生，而無知自己理解的《道德經》是由主觀唯心主義全面控制，因而產生"十年文革災難"。毛澤東先生是一位為人民服務的偉大政治家，卻為十年文革而晚節污染，陳子為他惋惜而暗淚。

世人要認識，人類一切失敗，皆由無知道德經而產生。道德經是全人類永恆天書。"只有道德經能夠救世界"！豈虛言

哉！

中國應世代相承：晨早當思謀生計，閑時應讀道德經！中華民族之所以能長且久者，因其永恆擁抱道德經。道德經永恆是人類公民教育的天書。國家民族因推行道德經而興，亦因不推行道德經而衰。陳子敢下此一永恆斷言。

（八）《道德經》的政治實踐論

錯誤的政治來自錯謬的哲學思想。因此，錯誤的哲學是人類的災難漩渦，政治是災難漩渦中的搗拌器，使整個人類雞犬不寧。政治是把殺人民的鋼刀，使用不可不謹慎小心！中國歷代帝王因聽信讒言或為自己實現野心而大刀闊斧！要引而為戒。總結回顧歷史，歷代昏君皆因聽信奸臣；今天政治只要時刻洞悉理解《道德經》，「道可道。非常道」，認識道政是因時而改變，既知其一貫徹性，亦知其發展性。其實改變性即發展性。完全可以斷言歷史政治家，稍為明理道德經均可做出一些出色政治。道德經的實用意義，開頭的"道可道，非常道"，實在已概要全書內容，全意是永恆指導人類！能知此者，有幾許君王，所謂世界領袖？

人類因不能領悟老子《道德經》而長期沉淪於唯心主義哲學，無論東方抑或西方，然而西方最為典型。西方卻將其哲學唯物主義和唯心主義哲學產生錯誤的災難轉嫁東方中國。

儒家哲學附屬唯心主義哲學；宋明理學，是儒家發展，當屬唯心主義哲學；其西傳，雖經發展，所以歐洲哲學，仍均是唯心主義哲學，是害人哲學。

　　希臘哲學藉着文藝復興前進駐西歐神權把持的思想領域，相輔相成，創造了唯心主義哲學與唯物主義煮豆燃豆萁的熱鬧場面，使災難與人類結下不解之緣！

　　以唯心主義哲學為基礎的西方政治思想，配合工業革命後的船堅炮利和遞增的商品，插上殖民主義的翅膀，到處向人類散播殖民的災難。中華民族最苦不堪言！中國內戰亦因此而起；尤其是西方戰爭經濟策略更促使中國內戰不得不戰，因此中國災難全因西方而起而害。西方是中國人的罪魁禍首。中國要永記西方政客永無半個好人，他們每一句話皆是針對中國人而發。**因此中國更要緊抱唯德唯能永恆堅持以德報怨，啟導世界大同。請勿小覷，中國以德報怨，它可收盡世界人心共一爐，而凝聚天下共一家，而促使西方政客跪地求饒。這是必然！**

　　也許有不少但求繁榮、漠視人民痛苦的人，讚賞西方物質文明和科技昌盛，不過，西方頭腦清醒的人民和學者已經看見社會的憂慮，每一次向外殖民戰爭過後，使西歐社會增加落後和負累，有得不償失的後悔和感覺。不過美國一意孤行，促使人類災難加深，促進它走向衰亡。2035 年，它難逃厄運。

　　人權政治是西方政治家的襟花，以為此既可炫耀西方文明，又可作為腐蝕他人無形殺人武器。它將好像腐蝕人體皮膚的細菌，一心用以對付他人，豈知願與人違，因為別人已經認識了此種細菌，並嚴加防治，它卻反過來將西方腐蝕得體無完膚。西方遭遇必然是木匠擔枷自造。西方自作自受的科學報應必然到來！回頭是岸，救己救人！

　　「為惡無近刑」！西方政客遺害世人應知難而退！回頭是岸！

這絕對不是迷信的報應，這是一句科學的錦囊和科學的報應。只是遲早的問題。敬請西方學者為人類執言，奉勸美國政客切勿執迷不悟，以中國為敵。中國是世界唯一大恩人！是世界上唯一以德報怨的民族！

有朝《道德經》政治為全人類認識，那時的西方政治，被人看作芻狗不如的殘餘。不過西方政治的衰落，為唯物主義所阻遲，中國影響力，將是一陣疾風把西方枯葉敗草一掃乾淨。全人類共邁大同。勸世界人類，"只有道德經能夠救世界"，絕無虛言，完全不是騙局！

世界大同全陽照，西方政客面愁容。下面為論述政治的實踐論，分為三方面闡述：1. 政治理論的永恆性；2. 政治理論的階段性；3. 檢查政治理論實踐性的原則。世界人民早明此理，世界和平必然到來，"唯有道德經救世界"！

1. 政治理論的永恆性

政治是人類社會中，隨着經濟活動和發展而產生的意識形態，彼此形成了一種互護的關連。政治永遠是限制人行為的工具，藉以保衛社會一切，包括人在內。以其維護社會利益和傷害決定其存在價值。為人民服務的政治為最和善價值。

儘管政治與經濟有着子母的關係，但當其在整個運作過程中，政治成了人類活動最經常、最敏感、最依賴的東西；老子在《道德經》中稱它為「天下神器」，勸人類要好好地對待它，切勿隨意亂為，而造成天下百姓淪為芻狗。政治家要細研細嚼道德經呀！能知否？鋼刀與靈芝兩者全在您手上把握。

從政治對人類社會的重要性來看，似乎在對它取捨時，政

治本身存在着客觀規律性。那麼，到底政治本身的客觀性是甚麼，要按甚麼原則去循規蹈矩進行取捨呢？

老子在《道德經》第三十二章中，提出了政治的客觀原則和規律：

「道常無名。樸雖小。天下不敢臣。侯王若能守。萬物將自賓。天地相合。乃降甘露。人莫之令而自均。始制有名。名亦既有。夫亦將知止。知止所以不殆。譬道之在天下。猶川谷之在於江海也。」

老子毫不含糊地告訴人類，政治理論的客觀性來自宇宙能量運動的規律性，因此，其政治理論是永恆的，永遠創造和保障人類幸福和平的社會。不過，它必須和社會經濟相適應。道德經是唯一的匡限和指南。

《道德經》的政治理論與人類共古共存！萬世常新！政治要永恆不離道德經督導。

人類政治，永遠要以《道德經》為指導，《道德經》像孫猴子頭上的金剛箍！永遠造福人類而要不變而永恆。政治永恆守護真政治但不離道德經。

世界上唯有《道德經》全面性規限政治理論的永恆性，所以政治家必須時刻兢兢業業，尊奉《道德經》為唯一天書，督導政治的實施。總之要永恆謹記："晨早當思謀生計，閑時應讀道德經"。則在任何困難面前絕無不解困難。道德經救世界，是永恆真理！它是全人類唯一人造的總上帝！上帝是無思維的假設，但道德經是永恆活天書。道德經永恆高於任何政治道理！

2. 政治理論的階段性

老子認為宇宙中任何一種事物，有其"永恆性，亦有其階段性"，倘若將其階段性錯作永恆性就政治白痴的錯誤。就拿能量本身來說，同樣存在着永恆性和階段性。能量是永恆的，但其運動和效能，就存在其階段性。這奉告政治家在奉行政治時要注意其"階段性"。要將其"階段性作為檢驗其實踐與事物適應性"。如此，政治的永恆性起着現階段性其應有的效能。階段性就是有其有效階段性，絕不可錯作永恆性。目前世界有起來救亡作用的政治理論，全是階段性，絕不可錯作永恆性，而誤盡蒼生，造成罪惡留於世人！掌握道德經絕無此患！

「道可道。非常道。」

這句話是在說，可以說得出道理的道，並非是永恆的道。很明顯，老子告訴人們，宇宙中存在着永恆的道，和非永恆性的道，非永恆的道，即所謂階段性的道。作為一個掌政者，真要時刻緊記政治的兩面性，要因時而改而施，才不至造成無妄之災。數風流人物還看今朝的偉大政治家，但可惜無知政治的階段性而妄行文革，造成晚節不保，傷害無數精英。這一教訓世代毋忘！陳子為之可惜和流淚，功虧一簣！天才偉大的毛澤東先生！陳子為您嘆息萬千！偉大毛澤東先生！中國人民要感激您，創立新中國；但亦不忘您的十年文革災難！從您說道德經是客觀唯心主義，反映您未參透道德經！

老子在《道德經》第四十章云：

「反者。道之動。弱者。道之用。天下萬物生於有。有生於無。」

老子在這裡指出的「動」和「用」、「有」與「無」，

明顯地說出了萬事萬物的階段性。政治神器，「不可為也。為者。敗之。執者。失之」。政治永遠是打掃門庭的掃把！天天使用的清潔用具，切勿用作刑具。有失人民有失國家。

　　萬事萬物既然有其階段性，那解釋和說明事物的理論永恆難免存在着階段性了。緊記它萬古常新。吾日三省吾身，當然好，但能一省已經不簡單，何況能三省？那真了不起的偉人和聖人，應是真真正正的聖人！洞悉道德經永恆天書，那您思想永恆清新，您，就是陳子所指的聖人聖君。人民大眾永遠感謝您！聖君！

　　老子在《道德經》第三十七章中又指出社會政治是有反覆性的，切勿把它看作一勞永逸：

　　「道常無為。而無不為。侯王若能守。萬物將自化。化而欲作。吾將鎮之。以無名之樸」

　　「化而欲作」，說明社會並非永恆長安久治、一勞永逸的，會有反覆的。當久安復亂時，無須害怕，仍然推行道治，將不安鎮靜下來，社會很快又轉復為安。這揭示了政治有其週期性。聖人要永恆重視此一永恆性的政治，社會才會久治長安。終生無錯無誤！人說神仙也有錯，陳子說道德經的聖人永無錯。因為道德經是永恆天書，洞悉道德經的聖人，永恆無錯。中國永恆出此聖人！最緊要是推行道德經公民教育。

　　老子提醒道家政治家，既要知道道家政治的永恆性，亦要掌握其階段性，處理社會政治事務時，碰着問題時，才不致手忙腳亂，驚惶失措，變成一個政治懦夫。洞悉道德經的政治家，它是天書，如有不明不懂就問此一天書。若能如此，中國政治，必世代出聖君！

　　可將人類社會的政治，比作氣候。從氣候的整體變化是永恆的，是一個永恆體，但其分為春夏秋冬四季，這是政治的階段性。當階段性完成後，出現另一個階段性的週期性，又採用另一階段性方法處理。《道德經》的核心哲理唯德唯能永恆不變，但措施方法像孫猴子七十二變。此是天理，亦是真理。作為統治者，真要掌握其絕對性和階段性，永遠絕無困難而無困難永不可解決。**陳子常向人們說，中國共產黨，一百零八變，比大聖更勵害！中國一定永恆不衰！**

　　《道德經》的社會政治，是由永恆性、階段性和週期性所組成，循環不息，無止無終，永遠適應社會、維護人類、造福人類、萬古常新。《道德經》永是人類天書。任何一個政治家，能牢牢掌握政治的階段性，而調整其適應性，他必然是政治聖人。做個政治聖人永恆是信道、奉道、尊道的人。真要毋忘："晨早當思謀生計，閑時應讀道德經"。唯德唯能，尊道貴德是政治的永恆心懷。政治家治國治人要牢記道的永恆性和階段性。

3. 檢查政治理論實踐性的原則

　　道是能量的統稱，通過運作、發揮和轉化，由「道常無為」的起點，產生「而無不為」的效能。《道德經》此一原則，用之百戰百勝，用之無堅不可摧，是唯一實用天書。誰不懂《道德經》，好像人失了一對眼睛；完全不懂者並失掉雙腿，寸步難移。奉勸中國無論是大是小，那怕他是最小最微的小官員，如果均能勤修道德經，必然由小官而升大官！大官均由小官變，只怕小官不勤讀道德經。香港特區官員，是中國人民偉大

委託者，好應要懂道德經，治好香港，不負偉大的人民委託！

《道德經》第三十四章云：

「大道汜兮。其可左右。萬物恃之以生。而不辭。功成不名有。衣被萬物。而不為主。常無欲。可名於小。萬物歸兮。而不為主。可名於大。是以聖人終不為大。故能成其大。」

宇宙萬物，千門萬類，莫不以人為最靈，通過對宇宙能量的理解和領悟，在宇宙中登上主管的寶座。唯一者是人！指導者唯道德經。

自然能量的主宰和人類社會能量的主管結合成道的總體。所以稱之「道是能量的統稱」。

宇宙的能量是永恆的，人的能量是「道可道」，而並非永恆。永恆的道和非永恆的道，組成一個指導性的原理：

「道可道。非常道。」

社會上任何一舉一動、一成一敗，皆來自人對道的理解和領悟正確與否，如果理解和領悟錯了，這稱之為「不知常」，「不知常」，也就「妄作凶」了，為了避免「妄作凶」，而將人類推進災難的漩渦；老子提出了檢驗理論實踐性的原則。

檢驗理論實踐性的原則有四：(1) 為理論實踐的歷史性；(2) 為理論實踐的科學性；(3) 為理論實踐的生活性；(4) 為理論實踐的包容性。在此四項原則指導下，一切正確無誤。道德經是永恆天書；戰無不勝。

檢驗理論實踐性的原則，可以用作檢驗和衡量人類社會中一切活動和思想，包括經濟、政治、文化、歷史和信仰等等，無所不包，無所不管，它好像一塊照妖鏡，任何東西，把它們

擺在鏡下，一目瞭然，無所循形。

《道德經》的政治實踐性，完全經得起它的進行實踐檢驗，愈將檢驗得細緻，愈能表現它是人類最偉大而理想的和唯一的政治。道德經是永恆天書。

《道德經》的政治實踐時代，在中國已經露出端倪，它好像美麗的漣漪，蕩漾到全世界和全人類。改革開放、一國兩制、貓論、韜光養晦，和一帶一路，世界共同體。古人說聖人出黃河清，陳子敢指出聖人已出，世界無不是 "平" 而復 "平"。中國必然如此！他們反映聖人出，中國永恆接連國泰民安。

（1）為理論實踐的歷史性

理論的歷史性，來自理論的階段性。

人類社會千門萬類各有獨立一套，理論在狀況和發展中。人類重複發現事物理論性，這些理論歷史性，實質是其實踐性。理論的歷史性實質是其實踐性。請大家緊記。

宇宙萬事萬物的發展過程，莫不經過簡單到複雜、由低級至高級。這簡單、複雜、低級、高級就是其必然的歷史性和階段性。

「道可道。非常道。名可名。非常名。無名天地之始。有名萬物之母。」

老子明確地指出，作為一種人類社會的理論，是經過思維對客觀的反映和判斷而提出的，客觀萬物的出現，是經過「萬物生於有。有生於無」這一段路程的，是以人類的思維隨此而複雜。「道可道。非常道」，是對理論歷史性最有力的說明。明此根本原則可找到事物理論的歷史性，事情也就解決初步困

難。

老子仍怕人類不相信理論的歷史性，再次提出：

「道生一。一生二。二生三。三生萬物。」

由一到二，二到三，三至萬物。「一」是初階，萬物由它概括而展示無止境複雜的將來。由 "一" 至 "三生"，這就是事物歷史性。

且看人類世界，國無大小，族無分寡多，他們都存在着血緣、文字、語言、風俗、信仰、政治和經濟不同。既然各國有其歷史性，也就即有其民族性，通過此一民族性完全可以明察秋毫地看到殖民主義的罪大惡極。它們藉着殖民主義宗教的虛偽，進行威迫利誘的宣傳，先將別人的民族性打敗，刺探他人的國情，為殖民地經濟、政治、軍事侵略和掠奪服務，使受蹂躪國家，出現貧窮、落後和飢餓，然後付出鹽水的代價，並巧言令色地去宣傳所謂「博愛」和「人權」，去掩飾其自己的罪證和而去磨抹歷史產生的大怨。西方 1784 年工業革命後的政治全如此，直至西方 2035 年經濟全面衰退，請大家拭目以待。時到 2035 年，整個西方均受牽割而黃葉紛飄滿地。倘若西方能早知早覺，配合道德經政治，可與世而不衰。

世界上不少國家和民族給殖民主義者吞沒，説他們同樣的語言，信奉他們同一的宗教，接受他們的文化，採用他們的政治，甚至推行他們的經濟；有用嗎？殖民主義的上帝，還不是仍然令你們飽受貧窮、落後、飢餓、疾病、戰爭等等的煎熬嗎？人類豈能麻木不仁？西方的上帝，永恆不會有菩薩之心腸，盡在不言中，令人難於理解其口是心非。難怪耶穌在死前叫「天父，天父，為什麼棄我而去？耶穌懷疑上帝的存在！耶穌死即

悟改！耶穌可貴！」耶穌死前的話叫人要清醒，上帝是帝國主義用作恐嚇的東西。耶穌必然反對！中國人真要醒覺，上帝是政客創造的上帝，黨政全聽他們指揮的人造上帝。西方宗教是西方政客所創。西方宗教上帝是西方政客上帝！那麼相信西方上帝的人們要警醒，不然是西方政客的奴才，做了危害自己國家的壞人。

中華民族飽受殖民主義宗教、政治、經濟和文化的侵略、掠奪、腐蝕和侮辱，慶幸大難不死，民族精神盎然！反映中華民族永遠是宇宙選民，永遠以德報怨貢獻全人類。道德經和其他傳統文化在其中起了永恆不滅的內力，而得以以德報怨貢獻全人類。

中華民族，永恆以德報怨，永恆兀立不倒，而天長地久。

中華民族歷史國際道德最好，堅心立志為世界和平幸福貢獻力量；永不沉淪於銀光鈔影，而時刻要緊記振興中華，不負人類眾望！亦永遠不棄不離，以德報怨貢獻全人類。

（2）為理論實踐的科學性

任何一種理論，一旦失卻科學性，它就是迷信騙人的東西，包扎着人類的眼睛，牽引着人類走進災難的漩渦。整個西方理論就是歸屬此一騙人理論。

讀者，陳子絕不吹牛，閣下不妨購買世界理論名著，看她們所寫的書籍，以作一個明智比較，看評誰言之有理。實踐是檢驗真理唯一標準。陳子盡言根據道德經而說而論而著。

西方殖民主義宗教、唯心主義哲學、唯物主義哲學、殖民主義、新霸權主義，均是沒有科學性的東西，它們威迫利誘地

把人類推進痛苦的深淵。

他們的理論全是階段性的東西。全經不起太陽的曝曬。

唯獨《道德經》的哲學思想，產生於文明科學之土，長出正直美麗的枝幹，結出奇異幸福的和平之果，為全人類創造永無災難和無痛苦的樂園！

理論正確與否，決定於人對客觀事物之觀察和結論，是否細緻入微和全面，然後經過分析比較而作出判斷，如果觀察和判斷均符合了「道法自然」，那麼他提出的見解和理論，可以肯定是正確而科學的。《道德經》政治理論是在此情況下提出來的。《道德經》永恆是人類唯一天書，直至天沉地暗，仍然是不變的偉大天書。拯救人類唯一天書。人類要：“晨早當思謀生計，閑時應讀道德經”。

歷史上無數偉人成功與失敗，全繫一本道德經。道德經是人類天書。

老子為了避免人類在觀察和思維時拐了彎路，特別提出一條科學的哲學思維方法：

「常無欲以觀其妙。有欲以觀其竅。」

有了科學的觀察和思維方法仍然是不足的，必須由始至終有一條依據和檢驗金科玉律，對理論的科學性才會有雙重的保險。

「萬物莫不尊道而貴德。」

道是永恆能量的統稱，把道看作是無上尊崇，以它「無為」的意旨為指導，領悟它那「而無不為」精神；理論的科學性，所向披靡，戰無不勝。《道德經》確實是人類唯一天書。中國人之所以無不惜心於道德經，且看，世上那個英雄豪傑，

無不是因不明道德經半途而廢。中國毛澤東先生陳子最敬佩天才詩人天才軍事學家，可惜是半個天才政治家。一個鄧小平先生的改革開放、一國兩制貓論和功成名遂身退，尤其是韜光養晦，導致美國人要敬佩習近平先生成功建設中國迅速發展。

科學的理論立心於「無為」，即所謂「道常無為」，其效能，也就「而無不為」了。

懂得論理的科學性，永恆無不解的本國落後的東西，固然要用科學眼光去檢驗它，對於外來的宗教，尤其是對殖民主義宗教、民主、人權，更要睜大科學的眼睛多看它們幾眼，不給它們做漏網之魚。"道德經"是全能的天書。尤其是西方的政論，它好似那止痛餅，勸君莫長期服用，小心它有損健康！掌握道德經，可全明瞭西方政客一切居心莫叵。

（3）為理論實踐的生活性

理論的生活性，和理論大眾性兩者完全不同，前者是道家科學的哲學思想，後者是唯心主義思想。為甚麼有分與大眾性，只要知"百姓皆注其耳目"，就完全明白此道理。百姓是可貴的，因"高以下為基"。但其百姓皆注其耳目的風打竹，不可不關注，免為其害。**因此聖人常知百姓皆注其耳目，因此要經常推行國民教育永恆，而不常推行國家民族思想教育，很易為百姓所累！對百姓要恆常公民教育是永恆不可忽略的事情。他才是真正聖人。**

理論性的生活性，和理論大眾性兩者完全不同，前者是道家科學的哲學思想，後者是唯心主義思想。奉勸中國人警惕，明辯是非。

大眾性或大眾化，均是殘缺不全的觀點。《道德經》有云：

「天下大事必作於細。」

「合抱之木。生於毫末。九層之臺。起於累土。千里之行。始於足下。」

老子教導人們，看問題切勿忽略微觀，沒有微觀，也就沒有宏觀，大眾化和大眾性觀點之錯，無須枉費唇舌。一聽就知就明！兩者均不實際而有點輕浮而欺騙，所以對西方的理論要審慎實踐接受。且看他們的政治和宗教就一目了然。

比方一個大企業，如果共看到大多數工人的利益，而看不到投資者的利益，那就差之毫釐，謬以千里了。道德經全能觀點，既看到工人利益亦不忽略投資者利益，事情能如此顧及，也就是兩全其美的措施。緊記道德經第七十七章的話："損有餘以補不足；損不足以奉有餘"。這是兩全真實的道德經精神。

理論生活性，既要看大多數工人的利益，亦要照顧投資者的利益。這種全面的觀點，才可持平社會，讓社會發展均衡合理。

掌握和認識理論的生活性，對外來的宗教、政治、文化、好壞全都明察秋毫。陳子早勸香港政治家要推行公民教育，但卻不聽，陳子撰詩一首：

神靈保佑全由人　　何必為政靠神靈
德政行仁全做到　　香江必定頌昇平

凡為政者，必須堅信道德經，徹底為人民服務，要盡自己辛勞。緊記天下神靈無不是人所創造！宗教永恆服務人民。中國

神靈皆是有功於民的人而成神，是人創造鬼神，死而不亡者壽！

（4）為理論實踐的包容性

　　《道德經》包羅萬有，萬古常新，它在地球上以隨意一點作圓心，以宇宙太空為半徑，甚麼東西都包括在其中。可以說，天網恢恢，疏而不漏。

　　《道德經》第四十七章云：

　　「不出戶。知天下。不窺牖。見天道。其出彌遠。其知彌少。是以聖人。不行而知。不見而名。不為而成。」

　　正因為《道德經》包羅一切、概括一切，洞悉《道德經》的人，也就知道這一切，人的智慧也就好像天網一樣，疏而不漏了。

　　《道德經》是微型的百科全書、知識的寶藏，可以予取予求，其包容性之大，誰可比擬！

　　《道德經》中的「天」，是指宇宙的自然規律，所謂「天人合一」，是指宇宙的自然規律和人的智慧完美無瑕地結合，從上面第四十七章的內容，可見其將「天人合一」表露無遺。其後至第八十一章，人道至微不漏，豈非天書耶。

　　《道德經》永恆是全人類天書，全人類應緊緊擁抱和永恆置股掌之上。《道德經》是人類永恆天書，永無失信，永無失誤，永無錯漏的天書。

道德永恆救世界　乾坤幸福比天長
神州百姓愛如枕　國運昌隆受頌揚

第二節 《道德經》論政治家的修養

（一）《道德經》的人性論

自古以來，對人性的觀點，頗為爭議。有人說「人之初，性本善」；更有人相反地說「人之初，性本惡」。

西歐唯心主義哲學家，認為人性最根本的底線是天性自由。這種自由主義人性思想，無可否認，對社會的進步起了很大推動作用，功不可沒，但切勿忽視其給人類帶來不少災難，更因為其認識論錯誤，毒化了好些人，成為人類進入新紀元的絆腳石。也即是人類其團體的進步發展無限阻撓。這種人性自由觀，帶來災難源自歐洲。

古印度宗教思想，更不可理喻，說萬物皆有佛性。不過，根據科學認為，萬物完成進化要比人類早，萬物尚且不存在“人性”，更那裡皆有“佛性”，豈可違背科學性而信口雌黃嗎？足見「道法自然」是完全科學，而萬物皆有佛性，是強詞奪理，是錯誤思維。萬般學說的人性均是錯，唯有道德經，道法自然，才為世界上標準人性觀。據研究，色空哲學而只停留在生活層面，要求人們不要沉迷於色，而經常看作空，人類社會，就可避免許多錯誤嗎？人人端莊做人，社會就安寧嗎？敬請批評。初生之犢狂言。

老子在二千多年前，已早知眾議之謬，而以科學觀點為人性立論立言。

要認識人性論，必須掌握下面三個闡述內容。內容在下分為三點闡述。1. 人的本性；2. 人性改造的必要性；3. 人性改

造的可能性。在此內容再分為三點內容闡述：（1）改造可能性的科學根據；（2）改造人性的方法和途徑；（3）人性改造的經常性。

1. 人的本性

人的本性是甚麼？問題很顯淺，但說得透徹者，寥若晨星。

西方哲學統屬唯心主義範疇，因此把自己學說看作是人的本性，對社會所起的作用，好壞參半。其後的唯物主義，由唯心主義所派生，對事物的判斷更為主觀，將給人性觀點一百八十度轉變，認為人是社會的馴服工具。儒家思想到了宋明，進入末路窮途，因而出現"宋明理學"。西傳發展為馬克思主義和資本主義。世界文明中國人拓展絕非虛言。總而言之，無論任何國家任何理論，與道德經比較，是螢火蟲與太陽之比。道德經是太陽，其他各家理論無一不是正論參半，成為錯誤哲學害人。

老子思想是孔子儒家思想的基礎，雖然他未能全面繼承正統的道家思想，但其人性的觀點亦受科學影響而較為好。

「人之初，性本善，性相近，習相遠。」

人的先天是善的，這一本質隨環境的接觸不同，善惡因此而各向一端。

孔子認為善是人性的根本，但不比道家的「德」的觀點較為完善而全面。

「含德之厚。比於赤子。毒蟲不螫。猛獸不據。攫鳥不搏。」

　　老子從「人之初」本體之德，引證毒蟲、猛獸、攖鳥對赤子含德深厚之尊敬，説明了德是人性的根本。萬物「尊道」而「貴德」，人性最根本是「德」。「德」主宰人性。「善」是「德」的反映，反映道學高於儒學，是不爭的事實。儒家延生由道家"道主儒輔"將使儒家為道家指導排除一切錯誤而成為輔助道家思想的輔助治國，治民的生活性社會性思想。成為優秀政制，普行人類。

　　那麼人的本性之德，由何而來？

　　「道者。萬物之奧。善人之寶。不善人之所保。」

　　道對萬物的主宰，道理言之不盡，同樣對人類來説，更主宰得鍥而不捨，善人，自覺地把道看作寶，而不善的人，在人最根本之處。仍然擺脱不了道的佔有。善惡，「德」是其所規範的總範疇，這有力地説明老子用「德」去概括人性，遠較孔子的「善」完善得多。當然，西歐把人性看作自由是其根本，也許要以馴服去束縛人類，均是錯誤的東西。在老子心目中，「德」是人類最高貴的反映；此外，任何事物均不可以超「德」而炫耀自己。老虎獅子均可以勢迫，但無可以「德」示人。狗的馴良與否，由人選擇決定。「尊道而貴德」，反映「德」是「道」行為的底線。

　　「萬物莫不尊道而貴德。」

　　既道破了「德」是人性的根本，亦説明了道是人性「德」的科學自然基礎。

　　「德」，使人「不失其所者。久。死而不亡者。壽。」的核心思想，永遠主宰着人的靈魂。其原因全在於人有「德」所致。

　　道家是長輩，儒家是後輩反映無疑！"道主儒輔"是儒家唯一出路；不然如果儒家思想成為靈魂的主宰，那人則六神無主，永不可成為獨一治理國家人民社會的出色思想。分久必合，合久必分是歷史批判儒家思想是久延殘喘的思想，對人類有害無益。

2. 人性改造的必要性

　　人類主觀世界的活動，與過去的歷史積累和面對的生活時間、空間與環境，有着血肉的關連。世界上找不到一個超歷史、超時代和現實的活生生的人。在人類歷史活動的過程中，無論在過去、現在與將來，除《道德經》經典著作作者老子外，再無法找到另外一個在主觀世界活動中不存在着或多或少不同程度錯誤的完人。完全可言，世界唯有老子是完人，任何否定老子的人必然是無知的庸人。

　　《道德經》第十二章云：

　　「五色令人目盲。五音令人耳聾。五味令人口爽，馳騁田獵。令人心發狂。難得之貨。令人心防。」

　　老子用具體事例，去發人深省，指出：色、音、味、獵、貨等等東西，會影響人的內心世界，由一個正常的心態，受改變為不知所謂，全無是非觀念，進而作奸犯科，危害人類社會的變態。難得之貨，是指生活資料欠缺，"令人心防"，這是人類永恆防備的事情。

　　追求物欲的人，眼光淺短，有目如盲；沉迷尋歡作樂的人，忠言逆耳，有耳若聾；講飲講食的人，暴殄天物；喜愛狩獵刺激的人，慈愛置於度外，射殺成性；擁有難得日常生活物品的

人，受怕失卻物品的恐懼包圍。此現況是社會要永防發生。

　　日新月異和無止無終的客觀世界，在威迫利誘着人類的內心世界；歷史證明，人類世界的災難，來自未得到改造好的人性這一禍根。放縱的人性，是危害社會的罪魁禍首；難道人性改造，不是整個社會的首要問題嗎？人性存在不能不改造的要求；倘若稍有輕視，輕易放過，其害無窮。人性的改造藍本，唯一天書《道德經》。中國好些人受了《道德經》的改造品性純良，是中國社會的基礎動力，不然中國豈能稱人類文明的拓展者。中國人居世界拓展之峰，全因有《道德經》天書座鎮，不然，雞犬不安。

　　「尊道而貴德」

　　是老子人性改造的思想基礎，亦是改造後時時刻刻約制和警惕自我的金科玉律。國家民族家庭能時刻以此定作原則去改造人性，社會則風調雨順，國泰民安，民族振作，永遠以德報怨服務人類作出偉大貢獻。所以陳子斷言：中國人是世界文明拓展者，必是人類世界大同的啟導者。這是完全準確的預言和論斷。

　　"尊道貴德"，老子要人類永恆要推行公民教育，如每天吃飯飲水一樣。這是人生社會的永恆的人類日課！

　　西歐的自由、民主、人權，實質是放縱的人性觀念，種種式式由外國輸入的宗教觀，它們都在利用迷信、愚昧和頹廢的途徑去進行威迫利誘，達到人性受腐蝕和毒化，進而予取予求地侵略、掠奪、蹂躪，強迫思想、文化、政治經濟和宗教信仰等全面殖民，徹底把中華民族摧毀！中國人永遠以德報怨去待人，但「須防仁不仁」的西方政客和宗教的侵略和奴役。西方

政客和宗教政客永存，防備亦要永恆，中華民族才能因有防備永存而生存也亦永恆。防備西方侵略破壞是中國永恆。

世界沒有中國人，永遠不會出現人類世界大同。無論什麼主義和思想產生救急作用後，跟著全屬害人害物，只有《道德經》能夠救世界！請各位回顧歷史，可知陳子所説是事實無假。總而言之，任何人和理論不是專殺人鋼刀主義，任何思想均有救亡作用，但救亡過後，必須推行道德經去固本培原。道德經是救亡主義思想基礎；道德經是總思想的洪爐。可經煉成丹，成救世之丹。

中華民族豈可自暴自棄，沉淪於銀光鈔影，矇矓着眼睛，而不去憤發圖強嗎？

中國領導人和青年男女，世代要重視人性改造的必要性，切勿視之等閒。

老子《道德經》是人性改造的指南。

道德扶家國　　國家無妄凶
人民溫飽有　　華夏萬年松

陳子敢斷言，世界根本找不到一個完人，唯有著《道德經》的老子。這是百份百正確的斷言，是完全準確無誤的預言。中國人要永恆高舉《道德經》前進和奮鬥！中國人要應日夕唸吟：晨早當思謀生計，閑時應讀《道德經》。

3. 人性改造的可能性
人性到底可否改造，可能性的根據何在？這都是嚴峻的問

題，並非模稜兩可。老子在二千多年前已經明確地提出，人性的改造是完全可以而且必須，根據是實在可能而科學。可惜中國歷朝歷代統治者常以"有事以取天下"，為了五音、五色、五味、馳騁田獵和難得之貨，並且力求江山世襲，推行嚴刑峻法以威迫百姓馴服，枉受生活煎熬；另一方面，採用和推行古印度傳入之宗教，使中華民族患上思想風濕癱瘓症，無知無覺老子《道德經》這種中華民族的正統思想，種下積習難返的禍根，導致抵擋不住西方殖民主義的侵略、掠奪和蹂躪。西方殖民主義者並未因中華民族"哭聲直上干雲宵"而伸出同情之手；相反，更進一步加深政治、經濟、文化、宗教殖民，徹底瓦解中華民族。幻想永遠統治，永遠奴役中華！"起來，不願做奴隸的人們"！永遠立志向前進步！西方政客是中國人永恆罪魁禍首。

世代中華民族舉國上下男女老少，豈可不將殖民主義歪曲和毒化了的人性清除和改造嗎？不然，豈能振興中華，豈能貢獻人類？中華民族是永恆堅心奉獻人類的民族，以德報怨。

整個世界的人類都在期望振興的中華，早日為人類帶來永久幸福與和平！

中華民族國際歷史道德最好，全無殖民主義的野心，中華民族是人類永久幸福和平的中流砥柱！人類要恆信中華民族，是全人類唯一以德報怨的民族，唯有她世界和平才可實現於將來。世界共同體是中國人為人類奮鬥目的而不休止地努力向前。下面分三點論述人性改造的可能性：(1) 改造可能性的科學根據；(2) 改造人性的方法和途徑；(3) 人性改造的經常性。

（1）改造可能性的科學根據

　　老子在《道德經》第六十二章，提出了人性改造可能性的科學根據：

　　「道者。萬物之奧。善人之寶。不善人之所保。」

　　宇宙萬事萬物，包括整個人類，無一不為道所主宰。人是特殊能量的結晶，無時無刻不在吐納轉化，可能好的變得更好，也可能好壞互變，亦可能壞的壞下去。這是人性變化與客觀世界相輔相成的關係，這是「道法自然」的關係，亦是人性可能改造的科學根據。「道法自然」是人性改造可能性永恆科學原理，充分反映人性的可改造性和必須改造性。

　　因此，老子根據此一人性改造可能性和必要性的科學道理，毫不含糊地指出：

　　善良者，他們把道看作是「見真抱璞」地愛護，奉行終生。至於那些人性不善的人，道仍然蘊藏心底，只要能找到真人性不善的癥結，也就一觸即發，洗心革面，步向善良。

　　老子在《道德經》第二十七章進一步指出：

　　「是以聖人常善救人。故無棄人。常善救物。故無棄物。」

　　說明救人完全是救人方法問題。《道德經》是全人類唯一天書。只要人們能洞悉《道德經》的「無為而無不為」，無不可毀，無不為可成。「無為而無不為」，無數學者，將「無為而無不為」拆開，殊知《道德經》是說，「無為」必須是「無不為」；「無為」必然是「無不為」，才能稱之為「無為」。獨說"無為"，是引人曲解道德經的錯誤行為。

　　《道德經》對人性改造，入須耐心，要抱「無為」出發點，

而「無不為」耐心進行不達目的，誓不會收兵，實現無不救人觀。道德經是人類唯一天書，可通過實踐去証明。

（2）改造人性的方法和途徑

老子在《道德經》第二十七章中，為人性的改造提出了方法和途徑：

「善行無轍迹。善言無瑕讁。善計不用籌策。善閉不用關鍵。而不可開。善結無繩約。而不可解。是以聖人常善救人。故無棄人。常善救物。故無棄物。是謂襲明。故善人者。不善人之師。不善人者。善人之資。不貴其師。不愛其資。雖智大迷。是謂要妙。」

做任何事情，必先找到其竅門，那就事半功倍。老子舉了「善行」、「善言」、「善計」、「善閉」和「善結」為具體事例，説明人可「善救人」亦可「善救物」，做到「無棄人」和「無棄物」。道德經無人不救，無物不救，道德經是萬應百科全書。

老子認為社會要做到無棄人無棄物，善人不應獨善其身，而要擔任不善人的師。在引導不善者的過程中，師愛其資，資敬其師。這樣，才是真懂得改造人性的要妙。如果只能知道色就是空，空就是色的社會層面日常生活哲學，豈能有道德經的科學哲學效能嗎？

改造人性的方法和途徑，總一句話，要動員起整個社會力量，救人與救己。整個社會人性得到好的改造，社會自然幸福安寧！推行公民教育，是道家永恆的社會職責，徹底為人民服務。特區暴動，不推行國民教育，並無懂道德經和馬列主義的

政治人材。

（3）人性改造的經常性

　　人性改造，切勿一曝十寒，更不可一勞永逸。老子說的：「美之為美。斯惡已。善之為善。斯不善已。」道理是告訴人們，事物被讚為美而就停止不前，那就受討厭開始了，人得到善的稱譽，而就滿足不前，那就開始走向不善了。

　　道的根本思想，萬物作為而不停。

　　事物停留不前，反映事物為甚麼會回頭走向變壞。

　　老子進一步科學地指出：

　　「禍兮。福所倚。福兮。禍所伏。孰知其極。其無正也。正復為奇。善復為妖。」

　　原來在美當中有不美所倚，善之中有不善所伏。任何事情的發展，是不會有盡頭的，好壞永遠是兩個競賽的因素，好像逆水和行舟一樣，舟不進就要退！

　　老子繼續以聖人為例，說明人性到了聖人的境界，可謂極受羨慕了，但仍須不斷求進，切勿自滿：

　　「是以聖人。方而不割。廉而不劌。直而不肆。光而不耀。」

　　人性改造的經常性，足可見之矣。社會的公民教育要永恆不停：流水不污，其求進的放棄是值得領悟。

　　老子提的人性改進要求標準是：「不割」、「不劌」、「不肆」、「不耀」。人性改造到了此境界，也就成功目的達到了。

　　晨早當思謀生計，閑時應讀道德經。道德經普及人心人腦，世界必然共同體而大同。中華民族永存勉勵以德報怨，為

中國人的腳下風火輪，永恆向前貢獻人類。

（二）道家政治家的修養

　　政治好比一個大漩渦，由人類開始就開始了漩渦，把無數百姓捲進永遠填不掉的深淵，多少人類精英，為了扭轉漩渦，挽救蒼生，結果更為慘烈，遭受坐牢、流放、殺頭，以及九族滅門。這一切災難的禍源，來自錯誤的哲學孕育出來的政治制度及其毒化的人性。因此要扭轉社會的政治，政黨要選擇科學的哲學指導，政黨為人民正確方向工作，收到人民向學好的效能。道德經是唯一唯德唯能的哲學經典。人類求進步，必須知其然而必然，耐心喚起社會，社會因此改變。這叫道法自然的永恆真理。

　　世界哲學，除了老子的《道德經》哲學外，全是唯心主義的哲學，它們是人類災難的漩渦，星羅棋布於世界各地，使人類避不勝避，找無可找永久和平棲身之地；且看，今天的中東、非洲和歐洲以及世界各地，哪一處不是因為新殖民主義者推銷軍火挑撥戰爭而死於炮彈和疫症之下？中國想安靜下來，但有人在圍堵和干擾。世界政客時刻計劃侵害中國無日無之。為甚麼如此，因為政客宿怨中國人的強盛，妨礙他們獨霸世界的目的。請讀者明白，世界由此兩種人循環不息世代繼承，一種是永恆保衛人民保衛社會，他們做好事有益人類；另一種永遠做壞事又以做好掩蓋其犯罪破壞人類，主要是統治者。中國人夢寐無不共戴天，西方政客永恆是侵略者！

　　要挽救蒼生、維持世界和平，唯有宣傳和推行老子《道德

經》哲學政治，可以立竿見影，世界出現新紀元；「千里之行。始於足下」，隨着向前的腳步，闊然前路，曙光照人！《道德經》永恆是全人類天書，永恆指導人類修為自己的寶書，在其中全面性指導聖人，平常的修養總則和成功的要求。

道德經對政治家為人類徹底服務者的修養，要求共有六點，要求治國治民者的品德：1. 修身；2. 尊道貴德；3. 絕學無憂；4. 絕聖棄智；5. 聖人永遠無為而無不為百姓立心；6. 恆持道家三寶。任何一位普通平安，若能按照此六點去時刻要求自己，均成大器晚成的偉人。所以公民教育要永恆。

統治者能洞悉道德經，堅持上述下闡六點要求，天下肯定大治，領導者定然是個當代聖人；相信個個統治者都想如此，可惜他們不懂道德經。偉大孫中山先生就是不懂道德經，只是後知後覺："大道之行也，天下為公"！可惜其生命太陽日落西山！陳子每次寫到孫中山先生，無不哀惜此一偉人。對偉大天才毛澤東先生亦是永恆同感！奉獻青年人要勤力學透道德經！

鄧小平先生是個偉大共產黨人，偉大傳統思想集聚者，提出改革開放，一國兩制，韜光養晦，唯德唯能徹底體現於他的"貓論"，和實踐是檢驗真理唯一標準觀點，永恆促使社會向前不衰；習近平先生天才繼承，以一帶一路，世界共同體徹底繼承。復興偉大中華。

1. 修身

修身這一詞，並非高深莫測，而是淺而易解，但解釋得透徹也就不易了。坊間和書店論述修身的書籍可說汗牛充棟，寫

得好的，萬中無一，它們「修身」寫成「修養」的文題。

孔子為修身發表了這樣的見解：

「修身，齊家，治國，平天下。」

對「修身」孔子並無作個恰當全面的解釋。他和一般的學者一樣，把智育和德育看作是修身兩個主要內容；然而，老子對修身的見解遠較孔子深刻透徹：

「修之於身。其德乃真。」

很明顯，如果修身是為了肩負起「齊家治國平天下」等重大任務，倘若不達「真」的水平，豈能有如此作為嗎？修身是為「德」而服務的，培養堅貞為人服務永恆品德。任何人無分男女，到了品德完善，服務人民國家，必然盡忠職守，效忠國家民族義無反悔。"修之於身"，去到"其德乃真"才可完成徹底為人民服務！中國天才軍事學家，結果功虧一簣！陳子為此歷代天才的妖折主義而落淚。

「真」的含意是全面，包括三個方面：一方面是身體健康，另一方面是品德優良，第三方面是要有「微妙元通。深不可識」的知識。具備了這三方面修養，才謂之"真"。以"真"為國為民，服務也就盡心盡力無微不至，永無失德失政。

修身的指南是《道德經》，不讀《道德經》，不理解《道德經》和不掌握《道德經》，那就根本無修身可談。道德經是修身終生的指南。

《道德經》是唯一的修身指南。修身是包括德育、體育、智育三個方面全面性培養和修養。三者完整結合，永恆忠實服務國家社會人民；國家必然國泰民安。

2. 尊道貴德

「尊道貴德」，是政治家的座右銘，是政治家一生的核心和靈魂，倘若一旦有所鬆懈和忽略，那麼，他就「正復為奇。善復為妖」了，給人類帶來的是災難和痛苦，絕不會是幸福與和平。每一個道家政治家必須時刻緊記徹底為人民服務。

陳子有如此理解，尊道貴德的人，一定終生無後顧之憂，全心全意向前。

本想全心全意服務人民，但卻無知"尊道貴德"的必要性，結果害了無辜百姓！這正反映尊道貴德，必須掌握「正復為奇。善復為妖」的真理而真心服務人民，其感效「豈虛言哉。誠全而歸之」！「尊道貴德」多麼重要！是政治靈魂。

「尊道」，是衡量一個政治家的認識論和世界觀是否正確、徹底和科學。

如果一個政治家不認識能量主宰一切創造一切，無疑，他就以自己的主觀去主宰一切決定一切，這種人就是老子要斥責的：

「以智治國。國之賊。」

這裡的智，是指政治家的主觀，罔顧客觀世界而妄作主張，這叫「不知常。妄作凶」！倘若一個政治家、國家首領如此無知胡為，促使國家崩潰，人民痛苦。

「尊道」不是一句空話，並非時刻高叫尊道就可以尊道，而要時刻不忘老子的哲學思維方法：

「常無欲以觀其妙。有欲以觀其竅。」

冷靜細心觀察事物變化，而找到其中變化的規律，按其觀

點去解決，是《道德經》思維，必然是天下王！戰無不勝。

社會事情無分鉅細，均能經微觀和宏觀的評估，錯誤很難成為漏網之魚。

任何事情的產生和出現，均離不開它的歷史背景。任何一個政治家，忽略了這一點，他就錯誤地評估過去的事物，無法估計一件事物的現在和將來。

「道可道。非常道。」

是道家政治家的歷史觀，在任何情況下，不要忘記它是錯誤的過濾器。

「貴德」，是一個政治家為家為國為民和為人類的品德與決心的指南。

一個政治家大聲疾呼要尊道，如果他不貴德，可説他是一個居心叵測的政客，西方的政客就是如此，人權不離口，背後幹着傷天害理的勾當，他們是否給「信我者得救」的觀念毒化，在生時當了罪魁禍首也不怕，死時一信了上帝之後就即蹦天堂！完全 "無懼受道德和良心的譴責"。宗教，唯一社會意義是導人和匡人向善為善，豈能導他們向惡？自殘自害自己，和為害他人嗎？罪哉，罪哉！變成 "終糟" 了。中國一目了然，原來西方宗教是統治者假借上帝欺騙人民，實現自己壞目的和企圖。有良知的中國人，豈能傳此宗教以民？陳子認為任何神均是偉大精明清廉的，全由政客壞蛋藝瀆了神靈和上帝。宇宙的神全一樣無私而公平對事，不然全是 "衰神"！如果天下的神全是公平公正，宗教全將一致無分是統一好的宗教！所以陳子極力主張神，全部的神，均要接受為人所創造，當然創造者全是洞悉道德經的好人！

「貴德」是檢驗尊道的標準，在貴德這一照妖鏡下，政客也就無可循形了。

歷史上沒有一個真正「尊道貴德」的統治者，不然，人類不會仍然慘叫在災難的漩渦中！忽然一股不明的疑問湧上心頭！吾母親在農村中人稱為"百曉"，大家庭溫飽靠她靈巧勇敢思維安排，陳子幼年，靠她說故事的啟發和教導，循規蹈矩，努力求學。她領我入學拜孔聖。幼稚心靈，崇拜孔聖，天真無邪的心受教於母親。母親三十四歲去世，唯有寫書啟世報答母親，和偉大中國天下母親。

1949 年夏天，母親與世長辭！享年三十四歲；接着新中國出現，似乎興國的事物出現眼前。陳子精學馬列主義，乘勢實現希望為國效勞，兩全其美。相信命運的小藥商父親，既年老而又生怕一生疼愛的長子從政不測，力勸兒子留家助他經商。但要求父親給赴英機會，考察西方為什麼能富強。1967 年 3 月 27 日英國 LEEDS 華光社成立，為該社成立而後撫問妻兒，長子舜書於此天出世。回憶起此事淚滿臉而淚衣襟……有欠關心妻兒安全。永恆是內疚，難於忘懷。

我愛我的家，我愛我的國家，終生無改！專心以《陳子論道》、《陳子論政》、《陳子論宗教》、《陳子論報應》等著作報答父母和親朋的深恩和愛護，並以盡作為國民的天職。天地為我而生，我為天地而死。

時到今日，妻子仍提起此事絮絮滔滔。我深深感謝妻子為我生了三個博士其中一個是女兒和一個是學士兒子。在閒暇中總會向他致歉，對兒女他們學業關心太少，他們成就全靠自己努力。尤其是想起偉大母親和妻兒女他們，我應如何啟導他們

為認識道德經智慧而奮鬥。相信此是最崇高的願望。永縈念終生。

人類要擺脫災難的漩渦，必須共進「眾妙之門」。共識《道德經》，學習「尊道貴德」，掌握「尊道貴德」，推行「尊道貴德」。以感謝**"天地為我而生，我為天地而死"**，**而感謝"道法自然"。**

> 道德傳天下　中華無妄凶
> 國家永富盛　爆竹響滿空

3. 絕學無憂

不少學者和名家，把絕學解釋為拋棄、放棄、不要，那麼，道家人物都成了草包子，怎樣去「行不言之教。萬物作焉而不辭」？豈不是妄自菲薄！

正因為人們無人能解"絕學無憂"，造成道德經成了見而生畏的"天書"。

世人往往如此，愚蠢的人羨慕聰明甚麼都懂，樣樣無須求人；而聰明的人卻羨慕蠢人無知，無憂無慮。也許是如此吧，那些學者和名人，靈感一時來自羨慕蠢人，因此，把「絕學無憂」這種無上的科學哲學，解釋為與蠢人等同起來。這反映誰的悲哀？是學者，還是《道德經》？無知的中國學者，無知造成中國一切災難。中國一切忠臣之死，是善良者無好報，全來自不懂道德經的中國人所造成！

「絕學」，是指一個道家人物，要把知識學到「微妙元通。深不可識」，做到「不出戶。知天下。不窺牖。見天道。

其出彌遠。其知彌少。是以聖人。不行而知。不見而名。不為而成」。一個人到了如此地步，不是已經「絕學」了嗎？有了如此的「絕學」，那裡還須憂慮？世間無所不知，社會無所不曉，不是聖人是甚麼？

試舉一隅，可知三隅：

一張凳子，當坐下之前，已經檢查過它的結構和材料以及實用效能，然後坐在其上，事前「絕學」了，坐在其上不是可以「無憂」了嗎？

如果要鬥嘴說：無須去了解那張凳子情況，坐下去也就無憂；那豈不是荒天下之大謬嗎？三歲孩童亦不信如此的「道理」！

「絕學」，是一個道家政治家的知識方向和指標，「無憂」是檢驗「絕學」的標準。這叫實踐檢驗真理唯一標準。

且看三國孔明，藉借東風來化險為夷，應是「絕學無憂」的好事例。

諸葛亮，是道家政治家的典型！

倘若你的智慧還超過諸葛亮，任何事物無論如何，總不會令你憂愁。

「絕學」，相信指人類要對知識不斷努力鑽研到「微妙元通。深不可識」。

一個絕學的聖人，微妙元通，深不可識，甚麼困難全可解識和完滿解決。

4. 絕聖棄智

歷代學者因襲傳抄，將「絕聖棄智」註解為拋棄聰明和

智巧，這樣，把老子變成毀滅人類文明的罪魁禍首，難怪老子叫屈了二千多年，卻無人為他申張正義，昭雪蒙冤，因為歷代學者名氣，使後學者誤認為他們一言九鼎，不敢哼聲，以訛傳訛，誤盡蒼生；也許是統治者威迫利誘，授意文人學者，以智困愚，犯下滔天大罪，寄望於休養生息，滿足改朝換代的混亂煎熬。嗚呼！神州，帝王權貴、學者文人，該當何罪，一時難於評說！建議有為青年，敢於批判錯誤理解《道德經》的錯誤學者，是偉大的年青一代，是時代主人。中國要靠年青一代大力伸張光揚普及人類中華。道德經永是全人類天書。

　　中華民族，不下萬年文明文化，今天時勢最好，相信為老子平冤的知名學者，絡繹而來，他們再不甘做驚蟄前的小蛙。大膽去理解《道德經》的風氣和要求。《道德經》全球性已經開始。世界情緒在西方政客指使下，綻開反孔子學院情緒，說它有侵略的思想存在。**但老子道德經永恆無私無分國籍教育人們永遠以德報怨。**

　　「絕聖棄智」，粗淺解之，是追上時代，不要故步自封。老子一再指出，任何美的事物，一旦不繼續向美的方向走，它就不美，會受到時代的淘汰；同樣，一個善人，不繼續去行善積德，他就與時代脫節，那就不善了。這充分說明，老子的思想是不甘後人的，豈會叫人拋棄聰明和智巧呢！《道德經》永遠是人類進步的火車頭，確是人類永恆天書。

　　老子用「絕聖棄智」這句話去勉勵和提醒所有稱聖人者，要天天和時刻跟上時代潮流，因為客觀事物時刻分秒在變，如果人的主觀世界與它脫節，那麼聖人就變作庸人了。「絕」字之意，是徹底和去到頂端。當一個聖人的知識時刻去到頂端，

解決問題時，還須取巧嗎？還須施用巧智嗎？有巧智的聰明人，已經完善於人的修維，辦事處事理物，還須考慮用甚麼譎計嗎？完全可棄智而功成。

「棄智」是檢驗「絕聖」的標準。一個絕聖功夫做得不徹底的人，他就會「以智治國」，變成「國之賊」了，誤盡蒼生！

今天中國早已進入民主政體，振興中華，成為舉國上下共同的心聲，任何一位當代的領導人，完全相信和肯定，再不像過去行屍走肉的帝王權貴，把「棄智」曲解為拋棄才智聰明以貶低「絕聖棄智」的偉大科學內涵。

《道德經》第四十七章有云：

「不出戶。知天下。不窺牖。見天道。其出彌遠。其知彌少。是以聖人。不行而知。不見而名。不為而成。」

一個人的修為、涵養、智慧到了如此境界，他不是已經「絕聖」了嗎？治國、治民還須投機取巧、欺騙人民大眾嗎？這些譎計蠱惑，大可拋棄而不用。

從這章裡，更深刻認識到「絕聖棄智」是完全可以做到的事情，問題在於肯否下苦功。

《道德經》有言，「古之善為士者。微妙元通。深不可識」，**這是指為道者的智慧，已經完全達到「絕聖棄智」的水平。**

一個無所不知無所不明的聖人，還須要什麼手段去治民呢？如此聖人輕而易舉治好人民理好國政，以達政通人和。

5. 聖人永遠無為而無不為為百姓立心

　　西方國家以民主選舉和民意調查作為標榜其政制的優越，去加深和裝飾其殖民主義的企圖，卻吸引了不少對殖民主義歷史發展了解不足和對民主的階段性理解不深的人，給予它們在輿論上和其他方面的支持，罔顧一切國情和經濟文化思想條件，盲目地去衝擊目前只可能循序漸進的中國民主政體，破壞先從現代化經濟體系建設，進而帶動政治體系改進的部署；而使社會失卻和平安定的建設機會，導致生產失調、思想紊亂，出現分崩離析的局面；新殖民主義者藉着貓哭老鼠的眼淚，救濟、調停、支援等騙人而暗度陳倉的手段，達到在政治上、經濟上、軍事上、文化上和宗教信仰上全面殖民主義化，徹底瓦解中華民族掉進任由擺佈命運的災難深淵，而世界人類亦因中華民族的瓦解和崩潰，而失卻和平的中流砥柱，陷入受蹂躪的漩渦。中華民族永遠是時代的啟導者，所以西方政客傾盡全力奴役中國人，但他們完全有心無力去啟導世界人民，而世界也停頓下來，完全受西方政客予取予求，同樣做殖民主義者的奴隸。

　　不信，且看今天的歐洲、非洲和中東，是中華民族、世界人類命運疏於警惕和防範的先兆！

　　儘管，中國歷代帝王統治，強據江山為世襲私有，任執任為，無視天下是個神器，把國家的初定之休養生息，視作今後荒淫無度的權宜之策，重把人民推進循環往返災難漩渦之紀錄；但道家政治在漢朝文景之治，三十多年刑法束諸高閣之盛世，和唐代太宗貞觀之治的昇平景象，他們為道家政治樹立光輝璀璨的典型，使中國人民念念不忘和夢寐以求如此的太平盛

世，永駐神州！

振興中華，把中華建設成為一為繁榮富強統一國家，不但是中華民族共同的願望和要求，亦是全人類的希望，希望中華成為保障世界和平的中流砥柱。

陳子敢斷言，世界欠缺中華民族的以德報怨立心國家強大，人類永無可能擺脫罪魁禍首的美國淫威勢力。

中華民族永是全人類拓展文明和啟導全人類和平大同的中流砥柱。

環顧整個人類歷史，中華民族的國際道德最好，唯有她的強大才不會造成世界人類的恐懼和憂慮，才會真正去維護世界和平。大家可以從《道德經》第四十九章中找到充分的證明：

「聖人無常心。以百姓心為心。善者。吾善之。不善者。吾亦善之。信者。吾信之。不信者。吾亦信之。聖人之在天下。慄慄為天下渾其心。百姓皆注其耳目。聖人皆孩之。」

作為一個領導者，完全不存在先入為主的政見，完全按百姓的願望為依歸去決策。善良的百姓，以善良的態度去對待，對以不善良的百姓，亦不另眼相看。老實守信的百姓，以守信的態度對待他們，至於不守信的百姓，亦不歧視他們。領導在治理天下整個過程中，是無時無刻不是小心翼翼處理無論巨細之事，儘管老百姓不加思索僅憑耳目進行粗淺的批評，無所謂正確錯誤與否，領導者對他們均泰然處之，愛如赤子。總而言之，道德經告訴聖人，"百姓皆注其耳目"，聖人永恆要推行國民教育，百姓才會認識聖人，歡迎聖人。

倘若道家政家能如此堅貞不移地為百姓立心，他們的政治

修為，已經到了爐火純青的至境，可佩稱得上：

「貴以身為天下者。則可寄於天下。愛以身為天下者。乃可託於天下。」

中華民族和世界人類產生同樣的感情，認為在世界種種式式的政治家中，道家政治家之品德與修為是獨無而僅有。

一個「絕聖棄智」道家，「微妙元通。深不可識」；道家永遠「無為而無不為」為百姓立心。《道德經》永恆是世界人類天書，永恆治好人類社會戰無不勝唯一天書，人類總希望全共寶藏於此。道德經是全人類的永恆寶藏。

無為而無不為，是道學永恆堅持的原則，為人民服務徹底不改。

6. 恆持道家三寶

宇宙是恆守着「反者。道之動。弱者。道之用。天下萬物生於有。有生於無。」，這一盛衰發展的總規律循環往返的。這種盛衰的現象會直接影響人的主觀世界，使人「正復為奇。善復為妖」；老子為了加強道家政治家的修養，提出要求把握往三寶，作為日常的注意和守則，時刻慄慄渾其心，去為老百姓服務。

《道德經》第六十七章有云：

「……我有三寶。保而持之。一曰慈。二曰儉。三曰不敢為天下先。夫慈故能勇。儉故能廣。不敢為天下先。故能成其大。今捨慈且勇。捨儉且廣。捨後且先。死矣。夫慈。以戰則勝。以守則固。天將救之。以慈衛之。」

把它譯成語體文，大意如此；敬請學者指導和批評。

我有三大修身法寶，一稱慈，二叫儉，三是不敢為天下先。它們有如此的威力，慈愛可令人勇敢；節儉可使更多人接受施惠；不敢為天下先的謙讓精神，可使人完成偉大事業。然而，現今的人，放棄了慈愛而去談勇敢；放棄節儉而去談廣施；放棄了謙厚而去談搶先；這樣作為，無疑是步向死亡。其實，慈是首要的品德，有了慈的修為，戰必然勝利；固守則，必然堅固不敗，並能取得廣眾支持與救助，而渡過了危機。這些皆因受慈的品德和行為所感應。

道家的三寶，是道家政治家的日常生活規律和注意守則，它好像一套日常梳洗清潔的配備，一個照身鏡，一盆清洗水，一條擦身的毛巾，每天潔身自愛，既無藏污納垢之處，頭腦清醒，全心全意為百姓立心服務，「行不言之教。萬物作焉而不辭」。《道德經》臨天下，聖人臨天下，哪有不風調雨順，國泰民安國家呢？

慈，是三寶的核心，可説是「天下之至柔。馳騁天下之至剛。無有入於無間」，「以戰則勝。以守則固。」，在任何情況下，皆因有慈愛之德而得盡天時地利人和，困難均迎刃而解。

慈是戰無不勝的偉大力量。

懂得節儉精神的運用才不致枉費時間、精力和資源，百姓受益才廣益才廣均。

老子對「儉則能廣」的偉大意義，在第五十九章作了深刻的論證：

「治人。事天。莫若嗇。夫惟嗇。是謂早服。早服。謂之重積德。重積德。則無不克。無不克。則莫知其極。

莫知其極。可以有國。有國之母。可以長久。是謂根深固蒂。長生久視之道。」

節省財力物力人力，原來那麼重要，不但可使廣大人民受益，更加可保障國家根深蒂固，民族長生久視於地球之上；相反，貪污和浪費的人，豈不是振興中華的罪魁禍首，人人得而誅之嗎？

不敢為天下先，是謙讓服眾的美德，有這種思想修養作基礎，為國為民，才會具「先天下之憂而憂，後天下之樂而樂」的偉大抱負，創造偉大的豐功偉績。

老子對不敢為天下先的重要性和作用，在第七章作了這樣的評價：

「天長地久。天地所以能常且久者。以其不自生。故能長生。是以聖人。後其身而身先。外其身而身存。非以其無私邪。故能成其私。」

作為一個道家政治家，能夠恆持三寶，以此為立身處世，已經是非常了不起了，如果能夠具備上述六大修養，道家政治家，不是一個政治完人是甚麼？

《道德經》是鎮國之寶，是振興中華的思想寶藏，是世界人類走向幸福和平的指路明燈！

中國為官者，世代以此六點為座右銘，中華民族萬世無衰而「長生久視」無虞！

上述六點《道德經》與人的座右銘，充分反映能量能力絕非只是求中國，而有其能力和作用，可救世界救全人類，萬世唯興而萬世永恆無衰。社會永恆的衰全由人性無道無德無慈無知所造成。只有《道德經》能夠救世界完全是言之可行的天書。

《道德經》是人的靈魂，是國家立國的靈魂，是民族的靈魂，是萬事萬物一切的骨幹。道德經是全人類永恆天書。

《道德經》是全人類的天書，唯有它才能救世界，唯有它可以使人類無憂無爭無殃永享世界大同。

一個道家政治家的修養達到上面六點要求水準，是一位微妙元通的人，治理國家無所不善，無所困難，無所不利，他必是個典型的聰明政治家。

《道德經》是全人類戰無不勝的總天書。

所以陳子大膽推薦，"道主儒輔"是人類最優越政制。

（三）《道德經》論述道治的王國

《道德經》的評價，是中國二千多年來，一直解決不了，關乎民族進步與落後的重大問題。歷代以來，不少學者文士、政治家、科學家、歷史學家和宗教家，他們仰人鼻息，或者以訛傳訛地評述和註釋《道德經》。他們的著作好像無數一棵嚴冬老樹的敗葉，可惜《道德經》光芒給它們掩蓋得奄奄若熄，使人更渺茫於《道德經》到底有無價值？更受世代無知帝王、公卿、大官、小官受儒家的困惑而更掩埋暗淡無光。帝制和儒家思想配合使道德經暗淡無光，促使中國落後於西方。中國人無知道德經，而造成一切衰退產生！尤其中國青年，更要晨早當知謀生計，閑時應讀道德經。

要明察，西方政客亦知道德經哲學思想了得，要特意認識曲解錯解道德經；以及外來西方宗教，促使中國衰落的根本原因。

不少學者和專家，他們憑着稀薄虛閃的名譽光芒，不肯為《道德經》深下苦功，連一些篇章字句他們都還沒有弄清懂，就妄然下判，實在令人無限惋惜，他們在暴殄天物，並因他們的學術榮譽影響和帶動了別人亦同樣暴殄天物！

敬請中國人打開他們的全部著作能像《陳子論道》、《陳子論政》一樣，以闡述《道德經》的著作能有幾本呢？

他們錯誤的癥結在於並未把道理解為「能量的統稱，來自物質的發揮」。他們把「先天之氣」、「混元之氣」，還有甚麼種種莫名其妙的氣，把「道」字的含意搞得烏煙瘴氣，連自己亦不知所謂！「不知知病」完全為統治者的喜愛去解釋《道德經》，將《道德經》變成不可理解的地球遺珠。誰之罪！誰之過！是統治者罪，學者何嘗亦無罪呢？儒家豈無過嗎？中國人真要深刻檢討思過，為甚麼不懂《道德經》！

陳子由 1986 年起「但願誠心寫道德，何須著意做神仙」，立下宏願；衷心學簷前滴水，以滴穿階石，以表堅心。解除化解一切因無知《道德經》所產生引起的禍害。

尤其是平均主義的唯物主義哲學盲目興起，它實質原是和唯心主義宗教哲學一丘之貉，卻為一些學者把它誤認為摩登時尚，用以粗暴對待中華文化，把老子哲學思想更批判得體無完膚；有些更為可笑，把老子思想說成不倫不類，既是唯心主義，亦是唯物主義，兩者兼有混血兒哲學。使人懷疑，這些學者有無讀過老子《道德經》？或者全是南郭先生！無知妄為的中國學者因投機，無知掩埋《道德經》。彼等是原同樣一丘之貉，有意埋沒這本世界人類共有邁向大同天書。

尤其是「小國寡民」這種思想道治王國的思想，更受到

無情的批評，說它是「烏托邦」思想。殊知老子自知怎樣興國興邦興人興萬物；為人類必然去到人類最後，如何避免滅亡。「小國寡民」是唯一良方。「小國寡民」是政治靈芝，拯救世界人類。道德經是全人類救生救亡圈。全人類應共奉為全人類天書。

下面準備從七個方面去闡述理想道家王國的優越性和可行性，去解決學術上從來未有解決的問題，虛心誠意請世界學者討論批評。

實踐是檢驗真理唯一標準。下面七點實踐檢查方法和意義如下：1. 小國寡民的內容；2. 維持高科技經濟生產；3. 保持先進社會設施和精良軍備；4. 堅持社會公民教育；5. 經常留意並檢查小國寡民的實踐效益和意義。6. 宣傳推行人創造鬼神的宗教改革政策；7. 新時代道家思想的新發展。

這七點見解是《陳子論政》中的新穎倡議，希望大家參加討論、思維和批評。

1. 小國寡民的內容

老子堅信不移自己的道治主張，堅信經過一番辛勤的耕耘，並普及了道治的思想，通過道治的效能得到鐵一般實踐的證明後，必然會帶出無數如星羅棋布的「小國寡民」形式的社會組織。老子認為要根本治好一社會走向「小國寡民」的形式是最為優越的方向和必然。這豈非社會分裂而是自然的分冶的到來，永保社會平安無爭政通人和而下去。小國寡民的政治，相當於今天直轄市。小國寡民相當細分直轄縣，甚至再細，縣下分區、分鎮。全國分小區而治，而屬大國中央。

　　老子為自己的理想道治王國，勾畫出一副清晰的輪廓，美若世外桃源，不但令人羨慕和神往，並且轉化為一股強烈的追求願望，為實現道治的社會，而兢兢業業，希望環宇之內，過着前所未有的和平幸福盛世太平的生活！

　　《道德經》第八十章是這樣勾畫出人類憧憬的人間世外桃源：

　　「小國寡民。使有什佰人之器而不用。使民重死。而不遠徙。雖有舟車。無所乘之。雖有甲兵。無所陳之。使民復結繩而用之。甘其食。美其服。安其居。樂其俗。鄰國相望。雞犬之聲相聞。民至老死。不相往來。」

　　當道治思想已經普及全世界，並在廣泛實踐中，取得根深蒂固的成功和勝利，進一步加深了人類確認道治是唯一可行的政體，大家同心同德地支持獻力；這樣，道治可説已經到了完全成熟的階段，「小國寡民」的政治結構自然而然地從一個國家分衍出來，她們好像同個母雞生出來的雞蛋，各自孵長。世界「小國寡民」之間的關係也就好像同一品種的雞蛋。原有的國家各自保留精良的大型生產機器。百姓對自己生活的地方非常熱愛而留戀，不會輕意作出遠徙；舟車是社會常備設施，並未因百姓少用而廢棄；保衛國防和治市的軍警，並不因為沒有戰爭威脅而解散。百姓生活在如此平靜安閑的社會裡，生活既無欠缺，文字交往自然減少，對於私人的紀錄簡單得只須像遠古人類，結繩而用，也就夠了。那時，人民百姓日常生活重心，擺在衣、食、住和彼此的關係上。衣服的色調和款式各自喜愛選擇和穿著，飲食按各自的口味興趣進行，房子建造各式各樣，按舒適而設計，人與人之間無爭無怨，風俗純樸，全無

繁文縟節。小國與小國之間，你可聽見我的雞啼，我可聽見你的犬吠，大家由出生到生死，除非有特別事情，不然，一輩子可以各自怡然，不相為爭執的往來投訴。「小國寡民」，分部而治；"聖人"甚麼樣的人，所以道德經一早就對聖人作如此解釋：是每個小團體的領導人。

大國分析為小國小區小鎮，聖人也多了，每一小鎮的領導者，亦是聖人。

中外不少學者為此世外桃源的生活，觸景而生憂情，恐怕人類會陷於無精神生活可言和失卻人生意義的境況。這完全是不洞悉道德經的杞人憂天。小國寡民在文明時已經出現，不過並未成為街知巷聞。試問，自治去到"鎮"有甚麼不安呢？現在國家結構，已有鎮政府，到其時政治情況等全成熟將"鎮"叫自己治鎮，有何不安呢？

「我們畢竟感到，在那單純的生活方式中，沒有文字「**使民復結繩而用之**」，擔心人究竟有甚麼精神生活可言？人們的生命既然與草木同朽，究竟又有甚麼意義？」大家為甚麼不理解，"結繩而用之"，是指現在的互聯網呢？如果如此憧憬，不是更開心快樂嗎？

這不僅是某一個學者的憂慮，這種憂慮代表着廣大政治家、思想家、經濟學家和社會學家，甚至一些宗教家，都認為老子的道治王國思想，是深山聞鷓鴣，行不得也哥哥！不過任何一個稍有常識的人；人類的將來矛盾必須如此去解決。解決了此一困難，而走出困境。

一個「小國寡民」的社會裡，是否會廢除或消滅文字，這完全是不切實際未加思索的杞人憂天的過慮。要探討這一問

題，最好先從《道德經》內容着手：

「常使民。無知無欲。使夫知者。不敢為也。」

又者：

「聖人之在天下。慄慄為天下渾其心。百姓皆注其耳目。聖人皆孩之。」

從這兩段引文中，可以看見在一個社會裡，存在着三種人，一是廣大的羣眾，即百姓；一是知者，社會中人數不少的知識羣體；第三種是聖人，他們是社會中的領導者，是比較最少的羣體。儘管百姓「復結繩而用之」，知者和聖人總得要運用文字去進行社會文化傳宗接代，那麼，學者、專家、政治家、經濟學家、思想家、社會學家等，他們不是聖人亦是知者，他們大可皓首窮經，何患沒有「甚麼精神文化可言」和生命沒有意義？在羣策羣勵的要求下，運用道德經此一永恆天書，一切困難必將得到解決；小國寡民就是妙藥良方。

同時，「使民復結繩而用之」的背後，並無政令強迫性去介入，它純屬無爭太平盛世，並無影響他們自然放棄文字的使用的外力。這種情況，完全可以肯定，生活在此社會中百姓整體，因為「為腹」問題仍然必須要經濟活動，豈可完全斷絕與文字接觸嗎？又者，整個教育機構可以全部結束而廢除嗎？是以，說道治王國「沒有文字」，不是杞人憂天又是甚麼呢？"結網而用之"，社會會出現如此現象，但並非整個社會。那時的社會政通人和，均以簡單記事。

再看今大西歐高度發展的資本主義國家，它們一再吹噓自己的物質文明，但仍然存在一個龐大文盲數字，而文化出版事業並未因此而衰退；相反，更加旺盛而繁榮。此足反映文化普

及之難，而社會不用文字那裡會到來呢？杞人憂天。

這真要請憂慮和想像「小國寡民」的社會裡「沒有文字」的專家、學者、政治家、社會學家等等，去自行解答自己的想像和憂慮了。

手持一咭走天涯的貨幣制也許對「復結繩而用之」有所新的完美的啟示。

實踐是檢驗真理唯一標準，同時實踐亦因此而發展永恆不息前進。

「小國寡民」是分而治之，使政治經濟、文化及其他各樣設施更貼近人民受益人民，各種社會實踐由易到易，實現徹底"官"，聖人為「無為而無不為」。

提前實踐小國寡民，更加增知如何應付將來，促使小國寡民更為美滿而無可爭議。

道德經的估計應有其一定的實踐意義。歷史發展到一定階段，一種應付的政制形式就會到來。請大家要留意，小國寡民是農村一種生活方式，但大城市發展的到來。

道德經是全人類天書，為全人類解決一切生活難題。

2. 維持高科技經濟生產

好些學者因對《道德經》未能全面研究與分析，因而憂慮「小國寡民」是老子對小農經濟的喜愛和徘徊，難免走回原始社會的老路。

商周商業經濟非常發達，但走到東周已經疲弱而衰退。這種衰退直接影響了農村經濟，帶來使農民逃荒，而引起整個社會動亂不安，招來犬戎入侵，動搖了西周的統治，過渡到東周。

犬戎入侵，反映國家的危難來自西方，預告秦始皇的萬里長城建築的必然。這反映《道德經》醒人思維的證明。《詩經》是西周和平盛世的反映，引起無數人的喜愛擁護而沉迷。充分體現社會在進步，並不斷發展。可惜因中國社會世襲的細胞而走向落後產生東周。

　　老子深刻認識、體會和同情，農村是社會安定與否的溫度計，農民生活苦不堪言而肇啟了動亂此一禍的端倪。根治農村，使農民安居樂業，把社會和國家禍根治好，是一個道治主義者朝夕不容忽略的大課題。「小國寡民」這種政治結構式是最理想和完善可行的方針與政策。「什佰人之器」，在農村推行和建立是不適宜的，而要把它納入城市生產範疇。「使有什佰人之器而不用」，這種撤除大型先進社會經濟機械生產的做法，只是針對農村社會而言，而並非要求整個國家全面放棄。是以「小國寡民」的思想，絕不會招惹原始社會全面性的復活。城市人仍要生活，豈可放棄生產？「使有什佰人之器而不用」農村與城市分工，而城市人知識與廠地均符合工業發展。既然如此，社會豈會回到原始社會嗎？

　　如果說《道德經》第八十章是道治農村成功的描寫，那麼，第七十七章闡述商品經濟要在城市永遠推行，把農村與城市珠聯璧合，人類永遠擺脫災難的漩渦！城鄉結合，是會發展的新階段，亦必然到來。

　　《道德經》是人類走向永遠幸福的指路明燈，並非空言，更不是妄言。

　　從第八十章和第七十七章兩篇文章比較，使人發現老子的小國寡民是指農村但對城市發展準備更擴大。使有什佰人器而

不用，純屬指在農村。但到了城市商朝農業發展而出現損有餘而補不足；損不足而奉有餘。這是商業社會的發展。這一道德經偉大意義，值得終生研究。

敬請讀者打開眼睛，好好領悟"什佰人之器而不用"的偉大社會發展偉大意義。農村是經濟發源地。隨着社會發展而擴大要脫離農村，搬到適應的地方。這反映工業社會到來。道德經開始知道社會發展必經之道。由農村擴展至城市發展。

《道德經》第七十七章有云：

「天之道。損有餘以補不足。人之道則不然。損不足以奉有餘。」

這是商品經濟帶來的商業活動與稅收，「有餘」與「不足」的永恆關係，亦是社會發展的金科玉律。這裡的「有餘」和「不足」出現，反映與「使有什佰人之器而不用」的關聯發生。

有了城市商品經濟，「使有什佰人之器」的商品豐盛的支持，「小國寡民」的農村才可能如此：

「甘其食。美其服。安其居。樂其俗。」

在豐盛商品的供應下的背後，是社會普遍就業的結果。人民普遍就業，就業時還須經「尚賢」爭取的麻煩嗎？那時，民也就沒有要「爭」之根源了。人民對生活商品的取得，既然予取予求，還會有誰鋌而走險，自甘淪為盜賊呢？如果如此，他不是白痴，肯定他是個富有的高買狂。

中國社會為何不如上述發展下去呢？原因是中國世襲帝制和儒家思想的困擾所造成。所以陳子說，孔子功勞蓋世，但其遺害無家，要"道主儒輔"此一完善政制才可徹底解決中國社

會貧窮。它全面性繼承了中國傳統文化點滴不漏。中國文明是世界拓展者；用此 "道主儒輔" 也就包涵了整個世界文化。代表全人類文化。全人類真幸福生活的創造，必須應當由中國人啟導。此由拓展世界文明而連鎖推理。**偉大中國共產黨發展全民經濟，把中國革命因素完全化解，為 "道主儒輔" ，舖平發展道路。**

學者們、政治家、歷史學家、經濟學家、您們還會憂心忡忡「小國寡民」的思想，會導致社會大倒退、重蹈茹毛飲血的舊轍嗎？憂慮難道不是多餘嗎？

法國馬爾薩斯說人口增加是幾何級數，而物質增加是數學級數，社會危機要靠戰爭去屠殺人口解決；但中國老子《道德經》要用「小國寡民」去化解和抵消，促使社會永遠和平。所以世界的憂慮，中國道德經全有解決良方。 "道主儒輔" 正好永恆發展，而配合小國寡民而融納其中。

農村是小國寡民的基礎，但城市是發展的必然。發展城市帶動農村的發展城市化。城市全面化，要注意脫離現實的西方式繁榮，而促使社會和國家衰亡。而道德經永葆世界人類青春不亡。因此， "道主儒輔" 是解救西方民主自由永恆矛盾，耗盡九牛二虎之力，亦無回天之功。中國老子的農村和城市發展相配合，是人類的天堂。西方宗教的天堂是龍蛇混合，經過宗教改牧的靈魂變了痴痴呆呆，如此天堂何樂而美之有而可愛呢？西方天堂龍蛇混雜，中國人的天堂，是賢人，聖人，神仙所居！按思想完善性，中國宗教思想不是較合理嗎？陳子為此觀點寫一聯：**天堂盡是精忠客，盜賊何緣登天堂。**

3. 保持先進社會設施和精良軍備

「反者。道之動。弱者。道之用。」

任何事物皆同一道理，而無例外可言，它們的運動和發展，必然由一個低的基點，去到另一個新的發展高點，再從那發展高點，落到原來一新的基本點。

《道德經》第十六章作了這樣的論證和闡述：

「萬物並作。吾以觀其復。夫物芸芸。各復歸其根。歸根。曰。靜。靜。曰。復命。復命。曰。常。知常。曰。明。不知常。妄作凶。」

這種「往返」和「強弱」的運動與變化，剛巧體現了能量永存、永動、永用的特殊與普通一般性。宇宙在這種特性的主宰下，出現了生生不息、用之不勤、綿綿若存的偉大創造力量。

「萬物生於有。有生於無。」

「有」和「無」是兩個相對面，彼此相生相化，由能量主宰產生彼此的辯證關係。

當「聖人之在天下。惵惵為天下渾其心」，經過一段艱辛的歲月，終於為百姓創造了一個幸福的天地，但切記「知其白。守其黑」的不可踰越的原則，即普通人説的，光明背後，是黑暗的來臨。因此，在「小國寡民」的社會，儘管百姓因無爭無涉而少於用交通工具的舟車，就以為可以將社會已經達到的先進設施廢棄不用；相反，更要精益求精，配合社會的科技發展，相輔相成，永遠與原始社會無緣，使它望塵莫及。

「雖有舟車。無所乘之。」

「雖有舟車」説明船車因人民樂其俗，安其居，因此好些人因無需要使用。需要使用的人減少，反映物盡其用而全不

浪費。反映「莫若嗇」的原則，保証社會永無欠缺現象，社會與人類並存久而永存。

照一般常理，用進廢退，但道治成功的「小國寡民」人民政體，它仍然與城市有所交往，城市的科技支持了鄉村，儘管百姓「無所乘之」，但舟車仍然常備常設，永不廢棄。這足見道治社會與其他體制不相同，它永遠永存先進而青春！

「嗇」節儉精神道德養成，當今資本主義時代，以欺騙浪費去促進社會發展，其結果使社會因欠缺而衰亡；「嗇」完全化解此衰亡走向。

「雖有甲兵。無所陳之。」

這種堅持甲兵雖然「無所陳」而常有的思想，是在無時無刻不警惕「強梁者」趁機而起，戰爭突發，動亂忽生，要令「強梁者不得其死」。「吾將以為教父」，是居安思危的道家政治精神。

「雖有甲兵」，社會不存在戰爭，甲兵常備，怕仍有一時之用的必須，保障國家安危。道治社會常作有備無患的作用。反映道法防治人惡不可少的永恆。

那麼，「使民復結繩而用之」，這種社會現象，絕不是工廠、交通、軍隊、城市的主理者和成員的事情，相信僅見於閒靜無爭的鄉村。老子發展小國寡民思想，是因西周犬戎之亂而感觸，導致同情農民而小國寡民。

社會永恆存在必須正常生產活動，但農村地方出現事均閒靜，日間記事少之又少，「結繩而用之」是形容農村走向閒靜安逸寫照。農村安居樂業，社會動亂停止，社會安如泰山。所以道德經説，貴以賤為本，高以下為基，反映道德經的靈活

治國治家。

因此，人在「小國寡民」的社會體制裡，會失掉意義和精神空虛，憂慮原始社會到來，豈不是杞人憂天嗎？由城市到農村循環轉換生活，精神豈會空虛嗎？

安閑是道法成功現實的反映，社會才會出現長生久視，不然衰亡快見。

保持社會先進設施和精良軍備，是道治社會的特色和標誌，使「小國寡民」的政治體制永固永存，人民永遠閑悠安居。人民思想全存道法自然，社會常保証安全條件，社會動蕩也就不會發生。

保持先進社會設施和精良軍備，是由鄉材發展過渡到城市的必然，並必須到來的新面貌。

4. 堅持社會公民教育

堅持《道德經》社會教育永恆的社會永無停止運作，是社會永恆的靈魂，永無離亂發生。總而言之，社會上日常一切活動，每一言每一語均圍繞公民教育有關。公民教育即人的飲水食飯，永恆必須！社會必然井井有條！

人類道德的形成和發展，經歷一段頗長的艱辛歲月。前一段時期，屬於自然形成和發展時期，後一段時期，是意識形態主宰的形成和發展時期。

老子對以整個人類道德的形成和發展瞭如指掌。它是人類社會的精神支柱，社會的安定與否，與此一支柱始終保持着存亡與共的形影關係。是以，老子把社會公民教育看作永恆社會的重大課題。因此社會人類有一天，公民教育不歇不停不止。

公民教育與天地同壽，日月齊光，與人類共古共存。

「道可道，非常道；天之道，利而不害；聖人之道，為而不爭。」

《道德經》第一章是整本八十一章的總綱，最尾的第八十一章，是全本書的總結。老子對公民教育急不及待的重視心情，在第二章已經表露無遺：

「行不言之教。萬物作焉而不辭。」

老子要求統治者像他一樣行不言之教，事事以身作則，使百姓潛移默化，那怕千辛萬苦，亦要推行公民教育，將百姓教化，實現道治的理想永恆。

香港回歸中國後自 1997 年 7 月 1 日起，只高興於回歸，但忽略公民教育，大劫運必會到來。有誰肯接受此一勸告？唯有讓歷史的來臨才知自己的過失而亡羊補牢！如果香港特區仍深睡不醒，大難必然到來！公民教育永與經濟發展並駕齊驅！一國兩制，是鄧小平先生偉大構思：對內可防左，對外，可促使西方資本主義的衰亡。中國啟導世界人類大同才會成為必然。習近平先生天才發揮一帶一路，世界共同體，更為中國進步的理想勾出給中國將來而致世界的將來。

在總結性第八十一章中，仍然孜孜不倦地去提醒眾人，要時刻緊記：

「信言不美。美言不信。」

更加看出，老子對公民教育的重視無可復加。

香港人應好好理解和謹慎提心吊膽，才可免除大災大劫到來。香港特區要推行公民教育。是永恆無改的天理。

老子對社會公民教育如此重視的理論根據，來自「含德

之厚。比於赤子」。任何一個凡夫俗子，抑或達官貴人，他們都是一樣，當大家跳出娘胎，本質是冰清玉潔，靈魂完善無瑕，但人類社會好像一個大染缸，把人性漂染得光怪陸離。因之人民百姓之好壞，與當朝的統治者的修德、所推行的政令、所實施的教育方針，有着密切的關係。**香港由 1842 年落在帝國主義殖民統治 155 年，"取消了政治部"，應是驚心動魄的大事情，為甚麼不成立"人事科取代"呢？其令人莫明其妙，為甚麼不加強公民教育呢？宗教與教育要分家要緊記永恆。香港必須推行人創造鬼神公民教育。要永恆緊記：一女不能嫁二夫，人的思想永恆忠於中華人民共和國家，怎能又忠於西方神靈呢？特區首長世代必須切忌切戒毋忘。**

人類有史以來，誰也不敢向人民百姓如此宣示自己的主張和觀點：

「是以聖人常善救人。故無棄人。常善救物。故無棄物。」

這種徹底對國家民族負責的精神，在宇宙中，唯有老子這個世界完人而僅有，而其他人所無。

社會上公民教育，分開兩個不同的層次因材施教。

廣大的人民百姓是一個大層次，「常使民。無知無欲」，是一個教育途徑和方法。「無知無欲」此一教育的對象是廣大老百姓，教育內容和目的是要使廣大群體「無知無欲」。「無知」是指深刻認識百欲的為害性，而達到完全了解有欲的害處而無欲。使社會上智者，更不敢為也，兩者合成社會永恆安定無亂。

對老百姓來説，生活知識、生產知識、社會知識已經足

夠，無須給他不必要而有害的知識，使他們投機取巧、利欲薰心、勾心鬥角。

「民之難治。以其智多。」

這是統治者不懂推行公民教育，而灌輸老百姓不必要知識的自作自受。

知識階層是社會的領導力量，除了和廣大百姓一樣接受基本公民教育外，還要接受完善管理制度的約制，使公民教育和規章制度相輔相成，促使整個領導隊伍「不見可欲。使心不亂」，進而潔身自愛，對任何有損害國家民族利益的東西，看作雷池禁地，不敢近不敢為。

廣大人民百姓純樸善良，而統治階層潔身自愛，整個社會也就自然「則無不治」了。

然而，公民教育，必須有經濟物質作基礎，如果只是巧言令色地談思想，老是缺乏物質的支持，統治者不是有意欺騙，完全可以肯定是顢頇無能，抑或推行海市蜃樓般的主觀理想主義，剛愎自用，義無反顧，致令經濟生產自設桎梏，苦盡蒼生！而導致社會災難重重連締，災難蒼生。社會結濟和思想崩潰。

農村是社會的基層組織，國家是九層之臺，要建立在農村這一累土之上。「小國寡民」是道治成功的寒暑表。

「使民重死。而不遠徙。」

在「小國寡民」的農村社會裡，仍然不忘推行熱愛鄉土的公民教育。要把熱愛鄉土的公民教育推行成功，必須提供物質以配合，不然，就會功虧一簣，徒勞無功。

「甘其食。美其服。安其居。」

在如此優厚的生活條件支持下，鄉民無疑能「樂其俗」，

「民至老死。不相往來」。

公民教育和物質基礎，兩者相輔相成，既無不體現了道治主義者的高瞻遠矚，更可看出道治主義者崇尚以實踐檢驗真理的精神，絕不好大喜功，而致使苦盡蒼生！

"道主儒輔"是最理想的政制，而完全繼承中國民族優良傳統；將可使人民長安久治國泰民安。中國人是世界文明的拓展者，亦是人類世界共同體的啟導者，道主儒輔繼承中國全面的傳統文化，因此，道主儒輔制度，代表全人類要求和希望以及將來。

5. 經常留意並檢查小國寡民的實踐效益和意義

老子「小國寡民」思想是眾矢之的，不少歷史學家、社會學家、思想家、政治家和哲學家，不知是趨炎附勢抑或「貴大患若身」，藉此大做文章，汗牛充棟，把偉大中華代表、世界完人老子貶得一錢不值，導致他的哲學經典暗淡無光、搖晃欲滅，使他受屈二千多年。中華民族亦因此而積弱二千多年，尤其近百年，受盡東西方和北方殖民主義政治、經濟、軍事、宗教的蹂躪，險些將中華民族吞噬！

陳子大膽結論，中國的衰敗來自中國帝王、儒家思想、外來落後思想干擾等所造成。中國人民要永省永記毋忘。西方政客天天存幻想奴役中國人民！不過，中國共產黨的馬列主義中國化救了老子道德經，而道德經永恆發展馬列主義。中國共產黨救了全人類。

無須懷疑那些學者其他方面的學問造詣，但在《道德經》方面，為了沽名釣譽，隨波逐流，未經深刻探討，就筆誅墨

伐老子的「小國寡民」思想，以訛傳訛，誤盡蒼生！中國是世界文明拓展者孔子功勞蓋世，然而困擾中國；老子思想到了「無狹其所居」並促使中國歷史分久必合，合久必分，直至1911年辛亥革命。說孔子其後患無窮，並不過言！**中國歷史問題要到1949年的變化，才真正解決歷史問題。毛澤東先生建立偉大新中國；鄧小平先生扭轉文化革命十年災難，改革開放；一國兩制，韜光養晦；貓論是唯德唯能徹底結合道德經思想。習近平先生天才繼承一帶一路，世界共同體，使中國萬世不衰永恆國泰民安。**

老子經細心觀察和分析萬事萬物變化的「妙」，找到萬事萬物變化的「竅」，認識萬事萬物不是由小變大，就是由大變小，抑或不是簡單到複雜，就是由複雜到簡單，因而得出「反者。道之動。弱者。道之用」的能量運作和發揮的規律。再運用此一自然規律，去認識和廣證「小國寡民」在社會實踐中的現實意義。

在人類社會組織結構中，個人是最小最基本成員，進而是家庭，進而是社會，進而是民族，到最高層次是國家，這由小到大的發展。在公司結構，先由一個公司，發展到更多公司。在原先公司下，有分公司，分公司內有各部門，各部門有各部門領導和成員。這是由上至下的發展結構。由國家和公司兩個結構，很易找到「小國寡民」的思想在現實中反覆地證明了它的真理性和可行性，並不是無中生有的東西，更不是老子主觀想出來的海市蜃樓理想。「小國寡民」的偉大實踐意義以公司例喻而相信一目了然，對老子應五體投地。**"小國寡民"是偉大管理思想。運用此原理，可解決社會現代管理。與城市發**

展相輔相成配合，兩者統一天衣無縫。

它，既符合自然之道，「利而不害」；亦符合社會發展之道，「為而不爭」。

西歐發達工業大國亦運用「小國寡民」的思想原理，分州而治，取得一定的實踐價值。從此完全可以想像，等時機和條件成熟，中國亦會分省而治，分專區而治，分縣而治，甚至分得更細一些。到了那時候，老子「小國寡民」的理想，在中國老子的故鄉付諸實踐。《道德經》是世界天書，應響徹整個宇宙，地動山搖！那些專門曲解《道德經》的學者群，別於無動於衷，而應勇於認錯，向《道德經》叩頭。毛澤東先生一代「數風流人物還看今朝」者，運用《道德經》軍事學戰勝日本軍事專家、中國總統先生蔣中正八百萬軍隊，創立新中國，但卻評《道德經》為客觀唯心主義。此豈非千古奇聞？想偉大毛澤東先生晚節不保，十年文革災難與先生他錯評《道德經》有關！毛澤東先生不精通全面道德經，令人無限可惜，但希望後人以此為誡。但毛澤東先生對中國貢獻永垂千古。

再將目光投到現代城市的屋邨大廈，鄰居彼此，能來往者，可有幾個家庭？老死不相往來者，大有其人。從當代高樓大廈住客已反映「老死。不相往來」現象，完全可說明「老死。不相往來」是指彼此無投訴，即不是指反目，真是指全無投訴社會正常關係往來。

演證老子「小國寡民」的思想現實意義的事例不勝枚舉，俯拾盡是。

由現在距離推行「小國寡民」時機，仍然距離一段頗長的時間，尤其新霸權主義者無止無休地破壞世界和平，到處點

着戰爭的火頭，想從中獲取軍火高利潤，拉長和阻延了這時機的到來。是以，新霸權主義者是全世界人民實現和平理想的敵人。全世界人民共識中國政制的成功而共同參考採用，共對付新霸主義促使世界早步世界共同體，世界大同。

西方很早向外發展，由十六世紀開始向海外殖民。殖民主義者手法都是佔領別人土地而進行掠奪和剝削；到聯合國 1945 年成立後，殖民地才慢慢脫離而獨立。迫得新霸權主義者採用新的手法，以民主、自由、人權去蠱惑和瓦解別人，達到用思想和經濟控制他人；如果在這時候提倡「小國寡民」，正中了新霸權主義者的下懷，當了出賣自己國家的幫兇。"小國寡民"管治方法運用，大家團結起來擊敗新霸權主義是當務之急。

道德天書照亮宇宙，幾人知曉幾人能明？是鄧小平先生，天才繼承者是習近平先生！

在這一小段中談「小國寡民」的現實意義，並非要在時機尚未成熟時推行。它是一個遙遠的人類社會的將來！中國應知而明，等待日後的證明！不過，中國人以德報怨是永恆奉行貢獻世界不變的社會道德，它將團結全人類戰敗世界政客，2035 年可見美國經濟明顯衰亡。

小國寡民何日用　　耐心等待非無期
中華強盛必然到　　世界同歡共此時

6. 宣揚推行人創造鬼神的宗教改革政策

為了清晰闡述人創造鬼神的宗教革，以達宗教的科學改

革，導致世界的促進，世界共同體的願望得到實現。下面分為六個方面進行闡述：(1) 宗教的原始共性；(2) 宗教的分類；(3) 人創造鬼神觀的道教是全人類唯一科學思想宗教改革途徑；(4) 宗教必須改革的原因；(5) 宗教改革的唯一方向；(6) 宗教統一成功改革貢獻。

(1) 宗教的原始共性：

人類天書道德經云："無名天地之始，有名萬物之母"；自人類進化成功最早由亞洲喜瑪拉雅山，其後陝佈整個亞洲而至世界各地。

因各地自然環境不同，難與自然結合而產生不相同的宗教原始性。

其實道德經反映老子一早認識"人創造鬼神"；可惜無人理解"無名天地之始"是指人類出現前天地萬物無名；"有名萬物之母"，這是指宇宙人類出現主遵劃分萬物之名。這已反映說出人創造鬼神。這是永恆的真理。

(2) 宗教的種類：

隨著分佈地域不相同，經常接觸不相同，所見亦有差異，產生意識當然不同，因而產生不同宗教信仰；尤其是領導者知識不同對自己人民要求不同，敵對意識因此而異。

中國人在黃河流域，氣候適宜耕作，物產豐盛，社會發展較為迅速，所以成為世界文明拓展者。並以敬奉祖先為信仰核心，加上對不明不白的事情給予崇拜。因此中國宗教以創造鬼神為主，另外無知加入信仰。**從古詩：日出而作，日入而息；**

帝力與我何有哉。這反映中國一早就有共產意識。人創造鬼神的意念早在道德經前已經出現。

此諺體現生活全由我主動創造，統治者和鬼神完全與我生產生活無關。

中國早前已於此諺言有共產思想意識，所以產生在道德經中亦體現共產思想而道德經天書似乎有關。

其他地域佛教，婆羅門教、伊斯蘭教、基督教，應相信與中華文化啟導有關係。再從中國思想的發展源流道主儒輔是世界理想政制和思想體系。全由老子道家思想和儒家思想為宗而發展。按中國歷史道家是主，儒家是輔。回顧中國古諺，接此樣說，中國歷史早存有共產主義思想。共產主義最早啟蒙於中國。宋明理學西傳，發展為資本主義和馬克思主義。馬列主義回流救了道德經；道德經發展馬列主義。中國人是世界文明拓展者，亦是世界大同的啟導者，應是必然無差。

（3）人創造鬼神觀的道家是人類唯一科學思想：

道家思想是由中國人啟始宗教，亦是全人類最早以人為主的宗教信仰，雖然後來加入自然的宗教思想，仍可說中國道教是全人類最科學宗教。因它仍是人創造鬼神為主體。

佛教以"色空為主幹思想"，到底色是甚麼，由何而產生並未解說清楚，空與色的關係，似乎關係沒有明確說明，當然欠缺道是能量統稱明確而有理。

其他宗教同樣以神為中心；神主宰了人。人是神的兒子。當然有違人創造鬼神的真理。

倘若宗教共同意人創造鬼神，社會會進步加速；對人類和

平有作用，當然迅速減少人類災難。尤其是中國道教能全面同意人創造鬼神的宗教真理，堅持道是能量的統稱，道主宰宇宙一切，人是順應道的運作規律創造萬物，是世界代表性宗教。鬼神歸屬萬物，所以人創造鬼神。

（4）宗教必須改革的原因：

　　宗教是原始的政治，神創造人的宗教對內用蒙騙人民無理的服從以達政治控制的效能，對外可以抵抗外來的侵略；正因有此效能，政客藉以向外侵略和殖民。基督教自公元 312 年成為羅馬帝國國教，很快變成災難的綱刀，跟著十字軍東征殺人成河災難中東及全人類。1842 年鴉片戰爭，賠款割香港；1997 年 7 月 1 日回歸中國。英國人強迫"取消政治部"，造成失控特務遍佈香港而及中國；並將宗教藉根學校，煽動賣國青年反對公民教育。歷屆特首無知不敢堅持公民教育，帶來 2019 年 6 月起香港暴動。這次暴動背景，一國兩制成功，台灣除恐統一將臨，聯合美國，藉原日留下反共勢力，掀起一場驚心動魄破壞。祝願台灣選舉變遷，國民黨執政，暴動沉寂平復。香港今後加強國民教育，成立人事調查科，防止反華勢力，永保特區平安。不過國民黨由蔣氏父子出賣中國大陸而到台灣。當今國民黨亦沉醉於出賣中國不醒。國民黨害了中國，國民黨害了台灣。有誰能知曉？天呀！

　　這是以反映宗教必須改革，急不容緩。

　　宗教不以人創造鬼神的策略去改造，香港永遠災難接踵而來；世界災難無日無之。宗教必須改革，切勿因循。人創造鬼神是唯一妙藥靈芝。

（5）宗教改革的唯一方法：

中國自 1949 年國民黨退守台灣，愚昧、貧窮、落後亦移達到台灣。宗教必須徹離學堂，教育才能走向欣欣向榮，世界人類共同體。

香港 2019 年 6 月開始暴動，原因世界經濟危機，台灣人民要求統一民進黨恐懼；美國、民進黨，前者因經濟危機，如果台灣人民要求真正統一，更加加速中國發展。中國大陸與台灣發展相形見拙，美國要加速落後，因此利用香港不推行國民教育，而西方宗教結果搞壞整個香港教育事業，由小學至大學，與西方勢力相結合，香港暴動由它們產生。

宗教是原始政治；政治獨主而施行，尤其西方更利用宗教結合政治侵略世界殖民世界；很明顯一切災難來自西方政客，利用政治與宗教結合奴役人類，以美國唯我獨尊。

宗教的根本災難是堅持神創造人，以此愚弄，煽動人民互鬥而發動侵略產生災難。

從災難的角度，從宗教核心是神創造人，最能徹底糾正宗教的唯一方法，要尊重和共識＂人創造鬼神＂此永恆真理。世人能通過共識，人類自然拋棄神創造人的宗教觀。人創造鬼神真理家傳戶曉，老少咸知，宗教自然，耳目一新，人類全信人創造鬼神，天下太平，災難消失而無遺。

宣傳人創造鬼神是永恆教育方針，世代不息，宗教像一頭馴服的犬，服務人類。而共識，人創造鬼神。

（6）宗教統一成功改革貢獻：

宗教是原始政治，由宗教開始那天起就災難人類；可惜當

時真正洞悉道德經少之又少，無法徹底認識宗教害人核心，問題是人創造鬼神。本來道德經第六十章已經指出鬼神受人所主宰。

道德經第六十章：

「治大國若烹小鮮；以道蒞天下，其鬼不神；非其鬼不神，其神不傷人；非其鬼不傷人，聖人不傷人；爭兩不相傷，故德交歸焉。」

這一章的鬼是指任何想不到的東西，是指當時人們認為鬼的東西；只要以道主宰人去做事，任何東西亦不能干擾。陳子經長期研究，認為六十章中指的鬼由人自己所產生，也即所謂換言而說之，是人創造鬼神。按陳子理解，道德經中的鬼是指外界事物及人的思想受干擾，均稱之為鬼。鬼是外界的干擾。

宗教改革核心是人創造鬼神。如果宗教界均共識人創造鬼神，宗教也就達到徹底改革，由人類主導一切；人是宇宙的主人翁，將全民的主觀力全部調動服務生產；生產豐收後，人們生產豐收年年好年。人們辦事，樣樣無懼怕要努力堅持有成。人創造鬼神，是徹底改造宗教唯一最善最好途徑。

中國應共識道德經是全人類天書，堅持人創造鬼神，團結全人類，世界共頌中國的人創造鬼神的偉大世界性創造，造福全人類。

7. 新時代道家思想的新發展

人類唯一天書道德經云：

「道可道，非常道；名可名，非常名。」

所以增廣賢文回應這句話：

長江後浪推前浪，世事如棋局局新！

道德經又自己回應自己：

「無為而無不為；萬事作焉而不辭。天之道利而不害；聖人之道，為而不爭。」

中國自 1949 年進入一個新世紀社會；中國將完全擺脫：起來，不願做奴隸的人們的社會永不復存。永遠走向勝利接著勝利；強盛接著強盛的將來。

古諺高吭：

日出而作；日入而息；帝力與我何有哉。

帝力，是指一切對人民不利之力，完全干擾不了人民百姓；是完全國泰民安日子的實現。

毛澤東先生，天才建立了新中國，運用馬克思偉大政治救亡理論結合中國道德經天書戰略理論，戰敗蔣中正先生八百萬大軍，蔣先生老死台灣；其子蔣經國對台灣經政有一番璀璨的創造，但拖延統一，將政權落在矮黨手上為害至今。

偉大鄧小平先生新發展了馬克思主義，救了中國共產黨，救了中華人民共和國，救了全人類；為世界人類革命提出一條創新道路。尤其是他的一國兩制、改革開放、韜光養晦、貓論均完全反映道德經的唯能唯德永恆實踐思想；對內可以防左，對外促使資本主義加速衰亡，尤其眼前之利促使台灣統一，中國進步更為驚人。

習近平先生天才發揮改革開放，其一帶一路，世界共同體觀點，對世界影響更為重大，美國利用台灣掀起中美貿易戰。促使香港暴動，幻想藉此阻撓中國發展神速，執世界經濟發展牛耳。

　　香港暴動帶來重大損失，但另一面卻暴露香港要徹底教育改革，宗教改革，官員的使用調配和要求改革。總之，將促使香港特區重大改變。發揮其促進香港對中國的促助，對世界，促使資本主義加速衰亡。

　　中國新時代的發展，是一股受歡迎而無可抗拒的進步新勢力，反映中國以德報怨啟導世界邁向大同。永恆推行以德報怨，全人類全心共向中國，中國永恆興盛，世界永恆和平。

　　中國堅持以德報怨，受全人類無限歡迎，世界共同體必然到來。

　　道德經是全人類永恆天書，永恆是無為而無不為解決全人類任何困難。

　　　　道德永恆如日月　　人民幸福勝神仙
　　　　鬼神全屬由人造　　世界大同定必然

第三章

運用《道德經》觀點去看中國歷史問題

第三章　運用《道德經》觀點去看中國歷史問題

　　中國，世界文化的樞紐，人類歷史的巨龍，在一萬多年前，已經璀璨輝煌，大放異彩；在一段頗長的歲月裡，仍然馳騁在前！

　　然而，在近二百年的歷史裡，似乎輪胎突然地洩了氣，為西方迎頭趕上，遭遇飽受蹂躪和欺凌，掉進了災難的漩渦！西方政客永遠是中國人和世界人民罪魁罪首，要刻骨銘記。

　　在這一段苦難的歲月裡，雖然中華民族有過兩次掌握自己命運的機會，可惜不醒覺世界帝國主義的愚弄和瓦解，為「閱牆」和「妄為」所累，光陰虛度，苦盡蒼生！今後世代，中華民族要和諧商討，共心一志發展中華。

　　中華民族原是歷史巨龍，使她衰退的原因是甚麼，今後應以甚麼思想為振興的指南，這是值得全民共同探討的大問題，因為它關乎民族的興衰。陳子時刻不忘投情研究找出其真正原因，為中華民族奮鬥終生。

　　在這一章裡，打算用《道德經》觀點去看中國歷史問題，通過歷史檢驗實用價值，而進一步說明《道德經》是振興中華的思想指南。

　　《道德經》第三十七章：

　　「道常無為。而無不為。侯王若能守。萬物將自化。」

　　歷史上除了老子，沒有一人能理解洞悉此語！因此中華民

族得不到指導中國永盛不衰。

　　「道常」，常永恆，徹底為人民服務，絕無絲毫例外，在此條件下，要能發揮其無難不解的效能，「無為」、「而無不為」兩者彼此完全合一，道是永恆如此，道的「無為」與「無所不能為」緊密結合；這稱「道的兩面性」，是一陰一陽結合不分。道德經是人類永恆天書，與天地同壽日月同輝。

　　如此解釋道存在和功能是永恆正確無誤。

　　倘若中國人永恆如此認識的存在和功能，中國必然萬世不衰，永恆督導人類世界全人類統一大同。

　　實踐是檢驗真理唯一標準，《道德經》是全人類唯一天書。

　　只有道德經能夠救世界。放眼看世界，堅信道德經的無為而無不為。

第一節　中華民族的盛衰

合其道者，萬變而愈盛，逆其道者，萬變而愈衰；也許，不少政治家和科學家會批評它主觀和武斷，不屑與之論談。下面從歷史中去找根據和證明，論證它並非妄言。無怕人類怎樣演繹，越演繹越証明《道德經》確是全人類唯一天書；它包括整個宇宙的能量運作規律，確是全人類天書。

陳子斷言，道德經永恆是全人類的永恆天書，永恆不可易改。

下面分由三個方面説明：（一）中華民族的正統思想；（二）中華民族的盛衰原因；（三）如何面對中華民族衰退五大原因。

（一）中華民族的正統思想

《道德經》是人類天書，由中國人老子所著作，是全能量運作的總哲學經典。不但指導中華民族思想運作，更指導全人類無一偏差。

下面分由三個方面闡述：1. 老子思想是諸子百家萬變之宗；2. 諸子百家出現原因；3. 評價諸子百家。

1. 老子思想是諸子百家萬變之宗

人類思想千門萬類，很難説那種思想完善而無錯，唯有道德經完全正確無錯。

老子，是諸子的統帥，《道德經》是百家萬變之宗。沒有老子思想，根本不可能有百家爭鳴熱鬧，誰無知《道德經》，

誰就對中華文化一無所知。

　　道，是能量的統稱，來自物質的發揮。這一科學概念放之四海而皆準，可以完善解答萬事萬理。儘管宇宙中風聲、雨點、閃電和雷鳴，以及地面上一片黃葉、一粒細小的微塵，無不包涵在道之內，無不歸屬能量的範疇。

　　道，包括天道和人道兩個方面；天道是指自然能量和自然規律；人道是說，社會能量和社會規律。

　　人道，來自天道發展，必須以天道它作指南，絕對不能擺脫天道的匡制，不然，就會像脫離軌道的行星，災難不堪想像而駭聞！

　　宇宙萬事萬物雖然千頭萬緒，複雜錯綜，但它們無一不是二合為一的本體，整體由千千萬萬小本體所組成，是以，老子教導大家，看任何一個問題，要從「抱一以為天下式」的觀點去觀察和探討，才可真正解決宇宙中一切問題。

　　「道生一。一生二。二生三。三生萬物。萬物負陰而抱陽。」

　　老子為大家提出了宏觀和微觀的思考途徑，將兩者循環不息地運用，定能解決各種事情的困難，發揮其戰無不勝的功能。

天下無難事　　高呼道德經

低頭唯萬物　　世界盡皆欽

　　這種哲理是哲學中的唯一正確哲學、思想中的唯一正確思想、文化中的精華，只有老子哲學才獨有，而世界上任何一種

哲學所獨無，是以，《道德經》是智慧的海洋，是振興中華的思想寶藏，任何思想不能取代。

從此觀之，諸子是甚麼，百家是何物；老子是太陽，而諸子百家僅是夜空裡閃光的小星星。

《道德經》是滄海，老子是龍騰滄海，諸子是滄海中的魚蝦，而百家只不過是幾滴滄海之水。

龍與魚，滄海與水滴，豈能與道德經並論而相提！

下面探討諸子百家對中華民族是益是害的問題。以此而推理整個人類，均全受益由來《道德經》；《道德經》是全人類天書，永導全人類發展和前進。

2. 諸子百家出現的源由

中國傳統歷史學家把春秋戰國政治思想爭論熱鬧紛紜的盛況，稱譽為"百家爭鳴"，思想黃金時代。

在起源問題上，眾說紛紜，莫衷一是。

以莊子為首的，認為諸子百家出自六經；這種母子相延的理論，擺到學術上去，似乎罔顧時代進展，普通淺見而已；班固和劉歆是歷史學家，提出「王官之說」，看見了當時文化機構的作用，較莊子稍勝一籌。到了淮南子，眼光更為現實，以時勢為軸心的「應世之急」的觀點，近似沿用西歐原罪宗教觀點，公式化地套用，從土地制度和階級關係，去勘探諸子百家的起源，稍嫌粗糙和簡單。

這四種觀點，均欠缺哲學在其中作指導，因此全屬片面而各執一詞，為害世界和世人。

「道可道。非常道。名可名。非常名。」

　　老子認為要通達宇宙萬事萬物，給予正確的概括和評價，必須看見事物的現實意義和價值，進一步要找到其歷史根源，再從中找到其矛盾和對抗，指出其錯誤和遺害。道理歷歷，理論滔滔，全屬偉論，只有道德經是全人類實踐証明唯一指導天書。

　　要找到其錯綜複雜中的正誤，非採用老子的宏觀哲學思維和觀察以及分析方法不可，這樣才可踏進「眾妙之門」，是非曲直，無可遁形。

　　「常無欲以觀其妙。有欲以觀其竅。」

　　前者是微觀，時刻保持客觀態度，細心入微地觀察各種事物的變化，隨即又從它們的變化找到其彼此的關連，找到其規律性的發展和階段性的進程。在這整個過程中，「有欲」和「無欲」結合成一個天衣無縫的整體，在人的思維中，飛轉不停。

　　是以，上面四種對諸子百家起源探討的觀點，不但為老子哲學思想所包羅，並且為其哲學思想以補不足，為諸子百家的起源，提出全面正確的答案，找到真正面目的廬山。世事千變萬化，唯有《道德經》可引導人類認識而督導「無為」而無不為。

3. 評價諸子百家

　　為甚麼要評價諸子百家，原因中國學者和歷史學家，無一敢作肯定評價諸子繁多，但諸子無一能比老子，堅定肯定老子獨一無二的哲學家和思想家。如果比較孔子，孔子是月亮，老子是太陽，其他諸子全是星星。構成璀璨中華的世界性文明。足以說明中國應道主儒輔無疑。

　　評價諸子百家並非輕易而舉，尤其是提出反傳統的意見，更會引來不少人為故設藩籬，爭論不休。不過向來學者欠此決心立志品評，所以中國無法認識道德經是唯一人類天書。諸子百家只是天上繁星。用道德經觀點評論諸子百家準確非常。

　　淮南子之所以說諸子百家起源於「應世之急」，是有道理的，諸子為了取得諸侯相互吞併之急需。是以，諸子百家的主張和見解，難免未經深思熟慮而出籠，偏頗和主觀是難逃的命運，經過歷史的沖涮，出現了不成體系的雜家。中華諸子潮流是雜家。雜得千變萬化，形式無窮。造成中國社會千家萬說，人心有若一盆散沙。人們不明道德經，而後百家扯動，意見紛紜。像大民族英雄孫中山先生說中國人像盆散沙，並非言之無理。中國人應知，中國像一盆散沙原因無人懂道德經，將之統一共評而統一於道德經。

　　老子是諸子的領袖，道家是百家中第一家，因此老子道家是天下第一家。

　　儒家在春秋戰國時期，影響較為深遠，將擺在一個專題介紹和評價。這裡，只能介紹百家中主要的數家。讓大家共識中國百家，確似天上繁星。

　　下面由五個內容概述：(1) 墨翟；(2) 揚朱；(3) 莊子；(4) 稷下黃老之學；(5) 儒家之諸子。以道德經為總指揮，也就足以了解認識中國諸子百家。

（1）墨翟（公元前 480 - 420）

　　墨翟的思想較接近道家，但並非完善的道家。他的思想超過影響深遠的孔子儒家，歷史稱他和孔子為「儒墨顯學之爭」。

墨子不像孔子那樣維護統治者的利益，因此，統治者推崇孔子，墨翟被放進大路不通行之外的偏道。

墨子很着重於「口言之，身必行之」，因此，他的思想來自當時社會現實，具有非常濃烈的時代特色，是中國歷史中難得的偉大思想家。

「兼相愛，交相利」，是整個墨子思想的核心。在這種思想的基礎上，提出尚賢和尚同。

尚賢，要求舉國官員都要德才兼備，盡忠職守，奉清倡廉，潔身自愛；尚同，由尚賢進一步擴展，連天子也要由選舉來擔任。這種驚天動地的思想，除了老子這位世界完人外，誰人可以倫比？西歐嗎？那時學術思想還是荒蕪一片，像野生動植物無須料理的公園。選舉思想，中國早由墨子提出，西方遲到工業革命之後才推行。中國人是人類文明拓展者！

「使從事乎一同天下之義。」

把"尚賢"和"尚同"表露無遺。其實墨子思想是原始共產思想，所以陳子從歷史觀點看，共產是中國古老思想。西方人是拾中國人牙慧，但有些人本末倒置。盲目吹棒西方，無知自己中國文化。墨子之思想超過孔子無疑。

「節葬」，是針對孔子「厚葬」而發的，這說明墨子較孔子經濟常識為高，符合老子「儉故能廣」的精神。**所以老、墨思想有相近一面。從古墓的挖掘出土孔子"厚葬"思想，影響朝代興亡。**

儘管如此，因墨子仍不是一位真正的老子信徒，欠缺「觀天之道，執天之行」的道家科學哲學思想作指導，結果還是掉進唯心主義的泥潭。

「聞之見之，則必以為有；莫聞莫見，則必以為無。」

這種耳聞目見才相信事情的存在的思想，連今天的小學生都知道錯誤，豈能出現在一代思想家的著作中嗎？能量是看不見的，難道能說它不存在嗎？

道德經第十四章：視之不見名曰夷，聽之不聞名曰希，搏之不得名曰微。此三者不可致詰，故混而為一。其上不皦，其下不昧，繩繩不可名，復歸於無物。是謂無狀之狀，無物之象，是謂惚恍。迎之不見其首，隨之不見其後。執古之道，以御今之有。能知古始，是謂道紀。**道被墨家無知能量是甚麼。**

墨翟僅僅是老子學府中的中學生。談不上屬於道家足見中國人思想是超人類的民族。

歷史學家很推讚〈天志〉的思想，然而細讀之，邏輯紊亂不堪，既贊成和頌揚神鬼，其後又對鬼神懷疑，這種既是有神論又是無神論的思想，令人難於適從。是否墨翟兼修〈中庸〉之道，當過了孔子的門生？因此，並非是純道家，不屬道家。**這反映墨子完全無知人創造鬼神的哲理。**

總之，黑翟是一位偉大的思想家，尤其是在公元前三百多年前出現，他是中華民族偉大祖先，當之無愧！不過，他並非道家。

墨翟，比希臘柏拉圖（公元前 427 - 347）早出生三十六年，他在人權思想方面，大大超過柏拉圖。中國大學者思想無不超過西方。

全世界人權主義者，應到中國來朝拜這一位人權祖師！墨翟是世界人權祖師爺！

在墨翟思想已經隱約可見，人創造鬼神的思想初階。反映中國人全不信神創造人。可惜儒家後學，受帝王將相欺騙，粗淺貶斥古人思想。直至"五四"此陋習仍然不改。完全可粗言，中國"五四時期"，是盲摸摸思想時代。

（2）楊朱（公元前 395 - 335）

楊朱是位善良、坦誠而有獨特見解的思想家。他的思想和相差五百多年後出現的人權宣言，在精神本質上是相同的。好些學者錯誤地把他納入道家。

楊朱認為人一生下來就「有貪有欲」，要改變這種與生俱來的天性，只好將人性私的一面發揮，然後共同步向公的途徑，才能將人類社會治好，出現大治的盛世。

「人人不損一毫，人人不利天下，天下治矣。」

有拔一毛利天下而不為主導思想下，提出一連串「貴生」、「為我」、「貴己」的主義。如此極端個人主義啟導西方的民主與自由結合，產生十四世紀出現的資本主義。但自由和民主兩者是絕對的，因此彼此永遠矛盾而帶來社會靠苟延殘喘而持續。**楊朱與西方工業革命後的資本主義自由民主思想很相同。應可說楊朱是資本主義的祖師爺。中國在公元前 335 年已經出現西方 1784 年工業革命後的思想。中國思想超過西方 2019 年。中國人是人類文明始拓者。**

更使人難於理解的，他認為治世的人才通過如此的過程產生：「行賢而去自賢之心」。這種唯我獨賢，無求於人；**亦無可求之人，唯有自生自滅，死路一條。今天西方資本主義，就陷於此境，以欺騙去自我末亡。無人可救於它。**

　　這整套治人治世的方法，必然導致整個社會和國家出現一個羣龍無政府狀態，百姓最終為一羣野心家控制。**今天的西歐提倡所謂人權的國家，企圖想通過人權的幌子，去瓦解別人的國家，最後達到控制和掠奪別人的國家。這種如意的算盤，歷史將要無情地證明，它們弄巧反拙，搬起石頭打自己的腳。資本主義西方自衰自滅而必然。按陳子論斷，西方 2035 年出現全面衰亡。大家可拭目以待其必然。**

　　楊朱不失為一位善良坦誠思想家，當他走上十字路口時，為自己的主張和理想深感惶恐而茫然，無所適從，為此為"歧路"而痛哭一場，但仍然無法通過哭「歧途」找到任何啟示，走出這一自己的唯我思想死胡同！

　　楊朱哭歧途，充分反映西方世界必然的將來。

　　其實，楊朱若能明白「善者。吾善之。不善者。吾亦善之」，他定會跳出"哭歧路"。

　　楊朱的治世理論，和西歐在 1789 年法國革命初發表的人權宣言在精神本質上是相同的，兩者均從個體出發而達到整體。中國社會在二千年前已經出現如此超卓的思想，那時候的西歐仍然是一片未開發的處女地。可見中國人思想大大超越歐洲。由此而聯想，而歐洲一切思想均啟蒙於中國，是不容不認的事實。

　　中國人是世界文明的拓展者，笑的政治、哭的政治，無毒不丈夫的政治均發源於中國。由老子《道德經》是全人類天書也就一目了然。所以說楊朱思想與西歐思想有關並非有錯而相應。總之，世界一切思想均源自中華。不少知識分子非常傾慕西方思想，充分反映他對中華文化無知。可說他們是痴迷。

老子思想是唯眾而到唯我，楊朱由唯我先而後到為眾，兩者迥然不同，豈可混為一談！是最終目的相同，但其達到目的地方法不同。但從楊朱而認識論到老子道學是人類精品，最完善的天書。在楊朱思想的反照下，老子道德經是人類唯一天書。

楊朱並非道家，也不是反道家。而如果硬要將楊朱圈入道家，只好說楊朱是老子的學生中最叛逆的第一個人。

從生活中的俗事，找到相同的大道理。中國人將暉春的「福」字，分正、倒兩種貼法去達到「福到」的目的。道之所以難明，全由中國諸子無知的歪曲所至。

中國歷史上的蠢人太多，困撓中國人落後不前！因中國人不明道德經，道是能量統稱。道主導全人類。

（3）莊子（公元前 369 - 286）

莊子，是戰國時代一個偉大的道家人物，生於蒙城抑或商丘，兩者相持不下。按當時地理和歷史情況看，**莊子生於蒙城的可能性高，而成長在河南的商丘。如果學者同意此一見解，也就相爭何用？豈非浪費時間嗎？**中國學者往往為此無聊而爭。中國學者傳統慣於吹毛求疵。這種陋習好應有改而實事求是。

在莊子的著作中，記載了不少有關老子的珍貴歷史資料和思想言論，為考證老子其人其事其書，提供了佐證。

道家思想劃分為左右兩派，莊子被圈入右派，評他消極避世，潛心著述。

本書從新的觀點去論述莊子，希望較為公允地評價莊子。

　　戰國，是一個劍拔弩張、爾虞我詐、勾心鬥角和朝不保夕的動盪時代。莊子，博覽羣書，精通道學經典，胸懷開豁，眼光獨到，思想與眾不同，思想出類拔萃，所以莊子欲充當右派，以達超過老子。《道德經》第三十一章有云：

　　「夫佳兵者。不祥之器。物或惡之。故有道者不處。是以君子。居則貴左。用兵則貴右。」

　　莊子是喜歡居右思想屬戰鬥形，故莊子屬道家思想右派。右派是難於壓抑自負之氣。而自成一家。

　　他深惡痛絕戰國這個失卻道德標準的時代，是以，憤世嫉俗，終身不仕，為了尋求精神解脫，抱著一種玩世不恭的態度，自我陶醉，掩蓋其內心的苦悶和悲憤。

　　應是生活真理，如果此是真理，對張飛、李逵等人，應欲忍啟導，所以老子說：「天下無不救之人，無不救之物。」老子進而再說：「善者。吾善之。不善者。吾亦善之」；倘若世間均同意此觀點，相信愛國者蔣中正先生和偉大的毛澤東先生，分別蔣先生坐右，而毛先生坐左，兩人各承此和緩的見解，而相互言和，不發生國共內戰。陳子說《道德經》是天書，豈不值得大家思想其是與非乎？

　　〈山木〉、〈在宥〉、〈齊物〉雖只不過是莊子著作三篇文章，但足以管足窺全豹而知事情全貌。倘若當時莊子能退一步去認識《道德經》，應改右為左。世界不是可永久和解嗎？所以陳子認為中國一切亂和糟皆因不明天書《道德經》所引起！陳子該問，為什麼從政者不認真想想從政者永遠居左而不應居右。《道德經》真是天書！如果有人早細微認真解釋道德經，也許會挽救不少中國天才和人類的痛苦和悲哀。可惜社會

歷史並無此人。

當莊子遊鵰陵時，看見螳螂捕蟬異鳥在後的情景，深悟時代的險惡，棄弓不射異鳥而走。誤闖栗園，為園丁斥問。回家悟悔做人要清楚了解目己身邊的環境。

莊子對當時戰國社會提出批評：

「喜怒相疑，愚知相欺，善否相非，誕信相譏，而天下衰矣！」

這幾句出於〈在宥〉這篇文章的話，表達了莊子對戰國社會道德的控訴，同時亦是他的預言，「而天下衰矣」。**這句話一直有效至 1949 年，但其後是否應完全失效呢？陳子敢說將來道德經普及，世界大同，當然，這完全失效。**

莊子，眼見如此層出不窮批評衰敗社會現象，並非個人力量所能改變，為掩蓋和驅遣其內心憤世嫉俗的感情，採用了模稜兩可的哲學觀，混合道家的觀點，言行浪漫，以之玩世和驚世，做個似乎很超脫瀟瀟的人，而去掩蓋其是內心世界憤世嫉俗而內心痛苦的人。莊子真不洞悉《道德經》而憤世嫉俗，天才如此豈不浪費乎？陳子奉勸研究《道德經》心得，做人真要「善者。吾善之。不善者。吾亦善之」，並堅守「是以君子。居則貴左。用兵則貴右」；且看佛家亦敬佩老子，將「善者。吾善之。不善者。吾亦善之」縮改為"善哉！善哉！"這却反映佛仍要學道，有人知否？道早於佛是不容倒置的真理。所以古文大家韓愈是中國偉大尊道識佛的表表者。

在〈山木〉中有兩則這樣的故事。

莊子有一天在山裡，看見工人把自己認為有用的樹木砍掉，留下自己認為無用和不用的樹木。他去朋友的家裡，朋友

殺不會鳴的雁接待他，留下會鳴的雁。學生請教於他，為甚麼有用的木和會鳴的雁，各有不同的命運？莊子說：

「一龍一蛇，與時俱化。」

這是模稜兩可的哲學觀。表現莊子內心世界不容易為人所知。

天下事物的去留，站在人的取捨來說，由需要的不同而安排。工人對樹木的砍伐和暫留，是需要的選擇，朋友對兩個雁不同安排，亦由需要所取捨。這是需要的選擇規律。《道德經》是天書，對待需要各採同異去培養，而達致一所需生存，發展不衰。再反映莊子是妄知《道德經》，天才自誤。人類應棄此缺點，而促社會永盛不衰！道德經是全人類天書，可惜莊子不精通道德經而妄言。

「道可道。非常道」，這一事物前發展的規律，莊子是心知肚明的，他為甚麼要用「一龍一蛇，與時俱化」如此的哲學觀點去魚目混珠呢？問題為了掩飾內心的憤世而已。氣盛誤天地，霸王失國家；和平樣樣好，事事喜喜孜孜。

〈齊物〉中的養猴故事，以猴喻人易受欺騙，與老子「聖人為腹不為目」的觀點相反，更知道莊子言不由衷，把現實生活完全代入數字，以數字麻痺人的思維。其實兩個數字，其組合的位置不同，其值亦不同。朝三暮四和朝四暮三，因排列不同，其功效肯定不同，豈可以其和是七，豈能說兩者是完全一樣嗎？七字數字的和雖相同，但結合不同其意識亦不同，其用亦不相同。為甚麼莊子故意說相同呢？豈不是故意騙人嗎？**朝三暮四對猴子當然不恰當。早上開始運動大，應多吃；晚上運動少，可少吃。很明顯，早四暮三，對猴子較為恰當。豈能**

以"齊物觀"批評猴子嗎？莊子先生錯矣！莊子錯誤根底，是無知道是能量統稱！

自古天才多自誤，思維冷靜馬行空。

莊子以此模稜兩可的哲學去麻醉自己，豈知亦玩弄了世人、誤導了世人！總之是自欺欺人。而玩世不恭，是最合適而稱玄之又玄的騙子。

也許不理解莊子憤世嫉俗內心世界的人，定然會說，道家思想，敗在莊周；不過，同情莊子言不由衷者，定然為之熱淚盈眶！陳子笑莊子天才自棄！亦熱淚盈眶。嗚夫，時代誤人，時代傷人！**這是全中國人不明道德經所誤！**

儘管怎樣，莊子不失為一位偉大的道學思想家，擴大了道家思想領域，從另一角度說，豐富了道家思想。不過老、莊不要混淆為一家。老是老，莊是莊，老、莊絕非一家，而是兩家。莊子既有益老子，但亦有傷老子。總之中國知識分子為不明道德經所害；包括當代偉人。

莊子永垂不朽！莊子可惜！莊子妄知！可見莊子解釋不透道德經。更可說莊子有害道德經。

老子說，"知我者希，則我者貴"！確是永恆真言。陳子亦言，莊子無知道德經。

（4）稷下黃老之學

公元前 386 年，田氏代齊，此後原是姓姜的齊國，改由陳姓演變而來的田氏當了君主，歷史稱之為田齊。

田齊桓公時，國勢積弱，傳子齊威公。他是一位頗有雄心壯志的國君，以「不飛則矣，一飛衝天，不鳴則矣，一鳴

驚人」的精神，勵精圖治，任賢臣，用名將，雷厲風行地進行改革變法。可惜因不懂不明《道德經》而不能強盛起來，只一鼓作氣的短時強盛而己。

為了打好改革變法的思想基礎，「立稷下之宮，設大夫之號，招致賢人而尊寵之」。雖然集合天下道家於齊，但因無知和洞悉《道德經》，不能強盛恆久，而教訓並啟導中國強盛永恆離不開《道德經》。

稷下之先生多達千餘人，稷下之學士有數百而千人。這些名人學者，稷下之學士有數百而千人。而這些名人學者，為稷下編撰了汗牛充棟的典籍的貢獻。

稷下學宮自稱以黃老思想為主體，所謂站在道家的立場，推行道治。

這種思想的建立原因，與老子是陳國人，而齊威王是陳國的後裔，為了洗脫奪取齊國王位的指責，因此以老子思想為骨幹，結合黃帝的思想，合成黃老之學，成為稷下學宮的主體思想。

稷下學宮的名人學者，因知識和思想見地各有差異，好像一盆「佛跳牆」，可說是雜家思想形成的起點，亦露出並非純道家思想而失敗的端倪。

對於稷下學宮的思想，下面作個拋磚引玉的探討。

相傳黃帝在五千年前建立國家，至於他的思想是甚麼，誰也沒有作過系統的總結，更沒有他本人寫的哲學著作，而把他和有《道德經》著作的老子拉在一起，構成黃老之學，令人產生懷疑的商榷。嚴格說是一場學術的欺騙把戲。

黃與老合提，是其名不正、其言不順，在所難免。西漢後，

黃老之學，走不下去，與此名開始不正有關？其實當時無人洞悉道德經的真正內容。

立足於道而服務於法，這是稷下學者本末倒置的錯誤理論觀點。道統一切，法永遠不變地要接受道的指導，才不致走了偏差。道永遠指導法，法才不致凌導而出錯。陳子批評彼等對道德經真是濫竽充數。成為騙人和害人道家。

陳子早就說中國道家思想向下，斷斷續續完全由中國學者造成，主要原因是無人洞悉懂得《道德經》。從稷下學者複雜不堪思想造成。稷下學，稱道家思想，其實洞悉道德經者，曾幾何人？相反，促使洞悉道德經的時間推遲。稷下學是道德經發展的絆腳石。

儒家思想來自道家思想的派生，因未能全面繼承道家思想，在治國治民的問題上，進退維谷，甚致黔驢技窮。把道德與儒家禮義相提並論，豈不是問道於盲嗎？**可惜無人識道主儒輔而推行，出現超世紀政制！促使社會的驚人變異而擴大了！**

《道德經》第三十八章，對禮義兩者有如此的見解：

「德失而後仁。仁失而後義。義失而後禮。夫禮者。忠信之薄也。亂之首也。」

當一個社會失卻了「德」後，「仁」也守不住這個社會，「禮」、「義」才用作最後的基堤；雖然如此，但「忠信」受到菲薄，社會亂源已經形成，基堤受到沖破。道家以德為社會之基，是永恆走向正途的唯一觀點。

是以，將道德與禮義並提，其謬誤大家可以一目瞭然。其後道、儒鬥爭，原因起此。帝王選用儒家而貶道家，亦原因在此，中國社會裹足不前，錯亦在此！

　　為了進一步認識稷下學宮這一派的錯誤思想，在其眾多的學者中，找幾個有代表性的學者和門派進行探討。

　　下面分由五項說明：（甲）宋鈃和尹文；（乙）慎到；（丙）鄒衍；（丁）法家和兵家；（戊）稷下名家兒說、田巴、公孫龍。

（甲）宋鈃和尹文

　　宋鈃和尹文彼此是師生關係，他們在稷下學宮居住很久，他們的學說對當時社會影響很深，成文成典。

　　「事督乎法，法出乎權，權出乎道」，這種把「道」和「法」的關係分開，而將道與權拉上關係的判斷是非觀，顯然，並未把道擺在統萬物的地位，而本末倒置，使他們的認識論失欲正確的方向，導致整個學術思想受到局限而自敗。

　　可惜此君不懂把道擺在法權之前，主導法權也似乎成了"道主儒輔"的雛形。發展可成為超世紀智慧。可惜彼等無知道統萬物，是萬物之主。當然更無知"道是能量統稱"。凡是無知道是能量統稱，他的思想也就非科學道家理論。

　　他們認為道是「虛無無形」，無根無葉無榮的，在此虛無的基礎上，提出「氣道乃生，生乃思，思乃知」的生命觀，完全失卻科學根據，與老子「道生一。一生二。二生三。三生萬物」的生命科學進化觀相違背。反映稷下學走向脫離"道德經"而道非科學哲學，加深道德經的蒙塵。**到了此時，稷下學可說離經背道。**

　　宋鈃和尹文的哲學觀是歸屬於主觀唯心主義範疇，誰也難於為他們開脫。他們完全與道家分離。這反映儒家思想，快將取代道家思想地位。

　　宋、尹師生的學生充分反映愈發展愈壞，全無道家的氣質，向法家或他家投降稱臣。鐵証如山，中國歷史成功失敗全看對道德經認識深淺或無知。

（乙）慎到

　　「任自然者久，得其常者濟」。這種對道的理解和認識，可説很接近老子的思想，比稷下學宮中的先生們高一籌;可惜，又容易地掉進儒家禮的泥潭：

　　「明君動事分功必由慧，定賞分財必由法，行德制中必由禮。」

　　這是慎到功虧一簣的證明。然而，**如果他是一位純道者，難免遭受被趕出稷下學宮之門。也許為飯食而折腰？代表當時當者委曲求全，胡混人生，不倫不類。**

　　慎到既不是道家，又不是儒家，亦不是法家，可説是個雜家。**稷下學宮越發展愈不成氣候。稷下學宮的影響足見中國人越來越不明白《道德經》，影響中國難於走上道治的富強。曾有過百家學者將稷下學大捧特捧，讚他們發揮道家思想是在齊代表光揚道家。但却使稷下學越來越四不像，而更脫離道德經。**

（丙）鄒衍

　　鄒衍是五行家的代表人物，却在稷下學宮中，佔着一個很重要的地位。

　　儘管五行相生和相克，用以解釋事物運作，有其一定科學的依據，但因欠缺道在其中的主導作用，專談五行，很快流於

呆板，並且方便了統治者，自命「奉天承運」，以作欺騙百姓而鞏固自己的願望受寵於政權。

總之，稷下學宮愈發展愈脫離道家思想；本來似是一壺濃冽的名茶，越沖開水，變成一壺完全開水，淡而無味。也越來使人們錯誤理解《道德經》，全為儒家所佔去社會地位，儒家成為社會主導地位。稷下學宮的存在對道學有一定影響，但因欠缺對"道德經"洞悉，隨著對"道德經"越發欠缺才智而所暗淡無光而熄滅。**不少學者相信稷下學繼續發展道思想，殊不知推行道家思想，弄巧反拙，催促道家衰亡。迎接儒家思想時代的到來。**

整個稷下學發展，使人感覺道、儒鬥爭快是乘風而來時。從此儒家受統治賞識，而貶道家。時代和後學歪曲孔子的原意。中國走向落後。儒家後學為官為權為利不惜曲解孔子儒家，使儒家得不到進一步發展，成為不倫不類的倫理學，而走向服務帝王社會。儒家社會倫理思想，在帝制統治者要求下越來越將收縮，促使道儒鬥爭加速。所以宋明理學發展，必然到來。

（丁）法家和兵家

在稷下學宮中，有不少人是著名法家和兵家，在法治和軍事方面有了偉大的創見和發展，但因對道的自然性和社會性久缺充分的理解，未能把道看作是法治和軍事的主導思想，結果使它們流於單求於純技術的雜家學科，成為統治者對百姓的工具。稷下學的發展，更發現中國百家源自道家，卻非道家真屬，反映儒家亦歸亦屬道家但不是道家。**歸根結底中國諸子百家全**

部源自道家。因此可說道統天下，萬物源道。可惜，無人懂得道德經！各家各持己見，而越脫離道德經，中國人思想越如散沙。

（戊）稷下名家兒説、田巴、公孫龍

　　名家與眾不同及其主要貢獻在於邏輯概念，在二千多年前，出現如此的學術思想，好像一朵鮮艷的奇葩，可惜稍流於詭辯，使學術與現實有點脫節。「白馬非馬」，這是一個很著名而有趣的命題。大家一目瞭然，名家的技巧，在於用整體去否定個體，儘管和他們辯論輸給他後，心裡有點不服氣，但心裡亦會笑着讚賞他們頭腦機靈。**不過，如果相信了他們，把他們的手法用於現實，根本一事無成，並虛度光陰。如果把它用於娛樂人生，使人臉上多露一點笑容，亦是難得之事。名家是娛樂人生戲家，但談不上對生活實際有何作為。**

　　"白馬非馬"的論題全毫無哲學意味，因哲學是用作解釋現實。如此論題，是口角的輸贏，誤盡天才。**請原諒陳子，名家偉大貢獻，是增加社會笑聲。笑聲總是快樂一部份！當天下大治，值得大笑，天下大糟，也可用之一笑，而精解痛苦。不像僅此有何"偉大用途"？**

　　名家和老子《道德經》似乎拉不上甚麼關係，不過，名家命題，彷彿在笑聲中藏有憤怨。他們和莊子殊途同歸。也許這是名家的社會意義了吧！

　　公孫龍是名家佼佼者，以"白馬非馬"這是語言取巧，意思變換愚弄，純屬語言技巧取勝，得益何用？於生活何益？名家純是肥皂泡的光影。此與道家，純屬鞋底下鑲金。**有人說名**

家無聊派，憤世嫉俗，藉無聊論題以解心憤。此評亦屬高見。

陳子大膽論說：公孫龍是學術大騙子，是個違害天下的失德讀書人。白馬是馬，白馬是馬中一種。如果公孫龍有理，陳子可說陳子不是人，因為陳子是一個支持歌頌道德經的人。而不是一般的人，不代表全部中國人。公孫龍先生意見如何？這是不必要的質詢，**因公孫龍先生無知道德經。反映中國人在歷史上可憐，請清除此種假聰明！**

陳子是這樣的學者：天地為我而生，我為天地而死。敬請學者有所原諒而批評。

（5）儒家諸子

分由三方面說明：（甲）孔子；（乙）孟子；（丙）對孔子儒家的評價。

（甲）孔子（公元前 551－479）

分六方面去談孔子，希望對孔子稍有主要認識：(A) 孔子思想與時代背景；(B) 見利思義；(C)「忠」、「孝」思想；(D) 中庸之道；(E) 女子與小人；(F) 教育思想。

孔子是儒家之首，曾問禮於老聃，說他是老子的學生，應是無可爭論的事情。

「朝聞道，夕死可矣！」

孔子僅明人道，即社會之道，而不明天道，即自然能量之道，是無可爭論的事實。因此怎樣愛孔子才能亦無法將他擺在老子的前頭；而應排在老子之後，而擺在諸子之前是理所當然。道是能量統稱，由自然能量和社會能量組成；在論語中完全找

不到此一能量觀。就說有，只不過是一鱗半爪，希若晨星。

因為不明天道，孔子的哲學思想，始終受唯心主義或主觀唯物主義的困擾，不能成為繼承老子思想的學派；惟獨在教育理論方面，能與老子教育思想相符合，登上聖人的寶座，成為萬世師表。在這方面的成就，值得讚揚。結成道主儒輔將全中國古今傳統思想全面繼承。是人一種最為理想好政制。在實踐中必然取得佳積，而影響全人類，推行採用教化全面。而服務於世界大同，而促成世界共同體。

孔子非常敬佩老子，他的克己復禮，由於他不明道是能量統稱，非常敬佩周朝政治和百家爭鳴和他的克己復禮是全為民而發。除守禮尊德他不敢再提出新見解。

孔子功勞蓋世，然而後患無窮。中國為儒家封閉中國思想為帝制服務由辛亥命公元 1911 年至 1949 年結束。

儒家思想，為帝制需要而在社會思想中，選無可選而選。使中國社會遲遲才配合世界走上工業社會，而落後於世界西方。

中國直到"五四運動"，宣揚打倒孔家店，在文革時期，陳子在英國曾向毛主席提出批孔。但特別到今日仍不認為有錯。陳子全無固執和成見，完全從科學角度談學說，並以客觀定正誤。陳子讀中學時，已有此一科學觀點，為了認識孔子思想，分由六個方向去探討：(A)、(B)、(C)、(D)、(E)、(F) 等。

（A）孔子思想與時代背景

孔子生於春秋時代，諸侯各自為政，並且相互兼併，周朝至此名存實亡。

　　按陳子精心研究，儒家後學無一能徹底洞悉"克己復禮"思想。因此為後學扭曲孔子思想。克己，孔子見百家爭鳴，對百家誰對誰非，孔子欠此智慧。所以孔子要克己復禮反映孔子欠缺新觀點。只能叫人以周朝實踐周制作根據。嚴格而言，孔子並無創造性觀點；另則對道家不懂不通曉。此反映孔子保守而謙虛。

　　「克己復禮」，是孔子對時勢的概觀，並且提出匡扶社會的主張。"克己復禮"，是孔子思想的總綱，在此總綱的主導下，提出形形色色的主張和觀點。

　　孔子雖無「微妙元通」的修養，但深深敬佩老子是個智慧高超的人，要求年青人好好修養自己克制自己，以固有傳統的禮儀為準則，循規蹈矩立志做人。如此墨守成規，而亦違道可道非常道，其實孔子，連"道可道，非常道"還未弄通。所以儒家思想有其一定局限性。所以陳子提議"道主儒輔"的全面科學觀點治世。徹底理解全面而繼承中華傳統文化，促使中華文化古今長存。老子，孔子兩位聖人長照中華；全世界人類均朝賀中華。"道主儒輔"將照亮全人類，即天下大同。

　　（B）見利思義

　　孔子所指的「利」，僅局限於社會範疇，「義」是人與人之間的意識形態；企圖把自然現象和規律與社會意識形態等觀混合起來，並且最後遭受其約制和控制，而使「見利思義」變成唯心主義。這觀點核心錯誤在於"義"。觀點感情而不理智的喜歡。孔子偉大，早知人見利而忘義，所以要人見利思義，有義之德，則不以利去胡作非為。在倫理學說是可貴的觀點。

與道家相比，那就天淵之別。老子要人 "尊道貴德"，早從根本解決思想問題。

孔子洞悉人類見利多行見利忘義，要人很自在日常生活中，時刻見利切勿忘義，怕人們在取得利時，不會記取義的重要意義。而怕產生有見利失義行為，反映人性更為醜陋，即對社會有害。孔子這種思想是純良而可貴。並非科學哲理，而是倫理。

（C）「忠」、「孝」思想

「君使臣以禮，臣事君以忠」和「孝，無違」，孔子這種忠、孝思想，好像千萬斤大石，壓在人民百姓的頭上，父母成了牽制子女而接受君王逆來順受的統治繩索，而君主高踞大石之上。孔子的學說，成為威嚇的訓辭、奴役的桎梏。不過對當時社會起了莫大貢獻。在當時社會，是偉大倫理有序思想。

在老子的《道德經》中，似乎亦找到忠孝的影子，不過與孔子的見解完全不同。

「君使臣以禮，臣事君以忠」，這是君臣在任何情況下，必須遵守。臣事君唯一的是忠，君使臣怎樣臣也得以忠待君。當然，這非常受帝制歡迎。

「前後相隨」、「高下相傾」、「生而不有。為而不恃。功成而不居。夫惟弗居。是以不去。」

道德經中的 "相隨"、"相傾"、不有、不恃、不居，是相互平等關係。這簡直視民如子的思想，帝制豈可接受？

提倡的家庭、國家、社會相處之禮，彼此要相親相愛一團

和氣，這是《道德經》相互照顧的和諧關係，比孔子上述之禮和諧得多，完全優於孔禮。

老子認為「君王」和「父母」，必須為百姓和子女盡了他們應盡的責任後，由人民和子女去體會所得到的好處，一種尊重敬戴的感情悠然而生，而再確認君王和父母的恩惠和地位。帝制見之當然如珠如寶，不過對父母的孝，另有其社會價值，有其永恆價值。當然今天社會，提倡徹底為人民服務，人民好應恩恩相報，人民應服從領導。

孔子的忠孝是強加而橫蠻的，而老子的敬愛是「道法自然」的，兩者誰對誰錯，也就一目瞭然。統治者歷代如此，尊儒遠道，原因在此。這反而導致道儒鬥爭的必然。可見孔子理論吸引統治者喜歡，而却難於受帝王提拔道家而受採用道家。

孔家禮教如此綑綁人民，陳子認為孔子束縛中國人，由戰國開始，一直到 1949 年。新中國為中國徹底消除了革命因素，而人民當家作主國泰民安。中國永恆邁向富強。中國歷史之所以"合久必分，分久必合"完全是孔子儒家思想與帝制統治者思想相結合所導致。儒家思想無可否認，是在困擾中國發展，但也能保存完整中國，亦要多謝儒家。因此陳子能知儒家的優缺而提出完善觀念政制，"道主儒輔"的政制。"道主儒輔"徹底解決道儒鬥爭，亦繼承中國傳統思想，促使中國萬古不敗不衰，值得中國政治家、哲學家、經濟學家、宗教家全面研究並提倡發揮其偉大社會功能。道主儒輔，必然促使社會萬古不衰，而國泰民安。

（D）中庸之道

「中庸」是由子思蒐集孔子日常思想，經過他的剪裁而編成，問題不在乎是否全部代表孔子思想，說它代表儒家主張，大概不成問題。

「叩其兩端而竭焉。」

這是儒家認識事物的方法和途徑。到底如何叩其兩端，似乎孔子心中無數而茫然，並無所指。然而，老子則不然，他提出：

「常無欲以觀其妙。有欲以觀其竅。」

這種宏觀和微觀的認識事物方法，反映出「中庸」的認識論是孤陋寡聞，盲目不知常。老子和孔子比較，前者是大哲學，後者評級，只是普通的倫理學家。兩者天淵之別。敬請大家批評和指導。

孔子是倫理泰斗，但對哲學不知所謂，儒家有些哲理之言，是後人將其內容解以哲理，提高了他的理論價值。因此孔子弟子沒有哲學知識，也許孔子反對「不出戶。知天下」。而其走遍天下，可惜孔子未曾說服天子而徒勞無功奔走萬里，豈能說孔子智慧定超過老子嗎？子思錯誤理解這句話！無知此語而解作孔子行過萬里路而大大超越「不出戶知天下」的要求。其弟子子思亦是有其師必有其徒，同樣亦全不知什麼是哲學。但《道德經》句句話均是哲理，全經過哲學思維說出來。因此儒家無知哲學，應惡補道德經。儒家應群起學習道德經。道德經是世界人類天書，未讀通道德經者，他主政，無不是有誤天下人民。

「叩其兩端而竭焉。」，叩任何事物兩端就盡知一切，無

疑是個不懂做學問之徒。做學問應如此；"常無欲以觀其妙，有欲以觀其竅"。這樣懂道德經的人，才真懂得做真學問，不然，全是假道學，虛有其名，害己誤人。

整部中國歷史，完全說明不明道德經者，事業總無完好收塲。且看古人"文景之治"、"貞觀之治"，全是半途而廢的名稱。

道德經是人類哲學天書，造福全人類。

陳子立志寫完"陳子論報應"後，決心寫一本：道德經與論語，而論述"道主儒輔"一書。進一步介紹道德經是全人類唯一天書，"道主儒輔"確能治好天下，而永益世人。

其實中庸之道，在當時社會，是非常了得思想，除了道德經，它是前無古人的偉大思想！所以天下智慧，全出自中國人！孔子思想造益全人類！亦因如此，全人類受哲學唯心主義的束縛，促受災難困擾全人類。

（E）女子與小人

「唯女子與小人為難養也，近之則不遜，遠之則怨。」

孔子把女性和小人等同起來看待，令人莫名其妙。然而老子卻不然，他把女性擺到最崇高的地位：

「元牝之門。是為天地根」以及「有名萬物之母」和「可以為天地母」等在《道德經》中的語句，足以反映老子對女性的尊敬和重視。

人是宇宙中的主管者，主管的地位是天長地久的，如果沒有女性的生育延續，人類延生，豈不是一句空話嗎？人類創造了的「金玉滿堂」的社會，也就徹底「莫之能守」了。「天

下之交。天下之牝。牝常以靜勝。」，這話老子把女性的偉大和崇高，永恆史無前例的真理。而客觀認識一切。女性統屬百姓，百姓皆注其耳目；孔聖，孔聖，為其麼您不知而不言。天曉得！

「孔聖」對女性一無所知。老子把女子作為實在是天地根。人主管天地一切。

孔子的「唯女子與小人為難養也」，歷史人人皆稱他為教育聖人，如果根究倫理此語而讚許他，他並不是教育聖人。而教育聖人應是老子，當之無愧。《道德經》第二十七章：

「善行無轍迹。善言無瑕讁。善計不用籌策。善閉不用關鍵。而不可開。善結無繩約。而不可解。是以聖人常善救人。故無棄人。常善救物。故無棄物。是謂襲明。故善人者。不善人之師。不善人者。善人之資。不貴其師。不愛其資。雖智大迷。是謂要妙。」

「不愛其資。雖智大迷」足以取笑孔子和其弟子。所以陳子認為「道主儒輔」是天下人類唯一完善的政制。老子和孔子，雙聖齊輝。若「道主儒輔」從今恢復孔子是位世界偉大聖人。孔子是中國聖人，亦是世界偉人，沒有孔子儒學開啟世界，哪裡會有世界文明呢？孔子是世界偉人當之無愧。將在道主儒輔政制中體現其偉大貢獻人類。宋明理學，實屬儒家西傳發展馬克思主義和資本主義。進一步反映中國人是世界文明拓展者。

所以，"道主儒輔"最適宜先在香港一國兩制推行，取得成績，更加促使西方資本主義走向衰亡。藉香港之成功而推向世界。一帶一路，世界共同體，而道主儒輔將起推動作用。為

全人類大同，竭盡犬馬之勞。世界永恆共同體，永恆恆持以德報怨全人類共賀中華。鄧小平先生改革開放，是永恆國策；習近平主席世界共同體，啟導人類世界大同。

（F）教育思想

老子對教育問題，有這樣的見解：

「是以聖人常善救人。故無棄人。常善救物。故無棄物。」

孔子充分理解和接受老子這種教育思想，提出一套非常完善的教育方法：

下面從三方面去論述：第一，知之為知之，不知為不知；第二，因材施教；第三，學而時習之和溫故而知新；第四，有教無類。

第一，「知之為知之，不知為不知」的實事求是的主張，要求學生要樹立務實求進的學習態度。這是教育學生重要的一環。

道德經第七十一章的觀點，正與孔子相符：知不知，上；不知知，病。夫唯病病，是以不病。

第二，「因材施教」的方法，這是社會培養尖端科技人才的途徑。孔子這一觀點，已經相隔現在二千多年了，但實用價值依然存在，並且成為人類社會教育不可改轍易轍的必然途徑。孔子教育思想是前無古人，唯孔子是偉大師聖，當然如果道主儒輔，孔教以道家科學觀作指導，世界教育承擔唯我孔聖。根據道、儒者教育思想永恆結合如鋼，全世界能量理論科學家、哲學家均出自中華民族之文明。

　　第三，「學而時習之」和「溫故而知新」，是要求學生要有主觀能動的努力，並認識熟能生巧的重要性，由今天的幼稚園到高等教育，哪一個環節可忽略而廢除？回憶陳子入學，母親堅持拜孔聖，無限感激母親能如此尊敬孔聖。今天能有小成，深深感謝孔聖啟導。幼稚的小心靈，對著孔子聖人之像，敬佩神服永銘心懷。

　　第四，「有教無類」，這種一視同仁，民族整體教育觀，絕非十九世紀開始引導錯誤的階級教育觀可以比喻的。不知今天仍否有抱這種觀點的人？而他們會否因相形見絀而洗心革面？完全反映道德經常善救人，故無棄人，常善救物，故無棄物。在教育思想上老子和孔子是中國偉大教育聖人。他們兩者，情投意合，天衣無縫。兩大教育聖人，天下文人皆後學，學術揚名到中華。

　　孔子的教育觀和方法，是繼承了老子的教育思想。這說明誰能接受老子道德經思想，誰產生偉大有成就。孔子終生敬佩老子，充分反映在克己復禮；克己充分認識當時偉論縱　，當時難定一是，並且以老子為代表，深不可測，而真克己面對觀點。在孔子心中，以周禮曾經實踐可跟可從，所以復禮。此復禮，無他，反映孔子實是從是，不敢造次。

　　孔子是人類教育聖人！

　　孔子是世界萬世師表！

　　他當之無愧，受之無愧，永垂不朽！

　　總而言之，「道主儒輔」是天下唯一天衣無縫政制，將整個中華傳統全面繼承，點滴不漏，豈不美乎？豈不全乎？老、孔合一是天下王。天下"道主儒輔"，世界人民不無崇拜中華。

堅持以德報怨，人類無不欽佩中華。老子、孔子是全人類教育之父，永恆的教育聖人！道主儒輔，陳子全面研究道德經和論語，彼等是中華民族傳統思想，將中國傳統思想，是世界最優良科學社會政制。

（乙）孟子（公元前 390 - 305）

孔子死後，孟子是儒家的重要代表，世人向來把孔孟並稱。

孟子是子思的私淑弟子。他很仰佩子思的學說，可惜無幸受教，只能自學他的學說，所以人稱孟子是子思的私淑弟子。

孟子在孔子學說的思想基礎上，跟隨時代的進步，作了適當的發揮和發展。

孔孟是儒家整體，完全不可分割，亦是「道主儒輔」的核心重要內容。

為了介紹孟子分為兩點述說：(A) 仁政思想；(B) 善端的思想。

（A）仁政的思想

孟子把孔子的「仁」，由社會道德的內容，帶到政治的圈子裡，提出這樣的仁政主張：

「民為貴，社稷次之，君為輕。」

他還更大膽地指出：

「聞誅一夫紂矣，未聞弒君也。」

這種除暴安良的偉大思想，令人肅然起敬。孟子偉大，起於孔聖！

如此不尋常的言論，足見孟子比孔子跨前了一大步。青出於藍勝於藍。重大發展和推進儒家思想。

然而，和老子的政治思想比較，則是小巫見大巫。老子認為一個君王，他的地位不是高高在上，而是百姓的公僕，他要去做「聖人無常心。以百姓心為心」的深入群眾工作。道家政治觀，即《道德經》政治觀，是全人類唯一正確政治觀，它來自「道是能量統稱」，根據其運作動向和要求去確定社會政治的確實內容。政治永遠是經濟的護衛員，所指收放社會經濟。因此《道德經》要求聖人社會領導者，必須有如此修養：「聖人無常心。以百姓心為心」，在任何時刻想問題認識問題必須：「常無欲以觀其妙。有欲以觀其竅」，將自己知識磨練到：「絕聖。棄智」、「微妙元通。深不可識」、「不出戶。知天下」，而達「道常無為。而無不為」。社會執政思想全面掌握仁政在實施才可政通人和。試問世界那有一位政說家可越過老子道德經？世界人類哲學唯我老子道德經，和我中華孔子聖人。道主儒輔天下永恆。因此道主儒輔能受確定能解決中國一切問題。中國能強如此戰勝萬難，世界來朝而必然。兼且永恆堅持以德報怨，北京是世界聖都聖景！

很明顯，老子的政治思想遠較「仁政」的視線範圍和要求寬廣而明確。

不過孟子提出仁政，顯示中國人在政治上觀點，確是世界政治之宗。他與世界尤其是西方，西方後期才知仁政觀。孟子足為彼等良師。而老子則世界唯一明師。老子、孔子是世界唯一教育聖人！全人類共尊。

（B）善端的思想

孟子曰：

「惻隱之心，仁之端也；羞惡之心，義之端也；辭讓
之心，禮之端也；是非之心，智之端也。」

這番話說出了仁、義、禮、智發諸於心，形諸於外，並未
說出其由來之根源和進行好壞的推敲，只是在傳統的基礎上，
加以主觀的發揮和判斷，作出感官的結論而已。在中國歷史
上，不見有完整的表現實現。如果能"道主儒輔"，必然全部
實現於中華。

老子卻不然，任何一種感情的產生和轉變均來自環境的影
響，通過內心的感受而形成付諸外形。《道德經》第三十四章
有云：

「大道汎兮。其可左右。萬物恃之以生。而不辭。功
成不名有。衣被萬物。而不為主。常無欲。可名於小。萬
物歸兮。而不為主。可名於大。」

老子在這章中指出，人的感情必須建立在對「道」的「不
辭」、「不名有」、「不為主」的領悟上，才不致有所偏頗。
孟子思考比孔子進了一步，但仍欠唯德唯能思想所指導很難達
正確無誤的境界。**不過儒家思想發展到宋明理學，也許與孟子
思想有關。也許宋明理學啟蒙於孟子較恰當的真實。亦可說，
孟子是宋明理學的啟導者。**

孟子的「善端」是欠缺正確的認識論，而老子認為品德和
感情是來自外界，而營造於心而產生。誰對誰錯，不是一目瞭
然嗎？此亦反映道主儒輔是最全面完整的思維。是政制上品，
必然導致國家強盛人民豐盛生活永恆。

　　舉孔、孟二人，足以舉一反三了。孔孟思想，全無道家哲學知識指導，實施是憑經驗的指導，失卻科學家思想指導，所以由東周末，公元 77 年起直至 1949 年，長期束縛《道德經》哲學在政治上指導中國政制。這點見解有其必然現實根據，但不能付諸實踐其根本原因，應是來自統治者造成。統治者認為道家思想與統治者利益不但無補益，更有抗拒有違其經濟政治統治。認為道家這種 "無作為" 的消極因素全不應為統治接受而應排斥。其實帝制的統治者，根本草包而無不為。

（丙）對孔孟儒家的評價

　　孔孟是偉大的思想家、哲學家、倫理家、教育家，在二千多年前能夠提出如此高深明確的見解，他們都全是了不起的人，但將他們和老子比較，他們的理論和觀點，似乎比不上老子那樣科學、全面和完善。但仍不失真是全人類難得珍品。如果將之「道主儒輔」珠聯璧合，是世界上最完善政體，為中國作出強盛無衰永恆。儒家思想也亦變成瑰寶。是中國社會上偉大支柱。"道主儒輔" 是全面傳統思想的組合者，促進中國萬世不衰。

　　儘管儒家思想在歷史上影響地位非常重大，但未營造出一個強盛的朝代，而道家思想卻不然，漢、唐的輝煌璀璨的歷史，足以反映道家超勝儒家，亦說明儒家必須以道家為主導思想，儒家才可發揮其重大作用。不然，儒家也就無法擺脫顛頂地服務封建思想。儒家學者，必改正此一問題，不符合時代要求，而結合時代要求，促使中國萬世無衰富強。**道主儒輔是優越政制，值得先在香港推行，作實踐是檢驗真理唯一標準。**

「道主儒輔」是世界最文明文化珍品中選出最完善政制。實踐是檢驗真理唯一標準。道主儒輔永恆匡制中國永恆走向富強。看誰終必為聖君接受而推行。

推行道主儒輔，堅持以德報怨，並治人事天莫若嗇；中國必然是全人類共朝聖地！中國在中國共產黨主政下，已經徹底消除革命因素，餘下唯一問題是永恆改革開放，中國海內的學者應共同討論道主儒輔是否優越政制！

（二）中華民族的盛衰原因

無數仁人志士，眼見中華民族多災多難、受盡凌辱和折磨時，心如湯煮，憤然地仰天長嘯，質詢蒼天：

「問蒼茫大地，誰主沉浮！」

世界文明中國人拓展，當然應由中國主浮沉。道德經是人類唯一救生船。

主宰中華民族盛衰之理是何？在漫長的歷史過程中，能洞悉者，曾幾何人？

除了孤陋寡聞的人、妄自菲薄國人自私貪婪外，還有自怨自艾的，說自己國家太大人多，難於治理。是真嗎？問中華民族能真知真明《道德經》者幾人？中國衰退的根本原因是甚麼？統治者利用儒家騙人民，以持續其衰亡統治。兩者相依為命直至 1949 年。

到了近代，有政治家指責封建思想毒害國人，痛責西方帝國主義失卻人性，瘋狂侵略和掠奪中華，使中國走向半封建半殖民地。這種觀點頗為焯見新鮮，然而，當神器到手之後，卻

無知勿為勿執，在國計民生方面，黔驢技窮，百姓生活捉襟見肘，無悔平均主義誤盡蒼生！倘若中華民族有人洞悉老子《道德經》，推行道治，似打了預防疫苗，那怕病菌肆狂？皆因中華民族無知《道德經》，而注射此藥苗，而身體康泰，「**無為而無不為**」，那愁國運不昌隆！平均主義算什麼？

幸得中華民族亞父，全憑中國特色四個字，扭轉乾坤！中國人民共祝他長壽健康！

是以，光是恨火若焚，魯莽打倒一切，而忽略國情民族，無疑是無知。冰封三尺，非一日之寒！倘若中國人能洞悉《道德經》，「**微妙元通。深不可識**」，而為「**無為而無不為**」，惡魔那得來侵？

為了找到中國真正衰落的原因，從下面五個方面進行探討，一定能會有希望找到中華萬世不衰的康莊大道，貢獻世界人類，建立一個「聲色無分是一家」的世界大同！所以陳子領悟到改為《只有〈道德經〉能夠救中國》為《只有〈道德經〉能夠救世界》，而免招無妄之災。春秋戰國時期提倡百家爭鳴的諸子除老子外，有誰洞悉《道德經》呢？中國衰亡落後，全因中國學者無人真正理解道德經是人類天書，戰無不勝的天書。

為了說明此問題，分由五點進行闡述：1.諸子百家思想對中華文化的壞影響；2.封建制度和思想使中華民族衰落；3.佛教輸入使中華民族加倍走向衰落；4.落後民族思想的干擾；5.西方基督文化的侵略和干擾。

1. 諸子百家思想對中華文化的壞影響

　　西周在中國歷史中，陳子有此感覺，前朝商較為發展，而周較安定而不十分繁榮。無論經濟、政治、文化，均比不上前朝但較為全面平穩發展，百姓稍為安居樂業。但《易經》和《詩經》，好像兩個象徵太平盛世的大燈籠，高懸國門炫耀國泰民安。如此高度文明標誌是全人類所無。這充分反映，中國是世界文明拓展者。中國人由“商”轉“周”，似乎中國人不滿意太快發展的繁榮，而較歡迎安定緩慢的發展，所以改為周。

　　從老子《道德經》，可找到西周經濟發達情況，商品和市場經濟，已經冒出雛形，只是無人曉得它的難能可貴，而未得及時保護；不然，中華民族定然豐衣足食，豈饒帝國主義在中國歷史中的瘋狂？如果能及時共識老子為思想領袖，高舉《道德經》這一大纛，推行道治，中華民族肯定不會受蹂躪和欺凌。中國推行以德報怨民族傳統精神，領導全人類邁向世界大同。中國人拓展世界文明，將亦啟導全人類邁向太平。這是中華民族要緊抱此一觀點，以德報怨，永恆貢獻全人類永恆不動搖，全人類必然共頌中國人。

　　春秋戰國是中國歷史的轉捩點，諸子百家為時代崩潰而吶喊和徬徨，所謂爭鳴，實質是一種請求救喚！八卦和易經是反映中國文化登上全人類高峰，可惜無人研究其科學哲學思想。尤其道德經更是一本天書，可惜中國由道德經面世起，曾有幾人能像陳子如此闡釋道德經？中國人真要將道德經置股掌之間。

　　老子最早察覺了時勢的轉變，只有莊子把道學用作玩世不恭，以發揮他的「天才」，使《道德經》璀璨光輝蒙上陰影，

從此《道德經》更加變成：

「吾言甚易知。甚易行。天下莫能知。莫能行。」

諸子雖然廣有百家，但他們的學說全在《道德經》可以找到，但《道德經》好些內容，在諸子百家中不能找尋。《道德經》廣包諸子，但百家全家不等於《道德經》。諸子百家，引誘中國人心猿異馬，不但不能發揮道德經，相反引導曲解道德經！陳子說：諸子豈無罪過乎？

《道德經》出來了，但有誰洞悉《道德經》是人類天書，說《只有〈道德經〉能夠救世界》者能有幾人！無知道德經亦使它變得像蒙眼布，亦像耳塞。中國人罔知《道德經》可救世界！簡直是太愚蒙，是誰所造成？統治者、儒家、儒生……這是多麼可悲而痛心的事情！中國帝制和儒家相結合而綑綁中國不能直線發展。而是分久必合，合久必分。是帝制和儒家兩者困繞中國社會的歷史罪過。言雖如此，但它們卻將中國保存下來，直至 1949 年變天。

諸子百家的錯誤在於不懂天道，好像一個近視的人看不見更遠的東西。

儒家為首的孔子，不得不承認說「朝聞道，夕死可矣」。從孔子此一管道，可以看見諸子百家肚子裡有關「道」的存貨了。中國自囂聰明偉大者，真知《道德經》是天下天書者，能有幾人？時到今天，亦不見幾人。中國真要洞悉道德經治世治國治家的天書。

儒家和雜家成了春秋戰國和今後的思想主流。中華民族在這兩家的錯誤思想引導下，走向迂迴曲折的苦難之途。尤其帝王為了家天下，迫于誘讀書諸多歪曲道德經。

老子的道家思想只能在歷史的隙縫中，發出「文景之治」和「貞觀之治」的閃輝！可惜文景、貞觀對道德經洞悉不足，為其後代更改。尤其是李世民也許知道繼續推行道治將會失掉江山。江山落入他人之手。所以陳子批評帝制利用儒家綑綁人民思想，繼續其政權。

諸子百家思想的爭鳴，並非百花齊放的盛世，更不是甚麼黃金時代，而是中華民族走向衰落的第一首輓歌！是一場消磨智慧的把戲。

諸子百家的思想，必須放進《道德經》這個智慧海洋中去清洗，才能納入作為豐富《道德經》的具體內容。「道主儒輔」中國政制妙藥靈芝！《道德經》是人類天書，儒家是人類倫理泰斗，兩者相合為一，天衣無縫，中國億世不衰，"道主儒輔"珠聯璧合。

2. 封建制度和思想使中華民族衰落

經濟永遠是社會基礎，政治是保護經濟的上層建築。政治對經濟要亦步亦趨。穩健的經濟政治永恆不差。亦步亦趨經濟是永恆是社會基礎真理。政治要永恆保護經濟穩檔前進發展。切勿一本通書看到老！而要知道可道非常道永恆真理。

封建一詞，相傳最早來自黃帝，當他統一了各部族之後，分封爵位和土地給各個兒子與功臣，建立第一個由中華民族組成的國家。這種封爵建國的做法，稱之為封建。其後，歷史上始凡束縛人民的思想與制度均冠之封建一詞，被稱為封建思想與封建制度。這反映中國社會在人意識形態東西取代了社會經濟發展。綑綁經濟，無疑綑綁人民手腳和封其口，使中國因此

而落後不前。多麼可惜痛心！封建思想支配一切。

封建制度，使統治地方永遠歸屬化，各種流弊亦產生，腐化。

公元五千年前，是一個民族大混戰和大融和的時期。在中國這塊土地上的種族，相當於民間一個姓氏的區分，並非是一條絕緣的界線。中華民族每滴血，有其他民族的基因，其他民族的血液裡，都有中華民族血裡共同的東西。彼此結上難解難分之緣。在封建社會裡，誰也知長安久治，但能做到如此者，能有幾人呢？西方1784年工業革命，想出了選舉制，改變封建此一世襲制。西方進步超過中國。

黃帝把長期紛爭的部族統一起來，當了盟主，建立了國家。黃帝之前，還有一位偉大的族長，叫做炎帝，把炎黃二帝的名字聯在一起，稱中華民族為炎黃子孫。炎黃子孫，是各民族融和的結晶體，是中華民族的代名詞。中華民族是永恆和諧的民族；老子為了貫徹此一精神，曾結合圖文八卦、易經和詩經，寫成人類天書《道德經》。老子堅信此書，可促使中國萬世不衰，中華民族永成立乾坤，受環球朝賀。中國帝制加儒家至1949年才告結束！

自黃帝建國後，再經過千多年的發展和進步，到了商周這兩個朝代，無論在經濟、政治、文化、思想、科技各方面，均有驚人的成就，超世界水準的成績，登上最先進民族的寶座，尤其是在商業方面，進入了商品經濟的社會水準，老子《道德經》對當時的"商品經濟社會"，作了這樣的透露：

「不貴難得之貨。使民不為盜。」

把整個社會流通的商品稱之為貨，以一管之孔，足以觀當

時經濟發展的全貌。

這足以反映中國經濟發展不穩定和變化。原因是中國無人懂得道德經！

可惜偉大中華民族，如果當時能洞悉老子之言，能夠推行老子的主張，發揮《道德經》的哲學觀，世界人類歷史應由中華民族掌執牛耳，提前二千多年，人類自由如意地來往太空中各個星球。這足以反映，中華民族智慧，如果不受內外思想的影響，中國人抱著以德報怨精神，全世界以中國人為一齊起步，全人類世界一定大同。反映中國社會頗受反覆思想影響。其主要不安定原因是不洞悉道德經所致。中國真要"晨早當思謀生計，閑時應讀道德經"！

春秋戰國是中國歷史的大轉捩點，經濟、政治、文化、思想均步向崩潰的道路。當時諸子百家，包括老子和孔子，都各自提出拯救這個社會崩潰的主張和學說，老子代表道家，孔子代表儒家，諸子百家統稱為雜家。

老子的《道德經》，是空前絕後微型百科全書，可惜為統治者敬而遠之；而諸子百家，包括孔子在內，只採納和發揮其部分社會部分方面的哲理，因此諸子百家和孔子的學說均存在不同程度的錯誤和缺點。亦程度不同反對老子道家，使道家成為受貶的平淡無奇的思想。這是中國走弱的根本原因。中國災難亦由此而生。

孔子是儒家的始創人，歷代統治者對儒家思想的喜愛和作為制度的染缸，亦完全改變了孔子儒家思想的本質。孔子成了封建思想的圖騰，儒家思想變成了封建社會和制度保障的藩籬，束縛人民的桎梏，維繫了封建制度二千多年，直到帝制

被推翻了，這種封建思想仍然不同程度地盤踞着人們的思想領域，妨礙着中國社會的進步和運作。自從道家思想受到排斥，整個國家出現合久必分，而分久必合的重複。一直到 1949 年偉大時代開始。陳子 1949 年入中學，已知此一道理而至將來。道德經天書的哲理到 1986 年才接觸。全心全意研究道德經。

儒家思想的軸心是忠孝，在忠孝思想的基礎上，發展為三綱五常。本來孔子只提出忠孝的觀念，認為「臣事君以忠」和「孝無違」，並未有像後期的腐敗儒家那樣，說「君要臣死，臣不死，是為不忠」、「父要子亡，子不亡，是為不孝」，殘忍地把「忠臣」和「孝子」送上斷頭台。這足見孔子儒家思想給統治者和腐儒惡意歪曲與污染。是以對孔子儒家思想切勿全盤否定，而要汲取其精華、剔除其封建糟粕。運用道德經指導，使它廣為政制極品：道主儒輔，促使中國萬世不衰，掌握人類歷史永恆前進。

比方《論語集解義疏》卷第九、《論語‧陽貨第十七》中，有如此令人反胃的語句：

「子曰：唯女子與小人難養也，近之，則不遜，遠之，則有怨。」

這是典型的封建糟粕，使婦女受壓迫和蹂躪二千多年，在今天的男性腦子裡，仍然難於徹底清除。這充分反映孔子真不明道德經的 "牝常以靜勝，牡以靜為下" 道理。男性，永恆要為社會永恆發展尊重女性，女性要修心積德教育兒女，使社會進步永恆。"牝常以靜勝；牡以靜為下"，是男女永恆平等真理。

然而，孔子在教育思想方面的貢獻，使他登上萬世師表的

寶座，是全人類所無，而唯我中華。

改造和剔選儒家思想的指南，是老子《道德經》的哲學思想，它明察秋毫。

老子永遠是孔子的老師！「道主儒輔」，人類理想政制！要等待對道德經有洞悉智慧的聖君。誰是聖君，洞悉道德經的人！不過完全可以肯定，中國必然出聖君，中國必然世界來朝，共賀中國以德報怨的偉大思維的實踐推行。

諸子百家和孔子雖然並未自告奮勇，當封建制度和思想的打手和幫兇；但封建制度選上他們，就因為他們並非徹底的道家思想，而是與封建制度臭味相投，也就泥足深陷而不能自拔，長久為封建社會把守監牢，促使中華民族走向衰落。

此是一切內部思想的落後原因，阻礙中國向前，打散道家思想而步向衰亡。

道德經思想永恆是全人類進步的天書，大家拭目以待其必然。

3. 佛教輸入使中華民族加倍走向衰落

中華民族的哲學思想，以老子《道德經》為代表，在二千多年前已經高踞世界哲學的峰頂，二千多年後的今天仍然兀立地獨佔鰲頭，擎舉着世界文化的令旗；全世界有良知和遠見的學者無不用崇敬的真情和羨慕的目光，望着老子這位中華代表、世界完人！

自古印度宗教佛教思想在東漢輸入後，使中國天空突變陰霾迷茫，中華民族因之染上了思想風濕癱瘓症。中國統治者更把佛教這種頹廢、消極、迷信的思想，和本身的封建制度與思想搞混一團，壓迫得中華民族透不過氣來，飽受戰禍和外來勢

力的蹂躪，顛沛流離，有若倒懸！

陳玄奘先生不知受甚麼思想蠱惑而第一個人將道德經進步思想帶入印度，而接回落後的佛經回來，毒害中國兒孫世代。陳氏有義門光榮，不知為甚麼如此。雖然兩者，前者唐，後者宋。也許前者愚後者智。豈知陳門產生如此不幸的人。

佛教思想輸入，是個使中華民族衰落的重要原因，中國的政治家、歷史學家、哲學家、社會學家以及任何一個普通的炎黃子孫，也得去研究、探討和思考此一非小的問題，同時要清醒地辨別，批判佛教的哲學思想和佛教信仰是兩件事情，切勿把它們混淆起來。任何宗教均以慈善為懷引惹信眾。宗教是因原始社會智淺而以代政治而興行。今天應以人創造鬼神去取代其落後和迷信。

任何宗教都是一樣，信仰是教徒的，但其哲學思想的影響是全人類的，關乎人類的思想和生活尤其是舶來的宗教，並非本民族的原有思想，更加要審慎對待；是以，無論道教、佛教、基督教，在研究、探討，甚至批判其哲學思想時，要認識是全人類的天責，此舉完全與信仰者無關，因為在信仰者出生之前，形形色色的宗教信仰已經來到地球上。人類欲罷不能。同時沒有人認識"道德經"是天書可以為人類解決一切困難，其無為而無不為。才不讓迷信宗教欺弄中國人。

下面將佛教的起源、佛教哲學思想內容、佛教在何時傳入中國以及佛教在中國的發展作個扼要介紹，使大家認識它對中華民族的負面影響。**在中國到今天有位馬西沙教授說其實中國已經沒有真正的佛教，全都是"外佛內道"的信仰。雖然如此，但它對中國人思想影響之深遠，促使中華民族走向衰退，每個炎黃**

子孫，不可不知。活者縱不能不思過，而把責任歸於死者。其實說句歷史公道話，每逢一個朝代衰亡或國運當衰，促使拜神拜佛拜鬼，而以祈帶來好運，全由統治者造成。佛教傳入，亦因此原因。人屈服於鬼神，全因不懂道德經第六十章所致：

「治大國，若烹小鮮。以道蒞天下，其鬼不神；非其鬼不神，其神不傷人；非其神不傷人，聖人亦不傷人。夫兩不相傷，故德交歸焉。」

為了說明佛教傳入中國分為四個方面闡述：(1) 簡介佛教在印度的興起；(2) 佛家思想概述；(3) 東漢明帝迎入印度佛教；(4) 佛教發展的全盛時期。

道德經是徹底認識任何宗教思想的天書。要謹悉，道德經是唯德唯能唯一科學天書。

（1）簡介佛教在印度的興起

佛教是印度的古老宗教，對中國來説，是個舶來的宗教。任何一位炎黃子孫，對它應當抱着客觀的態度去認識它和了解它。對任何事物的傳入，必須客觀去分析了解而指出其優劣。如果中國學者均能如此，任何外來宗教也得低頭垂手認錯。如果人早能共識道德經，共知"人創造鬼神"，無恐任何宗教傳入。

釋迦是古印度一個細小民族的名稱，在接近尼泊爾的邊境建立一個叫釋迦毗羅衞的國家，受盡貧窮落後的煎熬，四周的國家和部族，都來欺凌和蹂躪它，使它百上加斤，不堪折磨，水深火熱！釋迦牟尼誕生在皇宮家庭，是當朝的太子，生有一副憫人的心腸。一個慈悲的人，是位好人善人，但往往無不細

微考究其後果，相信偉大釋迦牟尼先生就是如此的好人。是個令人敬佩的佛學專家。

當時的古印度為婆羅教的勢力所統治，遭受殘徵暴斂，顢頇貪婪，百姓怨聲載道，餓殍遍地，彷似人間地獄，整個社會動盪不安！偉大釋迦牟尼先生，為了愛國愛民很想人民過著好日子，但無能為力，而只能追求精神解脫給人民消極安慰。

釋迦牟尼的心靈在刀光劍影、人啼馬嘶和朝不保夕的恐怖衝擊下，率領一群信徒揭杆抗暴。他們思想和主張吸引了不少的百姓，無數的好心人都加入他的隊伍。

他眼看自己的小國岌岌可危、朝這種絕望環境下，孕育出來那採用自我麻醉的希望。

印度和中國同是亞洲的國家，也許與共悲風苦雨的氣候，中國在封建思想和制度走向深化，統治者為了保護自己的江山利益，發現了佛教的思想屁股剛巧和他的很相似，因此將佛教請入，當了幕賓；儘管是咎由中國統治者自取，與佛教興起無關，各自一方，但釋迦先生知否中華民族因受他的思想影響而飽受蹂躪？**如果宗教真有哲學思想的覺悟，絕對不會把錯誤思想送給別人；尤其是一慈善為懷的宗教家，將錯誤送給別人，豈不是一種錯誤行為嗎？宗教永遠以為本身的慈善為懷是有益世人，豈知害了世人、當然也就饒恕自己無罪於人。也許真在傳教者無知宗教的遺害而相傳。是聖非耶？**

相信您是應有所知，而您應是憐憫中華民族苦難！且看，您那垂目無言的表情！無人猜透您偉大思維。請原諒，因陳子精研道德經，因而深知您思維有害中國人。當然，此一災難，是統治者無知招進來中國。完全是中國帝王的錯與您先生無

關。如果真有佛的存在，敬請饒恕陳子因堅持科學哲理而開罪先生。

　　不過，中國道家，要我命在我，不惜拋頭顱灑熱血，去拯救自己國家的危亡；而您是教人逆來順受，不惜自我犧牲和滅亡，老是垂目無言，大家的反抗方式各有不同。心間人們都敬傳您法力無邊，為什麼不用五指把全部侵略中國的卑污政客壓在五指山下？您的佛力和強能是您本身真有因悔蒼生而不肯用出，抑或全是政客和教棍誇張的威靈而欺騙統治者和廣大百姓。佛祖我真不輕看您，而是罵名中的統治者。謹希大發慈悲救救中華民族。相信最可靠是中國人自己！陳子完全理解您，您的小國保不了，您怎可保我偉大中華。陳子又傻了，毋忘記人創造鬼神。

　　佛祖，您是個偉大慈善家，如果當時陳子亦生於同您一時代，定然會無知地歸叛您，不過自從接受道德經後，我全心全意皈依道祖老子，並為他的道德經信奉執行到底，而普及全人類。促使人類永遠擺脫災難。"道主儒輔"可永恆督導人類進步永恆。也許，在推行道主儒輔的過程中，希望在您的佛經中找到金砂。這是人創造鬼神，天下宗教一家，貢獻人類。人神共樂，永無紛爭。

（2）佛家思想概述

　　佛家經典，汗牛充棟，千卷萬牘，並非三言兩語可以說得一清二楚，只能概述其精要，舉一隅而三隅反，以管窺豹，足矣。這是對億萬眾而言，無須浪費時間，而把寶貴的精力貢獻給中華民族，振興中華，造福世界人類。建議聯合全部慈悲的

神靈共舉支持中華民族愛國者拯救中國，富強中國，中國以德報怨，貢獻人類大同。中華民族，永遠以德報怨，誰幫助過中華民族，一定忘不了誰。不過您的哲學現得有欠積極，流於軟弱。空即是色，色即是空，原來要人心無一物，物全是空，何必擁有。那麼以為天下完全有太平了嗎？不過人世大王不真是佛祖！世界當然亦不太平。人全要無為而無不為，而實現色即是空無不為才可永保世界人類永恆太平。現實可能如此嗎？**佛祖，您的色空如果承認只停留在社會間層次，也許是治世的妙法。要求去到哲學層次，也許，害多於益了。**

不過，您的色空只是人類生活層面，不能還要長期作國民教育推行。

佛學是心學，佛家是心家，佛經是心經，佛無心而不在，學無心而不成，經無心而不立，心是佛學個總樞紐。儘管宇宙大而無邊，天地寬廣不可想像，但盡收入其心，並如意進出其間。一言以概之，包宇宙之廣，納天地之寬，容萬物之眾，是唯心之典型。誰不貪求妄想而敬佩如此功能？但《道德經》卻說：「域中有四大。王居其一焉」。老子要人要發揮做人的作用，應盡其職；當然，人、鬼、神要為人間幸福。國泰民安，應是神靈最偉大而安慰的功勞。原來為人只要能無損於人、神、鬼、也即無損於天、地、人、即人永遠可敬可愛的偉大聖人。如果只是心中無一物，只想而不為，人類那有幸福可言？天下無不做可自來的東西，道家無為而無不為希望亦寄於世人無為無不為！這才是永恆。

佛家可說悟之入微，而豈能謬之千里？全無一事可成能成！色空豈能強國富民嗎？**色空偉大貢獻，只能去到社會層**

面。並無哲學意義和功能。與孔聖人倫哲學配合，也許對社會
有重大效能！

宇宙萬物，無不五光十色，光怪陸離，變化萬千，佛家認
為，完全有拜光線照射所賜，一旦失卻光源投射，萬物則面目
無光，黯然失色。萬物因光而存在，因光而失，因此將之總概
言之為「色」，因此，佛家以「色」代表萬物，當萬物失「色」，
概言之為「空」。佛家的「色空」，是其認識論的核心，萬物
不外「色空」，萬變不外「色空」。人類在光天化日下，當然
輕而易舉！但統治者失德，搞得"天烏地暗"，怎樣去領悟「色
空」？因此人類應體會佛法於光天化日！晴陽白日無日無之。
倘若日落烏啼怎辦呢？色空不是存廢了嗎？敬愛的佛祖，人怎
樣生存？人無以生，將必滅。天地無人，人生應到何處呢？想
起您祖國的過去，誰不為您灑淚！我們中國何嘗不是如此。吾
人共離愚共棄恥辱，而共即積極去變天，才可使人民永恆幸福
無邊！當然，若是風調雨順，無日無之，當然不怕；但要誰去
創造，如果自己不親力親為，哪要靠誰？空是色，色是空，那
及 "有無相生"好呢？因萬物全緣於道，道是能量統稱多好多
完善！道是能量統稱，主導萬物衍生，而人主管萬物；人的重
要性全在於知此：**無名天地之始，有名萬物之母！似乎才可一
盡人之責任：人創造鬼神。道主儒輔才能完美，永遠賜福全人
類。**

「色」、「空」是佛家認識論的金科玉律，是不可踰越雷
池，只要能把握住這一要點和核心，任何人都可輕易地洞悉佛
家思想，跳出佛家思想，並且把其中對人類有益的東西汲取過
來，振興中華，貢獻世界。這充分表明作者探討和研究佛家思

想完全在於中國社會實用、人類世界的積極貢獻，並無任何惡意。敬希高僧、學者教導和批評。作者願俯首聆訓。願我佛慈悲，法力無邊，造福人類，尤其是受蹂躪的中華民族！佛祖，我是平民小蟻，我批評了您只不過我堅信人勞動創造世界才是永恆；較色空觀永恆有用而實際可行。人是萬物之靈，永以腦力、體力貢獻人類世界才可大同。

大家都很清楚，人雖然是社會的成員，但亦是自然界的部分，是宇宙間存在的物體，是萬物之靈的物體。佛家為了表達他們的主張和見解，把人和萬物分開，脫離彼此的關連。這種思維方法是片面而主觀的，必然導致出一種錯誤的思想。佛家把人體之外的東西，藉着光的掩飾而把它們進行抽象昇華為「色」的概念，把它完全脫離物體的屬性和特性，純屬表面的觀感，受光的有和無所擺佈，這種思想實質是受物擺佈的思想，毫無主見的思想，絕非客觀思想，而是受欺、自欺、欺人的唯心主義思想。佛家整個思想體系是完全按照着自欺欺人的軌跡運行。佛家把「光」捧到掌握生殺大權的地位，把萬物的存在與消失交由「光」去主宰，通過人的眼睛去判斷，完全不去根究物體存在的實況。這種不負責的思想、觀察和判斷方法，導致佛家對人類社會完全不負責任。佛家最可悲的，絕非以光線的明暗而判斷眼前的事物存在與否，而是因這假現象而引伸到人類思維領域的抑制，以抑制去論色、空；引人入殼後，而人不能自拔。這是佛家思想由自然唯心主義走上主觀唯心主義的歷程。這兩度關鎖，誰也難逃。佛家如假包換的典型主觀唯心主義嗎？此言可信乎？請眾君批評！這種色空思想和判斷完全與違背，完全是心學。心學是自娛自樂，何益社會、國家

民族呢？

佛家思想由自然唯心主義，走上主觀唯心主義後，佛家思想變成一種獨立社會思想，蔓延到全世界，雖然不能說它對人類毫無貢獻，但對中華民族來說，其害處卻超過其好處，使中華民族走向衰落。宇宙由「道」主宰，「萬物生於有。有生於無」，豈能以色、空認識而拯救嗎？**大家可客觀拭目以待而觀，因佛教由自然而走向主觀騙盡天下人，起碼騙了漢朝明帝，因自漢武帝通西域搞到漢朝財庫空虛，明帝走向衰亡，促使明帝才找尋佛教解決眼前國家走向衰落的中華。**

佛家思想好像一個無垠的思想領域大墳場，把無數人的延宗接代責任思想、為人為己的豪情壯志以及聰明才智，化作墳場上的欣欣青草，它們完全不醒覺地自我欣欣！豈是完整的人類社會道德乎？

佛家思想面對此一不寒而慄歷史性的人類大浪費、大毀滅、大欺騙、大錯誤，還自鳴清高，美其名為打救世人脫離苦海。聽說有一位法師將佛家發展為生活化，祝他成功，為振興中華多加一把勁。大家應敬佩他化腐朽為神奇！拭目以待，冀望此言非寥寥無期！如果任何一個佛教家能將佛教生活化，他真是人間活佛。

佛家思想是一種迷信思想，頹廢和消極更不在話下。它的迷信來自它是主觀唯心主義。按《道德經》說，一切錯誤失敗，均來自唯心主義，災難來自主觀唯心主義！任何一種不客觀思想，均是迷信的思想。必然帶來社會消極災難。

比方天下萬事萬物，包括父母、兄弟、姊妹、兒女、親戚、朋友，他們都存於世上，但當一個佛家人氏，把自己的思維一

抑制，把他們全拋諸腦外，他們這些「色」，也就立即變「空」無一物了。然而這種一剎那間的封閉，用作思想方法和觀察方法，這是一種非常迷信的哲學觀。一剎那過後，那些親人還不是回到縈念中嗎？總而言之，佛家的色、空是自欺欺人，完全無實用價值。那能比道家有無相生完善。然而，在恐怖災難社會裡，色空可為解決眼前苦難和悲傷。總算是自娛自欺的迷幻藥。取得一時之樂。不過，如果色空是生活層面，其效能是生活化，社會效能那大了。如果將"色空"僅去到"生活層面"，色空將作出偉大貢獻，佛法無邊。

唐朝弘忍大師有兩位有成的大弟子，他們各人先後寫了一首詩偈。

第一個弟子寫的是：

「身是菩提樹，心如明鏡台，時時勤拂拭，勿使惹塵埃。」

這種繼承釋迦牟尼勤修苦煉的精神，卻不受到賞識和讚揚，而卻推崇主觀唯心主義思想：

「菩提本無樹，明鏡亦非台，本來無一物，何處惹塵埃。」

本詩偈以投機取巧主觀唯心主義的迷信觀點，批評前者詩偈空得不夠徹底，指出勤修苦煉費時失事，倒不如心想事成而成那樣簡單了當，易為世人所接受。結果後者接受了佛家真傳衣鉢；佛家思想到了唐朝更加迷信而取巧，佛家老祖宗釋迦牟尼的樸素修煉精神不再復存！個人修為影響輕若微塵，但若要廣大回去修為，則家毀國亡！不過，佛家的悲哀，是迫時入世，社會的統治者越無能，佛家在它壓迫下走向更加空虛！這完全

是由無知統治造成佛學錯誤。這剛好反映唐朝的衰敗，由道走向佛而頹廢。

釋迦牟尼是印度的偉大思想家和宗教家，批評與認識他的哲學思想和尊崇他是兩碼事情，切勿將之混淆。我敬佩釋迦牟尼，因他為國為民，奮然不顧自身，而一切是空永保自身！捨人類殘忍、卑污、可恥而自棄，豈不偉大乎？豈不是獨一無二的高見乎？因此，此種個人思維一部份人相信是他們事情，但國家民族用作民族國家思想，那就亡國滅族了。要不得。**本人絕對不批評個人用作修維，但治中華民族，完全是亡國滅族的思想，切勿試行！中國對佛教應敬而遠之，佛教本身要走生活化道路，化色空而利社會，而受教於社會人類。要發揮佛法無邊，應將色空局限於社會層面。是偉大的創舉，促使佛教成為偉大思想。**

釋迦牟尼永垂不朽！站在他個人來說是偉大的，但作為集體治國思想就不應該了。陳子提倡敬而遠之。敬請佛祖原諒。

（3）東漢明帝迎入印度佛教

漢朝是中國歷史上最強盛、最令人傾慕和嚮往但惋惜是道治半途而廢的朝代。最富代表性的漢族亦因此而取名。在長期歷史發展的過程中，經過無數次大大小小的融會，才孕育出這一偉大的血液混雜的優秀大漢民族；如果有人想找漢族的根，非向各少數民族着手，都會徒勞無功。是以，民族大團結、大融和是中華民族的唯一出路，要時刻警剔西方新霸權主義者用民族問題去達到瓦解、愚弄和瓜分中華民族的企圖。但以德報怨可解決國際上任何困難，而全世界朝賀中華。

　　歷代封建王朝為了鞏固自己世襲的江山，不擇手段地做了不少毒害和污染中華民族思想的手腳，印度佛教的迎入，是一個很典型的事例。明帝是典型愚笨皇帝。自己本身無能搞不好國家經濟和政治就以中國的神不保佑他，而到印度迎取佛教進入中國。以改國運。這反映中國人不洞悉道德經的悲哀。

　　印度佛教的輸入，絕非任何人所能阻止皇帝的，因此，談它的輸入，完全與今天人的宗教信仰無關。其實，無論哪一種中國現有宗教，均應該站在民族和國家的立場與利益去檢驗自己所做的發展與宣揚，去配合經濟、政治、文化發展，貢獻本身的力量，不然，作為信仰宗教的炎黃子孫來説，又有甚麼意義呢？這是大眾共同思考的大問題，尤其國家各級的領導人，更不可漠不經心。宗教，是國家、民族的第二度國防。因此，任何一位領導者，要看重宗教的作用，堅信人創造鬼神是永恆的宗教。

　　農民的起義好像一場大風暴，把西漢這棵繁茂的濃枝茂葉搖落，並且移種到洛陽。這一場艱辛和驚險，雖然給劉秀這位東漢光武帝的頑強精神和龍袍的光芒所掩蓋，但較為軟弱的明帝（公元 57-75 年在位）因深感龍椅的震盪而去找尋安邦定國的良方。有過文景之治的光輝歷史，為什麼明帝那樣無能志弱？漢朝是個大國，《道德經》第六十章有云：

　　「治大國。若烹小鮮。以道莅天下。其鬼不神。非其鬼不神。其神不傷人。」

　　罪惡全在明帝非聖人而是個昏君。這反映文景二帝真無知道德經，只是人云亦云而已，全不理解而去請求外國宗教保佑，當然他無知人創造鬼神道理。

漢朝的馬王堆帛書出土，帛書道德經內容與晉朝王弼的道德經，內容有異；此是反映漢代的道德經，因書內容各不相同，理解有錯，反映道治不徹底。

明帝是一位無深思的皇帝，佛法他早已有所見聞但而無知，託夢境所見，只是一種瞞天過海的手法，豈知卻為中華民族種下永遠揮之不去的禍根！明帝罪不可赦！

明帝啟問羣臣，假說他在夢境中所見神人，身有日光，在殿前飛行，問臣有何預兆？投明帝所好的傳偽，說出他的聽聞：天竺有得道者，被尊稱為佛，在空虛中可以飛行，身發光茫，人稱之為佛。於是明帝派張騫、秦景、王遵等十二人到大月支國去抄錄了四十二章佛經，收藏在關台石室第十四間內；在洛陽西雍門外建造佛寺，在繞塔三周的圍牆上，繪畫千乘萬騎，以表壯觀和尊崇；又在南宮清涼台，以及開陽城上作佛像；連他的壽陵亦設立佛像。這足見明帝精神極度空虛，藉佛像以填補。無大志的人永遠會空虛，魂無所依，魄無所付，唯有靠神怪來慰藉，祖先的英明盡為“明帝”所喪所污。豈不痛心哉，他是漢朝不長進的後人！《道德經》云：

「道者。萬物之奧。善人之寶。不善人之所保。」

張騫等人如果對《道德經》略有所明，應於以諫勸明帝無謂千里枉行，並帶來害國害民的後患，受歷史罵名！

上有所好，下必甚焉。佛教由在民間零星活動，轉到宮廷和士大夫府第，成為統治階層的信仰。不相信自己祖先，而把性命繫於他人。是典型的蠢材。這先例，到明朝接受基督教輸入。為害千年。儒家敬鬼神而遠之，帝皇迎神佛救命救國，豈不是以五十笑百步？

明帝舉止，反映當時洞悉《道德經》者希若曉星。此再反映朝代衰亡完全由不明道德經造成。晨早當思謀生計，閒時應讀道德經。是永恆國民教育。

到了桓帝，公然把佛教抬舉到與道教同等的地位，所謂"佛、老"共祠供奉。

中國土生土長的固有宗教道教，到了張道陵（公元 34 - 156 年），他把當時民間小型組織聯結起來，擴展為大規模的道教組織，尊老子為道祖，把《道德經》五千言立為道教的聖經。道教自張道陵後，發展更加迅速和普遍。通過對《道德經》五千言的傳播，進一步凝聚了中華民族思想，為中國建立了第二度民族國防線，沖淡佛教頹廢思想的腐蝕。**是以說張道陵是中華民族文化的民族英雄，並無過甚，而是名副其實。聽聞青松觀侯寶桓觀長生前受國家宗教事務局局長葉小文先生邀請，局長稱侯觀長民族英雄！局長代表黨國偉大聰明。尊稱這位侯寶桓觀長民族英雄好不簡單。侯寶垣道長是中國當代道教貢獻最為偉大，出類拔萃。**

道教是中華文化的根，道教救中華，張道陵為這兩個觀點提供了歷史根據；在當今中國人要求高速度發展科技和經濟，而西方新霸權主義又虎視眈眈，這樣一個充滿矛盾的時代形勢下，可否將中國的固有宗教道教，去除一切污染，恢復其原有的民族性、科學性、生活性、世界性，發揮其慳水又慳力、又快又好的思想救亡工作，把全民思想凝聚，共同振興中華和統一中華，此值得大家齊思考和探求。

佛教由東漢到三國及魏晉，是思想準備發展時期，不少外國僧侶到洛陽來居住，翻譯汗牛充棟的佛教經典。它們是中國

人肩上百上加斤的負累，使中國社會亂亡相繼加速。南北朝的短暫和混亂是最有力的説明。此反映國家衰亡，迷信宗教最惹人，最受人信仰。預兆國家改朝換代到來。外來宗教是顆計時炸彈！領導者要加倍小心。世界無不騙人的宗教，人創造鬼神是全人類宗教，唯一科學，永恆的正途。

安息國太子安世高、月氏國人友婁迦讖、安息國人安玄、天竺人竺佛朔，他們是很有名氣的僧侶，來華均受到統治者優厚的接待，住在洛陽，專心翻譯佛經；以之麻痺、迷惑和毒害中華民族。也許，他們並非居心叵測，而做着有害他人的事情。**2019 年 6 月份開始，暴發暴動，主要原因固政府忽略國民育，不將宗教和教育分家，上了西方官員的檔。敬請檢討，亡羊補牢，未為晚也。**

中國人要永遠緊記，人創造鬼神，是改造宗教為人民服務的唯一途徑，是永恆真理。

為人民服務的特區官員是好應全科學思維拘導政務，徹底勿以鬼神指導自己思維去為特區市民服務。

（4）佛教發展的全盛時期

人類在原日喜瑪拉雅山大平原上，做好了遷徙的準備，一支走向東方，另一支移向西南。

走向東方的一羣，大家為太陽的昇起抱拳慶賀；移向西南那一支，為了太陽過早西沉而合掌祈求。東方太極文化，西方合十文化，因此而分野。

東方沃野萬頃，物產豐盛，陽光充足，很快由漁獵社會進入農牧，建立了璀璨的文明，早在一萬年以前已經出現。西南

方的人羣老是趕着牛羊羣，由這裡山地走向另一個山地，其後才有部份人在兩河流域、印度河畔、尼羅河兩岸歇下來耕耘。他們文明的建立比東方人起碼要遲了數千年，也許他們文明的種子是借助東方人的傳人。所以世界文明由中國人拓展，將來的世界共同體必須由中國啟導，只有中國永恆以德報怨，才能完滿實現此一偉大願望。

兩河流域和印度河畔，它們好像是游牧民族的旅館，爭鬥經常發生，使百姓生活痛苦不堪，深感生命朝不保夕，為宗教的誕生營造了環境和氣候。

中國社會由漢武帝後開始衰落因而經濟崩潰，經三國混戰，到內憂外患的東西兩晉，至分崩離析、各自為政、一團混亂的南北朝。這種生死無常的社會景況，給佛教發展帶來了美好的春天，營造了全盛時期。反映佛教消極思想與社會衰退有緣份。這一切原因是因中國人不懂道德經所致。因此必須：晨早當思謀生計，閑時應讀道德經。道德經是永恆天書，永恆國泰民安的靈芝！

這充分反映，佛教與時衰有難解的親緣。佛教是衰時伴侶。

上至王公貴族，下至平民百姓，以至邊遠偏僻的少數民族，都有不少人信奉佛教。

據歷史粗略的統計，劉宋，有1913所佛寺，齊有2015所，陳有1232所，梁朝的梁武帝因其信奉佛教，建立佛寺達2846所，居南朝之冠。佛教寺廟增加充分反映國家每況愈下，統治無能者全有賴鬼神保佑。這充分反映衰頹時代，與佛教形影相吊。社會因佛教損耗浪費貲財，天文數字！因中國人不懂道德

經！

北朝中的北魏，廣建佛寺，有三萬餘所，僧尼數目達二百餘萬，十分驚人！

北魏的孝文帝，為佛教建立少林寺於嵩山，極盛一時。

隨着社會更加崩潰惡化，百姓處身水火倒懸的慘況，觀世音菩薩成為精神超脫的靈芝，被廣泛信仰和供奉。民眾大可罵名，昏君盜賊是國家亡亂和迷信製造者！南北朝是中國最弱最亂的朝代，宗教的迷霧封閉整個中國社會。人創造鬼神是偉大救世思想！雄雞一鳴天下白！

似乎佛教的興盛與國家民族衰落成正比；當世治國的各部門的聖人，實在值得深思再深思，在振興中華過程中，要把佛教擺在一個恰當的地位。其他後來宗教更要恰當處理，不然，民族命運會落在他們手上！漢明帝傳入佛教，遺害南北朝，隋朝亦衰弱；到唐朝，本來唐朝政治取得很彪炳成績，但其後亦為佛教所害。這段歷史充分反映佛教對中國衰退的影響。2019 年 6 月起香港暴動亦與外來宗教有關，教育歷史教學內容要以人創造鬼神為改革宗教中心。宗教就永恆為社會人民服務。"人創造鬼神"是人類永恆真理，人類永恆堅持，人類才可永恆世界共同體世界大同。

唐朝的李世民，運用道家思想，團結道家人士，統一了天下，營造了「貞觀之治」，可惜為了保護和維繫世襲的江山，在民間大力推行佛教，唐高宗的皇后武則天，稱帝之後，更加變本加厲地推行佛教，唐玄宗雖然恢復了唐朝的稱號後，出現過「開元之治」，但因中華民族已染患上思想風濕癱瘓症，這些只是迴光返照，接踵而來的是安史之亂的回敬，唐朝的國勢

因而每況愈下，落到殘唐十國的收場。古云：窮人養驕女，富人出乞兒；唐朝應了這句俗語。

宋朝（公元 960 - 1279 年），經過三百餘年的儒家思想使趙家天下苟延殘喘，終於亡國亡家，使百姓飽受異族的蹂躪和生活的煎熬，整個國家民族的文化、經濟、政治受到破壞和拖累。儒家確然困擾中國每況愈下，加上佛家，宋朝加速衰亡，是必然的事情，今後聖人應以此而觀之而警惕！可惜儒、佛聯合困擾國人，無知回頭！中國要決心拋棄此社會污染。**1949 年共產黨領導中國到今天出現驚人成就。中國人古時已有共產思想醞釀今天實現是大喜事而永恆。**

宋朝儒家思想統治，三百餘年後，落入異族統治時期。説明 "道主儒輔" ，有其一定的歷史實用價值。值得在香港特區推行。

奉勸炎黃子孫，必須共識國家民族的命運與宗教思想有着密切的關連，歷史已經作了鐵一般的事實的證明。中國人為什麼不醒思，推行 "道主儒輔" ，以救邦國。總之，人創造鬼神是改革宗教的唯一良方，並有利世界大同的早日實現。

為了捍衛中華文化思想，在魏晉南北朝佛教全盛時期中，湧現了不少文化民族英雄，其中較著名者有：

葛洪、陸修靜、陶弘景、寇謙之、王弼、嵇康、阮籍、王衍、裴頠、郭象、劉劭、鍾會、歐陽建、楊泉、范縝和鮑敬言等人。對這時期的民族英雄應上戲、上劇、上詩、上文，大示歌頌讚揚，啟揚民族。

他們對道家思想的發展，貢獻很大力量，可惜他們均未能領略老子在《道德經》第二十一章對道的闡述：

「孔德之容。惟道是從。道之為物。惟恍惟惚。恍兮。惚兮。其中有象。恍兮。惚兮，其中有物。窈兮。冥兮。其中有精。其精甚真。其中有信。」

「道是能量統稱，來自物質的發揮」，這一概念呼之即出。可惜的無人知：道是能量總和。道可道，非常道，這句廣流民間，但能懂此話者能有幾人？

宇宙天地之大，找不到一處沒有能量存在的地方，即使真空的地方亦其存在其運作永恆。無有入於無間，是最好的說明。"無有入於無間"，能量無孔不入，反映中國人智慧永恆古今。

能量轉換的過程，是「有」「無」的過程。絕不是「色」「空」的過程。

奉勸道家思想的學者不要死死沿步古人儒、佛的老路，而應按老子《道德經》的指導去探討和鑽研，老子思想才可成為戰無不勝的哲學思想；**世界上在人類的社會裡，除了老子《道德經》哲學外，再沒有任何完善全面正確的哲學。如果有，只是"救亡的主義和思想"。救亡止痛藥不可多用，多用大壞身體！有警惕國家才會永遠國泰民安，"道主儒輔"是永恆政制，中國永遠富強。實踐是檢驗真理唯一標準。**

奉勸世人，要認識"救亡藥"永恆僅用於"救亡"，取得天下而起死回生後就要改換藥方。固本培元是唯一良方應以取而代之。這是真理，絕非亂世亂國邪說！聖人慎思。炎黃子孫永福。道德經是全人類永恆天書。

西晉時代王浮的《老子胡化經》的思想精神是正確的，因為中國人是文明歷史啟拓者。**世界思想文化的開拓，少不了中**

華民族的功勞，老子《道德經》是中華民族思想的代表，說老子思想開拓了世界文化，真不知道杜撰在甚麼地方！中國推行《道德經》普及教育，《道德經》是人類的天書。天堂、人間、地府，如果有前和後兩者，百分百可適用通行。陳子寫的"只有道德經能夠救世界"，不是比王浮的老子化胡統"厲害嗎？誰能否定此一將來，株連誰能否定王浮？

可惜，周武帝、張賓和元朝憲宗都是孤陋寡聞的歷史人物，不然，豈致抱怨恨終生。

佛教是促使中華民族衰退的第三大原因，用了很長的篇幅去介紹和闡述，使炎黃子孫更加清楚佛教的傳入、發展和影響，而說它促使中華民族衰落，絕非言過其實，惡意批判。它所經的是歷史，完全與當今佛教信徒無關。佛經如果在天堂、地府宣揚，炎黃子孫何必過問？正因為他們是在炎黃子孫國土宣揚，就只是炎黃子孫，他們皆應有權！**總之，一種經人創造鬼神改革的宗教，無不能補政治不足效能。人創造鬼神是一改革宗教大溶爐，以道德經指導任何宗教必將宗教對國有利而民安。**

宗教觀、信仰觀，不如民族觀、國家觀，為了振興中華，各宗教團結起來！適應當今的政治，配合振興中華！不然，辜負良辰！"道德經"是人類總哲學經典，世界根本找不到比它更完美的哲學經典，可稱之為全人類天書。以之指導人創造鬼神，**世界一帶一路，世界共同體更迅速發展。道主儒輔是人類唯一永恆政體，有益而無害。**

4. 落後民族思想的干擾

雖然，歷次民族爭鬥，帶來民族大融和的機會，使中華民族的代表性進一步擴大；但不能因此得出這樣的結論，民族爭鬥愈多愈好，巴比倫在兩河流域，就是因為過多游牧來往，民族間爭鬥頻密，使巴比倫這一古國的名稱從地球上消失。

有些阿Q歷史觀的學者，大意是說中國亡一次更強一次，相信跟他們苟同者的，在炎黃子孫中不會有多大的市場。這些謬論，用意何在，令人懷疑。

如果以純漢族觀點，在歷史上確實明顯亡了兩次，但民族終於復興，知否為何呢？道家文化儒家文化使中華命大而不亡。道儒是民族偉大力。中國永不亡的原因在何？因道儒兩者民族思想在支持而必然。道儒兩種民族思想和道德經使民族永恆不亡，因此"道主儒輔"是永恆優秀政制，使中國永恆強盛不息。

"道主儒輔"是永恆值得炎黃子孫永恆研究、深思、細斟的政制。

陳舜書博士他常言，在龍的文化龍的精神貫徹下，中國從來沒有亡過族。道理新穎而確實。值得參詳。

印度 1947 年才擺脫英國統治，中國 1949 年成立新中國，從兩者比較可知亡國可使國家更強的謬論的錯誤。

如果他們說的是歷史真理，何必辛苦去搞振興中華，把中國交給外人，到時坐享其成，不亦樂乎！這些人的言論真無頭無腦。他們全是歷史白痴。美國時到 2035 年，明顯走向衰亡呀！中國人應努力為國為民，徹底為人民服務，迎接此一天到來。

　　西周到了末年，國勢江河日下，犬戎族迫使周幽王遷都洛陽，屈稱東周。

　　東漢戰禍連綿，三國相互混戰，魏晉政權風雨飄搖，為五胡亂華敞開門戶，讓少數民族進入中原，平分春色。**這充份反映，中國衰亡完全因不懂道德經產生，社會變遷的根本原因在此。**歷代歷史學家能知否，中國衰落原因，是儒家為帝制受用，道德經蒙塵，導致中國落空到 1949，新中國成立。辛亥革命 1911 年至 1949 年，由偉大走向更偉大。台灣國民黨應心知肚明，而應早日以達統一。中共非常敬佩孫中山先生。全體仍在晚生的中國國民，要緊記毋忘！中國要民族統一！

　　晚唐的五代十國的局面，南宋屈稱兒皇帝的無能，蒙古族建立元朝，清朝女貞族入主中原，統治近三百年。**要反映不懂道德經的中國走向。道主儒輔亦應是必然，中國永存不滅。**

　　由東周計到清末，當時落後的民族思想干擾和統治中國，合起來不少於六七百年，嚴重地拖慢中國經濟、文化和政治的發展，是以說落後民族思想入侵，使中華民族衰落，它亦是一個不容忽視的原因。**完全可以說，它們由於無視道德經，亦因不懂道德經。總之，中華民族衰弱全由此產生。中國人永恆不忘道德經是中華民族的中流砥柱。**

　　辛亥革命後，偉大的孫中山先生宣佈五族共和，以及其後經長期民族政策的平衡，民族問題基本解決，打破了新霸權主義者挑撥民族問題的美夢，但他們仍然寄望極少數的民族分裂者，大家切勿掉以輕心，要切實推行有效的經濟政策，藉着經濟發展的連鎖反應，使整個中華民族像乳水交融，進行"思想和血液大融和"。**大家不可無知辛亥革命為甚麼功虧一簣？原**

因是孫中山無知道德經！正因如此，到 1949 年國民敗走台灣，一去不復回。蔣經國更無知，將政權傳予李登輝，拖延中國統一，罪應否該如何負責。蔣氏父子，對道德經無知造成蔣家父子出賣中國，而最後是台灣。總之，中國興亡，衰亡全由無知道德經所造成，偉大中華民族！陳子的總結，可說是永恆真理。有如陳子提人創造鬼神一樣永恆真理。

堅決推廣普通話，擴大思想溝通和了解，通過經濟發展，「道法自然」地民族血液大融和，使中華民族這一大家庭永遠幸福祥和！為世界人類作出偉大貢獻！尤其是永恆堅持以德報怨，必將促使世界人民欽敬中華，齊賀中華。加上謹遵治人事天莫若嗇，中華永強不衰。

秦始皇統一了中華的文字，是歷史上前無古人的創舉，但仍然難逃分久必合和合久必分的擺佈；不過，統一中華民族語言的創舉，對中華民族整體來說，有百利而無一害，可能從此為中華民族合久不分打下牢固的基礎。此是一偉大創舉，中國人要永恆感恩載德！毛澤東先生！統一中國語言。血液大融和，必然有中國聖人完成。

中華民族兒孫萬世，毋忘統一中國文字與中華民族語言的兩個時代，和推動此兩個時代創舉的偉大！辛亥革命功虧一簣，主要原因革命者"無知道德經"，中國革命家要深思此一關鍵道觀點。這一觀點應列入永恆的公民教育。

這裡要說的「落後民族思想的干擾」，是「道可道」的，大家明白共一個父母生下的兄弟姊妹，都有先進和後進之分，因此，大家要用歷史階段性去理解此一問題。民族混戰，是歷史，但思想、文化、血液大融和是現在和將來，永要世代力行！

中華民族永共一家！直至「小國寡民」！中華民族兀立世界。永抱以德報怨，啟導世界共同體人類大同。**中國不堅持以德報怨，強盛將受諸困難！必須堅持以德報怨永恆不改。**

敬請歷史學家聽陳子勸告，世代均推行深識和深思道德經。中國才可永盛永強無衰。德國在歐洲迅速倔起，德國三家人就有一本道德經！足見道德經是全人類天書。

5. 西方基督文化的侵略和干擾

西方殖民主義侵略中華，已經有四百多年的歷史。那些來華的傳教士，雖然名字和面孔各有不同，但他們心裡的企圖、目的和任務都是一樣，要把中國變成「上帝的國土」。他們因害怕中國而看重中國的國際地位，認為只要通過宗教殖民瓦解中國傳統文化，也就不難從政治上操縱中國。當西方取得中國的政治操縱權後，整個世界的生殺大權也就唾手可得，任意宰割其他不服從的國家和民族。這種信念一直延續到今天，由那殖民主義化身的新霸權主義去維持和推行，把奉行和平外交的中國，看作是假想的敵人，這絕不是危言聳聽，它那囂張的氣焰，令人髮指。**2019 年後半年開始的反華暴動至今，尚未平息而要立國安法，原因特區並未推行國民教育所致。香港教育和宗教分家，立竿見影。特區永恆毋忘。**

為了概括西方殖民主義宗教和殖民主義政治四百多年來的侵略和干擾，在想無可想的情況下，選用了「西方基督文化」這一名稱和標題，它和當今的基督教完全無關，試問誰可改變歷史事實，連上帝亦無能為力，不然，豈容殖民主義宗教瓦解中華傳統文化和殖民主義者踐踏中國人民？

　　若是受稱為神，無分中國和外國，均善良救人於苦難；任何由人去擺佈的"神"全是不自主而受政客主宰的歪神。「道」是能量統稱，能量分宇宙能量和社會能量。兩種能量的分別，宇宙能量無思維，社會能量是人的能量有思維。分別西方的"神"是按政客自己主意製造的假神，騙人的"神"。欺騙是西方侵略的核心。道德經的核心思想是和平，西方的政治，經濟全是邪惡的結晶，神是他們的奴才和傀儡。

　　嗚呼上帝！誰說你萬能，為甚麼你眼巴巴看着中華民族飽受殖民主義者的屠殺、姦淫、擄掠、羞辱和欺凌，袖手旁觀，置之不理？也許，你和中華民族沒有共同的語言！你們是西方的屠夫，惡罪滿盈！

　　其實西方自信任由政客擺佈的自然能量的上帝；那宗教信仰全由政客假借自然能量的上帝名譽去欺騙人民。西方政客是上帝的叛徒。西方政客，全是神的操縱者，無不玩弄和指揮著神，去進行蒙騙、堅持由政客擺佈宗教因人而異！如果神有思維，全世界的神必共譴西方政客。所以中國要堅信，人創造鬼神真理。

　　歷史總是歷史，既要銘記，更要痛改，免蹈覆轍，而人類共同維護世界和平！

　　新霸權主義是人類當今最可怕敵人！它繼續冥頑不靈，完全不怕褻瀆神靈，用宗教去瓦解和奴役別人，但上帝並無顯示懲罰它的威嚴！**不過《道德經》有言：「強梁者不得其死」，還繼說「天網恢恢。疏而不漏」！中國堅持推行普及道德經，西方必然衰亡怨天尤人。**

　　道德經是全人類唯一天書，只有它可喚醒全人類共邁大

同。

為了把問題説清楚，下面分五方面説明：(1) 明朝西方殖民主義宗教輸入；(2) 清初西方殖民主義宗教；(3) 新殖民主義主宰宗教來華進行新殖民；(4) 拜上帝會的太平天國起義和失敗；(5) 辛亥革命後的基督文化干擾。中國人能深刻認識此五大問題，西方就幻想全部落空，運用宗教侵掠中國徹底破產。

（1）明朝西方殖民主義宗教輸入

公元 303 年，羅馬帝國頒布米蘭敕令，強迫基督教充當侵略的工具和幫兇，從此基督教則身不由己，失掉宗教的慈祥和善意，成為西方殖民主義宗教，將人類捲入災難的漩渦。應稱此一受人作惡主使的宗教之為 "屠夫宗教"！

十字軍東征永遠留下不寒而慄和齒冷的回憶，尤其是歐洲人和亞細亞人更戶曉家傳；由公元 1096 年開始，災難重演超過十次。十次屠殺他人民族，上帝您那裡會蠢得如此，接受殺人的侵略任務。其實藉宗教侵略屠殺其他民族，如果上帝是個真正正直的神，應判侵略者是罪犯，而侵略者亦是反上帝反神靈。如果上帝不懲罰他們，上帝是犯罪的神。不過，這完全由西方政客所操縱神而加歪曲污衊神靈！

「萬能的上帝」亦被政客強迫服役，通過其志令殺人的戎馬生涯！難道不可恥而羞愧！也許上帝的頑固，愚蒙不是一個道是能量統稱的上帝，抑或被禁固 "不懂道德經的上帝"；不知上帝豈不是同樣牛皮燈籠嗎？這一切罪惡，全歸西方政客是罪魁禍首。

　　利瑪竇（公元 1552 – 1610 年）是天主教耶穌會的神父，1582 年，即萬曆十年到澳門，1583 年進入中國大陸，進行宗教思想殖民，因為他是為了侵略中國的使命探路來華，事事不敢貿然，行動較為溫和而入俗。他先裝扮胡僧踏足大陸，其後為了結識士大夫和官僚，毫不猶豫地脫下僧袍換上儒服，八面玲瓏地運用西方獨有的禮物和科技知識為餌，千方百計地去鑽營，不但朝中士大夫為之顛倒，連明神宗亦為之動情，任由他殖民宣傳。**這反映中國人受誘蒙騙，凌辱全因不懂道德經。**

　　他為了討好徐光啟等儒家士大夫，攻訐與他並無宿怨的佛教，說它是偶像崇拜，而對於道教徒祭天、祭祖、拜孔等皆順應傳統歷表習俗，並示卻不加以反對。民族思想顢頇的徐光啟等人，誤以為天主教可以「軀佛補儒」，因此協助他在華宣傳西方殖民主義宗教，為西方基督文化侵略打開方便之門。足見中國人無知“道德經”失卻警惕。**中國人永恆要洞悉道德經這部全人類天書。**

　　殖民主義宗教在華宣傳立竿見影，楊延筠本是篤信佛教的虔誠弟子，亦轉舵易轍，走去入教受洗，在杭州轟動一時，徐光啟之流，更深信宣傳天主教可以「軀佛補儒」的死胡同。**徐光啟、楊延筠你們是中華民族叛徒，亦是西方侵略中國引路者！這典型反映中國人的外患全來自統治階層的無知和無恥下流。**

　　公元 1610 年，利瑪竇去世後，殖民主義思想強烈的意大利傳教士龍華民承接利瑪竇總掌中國教務。他存疑利瑪竇傳教方法過於迂迴曲折，不夠大膽去瓦解中國傳統思想，他欲將中國早變成上帝國土，而不能遙遙無期；同時他憂慮中國文化的

同化力強，長此下去，殖民主義的天主教亦將面目全非。如何早日將天主教與中國傳統劃清涇渭，已經到了急不容緩的救亡時刻。這充分反映殖民主義宗教的醜惡面貌和鬼心！如果當時統治者皆洞悉道德經，很易覺察到西方傳教的亡華滅族的侵略思想在蠢蠢欲動。

他雷厲風行地禁止中國人的天主教徒參加祀天、祭祖、拜孔等中國傳統禮教和習俗，並且力貶中國禮教與習俗是愚昧、落後和迷信。這種言行，引起社會震驚和反感；然而明朝政治快將是強弩之末，明思宗這類昏庸的皇帝，不但不去振奮朝綱；相反，篤信天主打救，任由外國傳教士傳教殖民。官員接受蒙蔽的行為，與儒家束縛分不開。**儒家亦難逃真幫兇的罪責。儒家束縛中國人帶來中國人被外教俘虜。嗚呼，孔子你能知否？如果中國早普及道德經教育，西方宗教定被拒於門外無疑。道德經是全人類天書。**

明末，隨着社會政治經濟的動盪深化，明朝皇帝更依附天主教安魂定魄，把朱元璋老祖宗擺在天主之下，結果「蒙主寵召」，完蛋了明朝政權！交給異族奴役中國人。這反映世襲制的將導致中國大災難的到來。**道德經是救世唯一良方，在明朝時代有誰理解和接受"道德經"？不過，反映明朝理學產生社會原因。**

世界上自古以來，多少國家和民族，不是給殖民主義者威迫利誘而接受了殖民主義宗教嗎？但像西方那樣富強的願望，只是思想上的海市蜃樓，百分百兌現的，是向西方唯命是從而乞憐！一切落後思想，綑縛着中國人送上蹂躪的台階。

炎黃子孫，豈可自甘楚楚可憐？世代要推行"道德經"普

及教育，永遠不會衰落。要緊記，道德經是全人類天書！

道德經是全人類天書，世代緊記永恆！唯恐中國強勝，以怨報怨，豈知中華民族，永恆以德報怨貢獻全人類，實現世界共同體，習近平主席偉大理想。

（2）清初西方殖民主義宗教

明崇禎十七年（公元 1644 年）農民起義，風起雲湧，清兵踢破了京城的大門，崇禎嚇得跑上煤山自盡；但湯若望以宗教殖民的野心，使他一人獨自留在京城，坐觀形勢，尋機投靠新的主子，推行西方宗教思想殖民。實現居心叵測"上帝殖民主義"宗教的野心！請大家相信陳子歷史研究觀點：西方政客仇視中華由秦始皇築萬里長城開始，加深於漢、唐。西方政客仇視中華，相信待道德經普及世界才消除。

世界上真正的宗教學家，實在是真正的有神論者，暗中的神全是公平公正，絕無偏心歪念。認為神是人所創造，認為世界上所有的人根本不是神所創造。人認為人創造了神，神才可能存在。那何必懷此心腸呢？壓迫神去侵略別人！

吳三桂失掉個人固有民族道德，為了陳圓圓引清兵入關後；湯若望這個宗教殖民主義者，馬上投靠攝政王多爾袞，受到上賓的禮待和重用。凡是新政權總是千方百計提拔支持力量，清楚認為西方宗教是最可靠支持。警惕中國人，應知外來宗教全是乘機的侵略者。應世代小心提防。

湯若望坐上欽天監的職位後，以為可以辱罵和詆毀孔孟之道，聲言孔孟之道比之基督教學說，孔孟之道只不過是「螢火之明」。這種肆無忌憚的言論，引起了朝野憂慮，士大夫大為

反感。儒家是什麼？統治者以使愚蠢的人民，受擺佈，而身受其辱才有所反應。

吳明炫和楊光先等人，指控湯若望及其傳教士，在華傳教目的，一方面推行宗教思想殖民，破壞中華文化；另一方面，搜集中國情報，圖謀不軌，若不再及時制止，中國人很快會淪為西洋人的子孫。朝中士大夫很支持此種見解，主張趁機將之鏟除。可惜這班儒家士大夫欠缺道家道是能量統稱的科學知識，無法駁到西方宗教這一迷信毒品。其實中國是人創造鬼神的傳統國家，以人創造鬼神，可批判西方外來宗教狗血淋頭，但儒家欠缺此知識和智慧。如之奈何？

其實，無名天地之始，有名萬物之毋，已經駁斥天主教體無完膚。

順治十八年，世祖去世，大臣鰲拜將湯若望凌遲處死，殺雞儆猴。如果世代出鰲拜如此的人，當然不會出現 1840 年鴉片戰爭！

康熙八年，清聖祖臨朝聽政，又恢復重用傳教士，點南懷仁為欽天監，天主教勢力又重振旗鼓。總之，陳子深究中國歷史，中國衰亡原因是統治借傷儒家而打擊道德經造成中國衰亡，而固中國統治權。

天主教很快發展到了二十多萬人，羅馬教皇喜出望外，以為在中國進行宗教殖民機不可失，「中國人很快就淪為西方人子孫牧民」！實現政客宿願亡華。

康熙（聖祖）四十三年，即公元 1704 年，冒天下之大不韙，羅馬教皇毫無懼憚地頒布禁約，公然挑釁中國傳統思想和習俗：

　　凡中國人加入天主教者，只能使「天主」二字，不得單用「天」字，也不許懸掛「敬天」之牌匾；在祭孔和祀祖時，入了天主教的人，不准主祭、助祭。亦不許在旁站立，更不許到孔廟行禮；入了天主教的中國人，亦不許入祠堂行禮，也不許把祖先牌位留於家中。作為神靈豈能如此野蠻無理，是典型欺凌的反映！中國俗語說，"佛都有火"，佛是否不歡？完全不得而知！佛是神應主持公道，如果不知主持公道當非常而是廢物。只要是個正常的中國，均知西方宗教，是為了亡華滅族。

　　天主教是六親不認的外來宗教，為甚麼仍在中國，是統治者無能不懂"道德經"而治不好國家和人民，靠外教愚惑中國人。總之，非道治的社會，總有解決不了的社會問題，為了解決這一社會問題，自然有請外國勢力支持。此是一永恆規律。道德經能解百憂百愁，中國人要永恆掌握道德經此一天書！

　　教皇更多次頒布禁令，嚴懲不遵守禁令的教徒，強橫把他們驅逐出教會，對於在華洋教士，不守禁令者，亦送回歐洲嚴懲。此完全反映西方宗教滅亡中國之野心。

　　足見當時教皇為代表的殖民主義者，與中華文化不共戴天的決心，更看出宗教殖民主義者消滅中華傳統文化急不及待。任何一位有民族思想的人，均心知肚明西方宗教的卑污侵略行為。

　　然而，康熙皇帝，不失為一代明君，對待西方宗教殖民主義者，絕不手軟絕不放鬆，他一方面頒布命令，嚴禁天主教在華宣傳和發展；另一方又向國人敲起警鐘。清朝政府快將亡於外來宗教！

　　中國如此受西方侵略，百年後中國必受控制無奈！國家再

承平日子永不到來，這個人該當居安思危，並富強國家民族。道主儒輔，可防範西方宗教入侵。

炎黃子孫，尤其是當領導的人，要警惕西方宗教殖民主義者，死不悔改而亡華文化和民族之心，凡中國人切勿助長宣揚有失民族身分的西方殖民主義宗教而當走狗國賊！

清朝政府，由開國公元 1644 年，到鴉片戰爭 1840 年之前，經歷清世祖（順治、清聖祖（康熙）、清世宗（雍正）、清高宗（乾隆）、清仁宗（嘉慶）第五個皇帝，對待殖民主義宗教宣傳，都嚴加禁止和取締，要求地方官員嚴加查訪：「即行查拿具報，一面奏聞，一面遞交廣東追令歸國」，地方如果查辦不力，「按律治罪」，西方殖民主義使在華傳教士處於冬眠狀態，欲不得其進，宗教殖民宣傳和發展受到挫折和阻礙，因而對中國造成影響不大。但其後則不然，中國衰落，西方宗教在中國如入無人之境。大方橫行。

世宗雍正曾經很客觀地開導來華宗教殖民的傳教士：

「大多數歐洲人，大談甚麼天主，大談天主無時不在，無所不在呀，大談甚麼天堂地獄呀，等等，其實他們也不明白他們自己所講的究竟是甚麼，有誰見過這些？又有誰看不出來，這一套只不過是為了欺騙小民的。」清朝雍正大罵外國傳教士。**痛快哉。**

二百六十年前的雍正所指責和鄙薄的殖民主義宗教，是「欺騙小民的」東西，然而時到今天，還有些政要在電視台公開宣傳「欺騙小民的」東西，誰知他們是否人在江湖，抑或是有其他難言之隱？不過，其宣傳言論和民族性永遠難於取得統一和平衡。總之陳子深刻反覆研究，西方宗教是違神論的宗

教。世界上如果真有神靈真心其意，必然一致公平待人待事。有違背種族者是有違神者是反宗教者。如果它們洞悉道德經永不為西方宗教所迷惑。所以每一個中國人，應知道德經是世界天書，時刻緊記：晨早當思謀生計，閑時應讀道德經。若能如此，永恆百毒不侵。

（3）新殖民主義主宰宗教來華進行新殖民

由於清朝政府嚴厲和堅決鎮壓與取締，到了乾隆中期之後，天主教耶穌會教士在華，已經到了很難有所作為。1773年羅馬教皇下令取締耶穌會，兩年後，亦將其在中國的傳教會解散。是以，天主教耶穌會，在二百餘年宗教殖民，終於退出了中國歷史舞台。反映西方侵華宗教完全非西方教政所容許操縱，他們知難而退，但將待機而起，準備另一次新攻略。這充份反映西方政客一侵略中國，中國世代要緊記西方侵略中國是政治教會的。政教無分明顯與不明顯總是在侵略世界。尤其侵略中國更加狡猾。

儘管如此，但西方宗教殖民主義者，仍然死心不息，伺隙而動。

到了十八世紀末，歐洲工業革命開始；西方殖民主義經濟和政治與殖民主義宗教基督教與新教相互勾結、配合，開展對中國新的殖民和侵略。西方又開展另一次新侵略。按俗分野前宗教侵略者，稱天主教後者是基督教；後者稱新教，由公元313年開始成立。

嘉慶十二年（1807年），英國人馬禮遜（1782 – 1834年），挾着倫敦佈道會交給他的宗教殖民使命，來到廣州這一

哨站，藉着美國和英國的商業機構，隱瞞其身分進行秘密宗教殖民活動。他是基督教新教最早來華的傳教士，揭開侵略和蹂躪中華民族另一新的序幕。

隨着工業革命深化，殖民主義的政治野心也就愈大而瘋狂，盡甚威迫、利誘和毒化的能事，無孔不入地調動整個西方社會有利侵略的因素，集成一股銳不可當的總侵略勢力，指向全世界弱小的民族，尤其是在腐朽清朝政府統治下的中華民族，成為侵略和蹂躪的主要目標和對象，而犯下了瀰天的大罪。上帝豈知自己的傀儡行為受利用進行可恥人為的侵略嗎？上帝可憐，上帝無能，上帝有人利用您害人！害無辜的中國人！西方宗教政客該死！如果上帝是個真神，必然懲辦欠宗教道德的人，尤其是政客的宗教徒。**中國可能無知西方政客是永遠仇恨中國，由中國秦始皇開始一直承傳至將來。也許中國人不信陳子此一論斷！請研究歷史，也就全知全明。**

當時的基督教新教，繼承了從明朝以來天主教在華殖民的野心，獻身和充當更兇殘與狡猾的政治新幫兇，不惜把上帝和耶穌縛在自己的腰帶上，隨意玩弄和利用，使用巧言令色的偽善，去欺騙和奴役純潔善良的教徒，去充當馴服的侵略工具，至死不渝地誤以為自己幹了一件世界性的偉大善舉，殊知自己卻幹了一件滅絕人性和褻瀆神靈的罪孽，恬不知恥地走向早為宗教殖民主義者渲染和美化的天堂，其實是他們布下的陷阱和牢籠！然而，只有人類共識人創造鬼神真理，也就共識宗教必須以人創造鬼神為核心，改造宗教。隨著宗教統一，世界邁向大同。世界共同體！

中國的教徒無恥，但亦是中國統治者的無能，不能促使國

家經濟上進，因此外國利用物資引誘，造成思想大門打開。可恥的中國教徒，但可恥的中國當時政府無能，產生那些人的貪婪，充當侵略自己的國家。這此人全是典型漢奸國賊。

是以，西方殖民主義者和宗教殖民主義者是一丘之貉，是人類的共同敵人，是人類災難的漩渦，絕無言過其實，尤其是中華民族要世代切記毋忘。

基督教新教既有宗教殖民的野心為代表，又有殖民主義者侵華亡華的指令，更有船堅炮利的軍事作後盾，有恃無恐地刺探中國沿海的軍事情報，勾結中國當時的官商，為下一步軍事侵略作好準備。反映腐化的政府官員是漢奸內應外來侵略者。

傳教士將收集得來的中國軍事情報，向全世界公開宣稱，中國軍事力量不堪一擊，任何一個最蹩足的軍隊，亦足以攻破中國沿海的軍事防線，呼籲全世界的侵略者，共同瓜分中國。其後傳教士更鼓吹滅亡中國，使中國成為基督教上帝的國家，使中華民族永遠消失於地球之上。儘管此是狂妄和幻想，但表現了基督教新教宗教殖民和亡華的決心。**據陳子研究，西方政客永恆懷恨中國人，他們是聰明而居心叵測的西方人。最壞是聰明的西方人，西方政客這種人死不悔改，大家可拭目以待。見証陳子絕非危言聳聽。**

於是説西方基督文化時刻無寧地侵略和干擾中華民族，要炎黃子孫切記此一時代和歷史特點，並非危言聳聽，是個千真萬確的嚴重問題。

基督教新教的間諜工作，對中國社會結構和軍事力量設施與布局，已經到了瞭如指掌的地步，剩下來的經濟侵略與擾亂的布局，並安排如何挑起了軍事侵略的藉口。毒品輸入，是長

期以來深思熟慮和駕輕就熟既定挑釁計畫，既可擾亂中國的經濟和政治，亦可毀壞中國的兵源。是以毒品輸入，凌駕於大米和日用品之地位之上。中國官商完全將民族道德化為烏有，唯毒是圖！外商更是竭盡九牛二虎之力，將毒品源源不斷輸入。西方上帝和亞洲人的耶穌，您們真無能為力，不是故意縱容西方政客全無懼怕為非為惡嗎？那麼您們也犯了同情放任的罪，**"您們"有罪呀！天庭什麼時候公審您們！難道天上沒有法庭嗎？如果天上真有神靈一定遭受審判，如果沒有，必永遭到人類審判。不過"人創造鬼神"，是變天的好主意，大家共識此觀點，世界則邁向大同。**

清道光二十年，即公元 1840 年，鴉片戰爭爆發，於 1842 年訂立南京條約，使中國喪權辱國，從此，中國大失血大受傷，更加走向衰落，成為西方宰割和予取予求的洩欲的國家。中國人在他們眼中，連狗亦不如。中國是世界文明的拓展者，受西方如此凌辱，世界上真無人同情嗎？西方神靈全瞎了眼睛！中國要自強！中國人一定會自強，《道德經》會啟發中國人發展圖強。

炎黃子孫豈能麻木不仁，墮落不能自拔，貪污腐化，不去發憤圖強，如何對得起近百年因西方由殖民主義發展為帝國主義而蹂躪至死的祖先，以及為保衛國家與民族的先烈！

這充分證明了一位哲學政治家的久曾論斷；是陳子研究中國歷史和道德經得出的結論。

要擊破一個民族或國家，尤其是有悠久歷史和文化的國家，首先要用和平的手法，將其傳統思想瓦解。

鴉片戰爭的勝利和得益，使西方得出一個金科玉律的結

論：

西方有效地瓦解和戰勝中國，必須先從宗教思想殖民開始。此外，再無妙方和捷徑。

鴉片戰爭後的基督教新教的在華傳教士更是趾高氣揚，完全不把當時的清朝政府擺在眼內，在進行一項更加羞辱中華民族的「壯舉」！

八國聯軍攻打北京。美國是牽頭的大罪魔，回應美國1899 年提出門戶開放政策。

在 1994 年曾經有位坦誠的宗教人士訪華後，發表觀感，奉勸宗教人士承認近百年天主教和基督教確是對華進行侵略，現在卻應一改前非。

這番言論，引起宗教界廣泛指責和批評；為甚麼會有如此的反應？相信親西方的民主人士，對此事，不是無法理解，而是不願意去理解。

西方傳教士尚發自良心同情，反映西方侵略行為天憤人怨！中國要自強發奮！勿作奴隸！只要中國人能：晨早當思謀生計，閒時應讀道德經，中國強盛富強必然，世界來朝中華。只要中國人共識人創造鬼神是永恆真理，宗教永遠服務人類。

（4）拜上帝會的太平天國起義和失敗

鴉片戰爭的失敗，使清朝政府的國內外威信蕩然無存，使它變成了世界上任何一個國家均可欺侮的政府，國內人民都想推翻它的政權。隨着殖民主政治、經濟、宗教的深化，人民生活更加痛苦和困難，遭受雙重的壓迫和分化，思想混亂，人心惶恐，似乎整個古老的中華民族快將解體，做西方人的子孫。

永遠的亡國奴隸！當然，**如果中國人每個人都洞悉道德經，中國人的振興是時日問題。**

中華民族的堅貞愛國分子歷代始終一樣，以解民困國憂為己任，義憤填膺，恨不得把殖民主義勢力趕跑，推翻無能的清朝政府，建立一個繁榮富強不受欺侮的國家。這種正義合理的願望和要求，由誰來實現呢？問蒼天可知否？

洪秀全和楊秀清等人，他們亦是一班愛國愛族愛民的人，借助當時在中國蓬勃發展基督教新教的勢力，在廣西金田村爆發了一場聲勢浩大的武裝起義。這是名聞中外的太平天國革命。它深得貧困而想變天的農民響應，無分是否拜上帝會的教徒，勢力迅速發展到長江流域各省，使腐朽的清朝政府手忙腳亂。

殖民主義在華勢力，把拜上帝會的太平天國看作是一丘之貉，藉此支持和援助的機會，引他們進入傀儡政權之穀，實現他們夢寐以求，使中國成為上帝之國的願望。

太平天國的內部組織和結構，殖民主義者看出他們將不成氣候，建立天父之國的願望不會付諸實現，因此毅然割斷彼此的關係，而等待新的變化機會到來。

長期接受孔孟思想薰陶的中國士大夫和讀書文人，儘管太平天國曾四處拉攏他們，但他們總覺得難於接受基督文化的侵略思想。雖然，清朝政府原是一個異族政權，但由 1644 年入關以來，已經接近完全漢化，在比較之下，認為清朝給予傳統文化活動空間遠較太平天國為好，所以不肯轉移他們的屁股。

太平天國革命雖然有農民羣眾支持，但得不到傳統文化思想者的支持，到了南京之後，因得不到擴大和發展，加上內部

的爭權奪利，生活腐化，終為以曾國藩為首統率的湘軍所敗。

太平天國由道光三十年十二月十日，即公元 1985 年 1 月 11 日，在廣西金田村起義，經十五年的腐化和殘殺，把農民的熱情支持化為烏有而壽終正寢。

以老子《道德經》為根本的中華傳統文化思想，與中華民族共存亡，萬古不衰！陳子堅持大膽說一句，中國羸弱衰亡全因不認識老子《道德經》這本人類天書！「道主儒輔」是理想政制，因中國從來無知道此一永恆中國政制，枉死了多少精英！

自太平天國失敗到辛亥革命前夕，在此接近半個世紀的歲月裡，外國人的拳腳、皮鞭、刀槍、粗言穢語、炮彈好像中國天空上的冰雹和雨點，隨時可以落在中國人的身上和頭上；不平等的條約好像為死人撒出的紙錢。

羞恥呀！偉大中華民族！要振作自強呀！勿麻木不仁！永遠要緊記道德經是救命天書。

中法戰爭、中日甲午戰爭、八國聯軍攻打北京城、火燒圓明園，進一步揭露了西方帝國主義和東方軍國主義彼此組伴合伙，喪心病狂地企圖消滅中華民族！摧毀人類文明基地！

不信，且看今天的新霸權主義者仍然雙重標準地行使自由、民主、人權、貿易、交流和關貿去限制、擾亂和制裁中國。他們這種改爐換灶和裝璜的手法，誘惑了不少中國人，加入他們的圈套，為他們搖旗吶喊。難道你們無知中國會亡呀！

此豈不是時代的逆流、羞恥和悲哀？中國人永不願做奴隸民族。

人權和婚姻一樣，在社會和人生的進程中難於避免，當男

女尚未成年，就為他們撮媒生兒育女，撮媒是善是惡，真要那些中國人去斷裁了！同樣，人權可以不顧及經濟、政治、教育等實際條件就貿貿然和西方並駕齊驅，豈不怕亂嗎？請中國人三思！

世界發達國家，現在正處中年，而中國處於幼年，等到前者老年，後者青年，如果有人誘惑中年與幼年、老年與青年去競跑，那一個誘惑者，完全可以肯定是罪人。

中國人不要忘記老子「道可道」的教導，回頭是岸，並期望世界善良的人民，擺平自己的心。同情以德報怨的中國人，他們是全人類和平中流砥柱。世界上沒有中國人，世界就有文明的今天；同樣亦不會和平的明天。中國人的以德報怨的民族道德，永遠無私獻給世界人類。

同樣，中國人要用「道可道」去處理和對待國內、台灣、香港、澳門等實際問題，切勿操之過急，弄壞中華，時刻警惕以華亂華。世界要和平，中國要統一，宣揚和共識道德經是一切將來。

《道德經》可救中華，並救全人類。大家齊來將它深化，人類才可永遠跳出災難漩渦。深明《道德經》是全人類的無敵天書，推行「道主儒輔」，中國必然國泰民安！萬邦來朝，共享世界大同。道德經是全人類永恆天書。

（5）辛亥革命後的基督文化干擾

辛亥革命是中國歷史跟上世界時代接軌最偉大的民主革命，推翻受了儒家思想綑縛的帝制，開中國交接世界的天，闢中國擴闊了接連世界的地位，使中華民族跟上世界民主的潮

流。孫中山先生，為了中華民族，為了革命，忍辱負重，想無可想的情況下採用太平天國的途徑，借助西方基督教作掩護和協助，喚起革命羣眾，推翻不可救藥腐朽和連累中華民族受蹂躪的清朝政府；在他的公開言行和著作中，始終保持中華民族偉大革命家的氣質和品德，不為基督教作宣傳；相反，他要宣傳和推行的是典型的民族思想；"大道之行也，天下為公"。但在開始時，有此無知的中國知識份子藉此機會大肆宣揚西方宗教，這亦是辛亥革命的缺點。道教在當時有一定程度受禁制。記憶猶新，其後慢慢改變。儘管如此，西方基督教因此革命的成功而增強。影響中國社會。其後中國軍伐混戰，西方宗教趁機大肆宣揚。

　　道家思想，是中華民族最根本而正統的思想，孫中山先生是個受正統文化薰陶、也許他潛移默化忍辱負重道家思想的最大革命家和萬世尊崇的民族英雄，是以人所稱他時代的國父！不過能推翻清朝政府，尤其是在當時稱清朝是異族統治。而孫中山先生更不能不受歡迎。雖然他信基督，可以想的却不可不施不能而迫於無奈！

　　孫中山精神，最令人敬佩的是「功成名逐身退」和「死而不亡者。壽」的偉大精神。他的偉大精神，永遠照耀中華民族振興的道路；永恆影響中華民族，「功成名逐身退」。這一人類天書《道德經》精神。並影響中國人推行人類最優秀政制「道主儒輔」。**但陳子認為，辛亥革命經千辛萬苦，但由武漢起義，得來很易。而失之亦易。1911 年成功，1949 年結束中國大陸政治敗走到台灣。今台灣反統一是因蔣經國拖延統一所造成。完全可說蔣家父子，在西方煽動和壓迫下，不得不**

終生出賣中國，撮合西方！可惜可悲蔣氏父子！

　　偉大的孫中山先生，永垂不朽，萬世流芳，是炎黃子孫永恆的典範、世界的楷模！學習其「**功成名逐身退**」精神，為「道主儒輔」的理想政制，促使天下共邁大同。在促使"道主儒輔"的加強積累，是很可貴的一面。

　　可惜，辛亥革命隊伍中，多是一些搞洋學問的人，對民族文化認識淺薄，抱着菲薄中國傳統文化的態度；對基督文化宣傳，改變了宣傳方法和策略後的認識錯誤，誤以為他們是革命的支柱，中國民主發展的引路人，殊不知在背後策劃和布局的，是由殖民主義轉變為帝國主義的在華代理人。他們為了取得在華的利益，尋找在華的代理人，進一步瞭如指掌地了解新國情，安排和布置新策略，更加天衣無縫到愚弄與瓦解中華民族；因而不少文韜武略的中國人，把帝國主義分子敬重如師，給他們利用和擺佈，借中國人的手，殺中國人的頭。中國重大的悲痛的國事日本侵華和國內戰爭均與此種思想有莫大關連！悲慘的是中國人，得無往收利是這班壞蛋！**陳子對辛亥革命最沉重的惋惜，全部革命者有為國為民可貴品德，但可惜無知道德經；完全看不到有人提《道德經》見解。其後五四知分子亦無一位知道宣揚《道德經》的學者。整個辛亥革命隊伍中，洞悉道德經者，能有幾人呢？不然，那會出現由蔣氏家族把持中國命運。兵敗後到台灣，將政權交給民進黨。**

　　辛亥革命後，政局混亂，軍閥割據，軍閥稱王稱帝加深，這一切怪現象和局面，完全拜那帝國主義者和基督文化侵略者所賜。總而言之，對西方宗教要加強制約它勢力侵略中華！不然，中華民族全受反對和否決而變零。絕對不要手軟。**香港**

2019 年 6 月暴動以西方宗教鼓動學生勢力非常可怕,有辱時代及有辱一國兩制,並反映官員品德不純。要緊記國民教育是特區永恆的進步改革方針。

　　中華民族切勿為基督宗教在華所辦的學校、醫院、安老院、兒童收容所等所蒙騙,它們的客觀作用大家應當承認,但他們是為了宗教殖民和刺探國情所作的「拋磚引玉」,大家豈能讚他們欺騙性造福中華?相信更不要多謝上帝,因為上帝受了宗教殖民主義者和帝國主義者相互勾結的強迫和擺佈,被利用做了不少對中華民族不起的事情。大家應當用老子《道德經》的話去安慰他:

　　「善者。吾善之。不善者。吾亦善之。」

　　上帝!勿難過!勿傷心!您是神,應當是聖,而不應該是西方政客的奴才!要冷眼看西方世界,尤其是哪些政客,他們根本不怕您,而欺凌您耐他們不何,相反大膽到用您去欺騙世人。上帝,香港政客用您做不可告人的滅亡中國的行為!西方政客永遠坑騙您,欺凌您,用您欺騙香港人,香港終還有另一天大暴動,必然到來。西方政客要破壞中華。您要警惕政客永是壞人。世人共識人創造鬼神,則可促使宗教走向世界共同體,世界大同。世界神靈,全部應接受人創造鬼神,您才可成為真真正正服務於人的神。

　　辛亥革命成功地推翻帝制,可説是孫中山先生與中國魔鬼駁鬥四十餘年的成果,可惜他未能徹底看穿外國魔鬼,放鬆了對他們的奮鬥,使革命尚未成功,而最後要呼籲同志仍須努力!孫中山先生,您不懂道德經呀,所以未完全完成的革命心願。

　　「五四運動」和「非基督教運動」，是當時人民反帝國主義和殖民宗教的英勇愛國運動，可惜他們因對科學的中華文化認識不足，有點偏於激情。運動過後，因欠缺科學的中華文化，即道家文化，去填補，結果給殖民主義宗教的宣傳活動剩出更大的空間。**認識《道德經》是天下的共同天書，推行「道主儒輔」的理想政制，促使天下共邁大同。此是中國人要永恆抱負而緊記於心未來永恆偉大任務。**

　　另一種改了包裝的基督文化，經北方吹進中國。它是由一位出身於傳統虔誠基督教家庭的天才唯物主義者變通出來的，不管他有心或者無意，它實是猶太思想的反映和新的出路。當它傳入中國，有愛國主義思想者，均受其俘虜。

　　這種哲學思想的核心是平均主義，整套哲學均圍繞平均主義做文章。

　　平均主義並非全盤錯誤和否定的東西，它是"扶危解困的救亡靈丹妙藥"；但當救急扶危過後，馬上淡出平均主義，而採用按能取酬的經濟方法，但不然，平均主義卻長期佔有經濟、政治、文化和思想領域，一本皇歷長用下去，使空氣逐漸酷熱而濃辣，不少忠心耿耿於人民和社會的人難逃劫運，儘管意志頑強和堅貞不屈的人能於死裡逃生，但其卻慘痛令人毛骨悚然。

　　幸得國運能有轉機，出了一位當代最偉大的哲學家，扭轉乾坤，救了蒼生！相信任何一個政黨界人，難得完美無瑕，但可用下面三個要求去衡量他們：

　　一、是能凝聚和鞏固民族文化和精神；

　　二、是發展了國民經濟，並朝着世界先進國躋進；

三、是保持國家社會安定，不為外國侵犯。

如果具備了這三個條件，儘管過去有莫大的錯誤和過失，應值得大家原諒其善莫大焉的精神。共求中國永恆富強！共同奮鬥，和順一家。

某人因某一件事而失去了親人，是畢生難忘和悲痛的事情，但社會氣候已經改變，人民大眾可以吮舔到生活的一些微甜味，心情亦比以前舒暢不會相悖，也許他早已寬懷！

按國內外形勢而總觀，似乎當今的中國，只存在改革的因素，並不存在變革的要求，如果一旦出現變革，中華民族將必然解體，無日安寧，炮火連天，今天蘇聯的變化和歐洲的發生，誰願希望在中國重演。中國穩定的根是天書《道德經》，總而言之，「取天下而為之。吾見其不得已。天下神器。不可為也。為者。敗之。執者。失之」。

唯一擺在中華民族前路的，是大家團結起來，共同振興中華！停止反、鬥的叫喊聲！

當官的，樹立民族精神，盡忠職守，棄貪倡廉；做老百姓的誠實公僕，安分守己，守望相助，建立一個強大繁榮富強的國家，絕非是件困難的事情。

願為振興中華而貢獻力量的人，健康長壽，家庭幸福美滿！

總而言之，中華民族要知：「天地所以能常且久者。以其不自生。故能長生」。《道德經》是全人類天書。

道德經的唯德唯能科學哲學觀點，發揮其無為而無不為的精神，中國採用“道主儒輔”政制，中國永恆發展向強。中國可萬世無衰，啟導世界一帶一路，世界共同體，全世界大同。

（三）如何面對使中華民族衰落的五大原因

　　愈來愈多出土文物，證明中華璀璨傲人的歷史，由出土6500 年古墓，也許是神農氏，推早到一萬五千多年。

　　從傳説歷史，與宗教信仰結合起來推敲，發明鑽木取火的燧人氏和原始天尊，很可能是同指一人。這大概是一萬五千年過外的事。西方歷史學者實質是一個政客。故意將中國歷史縮短，而以他人歷史埃及歷史誇長，而反映中國並非世界文明拓展者，更否定中國是以他人的傳統民族道德以德報怨，而啟導世界人民邁向太平。這完全是西方政客的陰謀！這陰謀相信會騙人直至 2035 年美國明顯走向經濟衰亡。不過，歷史勝於雄辯，中國確是全人類文明拓展者亦必將是人類大同的啟導者。

　　伏羲氏是最早的科學之父，第一個人用圖文畫制之八卦，傳説他在黃帝之前，人類沒有文字，文字是由黃帝時代臣子倉頡所造，有其信實之處。伏羲氏時代，是九千年前的事情。中國故然欠缺考古學，但歷史悠久綿長，可惜無知出土文物而推出肯定中國歷史有一萬三千年，世界之冠。如果按思考文化發展，中國文化起源不少於一萬五千年。如果繼續出土，二萬年歷史並不為奇。

　　黃帝到西周，是一段昇平盛世的歷史，古文大家在他文章中有這樣的描述：

　　「自黃帝至禹湯文武，皆享壽考，百姓安樂。」

　　如果不是如此，孔子不會提出"克己復禮"的觀點嗎？此時期正體現中國人的共產思想，所以陳子說，"日出而作，日入而息，帝力與我何有哉"。是最早原始共產思想。反映共產

主義思想亦是西方拾中國牙慧。

發展到了東周，社會每況愈下，老子把他拯救當時社會的政治、經濟和思想，熔鑄在《道德經》的字裡行間。它字簡詞賅，但無人能曉能行，因此，老子作了這樣的嘆息：

「吾言甚易知。甚易行。天下莫能知。莫能行。」

請回顧西周末期，周幽王為了"褒姒一笑"而不惜"烽火戲諸侯"。該死無聊的皇帝。接著不少皇帝亦因如此失掉江山。總之他們欠缺道的思維。**其後老子寫《道德經》目的想江山永固推行道德經。前者失敗是歷史，但後者聽教的人有幾許呢？中國青年扭轉止此惡習！"道主儒輔"是永恆富強中國萬世不衰的政制。**

中華民族衰落，由這時候開始。敬請中國學者討論批評推行，中國萬古不衰。

一個民族、一個國家、一個社會、一個家庭，興盛或衰落均由人的思想開始。好的思想是防腐劑，壞的思想好像是腐化的細菌。在「道」的主宰下，人是社會及宇宙的處理者，「人創造鬼神」。「無名天地之始。有名萬物之母」，足見人的重要地位。因此統治者要愛民，撫民，養民，安民。道德經早知人創造鬼神是永恆真理。

諸子百家，對老子《道德經》均一知半解，斷章取義，各自發揮，形成百家爭鳴。老子《道德經》思想，並未因百家爭鳴而更明，而易知易行；相反，因爭鳴的口沫和聲浪，更加增加難知難行，給它們掩蓋。所以「吾言甚易知。甚易行。天下莫能知。莫能行」。道德經之難知難曉，是中國知識分子造成。無知的知識分子是害群之馬。大家可細讀諸子百家，他

們的論述，全一麟半爪，不單如此，更錯誤引導中國認識錯誤。

有人説孔子提出無為而治，歷代讚口不絕，以為孔子捉摸到《道德經》的精粹，其實是將《道德經》的哲學思想縮細，只取其社會性一面，把其自然性的一面完全拋棄。因此，孔子根本無知「無為而治」，此完全非道家思想。

道是能量的統稱，由社會能量和自然能量兩者組成。孔子和諸子百家如何得知，道是能量統稱？無知道是能量統稱，那他的哲學非科學哲學。

孔子思想的發展，引動社會的自由民主面愈走愈狹，相信是封建制度和統治者創造的死胡同。把話説得實質點，封建社會和制度像一條扎腳布，愈長愈臭，與孔子思想發展成正比。儒家思想維護了中華民族，但亦束縛了中華民族，使中華民族受盡自己人和外人兩方面的蹂躪。這兩方面的束縛保持了中華民族受束縛而長存。這是中國歷史的特殊性，是任何國家所無。敬請這歷史學家研究此觀點。

老子是推崇女性的，孔子是貶低女性的，兩者之所以如此對立和極端，錯過在於孔子不明白「道」。總而言之，孔子是人道泰斗，但全無知道家哲學。中國存在老、孔兩種思想並存，亦是中華民族文化特殊性。中國能長存至今，要多謝老、孔，但嫌孔子無知道是甚麼，固步自封。不然，可能火箭早已上天。

孔子，是非道家思想的百家之首，指出他的短處，從他的思想，存有無知百家要求的缺陷。中國必須堅持道家思想為指導組合儒輔的合作為中國走出一條永恆強盛的道路。"道主儒輔"應是中國永恆完備政制，促使中國強盛萬世而永恆。

莊子思想比較接近老子，因對改造時代缺乏信心和決心，

拋棄了道家思想的實用價值，自甘墮落為玩世不恭的變型道家思想。莊子影響老子思想好壞參半。

老子《道德經》思想，經孔子為代表和莊子等人的蒙染，更為其中人等閑視之，而埋沒和污垢了二千多年。中國人不懂《道德經》，完全真實事實。中國人不長期出現政通人和，原因是中國人不知道德經，為統治者用孔子思想拖慢中國發展。中國要醒覺，道德經是天書。**"道主儒輔"是總結中華文化他全面傳統的優越政制。**

諸子百家思想，在歷史上是人為的錯誤主流思想，他們的思想只是五折的道家思想。**諸子百家思想，只能作為註解《道德經》之用。這樣，把諸子百家去蕪存菁，才可被納入中華文化的大流。諸子百家要經精選後才納入道家。道主儒輔是唯一全面傳統中國思想，是永恆強盛思想。敬希中國全體知分子，加力研究"道主儒輔"的實用價值和將來時代意義。**

諸子百家亂華是中國人從來不聞不問不知。下面提出三意見，要中國學者好好共識共商共批評。陳子誠心誠意，敬請中國學者批評，請勿客氣。

老子是江海，諸子百家是川谷，「猶川谷之在於江海也」。

原因分由五個方面論述中華民族衰落的五大原因：1. 諸子百家使中華民族著後第一個原因：2. 諸子百家使中華民族落後第二個原因；3. 諸子百家使中華民族落後第三個原因；4. 諸子百家使中華民族落後第四個原因；5. 諸子百家使中華民族落後第五個原因。

1. 諸子百家使中華民族落後第一個原因：

　　諸子百家思想，是使中華衰落的第一個原因，一直拖累到今天，因為暫時仍無人用老子道家思想去整理諸子百家。所以可説中國欠缺對道德經洞悉，因此無法摒棄中國束縛中國落後的因素而拒絕方法。是可惜可痛可恨的事情。大家等待此時日到來。"晨早當思謀生計，閑時應讀道德經"。此一日必然到來，天下政通人和古今齊頌中國天地世代國泰民安。

　　第二個使中華民族衰落的原因，是當時制封建思想和制度。

2. 諸子百家使中華民族落後第二個原因：

　　封建帝制雖然不復存在，但其陰魂伴着封建思想在為害社會為害百姓，尚未完全清除。這種現狀，要等待諸子百家思想徹底為老子道家思想改造後，它們才會銷聲匿跡。

　　改造社會思想是移風易俗的長期工作，大家切勿等閑視之，掉以輕心，操之過急。

　　弘揚老子《道德經》思想，是最好的靈丹妙藥，立竿見影，不但可改造封建思想，並可改造諸子百家。道德經功能可作中國清新太平而最完善的手段。諸子百家全為道德經服務。道德經為中國服務，全中國思想合其一流，中國唯道路，是走向永恆強盛無衰。

3. 諸子百家使中華民族落後第三原因：

　　第三個使中華民族衰落的原因，是落後民族思想的入侵和干擾。

中華民族的名稱，和族中的姓氏一樣。漢族是部族相爭時戰勝者，其他所謂落後的民族，在當時是相差只是伯仲，説不定是當時先進的民族，但戰敗了，逃到山區，先進的也變了落後，戰勝者，本是不先進的變了不落後。

陳子從苗族的全部精緻文化而推斷斷定苗族是一個先進而遭戰敗的民族。這要等待歷史學家的考証。

中華大地上各族是一家，漢族是個大族，凝聚了各族人的血統，相信在漢族中，很難找到一個純血統的漢族人。民族大融和過後，民族大團結大發展等促使炎黃子孫，不斷努力排除萬難。**中國民族唯一壯大發展的永恆途徑，和平發展，由近而至遠，由始於足下而至世界，永恆以德報怨是永恆勝利的民族策略，這一策略，促使人類永遠和平而大同。**

所謂少數民族，實際是漢族的兄弟，他們受了民族陝隘主義者的挑撥和唆擺，乘着中原政治的腐敗、經濟的落退甚至受傷，入侵中原，進而取得政權。

中國民族如此之多，多半是互相霸殺造成。和平統一是今後的大工夫。

當他們入主中原後，或多或少，要推行他們的思想和生活習慣，同時為了防範漢人反抗，施行較嚴厲的限制，激發了民族間的衝突。作為一個新政權，一方面學習新的經濟和政治方法去配合新的政權，另一方面要嚴密提防民族反抗。整個中原經濟和政治受到拖累，是事實而無疑，等到漢人再次取得政權，又重整休養生息的旗鼓，中原的經濟、政治、文化自然放緩。

給大家一個提醒，相傳越南是中原一個民族，但越南立國

後遭外國人改了拼著文字。西方政客其心之叵測而足見！

辛亥革命後，偉大的民主革命家孫中山先生宣布五族共和，實質是指稱各族共有國家，從法制上基本解決了民族問題，**但仍然留下來的是血統、語言、風俗、信仰、地域等根深蒂固的問題。這些問題不從根本上解決，而新霸權主義者天天在嘔心瀝血、挖空心思，利用不顧全中國民族大局的狹隘民族主義野心家和它們在華的代理人，進行挑撥離間，而唯恐中華民族不亂，企圖想藉民族問題瓦解中華。**中國 2019 年 6 月香港暴動全由台灣倭黨和美政客制造。中國香港人要緊記美國政客永遠是罪魁禍首！是中國真正敵人！她的野心壞想，也許要去到 2035 年，美國明顯衰退。

如何化解落後民族思想入侵和干擾的後遺症。下面提出四大觀點進行化解。

如何營造中華民族大團結與大融和，試從下面四個方面去探討和研究。

下面由四個方面去述説：（甲）是尊重和宣揚中華民族發展的正確歷史性；（乙）是科學性；（丙）是生活性；（丁）發展民族的包容性。

第一個化解觀點甲：

（甲）是尊重和宣揚中華民族發展的正確歷史性

中華民族歷史發展性的特點，由大體説，大家是共一個血統的民族，而發展和擴大為上百個的民族。在今天的新情況下，從整個中華民族的經濟、政治利益和需要出發，本着一視同仁的共同觀點，進行各族大團結大融和。**以達語言大融和，**

文字相同統一，另有各族自己的文字；血液大融和，彼此通融無阻。中國成為一整體。好像鋼鐵不銹塊。

各族的精英大家共識了過去的歷史情況和今天形勢所需，明白不團結和統一的危險性，大家提出共同的團結和統一的努力目標與過程，使中華民族走向一個新的里程碑，**永遠擺脫受分裂的危險，造福子孫萬代！一黨主政，多黨參政，而中國過去帝制族獨一的，現在可改為由政黨領導，而由一黨領導。一黨主政，永恆改革開放，永恆有凝聚力，永恆領導中國永恆不敗。**

狹隘民族主義者的思想，永遠是民族災難的漩渦。大家是光榮中華民族成員，勿聽讒言。**陳子今年歲近八七歲，接觸不少意見，按黨論，共產黨最為配合並且作出巨大成績，有能者居之，由中國共產黨領導是唯一恰當。**

中華民族的各族首長，大家要大徹大悟，立心造福國家、民族和子孫，為民族大團結大融和貢獻力量。**共產是中國人自古有之理想，在道德經指導下唯德唯能，無為而無不為，中國永恆國泰民安並非困難事情。**

道德經是全人類永恆天書中國普及共此天書，中國必然永恆邁前而不衰。

（乙）是科學性

誰願強迫地改造自己？但在科學認識下，不肯改進的，只是一些死不悔改的人，留給自然淘汰去教訓這些人。

各民族有各民族的風俗習慣和信仰傳統，通過教育去灌輸科學知識去自我漸漸淨化。科學性是個標準和尺碼，誰也不勉

強誰，誰也不強迫誰，按着科學準則去循序漸進改變。條條道路通科學，中華民族各族自然而然地會在科學觀點上滙合和融和。道德經科學天書。

　　教育是科學和文明的部門，堅決要把宗教信仰和文化教育絕緣，無分是道教、基督教、天主教、佛教以及其他宗教信仰與儀式，均不得介入課堂，好讓年青一代思想淨化而純潔，等他們成熟後，自行選擇信仰。是有科學知識，自然會選擇科學性的宗教信仰。不過國家對學生進行科學教育，並宣傳"人創造鬼神"而絕非神創造人，學生長大選擇信仰絕不會滾進迷信的宗教。人人接受信仰科學宗教，**人人有進步科學頭腦。科學是宗教的清醒劑，道德經是最好清醒劑。**

　　嚴格限制未成年的青少年入教，取締嬰兒洗禮入教；這完全與信仰自由無關。

　　國家教育部門能堅守此一科學防線，民族大團結和融和必然成功到來。

　　各民族進行公民教育時，亦要灌輸科學性的內容。《道德經》並非宗教書籍而是世界科學天書，一切全是科學道路，是最好的教材。普及《道德經》教育是完全科學教育。

　　把整個社會教育，立腳於科學性，共同的民族性，也就可以「九層之臺。起於累土」。

　　以《道德經》培育中國學生，他們掌握了科學哲學，「是以聖人。無為亦無敗。無執亦無失」；學生知識能如此，為事能事事「猶慎之。故終無難」。

　　道德經是全人類總哲學經典。永恆天書。

（丙）是生活性

生活性，是使各族移風易俗，走趨統一團結的途徑。

經濟發展，是生活性的主要渠道，通過經濟活動發展和活動，各族交往交流自然頻密而增加，人口的流動性和遷徙會產生改變，其幅度隨經濟發展而擴大。

生活性的擴大和增加，科學性亦隨之而相應地擴大和發展。兩者相輔相成。

科學性和生活性合成一股強大的移風易俗力量，一種新的民族團結與融和的面貌出現。誰也可預想而知，誰也阻擋不了。

生活性是任何政治體制的生命力產生而不衰亡；因此任何政治無不關注其生活性，即是其生命性和延續性。在推行生活性時，要將過去不衛生，不科學的習慣通過教育改革，而走向科學途徑統一，人人高興族族快樂受益。

（丁）發展民族的包容性

提高各族對中華民族發展歷史的認識和了解，推行科學性的教育事業和公民教育，發展國民經濟，做到老子說的：「**不貴難得之貨。使民不為盜。**」中華民族的包容性，也就自然**而然地天衣無縫，大家親如一家，不分彼此和他。**

提倡民族和諧是民族生存長生久視的民族生活力。

當民族的包容性建立後，一種共識的語言和文字，必然成為各族的共同強烈願望和要求。中華民族二十六個民族親如一家，情如兄弟，不亦樂乎。

所以秦始皇統一中國文字，是先知先覺的做法，走在民族

大團結和大融和的前面。共產黨統一語言，是驚人創舉，所以說由她以一黨主政領導絕非壞事。

普及推行普通話，是偉大英明的時代創舉，為中華民族大團結和大融和鋪平了康莊大道，比較統一文字的歷史豐功偉績，有過之而無不及。

中華民族必須"血液大融和"，鼓勵和獎勵各族通婚，使中華民族鑄成一個外堅內實的整體，使新霸權主義者無計可施，恨死國內外破壞中國的代理人。

能推行上述四點，充份體現民族的歷史性，皆大歡喜，皆大同心合力。建設偉大中國，力保不衰。

4. 諸子百家使中華民族落後第四個原因：

第四個使中華民族衰落的原因是古印度思想的輸入。

佛教傳入，是中國人自招其咎，與人無尤。印度從古到今，是個好鄰國，大食國時期，亦未曾與唐朝有任何過節，近世紀的矛盾和磨擦，是帝國主義所製造。大家共同的敵人是帝國主義和新霸權主義。而不是印度，印度中國彼此友好之邦。兩國和平相處，對世界有莫大的好處，是世界共同體一部份。

佛教，是印度貧窮、痛苦和無望時期的產物，從哲學思想來分析，是頹廢、迷信和逃避現實的哲學思想。它的傳入，使中華民族患上了思想風濕癱瘓症。也許，佛教在印度是好的。但到了中國，除了給中國的貧窮安撫而忘却貧窮，接受統治者的殘酷統治，另則忍受西方帝國主義侵略。失掉應有的民族性。

唐朝李世民太宗利用道家取得天下，推行道家思想而取得

「貞觀之治」，但因害怕「天道無親。常與善人」的民主思想而在民間推行佛教，加重中華民族思想風濕癱瘓症，使中國經濟和政治衰退，接連為外族入主中原，連累近百年來，遭受帝國主義踐躪。李世民英名一世，一時糊塗，企圖用佛教綑綁人民，使李家永享太平，豈知與人類相違，而使唐朝衰敗。

佛教由印度傳入中國，已有近數百年歷史，已經中國化，背後並無外國人在操縱和扯線，為振興中華的時代服務，責無旁貸，豈能出世忘我！**佛教改革，共同觀點以"人創造鬼神"，佛教很易接受而走上宗教共流。**

5. 諸子百家使中華民族落後第五個原因：

第五個使中華民族衰落的原因是西方基督文化侵略和干擾。

西方基督文化侵略中國，處心積慮，由明朝萬曆八年（1580 年）計起，已經有四百多年的歷史。在近百年來，使中華民族蒙受奇恥大辱，其前因後果，均與它有莫大的關連。**偉大孫子兵法有言：順我者納，逆我者棄！**

西方基督文化侵略和干擾，使中華民族衰落，是一個很重要的原因，至今仍未停止，如果注意不夠，處理不妥，會導致亡國、亡族！西方政客正想如此下場。

西方為了使基督文化能夠繼續侵略和干擾中國，一廂情願地把宗教與政治分家，這是一種掩耳盜鈴的做法，任何一個明智的人都會看出他們的意欲和企圖。

西方藉着貿易、交流、人權爭取基督文化侵略和干擾的空間，尤其是人權，是一支意識導彈，無時無刻不為基督文化侵

略和干擾鳴鑼開道。

任何一個完整的國家必然有自己的一套國法，西方居然為了中國不容基督文化侵略和干擾而批評和指責中國的國法，這種粗暴的行為，外國人支持，並不奇怪，**但有些中國人卻讚賞和支持，似乎欠缺正當的道理。似乎他們均殷望中國的衰亡！他們是甚麼人，甚麼心，是何道德？如果真有地獄，他們全入中國地獄，永不超生。**

當一種宗教已為其國家律法所保障，那怕是外國輸入的宗教，其原產國有甚麼權指手畫腳別人的保障措施？最橫蠻無理的是要求人家不得約束和取締有外國背景的不合法的基督文化侵略活動，簡直是荒天下之大謬！只有參與基督文化侵略的策畫者或支持者才會找出如此的藉口和邏輯，倒不如向世界公布，中國是個附庸國，而違反了附庸，不聽指令！《道德經》是全人類天書，人民、國家要富強，「道主儒輔」是選無可選的政制，推行之，國泰民安。

宗教是原始的政治，到了今天仍屬政治範疇，要為政治服務。如果不但不為本國政治服務，並且還另有使命，對它取締禁止是天經地義的事情。

國家的宗教政策，是保衛中華民族純潔和安全的城牆，應當時刻補建和維修。

宗教合法、自由、平等，必須建立在民族性、科學性、生活性和包容性四個原則上，如果有所違反，尤其是民族性那一條，請它好自為之，是完全必要和合理的事情。

中華民族衰落五大原因找到了，下一步工作是如何清理和治療。針對各原因的消除和治療已經提了出來，但總治療和消

除的方法應是如此：

全民性推行和發揚老子《道德經》哲學思想，用老子《道德經》的哲學思想去指導下面四大原則，去進行治療和清理工程：

一是民族性；二是生活性；三是科學性；四是包容性。這四大改造宗教原則，要言之不厭其煩。

本着實事求是和去蕪存菁的精神，按照四個原則去做，中華民族定然繁榮昌盛，永葆不衰！

老子《道德經》有云：

「善者。吾善之。不善者。吾亦善之。」

中華民族開始起步是如此，將來富強了亦如此，始終抱着與人為善的精神，為世界人類貢獻力量。**以德報怨是中華民族環繞全人類和全宇宙不變的永恆方針。**

中華民族走向振興，誰也阻擋不了；玩火者，終要自焚，「強梁者」必「不得其死」。

中國人怎樣強盛，亦永恆提防西方政客的壞心腸。

中華民族永遠謹記道德經是中國強盛哲學經典道德經。敬請永恆堅持："晨早當思謀生計，閑時應讀道德經"；推行道主儒輔政制，中國必然世界萬邦來朝，共同共享世界大同。

世界必然行共產　唯能唯德道德經
全球人類和諧好　聲色無分乳水親

第二節　試從《道德經》觀點看某些歷史問題

老子《道德經》的歷史觀是甚麼，相信不但沒有人提過，更沒有人去探討過，因此，世人對老子的歷史觀可說一無所知。既然找不出老子的歷史觀，也就無人用老子的歷史觀去探討、批評和評估歷史了。對真正史也就很難找到正確答案！**陳子本著「但願誠心寫道德，何須著意做神仙」超歷史性論述老子道德經的歷史觀。**

老子的歷史觀在《道德經》中非常清楚而不含糊：

「道可道。非常道。名可名。非常名。無名天地之始。有名萬物之母。」

世界人類歷史，應以中華民族歷史為代表，清楚認識和理解她的歷史，也就掌握了世界歷史的發展規律。中國人是歷史的拓展者，世界文明由中國人拓展；將來的人類世界大同，亦由中國人啟導展拓。**世界應作如此的公論：世界沒有中國人，也就沒有文化，沒有科學哲學觀，沒有任何高深的科學。世界亦難可能大同。**

中國歷史分為無文字記載的相傳歷史和有文字記載的文明史，合起來超過二萬五千年。在此段歷史過程中，每件發生的事情，無非是「道可道」的東西，絕無一件是永恆不變的事物。歷史上發生的事情，無一沒有其名的，但這些名，都不是永恆不變的名。**且看中國人說一句道可道，非常道，相信能理解這句話的人都不多！不信，您們試問問有知識的讀書人！看有幾人能理解。**

歷史的發展規律和進程是由一個起點開始，反漩渦地不斷

擴大，有近似的歷史現象，但永無相同的歷史事件。這就道可道，非常道的社會道理，還有更深奧道理是非常道理。宇宙由能量而生而來，道可道，是社會能量，非常道是自然能量。無名天地之始，有名萬物之母，是說人創造鬼神是永恆真理。

概而言之，歷史的發展規律是：

「道法自然。」

這句話其中亦有不少英明妙論。

任何正史學家、政治家、社會學家、哲學家，如果無知「道法自然」，他必然是個歷史觀不廣博的學者。「道法自然」，**是萬事萬物的發展規律。**

歷史的階段性，無不因道而起，因道而發，因道而收，因道而止，因道而轉化。道永恆主宰一切事物。

道，主宰宇宙，人主管萬物，歷史是道和人創造的紀錄。

很明顯，勞動創造世界的觀點是片面而唯心主義的，人創造社會，才是老子《道德經》的科學哲學歷史觀，是人類社會中，唯一科學正確和全面的歷史觀，是人類社會中，唯一科學正確和全面的歷史觀。有不少中國人，不明道德經，拿外國粗淺的知識來欺騙中國人，尤其是五四運動年間更是多文化騙子。

唯有堅持此一科學歷史觀，才可正確評價全人類的歷史。

在這節裡，要用老子的歷史觀去論證：

平均主義剝削、革命、反革命、階級論、國家民族等系列問題。

對這些問題有了正確和徹底的認識，在振興中華過程中，也就可以放下包袱，輕裝前進，事半功倍，而世界無不解的困

難，其中要發揮無為而無不為精神，一切困難在這種精神下迎刃而解。道德經就如此神奇奧妙。請細心領會下面的評論理論，完全實話實說，並無花言巧語。

總之，中國永恆道德經整個哲學觀點治國、治人、治事，可解決一切困難。道德經是全人類永恆天書，永恆正確指導人類一切思維和社會發展，以及一切天理地理人理。此外，全是階段性的哲理或是錯誤哲理。

下面由五個方面進行論述：（一）對平均主義的評價；（二）對　削理論的闡釋；（三）從道家觀點看革命；（四）對階級論的闡釋；（五）闡釋國家和政黨的社會意義。敬請中國學者、政治家、哲學家、社會學家，大家齊認真指教和批評；大家為了中國的富強，無須體面問題。

（一）對平均主義的評價

為了清楚介紹問題使人類能正確認識，平均主義的評價，從三方面進行論述。1. 平均主義的自然性和社會性；2. 平均主義與西方社會；3. 平均主義與中國社會。

1. 平均主義的自然性與社會性

為了生存，萬物皆有其平均的自然性。一個大動物捕捉了一個小動物，這個動物的行為應屬平均主義的範疇，但不易為普通人所理解，因為人們未注意到，**大動物和小動物兩者均存在平均和不被平均相互的鬥爭。如果有另一個大動物加入，兩個大動物為平均小動物，而發生你死我活的鬥爭，相信大家不**

會反對這是平均主義的鬥爭。植物也是一樣，為了攫取肥料，亦在進行平均主義的鬥爭。不過，後者要人們稍為思考和領悟才能理解和認識。

這是平均主義自然性的鬥爭。如果理解了自然的平均性，跟著不難理解事物社會性。

大家可以從平均主義的自然性鬥爭，認識到平均主義鬥爭實質是一個社會性分配性的鬥爭。此反映分配性，由自然性而和社會性分配。此道理到底能理解和研究的人有多少？陳子提出給大家參考和討論。如果你能從事物自然性轉到社會性，認識也就輕而易舉。**這是道德經的哲學原理，它是全人類天書。**

人類在一段頗長的時歲月裡，停留在平均主義自然性的鬥爭；其後才開始覺悟到，弱肉強食的分配方法而却使社會無日安寧，人類亦因此而裹足不前；因此，人類自覺地提出了保障私人財產的社會性要求。那怕它是口頭上的宣布而推行，平均主義開始受到意識形態的干預，而其本身亦因此而轉變為社會意識形態，但其原有的自然性仍然存在而與其社會性結成一體。這種自然性在某些情況下暴露無遺，並且還用法律形式去取得保障下來，轉變為合法的意識形態。但其自然性沉澱，不易為人認識和日常生活所關注。雖然平均性轉變為社會法律性。但在生活中，分配受到質疑付諸行動，這叫分配鬥爭。**這鬥爭輕則口角，再則武鬥，甚則長鬥，稱之為社會的大鬥爭，可換名為革命，導自雙方屠殺，社會動盪，人類遭殃。時間多長多久按壞方要求而定。此亦由天災的自然性開始，易發展為社會性人為性！**

平均主義是利是害，從此「動而愈出」，蒼生稍舐甜味

後，就苦盡而甘不再來。

平均主義的甜味為甚麼只曇花一現，而就不復再來，每況愈下呢？這是值得人類認真研究的大課題，以免重蹈覆轍。因此，認識平均主義危害性，是全人類的社會重要問題！不是嗎？豈可等閒不理？而不再細行討論。

人類的智力、體力、感情、機遇、合作、親疏在千變萬化而產生不同，平均也就步步為艱。大家認為是嗎？平均要克服各種困難，不是難之又難嗎？

人之初，性本善，性相近，習相遠；人的智力、體力、能力各有不同而不平衡。這是人類難於平均的大難題。

2. 平均主義與西方社會

世界分為兩種文化，一種是太極文化，另一種是合十文化，兩者與太陽的光照有着密切的關係。向東方的民族是太極文化的創造者，光照時間比較長而多，農業生產比較發達，克服和戰勝自然災害，在盛會中互相祝賀好的收成，並祈求自然經常給予美好的賞賜。大家抱拳慶賀時年的豐盛，人力配合天時取得偉大豐收。

合十文化的民族，游牧民族佔多，落足在喜瑪拉雅山的南邊，光照的時間平均比較短，同時游牧民族的生活不穩定而無常，隨草跟水而遷，看風沙的面孔生活，他們祈求難免的時間比高興祝賀為多；為了生存，生活分配，自然而然地出現強制性的均分思想。大家相見時合十祝福問好和祈求。他們的生活和祈求因多靠天靠地靠運氣，豈能不低頭於自然而與之祈求？

歐洲民族，大部分是游牧民族的後裔，他們的思想感情和

風俗習慣，由東亞細亞、愛琴海和羅馬，可找到他們的關係。猶太民族與閃族雖然不能說完全相等，但有千絲萬縷的關連。閃族雖然不是一個大部族，但他們的精悍能幹，使古老的文明化為烏有，連四大文明古國之一的光榮稱號，亦長埋沙場，其後更為了保衛艱辛萬難建立的小國，不惜與羅馬帝國爭持。為了堅持鬥爭，度過艱辛的歲月，採用宗教形式去凝聚和活動，在生活上提倡物質的均分。

《舊約》，既是一本猶太人歷史，亦是一本戰鬥綱領，其中蘊藏着無限的精神力量和戰鬥的策略，以及經濟方針，搞得羅馬帝國老羞成怒，大開殺戒，鏟草除根，因此使猶太人家破國亡，被迫遷散於歐洲，在沒有自己疆土的地方建立經濟王國，立志要將人的宗教思想傳遍世界，豈知這種樸素的心願卻犯上了宗教殖民主義，侵略了別人，為政治殖民主義者所利用，搞起人類災難的大漩渦。

到了十九世紀初，更有人想化腐朽為神奇，將《舊約》中的原罪和分魚分水的神話，領悟為政治哲學思想，結合格物致知朱熹哲學，並以之解釋錯誤認識的時代，採取針鋒相對的鬥爭態度和方法，使社會掀起驚濤駭浪，狂風掃落葉，長期的社會積累，毀之一旦而不感可惜。**災難之廣，災難之大，災難之久，為歷史鮮聞罕見。全人類要警醒毋忘。**

平均主義是這個時代的一根火柴。星星之火，可以燎原，這場火足以證明和說明。點燃了不可收拾的大火，這場火雖然燒了心中想打倒的敵人，但亦令無數的人類精英和赤膽忠心的革命同胞葬身火海，或者燒得焦頭爛額。

歐洲是平均主義的溫床，宗教是這溫床中的黑箱，宗教殖

民主義思想，是哺育平均主義的毒液，工業革命促使平均主義的內熱沸騰，恨火遮眼，禍及四方。這可說是另一項證據。平均主義在歐洲展開，必然漫延世界。能知其影響有幾人呢？但社會上出現兩種感情，一種是高興歡呼，一種是惶恐不安。

平均主義是一種唯心義哲學思想，乍看起來，它和自由主義各走一個極端，似乎兩者是水火不能相容而不同的思想，其實，它們是一丘之貉。**今天新霸權主義者所提出來的自由、民主、人權思想，實質是一種"柔性的平均主義思想"，同樣會帶給人類另一次的災難。新霸權主義者，本來的出發點是以柔制剛，用柔的平均主義去對付野蠻的平均主義。蠻性平均主義已經「為者。敗之。執者。失之」，而那些脫難的國家的政黨已經決心補償歷史，為本國人民貢獻一番力量，但新霸權主義惡向膽邊生，醉翁之意不在酒，在乎奴役世界人民，把中華民族當作假想敵人，千方百計，以華亂華，以華擾華。世人可有目共睹，絕非危言。**

中國人是歷史另類的人，他們為人類拓展世界文明史，造福全人類，中國一定能找到自己方向和道路。尤其是其以德報怨道德觀，必然取人心於"無事"。

「得道者多助，失道者寡助」，**事實將要證明，新霸權主義推行的自由、民主、人權思想，是一種新的柔性平均主義，將會使西方社會滑向崩潰動亂的深淵。**大家可以拭目以待，絕不會是很久的將來。證明陳子言之有理，而並非妄言胡說。

它先由經濟衰退開始，接着社會動亂不斷發生，繼而社會崩潰，最後要推行道治，才可真真正正解決社會問題。

道治是人類社會最後的將來。尤其是「道主儒輔」，它是

理想而必然出現在地球上政治。中國手上完全掌握足夠條件，輕而易舉推行「道主儒輔」，中國人應早佔鰲頭。若為西方捷足先登，再一次工業革命的先進又會在西方出現。不過，中國人有當機立斷精神，先進必然先在中國出現。每一個中國人均曾受過道家思想的抹面，有道家思想的底子。只要有機會一引導，道治會發出光芒。

世界於 2035 年，可見西方經濟明顯衰退，而發展必然無改。

3. 平均主義與中國社會

「物壯則老。是為不道。不道早已。」

老子在二千多年前，已經在他的哲學經典《經德經》中，揭示了「盛極必衰」的科學歷史發展規律。任何事物的發展必然存在階段性。一個舊階段的結束，必然帶來另一個新階段的開始。在這交接的過程中，如果處理不當，社會也就必然動蕩。若然治理的當，社會也就井然。

「盛極必衰」這句話意思是教人，無論那一件事情，有其開始和結束。事情進程是開始、發展、盛極、放慢、結束。國家按系列一套政策去確立其程序：開始，第一年，第二年和第三年是檢討年，全盤檢討；第四年是全面新進行；第五年鞏固亦是完善年。

經濟問題，往往是亂的導火線。近百年來西方經濟發展比較好，掠奪和剝削他人，全民凝聚向外侵略，減少矛盾，穩定了自己，所以它們在國內出現任何重大交接時，不會出現亂子。中國的政治發展不正常，外國人又從中搗亂，將經濟、政

治兩者受破壞，稍有風吹草動，也就動蕩起來。**中國人真要警惕，西方政客由秦始皇築萬里長城維護本國安定開始，經漢武帝通西域；唐朝平反動亂，更加加緊政客對中國仇恨。西方政客永恆仇恨中國！這種思想一直維持到現在，而到 2035 年，美國經濟開始明顯衰亡。中國永恆堅持以德報怨，世界必然共頌中華。**

中國社會由古代計起，社會動亂來自分配出現問題。社會低下層的人，隊伍愈擴愈大，到了超過了的警戒線，這班人很自然要求重新分配，解決燃眉之急。在這個民不聊生的時候，道家人物出來引導社會走向新的改變。每一次改朝換代都由道家人物在主導，雖然出現暫時性的平均主義思想，但很快轉換為社會走向休養生息，**而停止了平均主義的蔓延。中國社會為甚麼如此斷續，原因中國無人徹底理解道德經的統治者。這是永恆中國歷史問題，敬請中國青年永恆研究道德經。永恆解決中國社會問題，中國萬世永恆不衰。**

平均主義思想在中國社會得不到擴大和蔓延，全靠道家思想、道家人物。道家思想救了中華，道家人物是中華民族的大恩人。無論道家思想在主導，或道家思想退下二線，始終在維護中華民族。倘若儒家主導中國，則長期維護統治者政權。

且將視線投到中國的宗教上。道教是中國的傳統宗教，實質是中國的國教。它雖然受統治者用佛教將它染污，但它始終保持了「我命在我」的根本思想。這種思想與平均主義思想格格不入，絕不贊成去平均他人的命，來豐補自己的命。道教思想使平均主義在中國沒有根。很難有一帆風順的出路。原因來自道德經永恆救世救民。

　　道教奉《道德經》為聖經。《道德經》哲學思想是「無為而無不為」，以大集體為着眼，小我要服從大我，把大我搞好，小我自然會好。平均主義，有人美其名是個集體思想，其實說這話的人可說完全沒有哲學頭腦，以盲導盲，結果更盲。它是典型的個人主義思想。它和自由、民主、人權同樣是典型的個人主義思想，所以它們全是一丘之貉。

　　西方的宗教是平均主義的思想溫床，但中國道教不但不是平均主義的溫床，相反，是破壞平均主義的噴霧器。西方政治和宗教永恆是柔性平均主義，永恆為害世界遺害人類。

　　中華民族向來贊成，勤力和聰明者多得，提倡勤勞致富，自食其力才光榮。這是中華民族的優良品質。以德報怨是社會傳統品德，亦發展為國際道德。

　　平均主義本來在中國是完全沒有市場的，但近百年來，飽受帝國主義蹂躪，中國人為了自救，試用各種辦法，亦無辦法實現此種理想，而《道德經》哲學思想又未能為人們洞悉掌握，在想無可想的情況下，才引用了平均主義去救國救民，豈知平均主義長此下往，會苦盡蒼生。平均主義的偉大，是起"救亡作用"，它好像止痛藥，吃多會傷身體血氣。任何主義如有救亡作用者，要謹慎善用。時刻警惕於錯而能改，善莫大焉。

　　西方平均主義苦盡中國，這苦完全是西方的侵略所帶來，同樣要把這苦，計在西方帝國主義的身上。所以，中國人不要再上西方的當，事事要醒眼而冷靜。

　　正當中國人在平均主義的死胡同上徘徊時，當代最偉大的道家思想繼承者，提出改革開放，先讓少數人富裕起來。這一偉大理論，徹底解決了平均主義思想，引導中華民族走出經濟

死胡同。開放必然引起貪的要求，對此要求應加強「道」的思想教育。《道德經》第三章：

「不尚賢。使民不爭。不貴難得之貨。使民不為盜。不見可欲。使心不亂。是以聖人之治。虛其心。實其腹。弱其志。強其骨。常使民。無知無欲。使夫知者。不敢為也。為無為。則無不治。」

《道德經》的教育，不但不會減弱人民生產興趣，反為促使人民更加盡心盡力為國為民，將生產推向另一高潮。**中國社會流行語：識時務者為俊傑，意思完全與第三章相同。**

　一國兩制是偉大創舉，藉香港的發展，(1) 可以吸取經驗；**(2) 可藉香港金融運轉為中國創造資本，另則香港發展可促使中國防左，另又其影響可促使西方資本主義加速衰亡。不信，且看美國 2019 年掀起打貿易戰，西方普遍受影響，而美藉台獨聯手搞香港。香港特區政府要經常警惕西方為害香港而影響拖累中國。香港人 "切莫踏碎瓊瑤" ！香港是大家仍可貴可愛的家！搞暴動的人切勿受美國和台獨的煽動，反對自己的國家。**

　也許有人會問，到底平均主義在現實生活中有無其實用價值呢？似乎有其救急扶危的特殊效能；不過，如果在物質供應非常時期，使用配給制，等到生產來源正常，又解除配給，這種措施，不應稱為平均主義，只是一種經濟調節方法而已，這僅是過渡時期。政治按社會發展不均或過盛，進行調節，然後恢復正常，此稱英明果斷。**社會的有餘和不足是永恆存在，經常要醒覺調較平衡！**

　從實質來說，平均主義是扼殺人類的智慧而否定人類價值

觀的，是一種「為」和「執」的政治手段。這種手段的答案，必然是「敗」和「失」的到來。

　　一個政治家，能「微妙元通。深不可識」，永遠「無執」、「無敗」、「無失」，「不出戶。知天下」！

　　西方推行的柔性平均主義；民主、自由、人權，同樣受極端個人自由所「為」和「執」，完全不念及集體的利益，其引導社會走向「失」和「敗」亦是必然。

　　西方早認識激烈平均主義而談虎色變，但又用慢性平均主義取代。

　　如果用《道德經》哲學觀點看平均主義，根本一錢不值，對社會永遠成事不足，敗事有餘。平均主義，分為西方和東方。東方推行的是硬性平均主義，西方推行的是柔性平均主義。前者，以政治強硬實行自己決定的實踐；柔性者，用民主自由去欺蒙人民，藉欺騙去延續社會政治。兩者均因本身的錯誤而衰亡。任何事物只要違背「道法自然」，就會因「道法自然」而衰亡。兩者作徹底比較，尊依道德經者去掉其強硬性和柔性永遠保存其為人民的永恆，其生命力也就永恆擺脫衰亡。道德經永恆是全人類天書。

　　平均主義的哲學認識論，只去到物質的部分，唯心地用思維將物質的特性和屬性抽掉，而妄下了都是一樣的判斷，其錯誤根源在此；但老子道家哲學的認識論去到物質的盡頭是能量。能量是有大小不同的表現的，其價值觀也就不可平均。

　　道德經是全人類天書，人類任何困難均在道德經中找到解決辦法。道德經第七十七章：

　　「天之道。其猶張弓乎。高者。抑之。下者。舉之。

有餘者。損之。不足者。補之。天之道。損有餘以補不足。人之道則不然。損不足以奉有餘。孰能以有餘奉天下。惟有道者。是以聖人。為而不恃。功成而不處。不欲見賢也。」

這一章永遠解決社會經濟問題。

社會和根本問題，並非剝削和被剝削，而是"不足"和"有餘"，解決方法是補不足和調節問題；而並非永恆打倒和推翻問題。**要緊記當救亡的理論用過後，就應進行永恆解決"損有餘以補不足，和損不足以奉有餘"。這是長安久治國泰民安的妙方，完全來自道德經全人類天書。**

（二）對剝削理論的闡釋

唯物主義者的經濟學說，啟蒙於《新舊約》的宗教平均主義思想，經過科學標籤的封貼，成為一種新的經濟學說。

平均主義的背後，是極端的個人主義。剝削是由兩個對立面所引出，從廣義來說，只要甲乙雙方一接觸，誰得益誰受損也就糾纏不清。由人類開始至今，始終無人說得面面俱圓，使雙方握手言和，互讓互諒，互益互利，推動歷史車輪前進。**道德經早在二千多年前已經提出徹底解決此問題；但可惜無一統治者透解道德經，去平衡有餘和不足的關係。**

為了解決此一「對立」現象，有兩種不同的見解，一種是協調互補的經濟效益，另一種是站在獨一無二那方面的立場，去伸張正義，以鬥爭為懷，永無寧日。

以老子為代表的道家思想，是前者，唯物主義者僅代表後

者的立場。

到底誰是誰非，在下面作個評比，由讀者作個見仁見智的判決。當然，老子的《道德經》是推崇前者，不去鑽牛角尖，闖入平均主義經濟的死胡同。

為了說明剝削的理論，下面分兩點說明；先說明 1. 剝削一詞的概念；進而闡釋 2. 剝削的社會性。

1. 剝削一詞的概念

剝削一詞，是否真實生活的反映，相信中國人能知剝削者的人不多，在現實生活中純屬流通名詞。由於對剝削認識不足，因此在生活中其害無窮，如果能解決對誰均有利。促進社會大進步造福社會無窮。家和萬事興，家衰口不停。中國厘俗的常言。

剝削一詞，有人引證出自魏徵的文章：

「剝削蒸黎，荼毒天下。」

唐朝宰相，只說出剝削害人，並未解釋剝削內容。其實社會上洞悉剝削者的人不多。也許最高理解不外如此。

並有人作了這樣的解釋：侵削他人之財物也。這是一種普遍性的說法，但唯物主義者用勞動生產過程中產生剩餘價值，誰奪取這剩餘價值，誰就是剝削者，而勞動生產者，是受剝削的人。這種奪取行為，謂之剝削。到底這種剝削對剝削的闡釋是對是錯，一言難於概括，唯有應好好推敲。按常理，人類任何生產難於脫離彼此關係。如果這一關係失掉，社會也就會要停頓不前。這話可真嗎？

生產過程有雙方的關係，也難於說明而分清楚問題。

　　西歐經濟學家為了爭論剩餘價值，花費了不少唇舌，最後還是唯物主義者佔了上風。**要徹底解釋透徹者，唯有中國人老子道德經第七十七章。敬請細心精讀。**

　　唯物主義者認為剩餘價值是單方面創造的，絕非合作的產品，與外來的條件無關，完全無損其獨立性。總括一句話，剩餘價值是屬於勞動者的，誰也不得插手。這種觀點如果為了解決這無法解決的問題，需要如此強硬解決，又情有可原。不過待不得非如此解決的問題解決了，要改為正常。尤其是太多人受害怕如非做不可，真值得原諒。

　　剩餘價值的觀點和因它帶出來剝削概念，把整個社會的經濟體制砸碎，而要求建立新的經濟體制。這是不得已而為，這叫救亡，值得饒恕。救亡是善心，可盡施其有之技。

　　在新舊兩個經濟體制鬥爭中，使社會產生翻天覆地的變化。本來，唯物主義者估計新經濟體制出現在工業發達的國家，結果，首當其衝的是經濟落後的國家。

　　剩餘價值的理論像一個漩渦，把世界超過四分之一的人口捲入其中，苦不堪言。但局勢要如此解決，應順其自然，如果如此改變而變成更好，應可採用之。所謂道可道非常道，真理在此。因此，道可道，非常道，是永恆指導世界人類進步的良言真理。

　　概念的承認，絕不等於社會效益的成功。破壞與成功是對比的，可連繫看前後。總之目的為社會前進和發展。以發展進步為重。

　　剩餘價值理論及其並蒂而生的剝削理論，為甚麼會帶給人類如此大的不幸，相信要向《道德經》中才可找到答案。但其

後帶來好的效果大多數人和國家民族得益，既又另一問題。所以說"道可道，非常道"是一定永恆的名言。

總之孔子說："錯而能改，善莫大焉"。更是日常緊記實用古今當代名言。

道可道，非常道，和錯而能改的哲學思想是糾正任何政治思想的靈丹妙藥。加上"常無欲以觀其妙，有欲以觀其竅"，思想也就永無錯說可言。

2. 剝削的社會性

唯物主義者用勞動剩餘價值去演繹剝削的可怕和可悲，付出努力的人，應當摒棄「做一天公平的工作，得一天公平的工資」，這種保守的格言，而要徹底把社會現行的勞動制消滅。

唯物主義者的經濟觀狹隘得難於形容，把勞動的概念僅開放到體力而矣，將腦力勞動擱置忽略，並且投以卑視的目光。這反映了唯物主義者的經濟觀是片面的，屬於唯心主義的範疇。永恆束縛社會的發展。這充分反映唯物主義者的原始性。

剝削，在唯物主義者腦海裡，是絕對的，看不到其相對性的，當然更看不到其中的辯證關係，用剩餘價值受損去指證剝削的可惡，而將社會發展階段性的制度送上斷頭台。

試問，勞動者不甘剝削，完全是對的，但用資本主義去取得剩餘價值的人，清心寡欲，不拿出資本來，社會經濟發展，豈不是全是個體勞動者的天地，回復到日出而作、日入而息的社會嗎？當然，**這是中國人早已產生的共產意識包涵，偉大的前瞻性。道德經的高以下為基，貴以賤為本，和無為，而無不為；萬事作焉而不辭，完全是共產的思維。**

　　社會永遠是反漩渦地發展的，誰阻擋得了，誰可改變此一永恆的趨勢？

　　中華民族是世界上最早認識剝削的醜惡和可怕，以老子為代表，他不贊成消滅剝削，而要化解剝削，利用剝削作為推動力，造福社會，造福國家而至天下。

　　完全可以這樣說，如果全世界的哲學早已供奉老子為哲學之父，《道德經》是哲學家的膜拜聖經，西歐的哲學家就不會成為唯心主義或唯物主義這兩種哲學了，也不會成為唯心主義哲學的犧牲品，更不會遺禍世界；或者他們在天有靈而虛心地認真讀讀老子的《道德經》，也許他們後悔的熱淚化作甘露，滋潤人間，去彌補為禍之罪！陳子有如此超時代的幻想，如果孔子將"克己復禮"，改為克己後道；中國在商朝已經開始推行共產主義。陳子更幻想，如果世界經濟學家，早洞悉道德經第七十七章。起碼在明朝正德年內推行共產主義政制。

　　老子《道德經》第七十七章有云：

　　「天之道。其猶張弓乎。高者。抑之。下者。舉之。有餘者。損之。不足者。補之。天之道。損有餘以補不足。人之道則不然。損不足以奉有餘。」

　　老子教諭人們，當然包括那些顢頇的哲學家在內，要將道的自然性，轉化為社會性，用之去作指導社會經濟法則，而去調控經濟發展。老子從經濟發展的法則，早已洞悉社會必然出現貧富的現象。亦知道它是由「剝削」所造成，因此，老子提出調控和化解剝削的救世辦法，使「有餘」與「不足」者避免磨擦產生不可調解的衝突，而要使他們彼此融洽起來。老子他主張對有餘者要「損」，損的內容，包括繳納賦稅和某些方

面受到約制裁和取締，並將從有餘者身上取得利益，去發展社會設施，去救濟和補助不足者，保障其生活的權益。對以"不足者"，要求他們接受社會法制和經濟活動，切勿學唯物主義者那樣，死死地拴着剩餘價值作武器，去抗拒社會，鬧到天翻地覆，他們豈知和相信稅收的法制可以調控和化解富與貧！同樣要按"損不足以奉有餘"。損不足的必然性和奉有餘的社會運作性。

當今社會無論硬性平均主義，或欺騙性平均主義，均發揮稅收法制。但兩者均屬衰亡的經濟制度。不過前者對社會的裨益大於後者。社會最後勝利是前者，後者最終要敗下陣來。但前者，提前運用老子《道德經》經濟觀，輕鬆容易取勝，何不樂而為之，而辛苦百姓？同時自己亦表現自己是全心全意為人民服務。名冠千秋，功宣天地。難道此非人類理想政制乎？中國人多深刻冷靜思維，思維《道德經》經濟政制乎，"損有餘與補不足和諧恰當配合"，使全人類過著政通人和，百廢俱興的理想社會生活。社會上萬事萬理，均以能量運作規律去指導，不是更科學、更徹底、更永恆、更萬世不衰嗎？**陳子向諸君說出一道德經的徹底偉大天書理論：無有入於無間是能量化為電能的辯證關係。道德經是全人類、經濟、政治、文化的永恆天書。**

老子要求各級國家領導要夢寐以求：「聖人為腹不為目」，把人民百姓的溫飽擺在首要地位，然後因時制宜按部就班地推行自由、民主與人權。它們比西方有過之而無不及。這則道德經唯德唯能自由、民主、人權。將民主與自由的矛盾鬥爭調和而彼此協調而發揮效能。

西方必然每況愈下，到 2035 年，人們可見西方經濟明顯衰退，以証明「實踐是檢驗真理唯一標準。秋風花落兮，黃葉漫天飛！四季如春兮且看中華！

老子還要求領導者以此為座右銘：

「貴以身為天下者。則可寄於天下。愛以身為天下者。乃可託於天下。」

天下百姓安居樂業了，作為領導者，也就「功成名遂身退」。到了生命結束，人民大眾永遠感激和懷念他們，他們稱之為：

「死而不亡者。壽。」

《道德經》，包羅萬有；老子，化行古今，與天地宇宙同光共古，億萬世而不衰！《道德經》是全人類天書，與天地共古！「道主儒輔」是全人類最理想政制，由中國起而到全人類，世界人類大同，和諧一家。

道德經不反對人們用急速去實現好的願望，但要知道"道可道，非常道"和"知錯能改"。但永恆主張"善者，吾善之；不善者，吾亦善之"的態度去改造社會，去為人民服務，促使社會永恆和諧進步。

當代中華民族出了兩位天才的經濟學家，海峽兩岸各有一寶，他們各顯神通，為社會作出偉大貢獻，解決經濟上各項難題，從他們的學說和主張看，在大陸肯定無是老子的私淑弟子。他們功勞於世，輕而易知。他們是誰！經濟是社會的水源，但政通人和，是中國渴望永恆，中華民族要統一是永恆要求！為政者知否？

不過，在大陸的前者經濟學家，是懂道德經而治中國，後

者在台灣不懂道德經，怕他不能堅持下去而半途而廢，有失將來。彼國民黨，應惡補道德經，唯求國共合作，中國永恆萬世不衰，實現孫中山先生偉大願望！

陳子撰一詩，敬謝中國大陸當代兩位聖人；前者，名垂千古，受敬永恆；敬希後者旭日初升，光芒萬丈，長照中華。

道德永恆福蓋世　　國強家富世永寧
韜光養晦長年在　　銘謝民豐習近平

（三）從道家觀點看革命

這一問題分三點進行闡述，1. 人類社會為甚麼會產生革命；2. 甚麼革命才能順天應人；3. 革命與反革命的辯證關係。

革命，是個興奮和驚恐的詞語，它通過破壞進行建設和殺人進行救人。總之，變是革命的內涵。革命是矛盾的自熱性，不可調和的結果。

古人為革命下了這樣的註釋：

「天子受命於天，故王者易姓曰革命。」

為了說明革命是好是壞，在《周易》革卦象辭中有這樣的句語：

「湯武革命，順乎天而應乎人。」

《易經》是世界上最早的哲學經典，相信它對革命的註釋最為權威。世界革命家都從這裡抄襲，為它進一步打扮，披上一襲巧奪天工美麗無比的幻想衣裳，去招惹人民參加。中國分久必合，合久必分，是何道理，曾有幾個學者可以理解解釋。

且看陳子用道德經觀點作解釋，敬請批評恰當與否。

道德經是人類永恆天書，亦是人類政治方向的唯一指南。

談世界革命，可能因範圍太寬而漫無邊際，拿中國革命來說，以「王者易姓」為標準，起碼重複超過千萬次，但老百姓還是好景不常，受盡貪官污吏的蹂躪！生活顛沛流離！在水深火熱中！似乎貪官是中國天下大亂的罪人，使人共識，自出娘胎是個好兒善女，經中國社會教育世代貪官不絕，但中國傳統文化是教人為政通人和更努力。這反映教育是國民的靈魂，政治是靈魂動力。國家要極力投資和推動。然而，以何為準則？**諸子百家無一是科學哲學思想，絕無指導中國永恆政治的科學作用。但《道德經》最為重要，它能指導諸子百家不得是誤入歧途。國家因此而萬世興隆。上文批評諸子百家的思想亂搞亂中華文化留下是導致中國衰亡原因之一，這完全是救世良言。**敬請細讀而明下面語句。

「革命，順乎天而應乎人。」

可有誰去受改變錯誤的現狀，還它原來真正的面目嗎？

世界變了；天下，再不僅僅是指中國的意思，而是包括整個世界。過去人人主要是野心家，盼天下大亂的到來，參加中原逐鹿，滿足個人的權欲；然而，自從南京條約以後，全世界列強都來侵略和瓜分中國，倘若中國大亂，尤其是當今之世，新霸權主義者虎視眈眈，中國可以肯定會軍閥混戰，形成二十多個國家，那時悔之晚矣！中國亂不得，誰想中國亂，誰應是漢奸走狗賣國賊！中國亂不得。

近世紀兩次中國大變革，幸免未亡未滅，第一次世界大戰和第二次世界大戰牽制了列強，但今天世界，新霸權主義財雄

勢大，聯結有野心的國家，只要中國政治動盪，局勢混亂，乘機摧毀中國，不費吹灰之力；中國人是蠢豬。

中國亂不得，一亂，關乎中國生死存亡！也豈因此中國人成了亡國奴。中國人要緊記心頭。中國人要刻骨銘心，中國亂不得。

秦朝亡了之後，由劉邦建立強盛的漢代，奉勸舉國上下中國人，切勿幻想如此機會再來，而要時刻警惕，中國人鷸蚌相爭，而新霸權主義者和其同伙這個漁人也就得利了。**敬望天下母親，當孩子出世，就要教導他們愛國愛家愛民，隨著年齡，天天教導，中國惹不得，中國人亡不得，中國負責神聖天職。拓展世界文明已經完成；然而邁向世界和平，非中國人不可。中國能忍辱負重以德報怨，受天人敬仰，世界朝仰。**

似乎再無別的途徑，擺在中國執政者和中國人民面前兩者唯一的選擇，是大家共同振興中華，再不要祈望革命的發生或到來。不過中國政治因素已經為當今政治徹底化解，製造再次革命因素已經成了「蜀道之難，難於上青天」！然而短暫的動亂亦應避免，帝國主義會聞風而聚！中國亂不得，中國要永恆緊記於心。

特區，2019 年開始亂，亂源特首缺乏推行公民教所致！中國人要杜漸防微！中國亂不得。

1. 人類社會為什麼會產生革命

革命，是兩種勢力矛盾到了白熱化後，訴諸武力的鬥爭，其根源起自社會分配發生了嚴重問題；因此，革命是個經濟問題。"民不畏威，則大威至；無狹其所居，無厭其所生；夫唯

不厭，是以不厭"。道德經指出社會亂於此也。

所以有人說，革命的根本問題是吃飯的問題，更有人直截了當地說，革命最終目的是為了改善生活。

這些觀點都是新近的東西，如果翻起歷史來，有書為據，最早知道人類社會為甚麼會產生革命並揭示革命的根本原因者，是老子，他在《道德經》中用最簡單最顯淺的語句，說出了這一高深的大道理：

「聖人為腹不為目」

他這句話，不但一針見血地指出革命發生的根源，並且告訴世人如何化解革命。任何統治者稍有人性，亦不會弄致如此。但明朝崇禎，無知殺了大忠臣袁崇煥先生，外族女貞族，乘吳三桂的家室為內亂勢力擾亂而引清兵入關，造成明朝覆滅！此反映中國要謹防內奸，與外勢力結合，中國必亡！愛國愛家是永恆教育。「道主儒輔」是中國最優秀政制。道德經是人類天書，誰懂得運用它治國，推行"道主儒輔"，中國永遠兀立世界。"道主儒輔"總結中國全部傳統集於文化思想一身，是最優秀政制總集。從吳三桂引清兵入關亡明朝，今後統治者要世代推崇國民教育。

在人類社會裡，對革命發生的根源和化解的方法理解最深最徹底，到了瞭如指掌的，唯一的是老子，他是革命之父，《道德經》是革命經典，是革命者必讀之書，可惜能夠徹底理解《道德經》的革命家不多，不然，他們的著作，為甚麼未有一個人能提出徹底解決人類社會的革命的理論；人們讀了他們的革命理論後，帶給人類的，是鬥爭－災難－鬥爭，災難不斷重複，無止無休，永遠陷入痛苦的深淵。因此陳子懷疑，中國真正理

解《道德經》的為政者不多。**陳子按分久必合，合久必分的情況不斷繼續，自老子後，能洞悉道德經者，完全可斷言知者希矣，歷史學家介紹的道家人物全是一知半解道德經的人。陳子更可大膽斷言，諸子百家，孔孟，最主要的是歷代世襲帝王，無一人懂得道德經！暴殄天物！**

全人類，尤其是中華民族，要徹底放棄災難性的革命理論，樹立老子徹底化解社會革命的理論，拯救人類跳出災難性革命的漩渦。道德經偉大的教義能使西方資本主義能與神州政制接軌而進入世界大同。不過世界以罪魁禍首美國政客堅持侵略令世界災難拖延。西方政客全是人類災難之源。西方政客永恆是人類災難罪魁禍首。

無論唯心主義的革命理論，抑或唯物主義的革命觀，都是人類災難的漩渦。

它們兩者，都是一丘之貉，並非五十步笑百步，完全沒有伯仲之分。

任何哲學理論，皆無能解決社會的革命問題；唯有唯德唯能的《道德經》是妙藥的政治靈芝。道德經能化解天下任何困難和難題！道德經永恆是全人類天書。

2. 甚麼革命才能順天應人

「革命」這一詞由王者易姓的局限，引出很廣的內容，比方十九世紀的「工業革命」，是一典型的例證。工業何來是王者，革命多改良，全與社會並非直接相關。

儘管引伸到範圍怎樣廣闊，無論去到經濟、政治、文化、思想、技術、學術、醫學等等，但其順天應人的主導原則仍是

不變的。順天應人無論如何是革命的合理與否的活動範圍圈。

「順天應人」的革命觀和「道法自然」的革命觀是一致的，如果用這種思想去指導革命，其結果必然對人類有利、對社會有益。對人類人民有益而全無害。

唯心主義的革命觀，是從心所欲，而不順天；唯物主義的革命觀，是主觀片面，而不應人。他們的革命理論因心變而改變，災難於自己本身，亦連累擁護他們的人民。因此完全可斷言唯心主義革命觀、唯物主義革命觀，因違背了"常無欲以觀世妙，有欲以觀其竅"，所以兩者導致其革命觀是錯誤而不正確。

《道德經》第四十章有云：

「反者。道之動。弱者。道之用。天下萬物生於有。有生於無。」

整個宇宙天地，全為道所主宰，道是能量的統稱，來自物質的發揮。道能量之往返，強弱之變換，使萬物轉化，生生不息，進行「有」和「無」的過程。革命是社會的變化，亦包容在有無變化中。革命的存在和產生，是為了改變舊的有無，而要求新的有無到來。當新的有無失卻其凝聚力，革命又會出現要求和產生。這種運動現象，稱之為不斷革命。原因是革命永恆不散，得到恰當的革命思想却解決受革命的因素，如果中國早懂得和認識革命因素是什麼採用《道德經》理論去處理，革命因素完全解決，社會永恆太平，政通人和，國泰民安！

運動雖然永恆，但要通過靜來轉換，革命同樣存在這一道理，只要聖人能掌握其動靜的轉換，由一個舊的革命過渡到新的革命，翻天覆地，是完全可以避免的；且看日常事物的新陳

代謝，不是可以理解到和平進行的可能嗎？

是以革命要通行武裝鬥爭來實現，完全可以肯定，是一種片面武斷的唯心主義理論。不過，社會的分配長期累積不能解，《道德經》云：「**民不畏威。大威至矣。無狹其所居。無厭其所生**」，社會革命全由此原因造成。所以道德經對革命途徑絕不反，是無厭其生所必然。革命是不得而用之。革命是因錯誤頑固堅持所造成。

新陳代謝的革命，就是順天應人的革命。中國歷史上的革命，很少不是「藉天應己」的革命。儘管開始時，口頭用盡天下動人的美麗詞語，其後虎頭蛇尾，烏烟瘴氣，百姓受騙，當官的騎在人民頭上，為所欲為。這叫「**以智治國**」，那些貪污腐化的「官羣」，在老子革命理論的心目中，他們都是「**國之賊**」。

怎樣才能不以智治國，而使太平盛世之福長存呢？一定要推行老子《道德經》中的「順天應人」的革命理論。

老子道家革命必須經得起下面四大原則的檢查。四大原則分為：（甲）、民族性；（乙）、生活性；（丙）、科學性；（丁）、包容性。倘若任何革命符合此四大要求，革命也就不會困難於順天應人，而完全符合順天應人的好革命。

（甲）民族性

世界上任何一個民族，有其民族特性，革命必須根據此一民族性，緊緊地把握着它去進行，絕不動搖，並且時刻以其去檢驗革命的過程，回顧過去的政策，制定未來的措施。這叫「**慎終如始。則無敗事**」。起始是民族性，在整個事情到完

結，均不忘民族性內容。進行的革命也就則無敗事。

　　中國近世紀來的革命運動，都是「以洋為師」，結果全都失敗；改轅易轍，亦是失敗的表現。失敗不在革命者，咎在革命理論，任何革命者，都要為人民"錯而能改，而善莫大焉"。民族性是革命的核心思想，如果這點受到排斥，革命必然失敗，不失敗亦帶來諸多反覆變化。以太平天國為例，受到西方宗教影響，採用外教為核心，結果在南京立足十五年，最終難免結束。其後辛亥革命亦類似繼承，最終在 1949 年結束。太平天國革命，辛亥革命兩者內容均有違背民族性，所以難於維持長且久的歷史。這有力証明革命必須符合民族性，不然必然多災多難在後頭，不懂錯而能改，也就失敗必然，太平太國革命、辛亥革命是有加証明。

　　當今偉大的哲學家所提出的理論，因為有民族性的支持，所以中國經濟欣欣向榮。而新霸權主義者，看見中國天天向上，而極力反華。

　　偉大哲學家指出，「知其白。守其黑。為天下式。為天下式。常德不忒」，以貓論體現偉大唯能唯德思維，反映《道德經》唯能哲學思想。貓論偉大哲學道理非一般人明白。貓論核心，是其捉到老鼠，這功能反映了唯德唯能，這是道德經的哲學核心反映。為了防止實踐中出現錯誤而提出"實踐是檢驗真理唯一標準"。要廣泛檢驗真理，提出改革開放更提出"韜光養晦"與保障改革開放發展永恆。中國發奮圖強永不落空。接著一帶一路，世界共同體偉大繼承，前途偉大光明。

　　相信民主人士的中國人，豈能捨棄民族靈魂，當外國人反華腰帶上的傀儡呢！

革命民族性，即歷史性，是革命的基石和核心，切勿放棄和動搖。

中國民族的絲綢之路，今天亦將繼承，"以一帶一路，世界共同體"的新姿態繼承。促使中國永恆富強國泰民安。**這是偉大天才繼承。**

（乙）生活性

革命最終的目的，是為了改善人民的生活，只要革命家能時刻記着這一目的，並且使人民知道此革命為他們而進行，人民自然會為革命拋頭顱灑熱血，前仆後繼地支持革命，由太平天國革命以來，哪一次革命運動，人民無不為支持革命而犧牲？辛亥革命中一次黃花崗烈士壯烈的犧牲，反映他們心中認為是為中華民族而死，因此壯烈犧牲在所不惜。革命前進吸引力多強，多少中國人為此吸引而付出生命！但一旦為民族發現其革命失却民族性，革命也就很快失敗。其太平天國 15 年；辛亥革命 38 年，多麼短暫，誰先知它們均失去民族性和生活性。短命在所難免。

中華民族歷代為國為民犧牲的烈士們，永垂不朽！您們是國家的靈魂，是民族的楷模！因此，每年清明國家和人民共祭忠魂。

任何欠缺生活性的革命，那怕口號是那樣的美麗動人，到頭來難免把擁護和跟隨革命的人民推進災難的漩渦！使革命走上死路一條。

生活性，是革命的靈魂，是革命家永遠要把握的方向。

老子心目中的聖人，無分大與小，上至國家元首，下至普

通百姓平民，在領導社會革命時，都要以生活性去檢驗自己的工作，看它有無損害人民百姓的生活，一旦發現有所損害，也就毫不猶豫地將它糾正。所以政府人員，每人每日能檢查自己工作帶來的生活性，那他是國家人民的好幹部！

中國人民生活天天改善，到 2025 年第一次開始脫貧，此為國家為改善人民生活而努力的反映。西方政客耀武揚威，到 2035 年，而西方政客將變成一隻喪家狗，到處受到斥罵的聲音。中國由 1949 年至 2035 年，中國欣欣向榮，西方却像秋蟬，噤若寒蟬。大家拭目以待，日子必然到來。每個中國人，要立志做徹底為人民服務的公差，何患中國不富強，永恆無衰，堅持以德報怨受欽服於天下人，世界邁向大同。

（丙）科學性

革命的科學性，是革命的眼睛，亦是革命的指揮樞紐。革命的科學性愈高，愈全面和愈準確，它的成功率愈大，相對的錯誤性也就愈小。在革命的過程中出錯率愈低，人民羣眾的革命性因之而更加高漲，任何天大的困難和阻力，將為羣眾的革命熱情所摧毀。成功指日可得。

蔣介石先生八百萬大軍兵敗如山倒，原因在於立國、治國均科學性處理得不恰當而造成。一直到 1949 年不得不遷師台灣，亦因失掉科學性無改變而造成，永久失敗。蔣介石先生威風換來停屍轉返大陸入土為安！先生！因您不懂道德經所以如此！這是先生失敗的根本原因，應永遠成為中國政界典範教訓。

作為一個革命者來說，他的科學性如何，將會影響由他領

導的革命的成敗命運；是以一個革命者，提高自己的科學性，是責無旁貸的事情。《道德經》是全人類天書，戰無不勝。蔣介石先生前車可鑑！蔣先生您太剛愎自用了。可惜有其父亦有其子！蔣經國先生，將台灣政權給李登輝，是繼蔣介石先生不懂道德經之敗！

老子在《道德經》第一章中，為所有大大小小的革命者提出如何提高科學性的方法與途徑：

「常無欲以觀其妙。有欲以觀其竅。」

「觀其妙」是微觀，「觀其竅」是宏觀，將微觀和宏觀兩者交替運用，並且演繹、檢查和對比，使自己的判斷愈加與科學性貼切，以之指導革命，也就無往不利，戰無不勝，整個革命運作過程達到了「道常無為。而無不為」的境界。

中國革命勝利，《道德經》的戰略發揮高度完善。反映《道德經》是一本天書無所不包。請永記陳子對聯：晨早當思謀生計，閑時應讀道德經。

毛澤東先生道德經戰略運用神出鬼末，小米加步槍戰敗蔣介石先生八百萬軍隊，足見道德經利害驚人！道德經是人類天書。孫子兵法，全源自道德經！道德經囊括天下一切智慧！

（丁）包容性

革命的包容性，說得通俗一些，即所謂統一戰線。是以知道統一戰線最早的應是老子，他在《道德經》中有一句這樣的話：

「孔德之容。惟道是從。」

老子道家革命的包容性由這裡誕生和成長，它為革命的補

給和壯大找到了用之不盡的源泉。

　　《道德經》是天下人間一本天書，包容萬物萬理萬計；中國自古兵家的戰略無不源於此書。最偉大的《孫子兵法》，亦與《道德經》有關。天下若無《道德經》，可肯定不會有《孫子兵法》。孫子兵法揚名世界，其每一計一策無不是根據道德經。孫子兵法，"知己知彼，百戰百勝"，它和道德經說的，"古之善為士者，微妙元通，深不可識"，前後兩者，有何區分？後者，當然大大超過前者，是小巫見大巫！道德經是大巫，孫子兵法是小巫。

　　革命的包容性，有三層意思，一是為革命提供生命力；二是對敵人和壞因素起着消除和化解的作用；三是邀請革命人民羣眾對革命的監督，增加革命的透明度，擴大革命的民主性，即所謂革命羣眾化。

　　任何不重視革命包容性的革命，都是獨裁的革命，最終會走入唯心主義的死胡同。蔣介石先生的失敗，就是欠缺包容性。革命從孫中山先生開始，共產黨人奮力支持，但其後因失掉生活性；科學性；包容性而國共分家。帶來國民黨失敗。

　　在革命隊伍中，無數革命優秀分子，被人為迫害而死，就因為領導革命的領袖欠缺革命包容性所造成，加上欠缺遠大眼光，眼光和胸懷是同一重要。其同樣歸屬包容性。

　　明朝亡國，全因明崇貞王欠缺軍事知識，殺害袁崇煥而終走上梅山自殺。斷送了明朝。對抗外敵侵略亦要順天應人。

　　所以，一個「順天應人的革命」，必然具備那四大原則。在此四大原則中，彼此是有機的結合，相輔相成。有了此四大原則內容支持的革命，才是順天應人的革命。不然，都是虛偽

的革命、欺騙人民的革命、為權欲的革命、胡說八道的革命。如此的革命就算成功了，亦不久江山。分久必合，合久必分，原因在此。所以陳子斷言，中國歷史上懂道德經者能有幾人？**辛亥革命，不能長久維持，是孫中山先生不懂道德經，連帶蔣介石先生父子亦無知道德經。**

蔣介石先生算是一位天才日本式軍事家，但他欠缺與中國現實結合而脫離，不得不戰不過小米加步槍！這一事例充份反映革命要順應天應人。任何偏離順天應人的事情應一事無成。在歷史上凡失掉順天應人全都一敗塗地。

道德經是超級的戰略天書，蔣介石先生無知《道德經》敗走台灣，停屍待回鄉葬。蔣經國先生同樣無知道德經，有目無珠，錯識李登輝。台灣國民黨要員，懂得道德經者，是何人？敬請國民黨惡補道德經！

3. 革命與反革命的辯證關係

不少人自詡是革命家，把別人打成反革命，也許，後者是個真正的革命家，而前者是個反革命者。到底應如去認識革命家和非革命家。這往往是執權者，他妄守客觀而主觀判斷是反革命，在革命中事例反覆出現。

那麼革命和反革命如何界定？

要界定這問題很簡單，只要大家能根據四大原則，去檢定任何一個人的所作所為，是否順天應人，而評定他是革命還是反革命，相信不會錯到哪裡去。

永恆評斷革命者和非革命者四大原則和標準：

其原則（一）民族性；（二）生活性；（三）科學性；（四）

包容性。

一個革命家，終生參加革命，為民族為國家貢獻了畢生的精力，他無疑是個偉大的革命家；然而，不能説他一生中做的全是革命的事情；也許，他思想不夠客觀，並未注意到形勢有所改變，還是拿着舊的一套觀點去權衡別人，把別人革命的行為説成反革命，這是一件很普遍的經常出現的事情。

所以老子提出要「絕聖棄智」的主張，要求領導者的思想時刻貼近現實，不要與時勢脱節，把革命的事情，看成反革命，冤枉好人。

革命和反革命兩者是絕對的，但彼此之間是相對而辯證的。在一個共同的隊伍中，今天他所作所為是革命的，而另一人所作所為是反革命的，但到了明天，也許各自的屁股相調，意見、矛盾、破裂、內鬨，也就由此而生。

為了徹底解決革命隊伍中的內部矛盾，老子在他的《道德經》第六十四章提出了這樣的主張，以供大家參考：

「其安。易持。其未兆。易謀。其脆。易破。其微。易散。為之於未有。治之於未亂。合抱之木。生於毫末。九層之臺。起於累土。千里之行。始於足下。為者敗之。執者失之。是以聖人。無為亦無敗。無執亦無失。民之從事。常於幾成而敗之。慎終如始。則無敗事。是以聖人欲不欲。不貴難得之貨。學不學。復眾人之所過。以輔萬物之自然。而不敢為。」

「道法自然」和「絕聖棄智」，是這章的核心思想，只要大家聽老子的話，把《道德經》奉為哲學聖經，革命和反革命的青紅皂白，也就一清二楚，無須多言。

老子，是世界上最偉大的革命家，應當之而無愧；是革命家的導師，更加名副其實。好些人熟讀《道德經》，因不能洞悉《道德經》，所以造成大災於革命。

明察秋毫，革命與反革命，而不會冤枉人，或者自欺欺人，唯有洞悉《道德經》。才可完全避免，任何誤判，均來自對《道德經》理想不透徹造成。

要徹底認識革命與反革命的絕對性、相對性和辯證關係，一定要洞悉《道德經》。尤其是陳子經多研究所提出的四大原則和標準。

《道德經》是全人類天書，中國人真要洞悉《道德經》，並運用純熟，而置股掌之間。任何洞悉道德經的人，必然有益於人，於社會，於國家，永遠是不敗的人。笨伯亦變精人！陳子撰聯：晨早當思謀生計，閑時應讀道德經！以為共勉。

動亂全知道德經　　自然道法定天成
誰人堅毅修通此　　唯德唯能護國臣

（四）對階級論的闡釋

階級，是往來兩個不同水平通道，一旦發生了損毀，因地區人口的多寡，帶來的影響和損失各有不同；如果是全國性的出現，國計民生的影響和損失，那就無法估計。這是日常生活的階級，由普通常用的價值和需要帶出社會意識形態的借喻。

自然性的階級損毀其影響尚且如此巨大，如果是社會人為的引發人類的影響，其影響豈不令人毛骨悚然，不敢想像？因

此任何時代的領導者，絕不能等閑視之。人類世界性的影響令人毛骨悚然！普通領導者要注意，重要領導人更要重視。

　　甚麼是階級？階級論是甚麼？大家要認真研究和探討，才不致誤國誤民誤己誤人。避免不必要的人為損失和社會政制失誤。只要有道德經智慧，國家總充滿希望，定能知道"錯而能改，善莫大焉"。現實先訴中國人，中國是個定能如此的民族，每人均要求努力求取中國的富強。中國人必然能實現中國夢。政道人和，國泰民安。世界臨危大變遷，經濟往下走，人民叫苦辛；然而世界變，天下唯獨中國是獨好。**這是中國今後再不會發生似 1949 年前的政治災難；只要本著洞悉道德經的道理；"道主儒輔"，中國的進步是唯一可能，因中國革命因素全不復存。**

1. 闡釋階級論

　　階級是固定的物體，而喻用人類社會的經濟差距是靈活的東西。前者，並無思想意識在其中參與作用，但後者，與思想意識有着密切的關連，其中的成員經常進行着交換地位，永無終止。這樣將固定不變不存在意識的死物，比喻為活動的有思想意識在其中參與的事物，這個比喻很明顯是不恰當的，因不恰當使人難於認識事物的本質，亦因比喻而引出錯誤的難於適從思潮。也許階級論者因自己這錯誤的比喻而作出錯誤的程序結論。道可道，非常道，和常無欲以觀其妙，有欲以觀其實，中國政治家必然能引導中國成為唯德唯能偉大強盛無疑的國家。

　　作為一個階級物體來説，原是在下層的使用之階級，怎

樣通過鬥爭，搬至人類頭之上腦之內上層，而原來是上層的梯級，怎樣將之搬落下層？從交換的過程來看，要將原來的階級秩序徹底打破，建立新的秩序，那麼，「新的階級」不是同樣有「新的秩序」嗎？打破舊的，建立新的，其仍然是有秩序的階級，如此驚天動地的過程，難道不會帶來影響國計民生嗎？把鬥爭和階級連結在一起，理解難明。**天地之所以能常且久者，以其不自生，故能長生。這是道德經偉大指導理論。**

另外，上層階級向來是少數，而下層階級是大多數，把它們轉換，大多數壓在少數上，如此的新秩序新結構會安全嗎？居安恩危，中國得統一永恆，所以前進永恆掌握在中國人心中。

倘若說將階級完全廢除，那麼，如何由低處通往高處呢？豈不是整個社會都要建平房了嗎？高樓，成為非禮不可言了。"順天應人"，永遠是警惕人類要改正西方錯誤的政策。

無論怎樣說怎樣想，似乎將社會經濟地位的差距比作階級是不恰當的。再由此不恰當的比喻，從階級論引出階級鬥爭，更是費時失事。整個世界的發展趨勢，已經論證了此一問題。同現實已經從錯誤中走出偉大正確中國必然改導世界走向人類大同，人類全希望在中國。

大家切勿把兩個概念混淆，階級鬥爭是一種革命，但革命不一定須要階級鬥爭。把這兩個概念分開來看，不是為了否定一場成功的革命，而是為了珍惜革命，時刻不離開革命最終的目的，是為了改善人民的生活。

《道德經》云：

「慎終如始。則無敗事。」

　　當今最偉大的哲學家，之所以挽救了蒼生，是因為他能
「慎終如始」，不讓社會走上死路一條，及時提出了開放政
策，使中華民族走向「則無敗事」的坦途。

　　振興中華是一場艱巨重大的革命，它比任何一次歷史上的
革命都要波瀾壯闊，掀涉的面是那麼寬，需要的財力、物力、
人力是那麼龐大；它的偉大意義，不僅是關乎中華民族從此
擺脫貧困的問題，世界人類亦因中國的繁榮和富強，成為和平
的支柱，化除任何戰爭的因素，保障了共同建設美滿幸福的未
來。

　　是以全世界的炎黃子孫全都同心同德投入這一次偉大革命
的行列，尤其是兩岸之間，要以民族國家為重，共棄前嫌，精
誠合作，振興中華。世界共同體，一帶一路，完全是時代的思
維，通往世界大同。

　　潮流所趨，誰可抗流？

　　社會上存在的經濟差距，用階級來概括是不恰當的；兩者
的交換地位，無須經過鬥爭來實現。鬥爭，是破碎哲學，說徹
底些，是唯心主義哲學；要化解和引導社會，只有老子道家哲
學，它是世界上唯一科學的哲學。"只有道德經能夠救世界"
是永恆正確天經地義的哲理。美好的一國兩制的中國一定成
功，徹底**為人民服務**。

　　台灣在經濟和政治必然困繞不能不唯一道路是統一。中國
邁步永強永恆。

2. 經濟地位的差距是等級而不是階級

　　等級和階級，是兩個概念不相同的詞語。前者，是經濟和

政治；社會發展必然產生的現象，人的思想意識在其中參與，經過一番的競爭，而取得勝負的紀錄。它們彼此間的競爭，可以同在一個和平環境中進行，採取自然而然的方式，參與者多是個體或者小羣體，他們所具備的是體能、智能和物質條件，以及遵守行規俗例，無須任何形式和儀式，一場隨意、隨時、隨地競爭也就展開；在競爭過程中，大家可以相安無事，不動聲色，勝者自勝，負者自負，勝者要再接再勵，敗者可以另起爐灶，屢敗屢戰，一直競爭到「春蠶到死絲方盡」。絕不是一場階級你死我鬥爭；這場競爭可永恆而繼續有益無害。問題是政府公平監督。而認識此者的彼此關係和互動。

階級是一種固定的排序的工具結構，在其中任何一級發生損毀，也就觸一髮而動全身，造成整體拆除和廢棄，所以階級鬥爭是破懷性的，是全體性的一種社會新安排；費時失事的重建，大傷社會經濟元氣，難於收拾殘局；在管理上處處驚心，要「為」要「執」，患得患失，百姓難免被推進貧困的漩渦，不能「慎終如始」，當然「則成憾事」！能知道錯而能改，善莫大焉，這是一補救良方。中國人有道文化唯德唯能基礎，出現現象很快糾正，而走向正常。

等級，是名副其實、順理成章、順天應人、恰當地概括和反映現實；然而階級一詞卻不盡不實，牽強附會，詞不達意，正所謂名不正，則言不順，使人思想僵硬，充滿了火藥味。兩者對社會產生效應各有不同。

無論怎樣反覆深思，宏觀淺見，作為一個概念來説，階級是衣不稱身；等級觀，似乎是天衣無縫。不過政治要以唯德唯能作指導，經濟發展才永恆不出問題。

經濟發展的社會，好像一個大型的競技場，項目繁浩，各盡其能，各取所需；勝者不厲兵秣馬，難免驕兵必敗，敗者不氣餒，大可反敗為勝，何須以死活決勝負，不亦樂乎！

競技場中，最重要的是嚴明的規則、「不見可欲」的管理和那高素質的廉明裁判；只要解決了這三大問題，本着"順天應人"的宗旨，競技場可成為人間樂園！

如果人類共識社會經濟差距是等級，而不是階級，要競爭而不是鬥爭，國家是裁判工具而不是專政工具，社會不是安寧些、快樂些、快進步和發展嗎？何樂而不為？總而言之，唯德唯能道德經永恆主導社會一切而一切皆政通人和。

要洞悉經濟地位的差距是等級而並非階段？《道德經》中第七十七章：

「天之道。其猶張弓乎。高者。抑之。下者。舉之。有餘者。損之。不足者。補之。天之道。損有餘以補不足。人之道則不然。損不足以奉有餘。孰能以有餘奉天下。惟有道者。是以聖人。為而不恃。功成而不處。不欲見賢也。」

此章告訴大家此一問題，並且全面解釋了此社會發生根本大問題。拯救了世界，拯救了人類。在下面再作論述。繼續把問題弄得一清二楚。社會發展進步永恆。

敬請政治家、經濟學家克力批評指教，促使人類社會觀永恆發展，中國永恆快樂正常發展，永恆富強無衰。

3. 老子社會經濟理論徹底解決社會問題

一切社會問題全由社會經濟所引起，經濟是人類社會基

礎。整個人類社會由起源開始到今天，發生過無數次鬥爭和革命，其根源離不開社會經濟所引起。社會經濟發展得好與壞，直接反映到社會分配。社會經濟分配得好，那就豐衣足食，屬於太平歲月；水潦旱災疫症，時年失收，社會經濟分配不好，社會問題也就頻頻發生，若然連續下去，加上政治處理不當，生產不能恢復正常，也就爆發動亂甚至社會革命。合久必分，全因分配不均造成。世襲和儒思想困攘中國社會分久必合，中國政治興衰的因循，而產生分爭的現象。不稱時代的統治者、社會制度產生困難和時疫久持不下，這三個，是時代的致命傷。

人類歷史二千年多年以來，未有一人洞悉社會問題能夠超越過老子，儘管今天西歐政治和經濟學說汗牛充棟，不用說某一家某一人，那就說把全部之精華彙集起來，與《道德經》比較起來，尚且相差很遠，無可以相比較。完全可以這樣說，《道德經》之內容，包眾人之所不知，言眾人之所未言；可惜這部百科全書未為人所理解、未為人所採用和推行，所以老子要嘆惜了二千多年：**自世界性工業革命後，中國多迷於西方政制，全神投入學習西方。只要大家能檢討，大家定然認同陳子見解；中國災難全由西方"恩賜"。西方文明由中國拓展，中國災難全西方反贈，但中國人始終以德報怨；但西方政客更加仇視中國。千方百計搞亂中國。西方罪魁禍首以美國為代表。**

「吾言甚易知。甚易行。天下莫能知。莫能行。」

老子的嘆息，完全道出道德經不為重視。

中國毛澤東先生運用《道德經》軍事學戰勝日本軍國主義的蔣介石先生；接著鄧小平先生，運用《道德經》韜光養晦，

改革開放，一國兩制，解決全面性經濟困難救了中國，救了世界。在內防範了左傾，對外促使資本主義加速衰亡。接着習近平先生一帶一路，世界共同體，促使西方無論經濟政治均江河日下。

統而觀之，整個人類的災難的發生和連鎖，始終無法解決，是由於人類不懂得《道德經》所產生和帶來的原因應有所認識方可完全解決。倘若如此，世界太平，風調雨順。

中國歷史上的帝王，稍為接觸了《道德經》的皮毛，也就出現「文景之治」、「貞觀之治」、「開元之治」等等太平盛世。唐明皇玄宗，一旦疏遠了《道德經》，從此君王不早朝後，安史之亂也就發生。

歷史証明《道德經》理論，指導社會發展和興亡：順者興，逆者亡。《道德經》經濟理論指導永恆。「道主儒輔」是選無可選優良政制。

近世紀西方，經濟和政治亦稍為近似《道德經》的內容，無論經濟和政治也就飛躍進，把《道德經》發祥地的中國拋離到望塵莫及。這説明中國之所以落後，在五大原因困擾中，歸根結底，是中國統治者遠離了《道德經》。所以可以這樣説，中國之落後和受盡西方蹂躪是因為中國人沒有把《道德經》當作經濟、政治和生活的指南所帶來。如果能夠 "晨早當思謀生計，閑時應讀道德經"，中國永無衰落的出現。

《道德經》確是全人類天書，包涵整個宇宙治世之道，是百科全書，那一個人、那一民族、那一個國家，無知《道德經》，就必然失誤和落後並受凌辱。

幸得中國當今出了一位偉大的哲學家，他的政治和經濟措

施與《道德經》內容不謀而合，蒼生也就解困，精神得以舒暢，經濟和政治出現新的面貌，步向順天應民的繁榮富強的坦途。接著，一帶一路，世界共同體天才理論展開，中國永恆富強而必然。

中國是老子的家鄉，無論哪一位炎黃子孫，只要他有民族國家精神，總會潛移默化了《道德經》的傳統精神，當他精誠為國家民族謀福祉時，道的精神和思想也就自然而然地發揮出來。只有沉迷西方學說的人，治國才不應如願以償。

中國目前的發展和進步說明了一個總問題：順其道者，萬變而愈盛，逆其道者，萬變而愈衰。中國再不能有「安史之亂」發生。唐明皇從此君王不早朝，由一位道治聖君下降為馬嵬坡棄美為國，他的行為却未引起崇禎的警惕。明亡異族，遺恨千古。

老子的社會經濟理論足以徹底解決任何社會問題。道德經是治國的經濟政治天書。

對以《道德經》如何能徹底解決人類社會任何疑難的問題的根據，下面作一個扼要的闡述，以供海內外政治家、哲學家、思想家、歷史學家、經濟學家和各種各類的學者參考和批評；為了說明經濟地位的差距是等級而不是階級，由下面內容來闡述；中國能擺脫階級論，走上等級論觀，中國永遠擺脫階級的困擾而走向世界大同。分由下面五個方面論述：(1) 老子的「微觀」和「宏觀」的哲學思想方法；(2) 老子把社會分配問題看作頭等大問題；(3) 老子非常關注低下層生活；(4) 老子的五大經濟法則；(5) 社會全面性就業。讀者，能洞悉此五點說明，也就完全理解階級論亦知錯誤原因。

（1）老子的「微觀」和「宏觀」的哲學思想方法

老子認為，要認識宇宙問題和人類社會問題，首先要建立徹底道德經天書科學的認識論；之所以説唯物主義是主觀唯心主義，正因為它的認識論功虧一簣，只去到物質的細分，而沒有去到能量的盡頭，使整個哲學思想為來自神學的平均主義思想服務，把人類推進災難的漩渦。這是兩位偉大猶太人唯物主義哲學家永遠抱疚而無可彌補的大憾事！瞑目吧，因為您們疏忽深入研究《道德經》，然而，您們在學術上是永垂不朽的偉大之人！但您們的理論遺害世人可知否？無論在人權和神權上你們同是犯罪，那怕你們影響怎樣，相反更隨你的影響越大而受罪越久越深。當然你們的著作有其研究價值。社會救亡作用是人類不可否定你們的功勞。

道是能量的統稱，它來自物質的發揮。有了這樣的認識論，這種哲學觀就站在徹底科學哲學磐石之上了，然後由此磐石上瞭望宇宙，細觀社會人類，無時無刻不是鍥而不捨地運用「常無欲以觀其妙。有欲以觀其竅」這種微觀和宏觀交織不分的老子道家哲學思想方法，不難找到萬事萬物的客觀規律；這樣，萬事萬物為我順天應人，我的一舉一動一言一語，也就「道法自然」地替天行道了。

老子道家哲學思想方法，既是顯微鏡，又是望遠鏡，對宇宙和社會，還有甚麼不瞭如指掌，萬事也自然迎刃而解了。"道主儒輔"，永恆是人類的模範政制。

道德經永恆是全人類天書，指導整個人類和長始下往的世界永恆哲學經典。

（2）老子把社會分配問題看作頭等大問題

「聖人為腹不為目」

甚麼花言巧語都沒作用和意義，社會的頭號問題是「民以食為天」，「衣食足而知榮辱」。偉大今天社會，基本解決是創造歷史所無的大成就，其偉大亦少為人知：徹底解決「社會革命因素」，而邁向世界大同。世界上再無任何力量可以改變中國必然地強大。革命因素完全消失，改革開放的永恆，等待中國人上下一心發展改革。世界文明由中國人拓展。人類的大同，亦由中國人啟導；地球上最後的殘陽亦由中國人送走。中國人永遠是全人類無仇無怨，以德報怨的偉大民族。

誰能重視此一問題，解決了此一問題，誰就是聖人中的聖人。「受國之不祥。是謂天下王。」

中國人民問題是溫飽問題，首先要解決此一大問題，一個有溫飽的民族，自然出現人權而絕不是人權先於生活安定問題。

全部用人權來搞中國的人，他們都是居心叵測的一丘之貉！西方政客下流，用戰爭經濟政策擾亂中國，破壞中國！完全可以斷言，全世界政客的幻想必然在中國前進的步伐聲而破滅。

你們這些一丘之貉，稍安無躁，中國已經進一步徹底解決全民的溫飽，而經濟趕上了西方，到公元 2035 年，可以肯定中國的人權會超過西方、中國的民主會超過西方，那時你們唯有對着「月落烏啼霜滿天」，請求「上帝」原諒你們！也許「上帝」亦無能為力，饒恕不了你們罪惡滿盈的罪行！那幫緊貼外國勢力而邀賞的中國人只好將懺悔交給他們的親朋代為哀訴黃

陵！把不體面的東西留給兒孫，全非中國祖德所有所為。全世界政客和中國漢奸走狗均應羞恥地死去羞辱終生。

（3）老子非常關注低下層生活

人類社會的低下層是社會的基礎，社會的安危繫於他們。一個太平盛世，必然是因有豐衣足食，社會「**不貴難得之貨，使民不為盜**」，社會盜賊無有，還不是太平盛世是甚麼？中國要保持平衡和平安定發展，在"道主儒輔"政制下國泰民安，道德經指出如何安定整個社會，穩定恆常。永遠不忘道德經是全人類永恆天書。

「**貴以賤為本。高以下為基。**」

貴為一國之君、國家元首，下面沒有「賤民」作墊腳石，如果他們整天作亂，貴從何來？豈不是天天心驚膽戰！上層的人如果沒有下層的人承託，豈能高高在上嗎？是以切勿忽視低下層的人，他們是社會安危的基石。永恆謹守此一政治恆規，永遠會國泰民安。

一個國家，如果能豐衣足食，賤民和底下層的人那還會不安分守己嗎？

關注低下層的人的生活，使這些不足的人羣經常衣食足、知榮辱，也就永無動亂，社會也就永久安寧。其實任何一個衣食足的家庭哪還有人想做窮得衣不蔽體呢？如果如此去看問題，那些人全是廢人！社會渣滓！

他們無須畫餅充飢的專政，而他們亟需徹底認識尊重他們的聖人的照顧和關懷！豐衣足食，和全國人民無分彼此，共享盛世太平。倘若今天中國社會極力發展生產，而社會革命因素

已經完全消失，反抗對抗的勢力基本上不存在，努力於促使台灣走向統一，那時必然國泰民安。然而，世界帝國主虎視眈眈並是人類罪魁禍首，不得不警惕！晨早當思為謀生計，閒時應讀道德經。中國人永遠要警惕西方和他們的政客迷信宗教。西方政客永遠是中國人的政治敵人，直至 2035 年，西方經濟全面明顯衰亡，他們變成喪家狗。你們居心叵測政客創造的上帝有氣無力地嘆息，中國人永恆以德報怨，是長生久視的最偉大民族。死心吧，全人類共享中國人啟導創造的世界大同。

（4）老子的五大經濟法則

老子通過微觀和宏觀的哲學思想方法，找到了社會的經濟法則。這種經濟法則的立足點是「守中」。「守中」的含意並非中庸之道，而是把五大法則擺在動得恰當、及時和準確的地位，「抱一以為天下式」是衡量協調和恰當與否的指導法則，不然，五大法則也就徒勞無功，枉勞心血。

「抑、舉、損、補、奉。」

這五大法則是經濟發展的五大支柱，是永恆不敗的因時制宜的指南：

這五大法則，兼顧了整個經濟發展的各個方面。經濟發展存在兩個特性，一是其自然性，不應干預性；另一是調整性，當它出現調整期時，其自然性會影響其不穩定性，這時也就非引導不可了。因事物發展存在階段性，及時調整是人主理的作用，要永恆發揮人的主理地位。要發揮人的主理地位，政通人和，孔子的「錯而能改」主導社會的核心永恆指導思想，則江山永固。

　　孔子的"錯而能改，善莫大焉"，反映孔子對道德經有一定認識，若能與老子道家思想相結合，組成"道主儒輔"是天下最唯一最完美政制。可促使中華永恆萬世不衰。

　　在整個經濟由始到終的運作，最能發揮其無窮作用的，是老子哲學的「觀其妙」和「觀其竅」方法。這種觀妙觀竅的科學哲學觀，永恆照耀宇宙和人們社會。

　　比方一個人的白內障，有分觀察和施割期。

　　目前整個世界的經濟學家，大多數人都存着一個很早就形成而因循的通病，即所謂純經濟觀。沒有在進行經濟發展時，要注意思想教育，老子連這一點亦洞悉到注意到，可見其五大經濟法則的萬全和永恆。在推行五大原則時，必須伴以《道德經》唯德唯能教育。教育是天天的維修和打掃。教育亦因時代而制宜進行改進，"改革開放"是中國永恆進步不停的國策。

　　對教育思想的重視，體現在「奉」這一法則內。有關五大法則的闡述，擺在「經濟部分」。

　　在「經濟部分」將會作一個詳盡論述，和西方經濟理論比較，放到現實中去考驗，如何使老子《道德經》經濟在中國在世界大放光芒！體現「道主儒輔」是人類永恆向前發展的政制。人類無須懷疑、貶斥、抗拒，剛愎自用、唯我獨尊，大家相信實踐是檢驗真理唯一標準！楚霸王自以為是一生，結果自刎於烏江，一代力拔山兮，一代虞兮虞兮奈何，完全是虛情虛望所造成。

　　人行是永恆，知行、明行、善行、修行並天天飲食有度，人永遠會正當地行向目的地必然達到！

　　經濟學家倘若能將五大法則運用得熟能生巧，經濟發展全

無困難。

晨早當思謀生計，閑時應讀道德經。世代如此，日日如此。中國永無衰亡。

道德經五大經濟法則，值得中國經濟學家精深研究和探討，進而總結成，永恆指導中國萬世不衰的經濟。這裡概述五大經濟法則！足以認識道德經經濟法則的科學性永恆性。

任何貿易戰，將必然枉作小人，永恆是道德經的手下敗將。

（5）社會全面性就業

社會全面性就業，是檢驗五大經濟法則的效能的，如果不能達到這一水準，那就不是好經濟法則。如是經不起實踐是檢驗真理唯一標準者，無論政治或經濟必然是違背科學原理和「道法自然」，應當本着人民負責精神所在，好好檢查每一原則的實踐可行性。展示其是全人類經濟天書。徹底解決社會的貧窮問題。

《道德經》在第三章，老子作了這樣的指示：

「不尚賢。使民不爭。不貴難得之貨。使民不為盜。」

一個社會的問題所謂徹底解決，是要做到使民不為盜，盜賊無有。要促使這樣真正太平盛世的出現，必須實現全民性全面性的就業。當一個社會的經濟發展到了可提供全面性全民性就業的水平，對百姓來説，才可以無須尚賢。尚賢是指百姓要經一番訓練，並且經考取才可擔任其謀生的工作。「不尚賢」是説，不管百姓智力學識怎樣，社會總會有適合他做的工作；這裡沒有，那裡會有，只要他願工作，就有工作做。這樣的社

會就業水平，還須「尚賢」嗎？不過有些藉政府困難時對方條件達不到而去反政府，結果越變越壞，因此百姓要警惕壞人破壞現實的社會。百姓皆注其目，社會永恆要公民教育，防範反對者居心叵測。其實道德經要求國民教育是永恆進行，而促使不尚賢的社會永恆出現不絕。

社會能夠提供不尚賢的全面性的就業水平後，民才可以「不貴難得之貨」，大家都「不貴難得之貨」了，那麼，誰還去當盜賊？

總而言之，人民和政府要互知互明，按情況和條件取得平衡。

《道德經》第三章之所以成為千古不解的一章，是因全部學者並未從經濟發展的角度去理解，而當作政治理論去闡釋，因此「不尚賢。使民不爭」解來解去，亦隔靴搔癢，並且把「不貴難得之貨」的意義縮小，說難得之貨是金銀珠寶，從不把貨字回復它的原來字意，是指商品。是以，二千多年來，無人能把「不尚賢。使民不爭」和「不貴難得之貨。使民不為盜」，兩者的意義有機地聯繫起來，而總是或多或少牽強附會。按作者手上《道德經》註解的版本如此，也許是他鼠目寸光，見聞不廣！敬請原諒。

奉勸天下經濟學家，把老子的貨不是高貴品，即生活日用品，倘能如此理解，盜賊無有。學者們請支持"難得之貨"的解釋。，是指日常用品；若能如此去解釋道德經，道德經必然容易普及全國全民，中國萬世無衰。道德經確是全人類天書！

最後一點要提的，經濟發展水平要去到全民就業，盜賊無有，切勿放棄和忽略社會公民教育，要使社會上永遠存有的

四種人如此，一種是純樸善良的百姓，認食認做的人民；另一種是管理社會的人，他們要盡忠職守，即所謂「使夫知者。不敢為也」；第三種是聖人，領導社會。第四種人是壞人，是社會永恆破壞者，社會對這種要加強特殊教育。使他們達《道德經》所說「無不救之人，無不救之物」。教育永恆是道德重視事情，發揮《道德經》天書效能。緊記，"無不救之人，無不救之物"是指公民教育永恆不絕不停不止。公民教育永恆如常不間不斷，以日月共明經常。

如果能夠將經濟發展和思想社會教育兩者完全配合，社會自然會「為無為。則無不治」。

回顧人類歷史上的暴戾、殘殺、報仇、洩恨、鬥爭、革命、暴力、專政等等造成的人為災難，遠的不說，起碼在《道德經》老子思想出現以來，是人類一個疏忽大意的報應，是他們不讀《道德經》，不明《道德經》，不用《道德經》，不推行《道德經》的懲罰！尤其是對中國人！世代帝王均按自見解為所欲為，社會永遠時好時壞；如要永恆國泰民安，社會全而就業是必然。道德經是人類永恆天書。

不知，全世界的哲學家、政治家、經濟學家、歷史學家、社會學家、思想家對此意見，是否認同？如果他們能冷靜地運用：「常無欲以觀其妙。有欲以觀其竅」，他們全均會轉變觀點，向《道德經》低頭。承認《道德經》是人類唯一天書。

公民教育是道主儒輔的永恆進步發展動力。社會才會無棄之人，無棄之物，而高以下為基，貴以賤為本，社會進步不衰。

（五）闡釋國家和政黨的社會意義

要全面徹底理解和運用此理論知識，下面分四個方面論述：1. 國家的社會意義；2. 國家是裁判工具；3. 闡釋中國近代史中的政黨；4. 中華民族、共產黨和國民黨三者關係與未來。

最早拓展和開發人類文化的中國，對國家的概念和社會意義，通過「封地建國」，已經作了具體的說明。中國能知封地建國時，外地的人還茹毛飲血。但無數中國人無知中國的進步，仍沉迷於外國的新奇並全情投入，影響無知中國人跟從，帶來中國人落後，但他們不知恥，自傲清高。

到了儒家，把忠君效國緊密聯繫起來，使它們變成了兩個同義詞。

孔子功勞蓋世，但後患無窮道理俯拾皆是，忠君效國相聯起來是其癥結。

黨的概念和社會意義，儒家抱着完全鄙棄的態度，「君子不黨」、「結黨營私」、「相助匿非曰黨」，這一聯串的話，把黨貶得不值一文。其實儒家思想就是儒黨的組織。天下為儒黨所害，分久必合，合久必分。孔子不懂天道，永遠無知儒家救了中國，儒家又害了中國。儒家罵名結黨，儒家本身就一頑固政黨，結果帝制，桎梏中國歷史發展。

西歐，對國家和政黨，尤其在近世紀，論述得比較詳盡，可惜言詞過於偏激和片面，導致較為貧窮的國家誤作靈丹妙藥，招來人類為頗長而嚴重的災難，終於改弦易轍，逃出生天，不然死路一條。

在宇宙中，在地球上，在人類中，唯一能夠洞悉國家和政黨的社會意義者，是老子一人，下面準備用老子《道德經》的哲學觀點，去探討國家和社會意義，使大家進一步加深認識，《道德經》是人類的政治聖經，治國治黨的獨一無二的指南。《道德經》是全人類的天書。「道主儒輔」是總繼承中國傳統思想的政制。實踐是檢驗真理唯一標準，先放在一個小地方實驗，先由小至大，檢驗其實踐價值和社會價值。"道主儒輔"是陳子精心研究分析比較而出類拔萃的政見和制度。敬請學者指導和批評。

1. 國家的社會意義

國家的社會意義是甚麼？老子在《道德經》中已經作了徹底的解答和論述，但並未引起重視和發揮以及引作實用，所以人類從未跳出人為的災難漩渦，無論怎樣去掙扎，生活亦無法苦盡甘來。

為了徹底認識此問題，下面分兩點論述：(1) 西方唯心主義誤盡蒼生；(2) 道德經是唯一救世之政治經典。

（1）西方唯心主義誤盡蒼生

過去的中國人，對西方哲學，卑躬屈膝，僅知微薄粗淺知識，以之炫耀自己，如獲至寶，誤國誤民！在所不知，還以為自己作出偉大貢獻，沾沾自喜，不可一世。

西方在一段頗長的歲月裡，哲學為教廷所掌握，迫害了無數的學者和科學家，枉死了驚人數目的百姓平民。

哲學走出了教廷的擺布之後，變成社會唯心主義哲學，猙

獰的暴戾稍為收斂，但其毒害社會有加無減，擴散至全世界。西方哲學毒害中國到西方去留學的先生們，可知否自己的過錯？相信那些中國學者永無知自己的過錯。

社會問題的複雜，社會唯心主義已經無能為力，黔驢技窮，帶來唯物主義者毛逐自薦，赤臂上陣，跟社會唯心主義劇鬥了一場。人類誤信唯物主義者巧言令色，及為其慷慨激昂的情緒所蠱惑，豈知它和前頭兩者共是一丘之貉，災難由此更加是罄竹難書。

西方哲學，萬變不離其宗，儘管改頭換貌，宗教唯心主義、社會唯心主義、機械唯物主義、辯證唯物主義。它們全屬唯心主義的範疇。全無一個是天道無親的天道哲學，如道德經一樣的科學哲學。

哲學是國家社會意義的靈魂，國家的一舉一動，無一能擺脫哲學的關連。唯心主義支配了西方的政治，使國家社會意義由雙重性所組成，對外鼓勵擴張侵略，對內極力保障個人主義，把西歐變成人類災難的漩渦中心，向世界擴展和散播，使人類遍受其災難摧殘。陳子至今天，仍認為全人類災難全源由西方，絕非言過其實。人類一切災難來自西方！美國政客是罪魁禍首，上帝如果真有靈性，應懲罰這種人。他們是社會哲學的罪人，災難世人。

公元十一世紀的宗教十字軍東征，計到近兩百年歷史。大大小小的災難近數千次計，使亞洲、非洲以及其他落後國家飽受掠奪與欺凌，它們都與西歐統治者的意念有關；中華民族首遭其害，細尋西方建築石塊，都可找到受害者的血跡和淚痕，似乎不時仍可聽見陣陣淒厲、悲切的哭聲！上帝、耶穌您們可

知否？還總是知而不理？還是虛有其表！

今天西方科技已經可以縱橫天地、遨遊太空，但仍然無改那雙重性的陋習，具體反映在各國和新霸權主義者對待中國的問題上，千方百計去陷害、誣衊和阻撓。謹請善良者，勿為西方廚餘的慈善，而大讚西方是善長仁翁。西方政客是罪魁禍首。

中國強盛對世界人類有百利而無一害，各國如此神經緊張，完全因為作賊心虛，以小人之心度君子之腹，假設諸多虛構的幻象，以為在中國強盛之後，接連的炮轟他們西方總統府、火燒皇宮、鴉片源源輸入、隨街就巷擄掠姦淫……**殊知中國人堅持以德報怨，去貢獻全人類。中國永遠是世界和平的中流砥柱。**

上溯回憶中國過去強盛時文化，總是抱著「以德報怨」對待任何國家至個人。

老子早已經教導中國人，中國再富再強，也不能「兵強天下。其事好還」，時刻緊記，「善者。吾善之。不善者。吾亦善之」，為世界人類和平幸福，「萬物作焉而不辭」。祖宗教導，豈可有違？"慎終如始，則無敗事"。此是一句永恆的指導哲學思想。中國哲學是人類天書道德經。"道主儒輔"是人類優良政制。

實踐是檢驗真理唯一標準，世界和平，人類大同，唯中國人能堅持此職責。

（2）《道德經》是唯一救世之政治聖經

老子《道德經》的國家社會意義是甚麼？

　　「順天應人的治國政治思想」，是國家社會意義的兩大內容。這兩大內容的理論基礎，是「**貴以賤為本。高以下為基**」。在此理論基礎上，採用「**以道佐人主者**」，不以「**兵強天下。其事好還**」去作為國家運作的指南，使治國治民完全符合順天應人的要求。

　　老子《道德經》第二十九章的內容，把國家的社會意義表達得淋漓盡致，治國治民的思想體現得完整而無瑕。

　　「**將欲取天下而為之。吾見其不得已。天下神器。不可為也。為者。敗之。執者。失之。故物或行。或隨。或噓。或吹。或強。或羸。或載。或隳。是以聖人。去甚。去奢。去泰。**」

　　任何一個人，想把國家任意施為，我已見到他會不成功了；國家是神聖不可亂動的東西，如果任意施為，肯定會失敗，如果倒行逆施，肯定會失掉國家和生活。原因在於事物本身有如此的特點：本身在運動，先後有秩序，須要暫歇，須要速動；本質優良，本質脆弱，須要選擇，須要淘汰。因此任何一個領導者，在修養上要做到，全無偏頗之心，摒棄好大喜功，時刻要居安思危，這樣「**慄慄為天下渾其心**」，「**為無為。則無不治**」。如此心意動機，全是善心一片，無害他人。治國治民，必然國泰民安。

　　老子對國家功能意義的論證，世界上能有誰能比，完全相信應是絕無僅有。

　　西方的宗教唯心主義哲學、社會唯心主義哲學、唯物辯證主義哲學、東方佛家思想哲學，以及其他形形色色的哲學思想，全都歸屬於唯心主義的範疇。大家為了人類的幸福與和

平，本着「我不入地獄，誰入地獄」的精神，好應全都面壁，再不要負隅，去為害世界人民。人類全面比較各種哲學，在比較下證實《道德經》是人類唯一哲學天書。把道德經哲學觀與其他哲學比較，比較越多越好越更証明道德經是全人類天書。

當然，無限歡迎全世界的政治家、哲學家、歷史學家、思想家、宗教家、社會學家、經濟學家齊都動思持筆進行批評。誰能批駁到陳子所提理論，陳子向他行三跪九叩之禮。拭目以待學者批評的到來。陳子誠心等待能有如此的一天。然而却堅信，永遠無人有如此回天之功。陳子穩坐釣魚船。

《道德經》是真金不怕洪爐火，不怕擺之四海，經得起萬事萬物千萬次的比較，可以經萬世，而是戰無不勝的哲學思想武器，是中國老子的《道德經》。

《道德經》是全人類唯一天書。永恆無為而無不為指導世界人類永恆前進。

道德經世界必然到來，人類世界共同體必然實踐於不久的前來。

道德經是全人類永恆天書；改革開放，是永恆國策；世界共同體是全人類目標；世界大同是全人類共望共求；中國啟導全人類共邁大同的唯一啟導者。

2. 國家是裁判工具

過去高唱入雲，國家是專政的工具，但現在這一觀點的認同者愈來愈少，寥若晨星。不過國家是專政的工具，可是道可道，非常道，如果能知此道理者，説國家是專政工具，最終能向人們公開承認錯誤。

　　這一觀點的立足點是階級論，歸根到底，它歸屬於極端主觀唯心主義的東西。

　　過去的平均主義者，把勞動這一概念只定點在體力勞動上，把進行腦力思維的人擺進剝削者範圍，迂迴曲折地把從事腦力工作的自己，抽離有別於同樣工作的人，説自己歸屬於體力勞動羣體的人。這種信口雌黃的理論，不是唯心主義，又是甚麼東西？全人類應覺醒認識將體力勞動和腦力勞動分家，認為腦力勞者是剝削，是專政的對象。這點錯誤的產生，反映人類認識有其階段性，知曉此道理，不能把它徹底摒棄，不然社會永無寧日。如果人類有《道德經》認識觀，對任何錯誤均會客觀恰當處理。將體力勞動和腦力勞動分家，是無知道德經哲學所造成，而災難世界而災難人類，是一件最愚昧無知的政治行為。

　　其實，自古以來，勞動就包括體力勞動和腦力兩個方面，為了社會分工和進步，兩者相輔相成。體力勞動和腦力勞動兩者不能截然劃分，體力者有腦力成分，腦力者亦有體力在其中。給它們兩者不同的名稱，只是從偏重的程度去説而已。一般説來，體力勞動者直接生產物品，而腦力者指導生產。腦力者要從體力者生產中取得報酬。這種報酬是雙方合作的分配。倘若誰不認識此一關係，妄加破壞，就會破壞整個社會生產。《道德經》極力提醒大家，與孔子觀點一樣，認為 "錯而能改善莫大焉"。「錯而能改，善莫大焉」，應是政治家永恆的守則，稍有模糊錯誤則生妄災。災難蒼生，誤盡蒼生。腦力勞動和體力勞動產生分家，可説知道的政治家少得可憐。無知是統治者無能，造成「**民不畏威，大威至先；無狹其所居，無**

厭其所生」；試問能有幾多政治家知此道理呢？腦力勞動受統治者，為分配而重視體力勞動者，而輕腦力勞動者。但道德經二千五百年前已知：任何腦力勞動有體力勞動；任何體力勞動皆有腦力勞動。腦力勞動和體力勞動骨肉難分，兩者如影隨形，永恆推動社會發展進步。反映能知馬列主義中國化道理者不多。

直接和體力勞動接上關係的腦力者，很容易被認同彼此都是勞動者，但間接與社會生產而發生關係的腦力者，就很易被看作不勞而獲的人，被劃為剝削者。這種觀點顯然是片面的，它無知社會彼此的勞力是個扣環的關係。它是主觀唯心主義者哲學。這種政治家，可說是哲學白痴，但《道德經》的洞悉者，應寬恕他們而以教育《道德經》多多啟發他們，使他們走上共識：「善者。吾善之。不善者。吾亦善之」，天下從此無爭。所以道德經偉大效能，是任何哲學所無："無不救之人，無不救之物"，想善者而善之，唯道德經能救世界。天下哲學家無分中外，均應向道德經稱臣而自我或後學者改正。勿遺害蒼生。徹底惡補道德經將馬列主義中國化是一永恆政治問題。

既然體力和腦力兩者是社會生產的動力，是兩者不同的分工。兩者的共同關係是國家，那麼，若然國家是專政工具，到底要專誰的政呢？要由哪一種勞力者來專政？如此說來，兩種勞力者豈不是受人為製造了矛盾嗎？《道德經》是真真正正人類天書，人類存在的並非階級，而存在兩類人，一類是「有餘」，一類是「不足」；兩者是互補互助協調和諧才是社會永恆的「民至老死。不相往來」。道德經永是人類天書。任何政治家，均要必須臣服永恆。

　　老子為了人類的延續和社會的進步，為人類提出了一個社會的總關係，貫徹他那二合為一的科學哲學觀。是永恆正確的科學哲理。人類應永恆遵循的哲理，《道德經》哲理！道德經永恆是全人類唯一天書，它唯德唯能服務人類，永恆為人民服務。使政通人和，百廢俱興。

　　《道德經》第二十七章有云：

　　「是以聖人常善救人。故無棄人。常善救物。故無棄物。是謂襲明。故善人者。不善人之師。不善人者。善人之資。不貴其師。不愛其資。雖智大迷。是謂要妙。」

　　所以說老子《道德經》是求生學，是延續學，是科學人倫學，是人類唯一正確實用的哲學。人類唯有用它為尺度，才可徹底認識一切有害人類的哲學。從這一章足以反映《道德經》為哲學之冠，世界任何哲學無以倫比。《道德經》這一擂台永擺不停不敗，世代任何哲學可彼此比試比試，以定高低。道德經是全人類唯一天書，戰無不勝的永恆人類總天書。古今中外、任何政治家，均應臣服永恆。不服者，是百分百白痴！

　　老子在這一章裡，揭開了人類進步的一個根本真理，腦力勞動者和體力勞動者合成一個世代接連的促動關係，彼此互補，彼此相輔相成，不然，就會「雖智大迷」了！社會因之而停頓不前。誠懇奉勸領導者均應自幼讀好《道德經》，洞悉置股掌之間，以達「微妙元通。深不可識」，以達「道常無為。而無不為」。中國人永恆以道德經說服世人，則普天之下莫非后土。"后"是人的意思。

　　誰能如此者，誰是人類聖人！願統治者全是受歌頌的聖人！

奉勸全人類共識陳子一對聯：晨早當思謀生計，閑時應讀道德經。

站在人類社會延續的角度説，國家是個社會機構，由「師」和「資」所組成，「師」和「資」的運作過程，只是「正」與「誤」、「守法」和「犯法」的問題，國家的作用，是「專政工具」抑或「裁判工具」，不是一目瞭然嗎？國家永恆是人民"裁判工具"絕非"專政工具"，只是唯一防禦工具，但對付敵人絕不要留情。

總之，國家永是人民的"裁判工具"和"保護工具"。而非專政工具。

在社會發展過程中，必然存在好壞兩種人，保障好人，制裁壞人，這是國家運作時，發揮其裁判權力，並非是專政問題。裁判程度如何，以錯誤的程度而定不驍。這説明裁判工具是對好壞的裁判，是對應為或不應為的工具。

國家是裁判工具的大前提下，把人的才能徹底發揮，使裁判的效能更加發揮得淋漓盡致，人民也就更加愛護自己的國家，國家對外的作用如何，也就無需懷疑，發揮其保護工具的作用。保護國家永不放鬆！國家永恆愛人民，人民永恆愛國家。兩者互愛則兩者互相如乳水相融相交！

要充分發揮人民的才智，恰當選舉是不可忽視的措施。但選舉的推行，必須做好公民教育！緊記毋忘，沒有好的公民教育永無好的選舉；沒有完善的選舉反映公民教育有待完善。永恆要做好公民教育。西方全民選舉是永恆欠缺公民教育的壞選舉，中國人應棄而遠之。

西方長期吸收中華文化，結合本國的宗教，運用選舉而擺

脫了破壞性的政變，使社會經濟得到較穩定的發展。而帝國主義就運用愚弄、分化、瓦解的方法，使中國經濟無法建設，受動亂所牽制。西方政客永恆是中國破壞者，要善於運用："善者吾善之；不善者吾亦善之"！所謂"吾亦善之"，巧妙在"亦"的好好理解呀！但西方資本主義因民主和自由兩者不協調，而產生欺騙，而促使社會走向衰亡的必然。

西方民主自由，本身兩者永不調和、和諧，永恆鬥爭不息。因此西方資本主義必然走向衰亡。因此，欺騙成為苟延殘喘的唯一走向。中國的政制將成人類楷模。"道主儒輔"，經實踐，實踐是檢驗其唯一標準，而斷定"道主儒輔"是全人類理想政制，啟導世界大同。

中國的安定，應由推行「改革開放」計起，它是中國經濟發展的磐石。奉勸炎黃子孫，糾纏 1989 年事件，警惕是新霸權主義者所放毒箭。目的是「以華亂華」，大家不要上當。很易明白，為什麼明明是人死於北京長安街，而偏偏要移到天安門！天安門根本沒死人而要堅持天安門死人，足見外國勢力在作崇。首先要肇事者公開道歉造謠，然後才討論平反。平反"六四"是西方政客居心叵測的觀點，從中國的強盛而西方恐懼自己快將國亡，而對中國仇視。總之一切世界性反華，皆因眼紅中國進步而產生。

西方自稱民主、自由，其實人民永無民主與自由！請中國人好好研究子此一觀點。

中國可以循序漸進地搞選舉，但必須在一黨主政下進行，急不得；不要學台灣一樣，國會是亂七八糟的較技場。選舉何價！民主何求！結果為代表外國勢力政黨掌政。改革開放，韜

光養晦，世界共同體是中國永恆國策。

西方的民主選舉是一根攪混棍，它是根本極端自由唯心主義，必將導致其走向萎靡、衰亡。西方政客早知西方民主自由鬥爭必永無寧日而走向衰亡。中國人的"道主儒輔"政制，必然以優越性取代西方資主義。

中國社會應以老子道家思想為主導，發揮國家的裁判作用，堅持打擊壞人，制裁貪污，使中國社會出現盛世太平！「道主儒輔」，是人類永恆富強不衰政制。實踐是檢驗真理唯一標準。道主儒輔政制，是經得起實踐的考驗的政制。

道主儒輔，是人間永恆理想完善政制，人類地球上最後的夕陽將由中國人送走。

3. 闡釋中國近代史中的政黨

下面從兩個方面進行論述：(1) 中國國民黨的豐功偉業；(2) 中國共產黨的偉大貢獻。

「慎終如始。則無敗事。」

《道德經》這兩句話，好像是一副高級的顯微鏡，以之去檢驗兩大政黨，大可一清二楚自然領悟它是金科玉律，放之四海而皆準，毫釐不爽。道德經永恆是世界天書。

中國近代史中，政黨頗多，政見各異，爭拗不停。揭以國共兩黨為代表進行闡釋，也就對中國形勢一清二楚。

家和萬事興，家衰口不停！這雖然是一句俗語，但其哲理來自《道德經》，大家可以由這一句俗語玩味到國家和政黨，也就很清醒地認識中國近代史中的政黨，正因為「不能慎終如此，則多敗事」，因而苦盡蒼生。反映《道德經》真是天

書，既能治家更可治國，大小事情均可以之治理而使事物井井有條。可惜中國人能懂此天書者能有幾人？且看並請知識界學者，他們多是濫竽充數，亂説亂言，毫無顧慮。無知唯德唯能是道德經永恆核心哲學理論，永恆督導人類生活一切。

如果炎黃子孫都能誠意地去促進兩黨的聖人時刻去重溫咀嚼這兩句老子的教導，中華民族完全可肯定，苦盡甘來，永無敗事。從 1911 年就按正軌前進，到今天超過西方相距萬里。

下面僅從兩大政黨的偉大貢獻，來説明兩者的「始」是甚麼，也就不難清楚了解敗事為甚麼而產生。這留給炎黃子孫作個公平的評價。

不過，如果不以老子《道德經》為萬變不離其宗的觀點去認識中國和世界萬事萬物，完全可以斷言，紕繆百出，貽笑大方！苦盡蒼生，自己將必然成為或大、或小的歷史罪人，而胡説八道，誤盡蒼生。

「慎終如始。則無敗事。」是世界上獨無僅有的尺度。

人無分貴賤，地位無分高低，事情無分鉅細。人人事事都能以此為座右銘，振興中華，造福蒼生，貢獻人類，絕無蜀道之難。

世上無難事，唯懂道德經。

（1）中國國民黨的豐功偉業

國民黨的豐功偉績，實質是讚揚和肯定孫中山先生的偉大功勞，只要炎黃子孫能夠回顧這兩者的重合，這是國民黨的「始」，亦是孫中山先生的「始」，更是中華民國的「始」，也就準確地認識和找到中國各政黨「和」與「合」的「根」和

「源」。

　　無論您的政見如何偏激，感情怎樣不可逆轉，且為稍安無躁，去聽完歷史事實，知道它的評價，並非一朝一夕的喜愛事情。從歷史教訓吸引其失敗原因，而為世代警惕。不亦益乎。

　　孫中山先生的革命人格、精神、思想、作為，儘管不是完美無瑕，亦不影響其為中華民族世世代代學習和紀念的典型。當然內裡的偉大是受時代支持和紀念，而其後怎評價，又是另一問題。不過孫中山先生始終以民族國家為重，這一精神可肯定是永恆。莫說他政治理念是甚麼，但他永恆為中國是一完全真而無假，他始終為中華民族的前途和將來不懈不忘而奮鬥終生。

　　「功成名逐身退」和「死而不亡者。壽」，用之去歌頌和讚揚孫中山他，相信應當之無愧，任何一位心情冷靜而正常的人，均不以反對而贊成。孫中山先生是位空前的中華民族偉人。

　　中國國民黨，是由他和革命先賢所共同創立的，她是當時「順天應民」的政黨。1911 年 10 月 10 日的辛亥革命是由她領導而取得勝利，永遠推翻帝制，走上世界民主的潮流的。這是第一椿豐功偉績，已成正史的鐵鑄和石刻。無容塗改修正。

　　中華民國，是辛亥革命的代號，是國民黨、孫中山先生、革命先賢、中華民族的心血和鮮血結晶。這是真實的歷史鐵鑄和石刻。她是中國的民主里程碑。帝制永遠解除。**如此偉大的歷史偉大事業，建立了，為甚麼不能"天長地久"？問蒼天、人間何等痛心悲慘！原因是中國不懂道德經！孫中山先生不懂道德經，蔣中正先生父子更白痴於道德經。**

　　1924 年（民國十三年）6 月 16 日在廣州開課黃埔軍校，雖然是政黨間融和的產物，但當時是以國民黨為主導，孫中山先生任校總理，培養了不少的軍事學家，為中華民族作出偉大的貢獻。這是以國民黨為主導作出的偉大貢獻，是歷史不可忘記和抹煞的事實。黃埔軍校為中國培養了大批軍事人材，是中華民族無堅不摧的民族中流砥柱。決定了得道者多助的流向和取捨，可稱之為國魂的總部，中國國運的救亡所！誰也會估計中國前途光明一定。會舉國歡騰！但事非人願！

　　1926 年北伐軍出發，這是全民眾望所歸並支持的戰爭，以國民黨為主導，平定了當時軍閥局面，使中國出現暫時的統一。這一難得的統一，主要是由國民黨領導取得的功績。共產黨在其中助了一臂之力。戰勝軍伐是中國走向富強的初步。中國露出了新的希望。蔣介石先生應是永遠不朽的偉人，可惜因無知道德經，只相信日本軍事學，無知 "貴以賤為本，高以下為基" 道德經永恆偉大真理，在 1949 年 "日落鳥啼霜滿天" 失落台灣，客死台灣！**這是中華民族歷史悲痛的事情，但醞釀另一個偉大時代的到來。中國古諺，日出而作，日入而息，帝力與我何有哉。似乎預示這世界另一形體政制到來。**

　　1939 年（民國二十六年）七・七蘆溝橋事變，日本軍國主義發動滅絕人性的侵略戰爭，兩黨合作發動全國人民，取得抗日戰爭勝利，國民黨是當時代表中國政府的執政黨，當然少不了她的功勞。但共產黨在其中的協助出力功不可末。

　　在 1939 年的第二次世界大戰中，由開始至 1946 年日本軍國主義投降，儘管有其他政黨發動羣眾、組織人民、消滅日寇，作出偉大的貢獻，但國民黨在當時仍然是個執政黨，扮

演一個代表的角色，無論怎樣説來説去，其貢獻豈能完全否定嗎？説國民黨在其中亦曾作出偉大的貢獻，亦不是完全與歷史事實不符。但切勿忽略共產黨以和為貴的協助作為，而國共應兩黨共戰勝日本侵略者。中國人民高興萬分。

總括來説，國民黨的「始」是推翻帝制，建立國民黨，使中國跟上世界民主潮流，只要大家能客觀地緊緊把握此三點國民黨的「始」，然後看她在各個歷史時期的態度和努力，也就不難看出她的「慎終」程度不足知如何而找到敗的原因在哪裡了。**國民黨失敗，全因蔣介石先生無知道德經，不懂改變政治而並非不是全依軍事壓人！導致國共合作破裂。**

國民黨是領導的黨，當家作主之黨，共產黨是兄弟黨，與家之業少不了他的團結和協助作用。由黃埔軍校的成立，培養中軍事人材；國共合作打敗軍伐取得統一，國共合作打敗侵略日本，充份反映國共合作的重要性正好説明家和萬事興的哲學永恆天理和人理。天下換了位，共產黨今天治國成績不錯，走上了世界強國水平，國家統一是天理不可違呀！台灣順應，統一團結應是天理。無知者永恆是白痴。

《道德經》第五十二章有云：

「天下有始。以為天下母。既得其母。以知其子。既知其子。復守其母。沒身不殆。」

不知守母者，實質是忘恩負義之徒，敗黨、敗國之君！相信中國絕無此等顢頇的人。世界帝國主義政客，全在虎視眈眈；祈望中國亂，藉中國之亂而亡華，神州大地成歐洲、美洲國家的屬土！國共和好，毋忘中國統一是時代要求，中國人民的要求！

任何事物都是一樣，舊的二合為一為新的二合為一所引導，出現一分為二，誰掌握了此一自然法則，誰就穩操勝券。哲學是如此，但另一面哲理，舊事物因二合為一失掉凝聚力，而新的二合為一又在形成，二合為一，永恆是事物穩定成立存在的必然，因此中國統一是天理民意不可違！道德經永遠是世界天書，它能幫人類解決一切困難而國泰民安。道德經是中國人發明，但無人知道要堅信道德經，多麼可悲！

（2）中國共產黨的偉大貢獻

為了說明此問題，分為兩方面闡釋：（甲）辛亥革命後的國內外形勢；（乙）中國共產黨的誕生和貢獻。

對國民黨和孫中山歌功頌德，相信說一萬遍，亦有人不厭其煩地聽下去，然而，在這裡說共產黨的偉大貢獻，相信會引起好些人咒罵，衝口而出穢語污言。

國民黨確是偉大，共產黨也亦偉大，無論誰是天上的月亮或太陽，分別照耀着中華民族的土地上，中華民族才可能走向繁榮和富強。大家緊記家和萬事興！

大家從歷史的角度，從民族的立場，大家要共識共產黨的出現和發展，以致掌握整個中國大陸的政權，她的存在並不是喜愛與否的問題，完全是時代必然的需要，國家和民族不可無；唯有將感情收到理智的焦點，大家才能做個真正有心救國、救民、救世的老子道家政治之人；不然，您的民族立場和道德，值得來個細緻修理和檢查。完全可斷言，她並非一個政治成熟而有國家偉人孫中山先生的偉大，無他，她心中總是以中國為一生的奮鬥核心思想，孫中山先生的偉大在此，孫中山先生值

得學習永恆在此！不愧確是中國永恆偉人，至於其哲學知識又是另一面的問題。可惜明白道德經者，實在要求增加。中國人懂道德經者實在太少，因此政治愚蒙。

陳子堅持如此視中國的政治家真正理解道德經的人鮮之又鮮。帶給做事不夠徹底而來。歷史將反覆証明此一觀點的歷史性和正確性。

《道德經》第五十八章有云：

「禍兮。福所倚。福兮。禍所伏。孰知其極。其無正也。正復為奇。善復為妖。人之迷。其日固久。」

如果大家都能領會它的意思，也就不難明白，為甚麼月初時彎月掛天，而十五、十六月慶團圓；太陽也是同樣，時雨時晴，時熱時涼！通曉道德經的政治家，定然甚麼困難亦迎刃而解。

世上萬事萬物，無一不是「道法自然」。吾人思想感情，豈能違背自然？

到底中國共產黨的偉大貢獻在哪裡，試作陳述，敬請不高興的人聽完，然後提出批評。民主派無可否應，均有愛國熱情正義的心，但勿忘共產黨確是有法有效治國家而欣欣向榮，國際地位日隆，這是事實豈可否定嗎？客觀公平理智才是中華民族前途！中國統一是全民要求！天理豈可違嗎？**其實中國人對共產早有完整的認識。道德經由道可道至聖人之道為而不爭均闡述共產世界的美好和理想。共產確是世界的未來。大家記起民謠：日出而作，日入而息，帝力與我何有哉！也就知共產的必然。既是必然，也就欲罷不能，而是必然會到來。而既來之，且安應，才是完人。**

（甲）辛亥革命後的國內外形勢

　　儘管辛亥革命為推翻帝制樹立了豐功偉績、為中華民族建立通往世界民主潮流渠道的里程碑，然而，封建思想的幽靈仍然鍥而不捨地竄纏中國人的思想領域，串聯醞釀復辟的風潮；將國家民族思想置諸度外的中國軍閥，並未因孫中山先生的偉大革命人格而有所影響和感動，把割據和混戰的野心稍減或放棄；以侵略、殖民、掠奪為道德標準的列強，完全無視孫中山先生在宗教上歸信了上帝，而看在「同道中人」的分上，給予同情、幫助和支持，殊知更加變本加厲，無孔不入地去愚弄、瓦解、威迫、利誘和制裁，想將中國變成它們的傀儡和附庸，從此，大可安枕無憂地任意閹割世界各國人民。中國要警惕西方政客由秦始皇築萬里長城產生切齒仇恨；漢朝漢武帝通西域更加深恨舊仇；唐朝的國防堅固更加加深大恨。中國人要警惕時刻；但始終要堅持以德報怨民族道德對待西方和鄰國。

　　以道德經永恆指導中國，中國必然強盛，而謹導永恆以德報怨，以換取世界尊崇而朝賀中華。

　　連志堅如鋼的孫中山先生亦開始懷疑自己的三民主義是否有能力擔負起徹底反帝反封建的巨大時代使命。是以，他對當時持不同政見的革命先賢，高瞻遠矚地相融。孫中山先生這種全心全意為中華民族的革命人格吸引，是任何政黨人士的楷模，誰能比與！這一傳統精神，促使永遠為人民服務精神永恆繼承和伸展。

　　孫中山先生愛國愛民，炎黃子孫世代不忘記此一民族偉人，永恆繼承此一偉大品德。

　　公元十九世紀五十年代，在西歐哲學舞台上，辯證唯物主

義者已經以一個戰勝者的姿態，控制了哲學思想領域，贏得東西方廣泛革命知識分子的喜愛和追求，掀起了世界性的風起雲湧的革命浪潮，衝擊和嚇醒了沉醉於工業發展而忽視勞苦大眾生死的老闆們。

可惜，它的認識論只去到將任何物質特性和屬性抽掉的細分，其結果仍是跟現行的唯心主義觀一樣，去演繹來自舊約的平均主義經濟、政治和思想，苦煞了革命蒼生，長達超過半個世紀的時間。這是救國救民的義士們的必然。

俄國人列寧（1870 － 1924），是世界上最出色的理想主義者，通過他史無前例的豐富的革命理論著作和他在俄國領導的革命取得勝利，可說顛倒了純潔、熱情、堅貞的革命精英！**尤其是中國，更因俄國是鄰國，對炮聲的感應和追求，超乎尋常！對他在著作上極力贊成將帝俄侵佔中國的土地全部交回中國人的人格，尊崇他為世界革命聖人！祈望俄國革命成功後，三十二個浙江省大小的領土為尼布楚條約、海參威條約失去土地物歸原主中國，中國更永遠傾慕列寧主義，並叫出心聲以俄為師。列寧先生，是偉大革命家！中國人永恆尊敬您。**

列寧，把辯證唯物主義的哲學、政治、經濟理論發揮和推展到了造極登峰！

列寧是一位偉大坦誠的革命家，亦是一位革命理論著作最豐富的理論家，列寧先生永垂不朽！他的著作是人類寶貴的遺產。中國人民最尊重的革命家。

敬希俄國人永記列寧，將佔有中國的土地歸還中國，中國人永遠感謝列寧和偉大的俄國人民。並無限尊崇列寧寄望奉行列寧先生的偉大遺言而不折不撓地奉行。

人類應將之好好地咀嚼和細悉，用作去闡述老子的《道德經》，使《道德經》思想更加豐盈，成為全人類最偉大天書，永恆指導全人類一切生活理論。

世界共同體，全人類為世界大同而歡呼。

當道德經普及全人類，俄國人定尊照列寧所言，將全部中國所有受佔領的土地歸還中國！中華民族永遠感謝俄羅斯人民。

（乙）中國共產黨的誕生和貢獻

列寧領導的革命成功，像春雷迴蕩天空，中國的革命先賢無限鼓舞歡欣，也許是歷史所限和救國救民心切，很快就將這種理想主義的革命套入中國社會的軌跡，在一段頗長的歲月裡，義無反顧地奔馳。帶出成功的必然。吸引中國人民的革命熱情。**並回應中國古老歌謠：日出而作，日入而息。帝力與我何哉。這是一個典型共產理想世界。列寧的思想願望很快中國化願望為現實理想，中國人民齊共望。**

1921 年 7 月 23 日，中國共產黨第一次全國代表大會在上海舉行，它是數年來營謀宣傳的結晶，宣告中國共產黨的誕生，為中國走向另一種新紀元，樹立了新的里程碑。中國人民不惜拋頭顱灑熱血堅心不悔追求中國的光明。

大會選舉了陳獨秀先生擔任黨書記、張國燾負責宣傳工作、李達領組織工作。

民國十三年一月二十日，國民黨在廣州召開第一次全國代表會議，孫中山先生提出並決定了「聯俄、聯共、扶助工農」的三大政策。這表明了孫中山先生歡迎中國共產黨的誕生和合

作，是一長期的根本國策，至死不渝。孫中山先生的革命思想反映新的革命思想滲入三民主義。反映孫中山先生認為自己的三民主義應因時而修改，投入時代，與列寧主義和合。這要看蔣介石先生智慧，是否樂於國共聯盟的工作。中國定然會出現新的希望。中國必然走向世界的強國。

民國十三年五月五日，成立黃埔軍校，培養了無數軍事人材，由孫中山先生兼任總理，蔣中正先生為校長，廖仲愷先生任黨代表，周恩來先生任主任。國共合作人有若天衣無縫天衣的出現，祈望永久不變，實現中國偉大前途。

黃埔軍校像個熔爐，把國民黨和共產黨共融合一爐。為國家、民族冶煉了軍事人材。奠定中國軍事為發揮孫子兵法壓倒西方。

1924 年 12 月底，孫中山先生為了中華民族的統一，扶病到北京，病因操勞而加重，終於 1925 年 3 月 12 日晴天霹靂孫中山先生偉人在北京逝世。他遺囑國民黨員，要繼續喚起民眾，聯合世界上以平等對待中國之民族，共同奮鬥。倘若「慎終如始。則無敗事」。但此願望引起西方帝國主義恐懼，特意挑撥國共矛盾。蔣介石先生是恨共產黨而無知道德經的人，結果用國共聯盟全面破裂，中國人民大難必然臨頭。

孫中山先生另有遺書致蘇聯，說明三大政策仍然不變。

1926 年 7 月 9 日，國民黨革命軍在廣州誓師，北伐戰爭開始，由蔣中正先生任總司令，中國共產黨支持和參與了這次北伐戰爭。

1937 年 7 月 7 日爆發了全國性抗日戰爭，是共產黨化解了「西安事變」，掃除了思想障礙之後，所掀起的敵愾同仇的

救亡運動。日本侵華滅華思想由愛因斯坦訪日產生。愛因斯坦仇恨中國鼓勵日本侵華。由科學家的反華，在另一面真實反映西方反華侵華的普遍性。中國要經常警惕西方政客。愛因斯坦亦是反華政客，西方政客多可怕，多麼之多！**按陳子研究，老子早知"無有入於無間"，老子早知電能量與通常能量的結合，道德經能量已去到粒子的地步。**反映愛恩斯坦理論是道德經理論體現。可惜他忘恩負義，巉視中國人。

第二次世界大戰雖然結束，但它和第一次世界大戰結束一樣，中國人民和國家命運，同樣受到世界列強愚弄、瓦解和擺佈；列強無分黃色、白色、紅色或東方、西方、北方，一樣居心叵測。

八年抗戰的勝利，並無使聖人痛定思痛，進行休養生息。然而積極養精蓄銳，卻為權欲薰心，在 1946 年 6 月 6 日，義無反顧地全面爆發內戰，把中國人民推進災難的漩渦！中國人民的苦難一直伸展至 1949 年才告結束。

蔣中正委員長先生手上握八百萬精兵，毛澤東主席先生帶領一羣配備簡單的軍隊和擁護他的百姓，經過三年多的較量，以蔣委員長撤離南京去台灣，毛主席先生登上天安門建立中華人民共和國，宣布國共兩黨之爭結束，從此，形成到今天仍然存在的海峽兩岸對峙的局面。這一局面是蔣介石先生持八百萬大軍和美國支持優質裝備，以為天下無敵，豈知毛澤東先生的偉大天才運用。《道德經》的智慧小米加步槍戰勝了蔣介石先生。這是智慧和天數的結合。道德經的以小勝強利害，為毛澤東先生天才發揮。

海峽兩岸的百姓，他們都在期望中華民族終有一天大團

圓，而不是兩個中國。

一個強盛的中國是全國人民永恆的願望祈望。當然而必然會到來。

蔣介石先生如果以孔子思想為指導，繼承有中國文化傳統，而能"知錯而能改，善莫大焉"，絕對不會出現：蔣介石先生失掉大陸，而蔣經國送掉了台灣。誰能挽此狂瀾。國共統一中國走向永恆富強，全世界來朝，共賀中華。

陳子按道德經精神，大膽向中華民族宣稱：蔣氏父子，先後出賣中國大陸和台灣。敬請已去世的、在生的、未來的國民黨員、原諒因陳子太愛中華民必須富強而有所同情！中國人要永恆團結，堅持以德報怨，貢獻世界人民。以德報怨，是中華民族永恆的國際精神。永遠照亮中國強盛的前路。

4. 中華民族、共產黨和國民黨三者的關係與未來

歷史是一個「天道無親。常與善人」的大熔爐，儘管有人將真相隱瞞，不惜掩飾，到頭來還是徒勞無功，而被後人唾罵卑鄙小人。這是必然的因果關係，不怕怎樣迂迴曲折，亦離不開這必然的出現。不過有人故意千方百計去搞規避，必然的因果總要發生。公開內幕，為眾人所知。

是以，評價歷史，應當高瞻遠矚。以道德經為標準，真理實現地批評歷史。

當一個政權風雨未定時，不容許亂說亂動是完全正確和必要的，並且不要一言堂，但當政權穩定後，應當逐步開放史禁和黨禁。讓社會正常正當合理發展而給予批評。如果違背此一原理，會亂子不斷出現，為政者應當檢討糾正。《道德經》是

唯一指導天師。願天下歷史學家精通道德經，以道德經為總指導批評歷史觀點和文學也就正確無誤。如果道主儒輔理想政制實現，社會必然言必愛國愛民徹底為人民服務。因道主儒輔徹底化解革命因素，在永恆公民教育下，全心全意為建設偉大中華。

然而，當一個政黨開放史禁時，切勿心懷譎胎，想藉此機會「復辟」，而要給予誠心誠意的機會去對待歷史真實，使執政者覺今是而昨非，更好地為國家民族作出貢獻。是一位真正的正史學家，民族的歷史學家！是執政者，當然是一位偉大時代聖人。不少歷史朝代因缺乏其莫明其妙的統治者，則出現暴政，發生經濟衰退而至滅亡。這是辛亥革命前所見的必然。本來蔣介石先生稍微不是剛愎自用，下場不會客死台灣，而要等待共產黨的恩賜而回鄉入土為安。

至於採取甚麼方法和觀點去評價和探討歷史，才能準確、而公正和無偏，相信唯有老子《道德經》的科學哲學觀點，才可做到明察秋毫。

《道德經》第廿九章有云：

「將欲取天下而為之。吾見其不得已。天下神器。不可為也。為者。敗之。執者。失之。」

因果不容進犯，衰亡亦是因自為而必然。「天網恢恢。疏而不漏」。這全是《道德經》的預告，歷史作了歷歷不爽的證明。歷史上不少忠言逆耳，統治者結果無好下場。

第四十八章又云：

「故取天下常以無事。及其有事。則不足以取天下。」

所以任何一個政黨當其進行取天下時，目的是為了

「為」、「執」和「有事」，其結果必然帶給國家民族痛苦和災難。這是一個不變衡量標準。總是不離因果關係。這絕非迷信而是自作自受：「聖人不仁。以百姓為芻狗」，豈不可惜而痛心。

且以此去看中國政黨，試問有哪一個是例外，有哪一個是特殊？因果是科學必然，不可不信，以個人主觀抗拒，以百姓作試驗品，豈不是可惡乎？

只要大家共識此一歷史觀點和態度，拿它們去看中華民族、共產黨和國民黨的關係和未來，問題也就一目瞭然，相信任何一位有良知的共產黨員和國民黨員，大家都會一笑泯恩仇，為振興中華而共同奮鬥，中心只有一個中華。中國統一是必然，國人共望！台灣要理智而採取談判統一才是現時中華民族要強盛的天理，何必給中華子孫世代罵名？台灣的國民黨；國共統一，共產黨救了國民黨；國民黨救了共產黨。此觀點，反映了整個國共的歷史。中國歷史也就永遠不再重覆，而永恆富強，世界唯看中華。

誰是民族罪人，也就無可遁形。

共產黨員、國民黨員，以至全體中華民族都能站在民族的立場去看問題，何患中國不統一，而不繁榮和富強！只是指日的事情！中國全民統一的日子必然到來！中華民族，是人類文明的拓展者，亦必然是全人類大同的啟導者。改革開放，世界共同體在預告預祝中國統一的必然，而強盛不老的必然。

因果循環不可欺　　為人何必逆天理
罵名卻是兒孫受　　人死毋留後楚悽

在下面，打算從四個方面去探討中華民族的要為：(1) 建立一個統一的中國是孫中山先生與國民黨的革命目的和信念，(2) 中國近代史災難全由國際帝國主義所炮製；(3) 唯心主義哲學是人類災難總漩渦；(4) 中華民族、共產黨和國民黨三者的未來。

（1）建立一個統一的中國是孫中山先生與國民黨的革命目標和信念

推翻帝制和建立一個統一的中國，是孫中山先生與國民黨共同的偉大目標和信念，儘管怎樣移風易俗，但得堅守不移。

中國走向統一動向是世界政客最恐慌事情，無論西方和日本均同樣恐慌。中國強盛，晴天霹靂，西方帝國主義政客、日本共同的野心粉碎。

民國十三年十二月底，孫中山先生為斡旋統一中國，扶病抵達北京，病因操勞而加重，於次年三月十二日逝世。在逝世前二月廿二日立下的遺囑，遺囑國民黨要繼續喚起來，聯合世界上以平等待中國的民族，共同奮鬥。當然世界政客全無動於衷。

孫中山先生是偉大愛國者，推翻清朝帝王帝制，促使中國走上世界歷史朝流，其豐功偉績，並非歷史一般帝王和朝代可相比。

第二次世界大戰結束，日本軍國主義是個戰敗國，國民黨親自收回台灣這一被日本佔去的領土。台灣是中國神聖領土。誰想脫離中國獨立，永遠是漢奸、國賊、全國人民的受罵名者。

1949 年，蔣總統率領國民黨政府人員和軍隊撤離大陸去

到台灣，形成了海峽兩岸的政治對立。這全拜帝國主義愚弄所賜。全世界政客均獻謀獻策獻力，想藉此分裂中國。全國人民要共識，蔣先生敗走台灣的罪，全由西方政客造成！

以蔣中正先生為首的台灣國民黨政府，天天不忘呼喚「反攻大陸」。在大陸，以毛主席為首的中共政府，亦同樣說要「解放台灣」。「反攻大陸」和「解放台灣」雖然是極端對立的口號，但其背後的共同點，是統一中國，台灣是不可分割的中國領土，亦表明國民黨從未放棄其原有的信念和目標。倘若有誰搞兩個中國，而誰就是罪人，中國人民一目了然。搞台獨者，是國民黨共同敵人。

蔣經國先生當台灣國民黨總統時，提出「三民主義統一中國」的口號，李登輝先生亦表示擁護和支持。兩者都認同一個中國，相信共同是口是心非。蔣經國先生是一位政治白痴，未知他有心抑或無意。天曉得，蔣經國先生讓李登輝冷手拾個熱煎堆。

蔣經國先生去世後，李登輝接任總統，仍然繼續提出「三民主義統一中國」的口號。但李登輝越來越覺反攻無望，改弦易轍投懷日本和西方，而藉此而永恆投靠，因此李登輝怕統一而搞台獨。蔣經國先生有目無珠。

李登輝之所以能當台灣國民黨總統，關鍵本來等待實現其將來打回中國的目標和信念；豈知登上寶座不久，形勢失望開始了改弦易轍的動向，放棄打回大陸的願望，找尋放棄大陸而尋求台灣獨立永久分裂中國的可恥行為。從放棄國內打架和吵鬧露出蛛絲馬跡。如此的人，永是國賊和漢奸。

最近，林洋港先生、趙少康先生、陳履安先生等有識之

士，公開指名道姓有人在搞台獨，會帶給台灣動盪不安，甚至招來災難。

郝柏村先生更正義凜然地指出：

搞台獨有兩幫人，一幫是「陽獨」，一幫是「陰獨」，以搞「陰獨」的一幫為最可怕和危險。其意是指李登輝此一日本代言人。

郝先生指出的「陰獨」，正是當權的人。

蔣偉國先生非常語重深長地指出搞台獨後果的嚴重性：

「搞台獨，會使我變成亡國奴。」但蔣經國先生，應知李登輝並非好人，把總統傳給他，原因何在？先生能解釋嗎？蔣經國先生害怕統一所以將位傳給李登輝。按此而推想，蔣經國先生繼蔣介石先生同樣出賣國家。其父子均是一丘之貉。

這一驚人的警告，是掩飾其有心無力的遮羞布，爭取身後的國情。其實李登輝是台灣人的願望還是蔣經國的壞主意，有待國民黨歷史的公開。

前總統夫人宋美齡先生是國民黨中最權威的見證人，亦堅決反對搞台獨，而要堅持一個中國的觀點。相信蔣夫人的意欲較為真實。但蔣經國先生意決出賣台灣，宋美齡先之聲屬犬之吠聲。

四面楚歌，炮聲隆隆，搞台獨何去何從？完全是無望的將來。

老子在《道德經》中已經給了搞台獨者一個明確的批斷：

「將欲取天下而為之。吾見其不得已。天下神器。不可為也。為者。敗之。執者。失之。」

台灣人民，是中國人民的後裔，絕非大和民族的子孫，亦

415

不是新霸權主義者的混血兒。他們絕不會無知他們是中國人。統一是將來的必然，誰也改變不了此事實。

時勢變了，中國人再不能沉醉於黨爭鬩鬥，而振興中華民族才是全體炎黃子孫共同奮鬥的目標。順時者昌，逆勢者亡。國民黨人要立志，要爭氣！

試問，台灣人民喜愛動盪不安生活者能有幾人？

這節文章寫於 1995 年 8 月 24 日，以看搞台獨者的政壽命有多長！

此書修改於 2019 年 4 月 16 日，保持原文不改。留給炎黃子孫批評。

（2）中國近代史的災難全由國際帝國主義所炮製

近百年來，世界殖民主義者，帝國主義者，新霸權主義者，他們無分顏色、制度、膚色、地域、信仰、大小、遠近，全是一丘之貉；他們像冷血動物一樣，瘋狂地去蹂躪、殖民、侵略世界各弱小、貧窮、落後的國家和民族，尤其是中華民族，更加飽受他們愚弄、擺佈、姦殺、焚毀等慘無人道的摧殘，其罪惡罄竹難書，令人髮指。可惜他們無知越蹂躪中國，罪惡越深，無謂消耗越大，本身衰敗越快，是世界上西方侵略無知的可悲！2035 年西方明顯走向衰亡。

炎黃子孫，真真正正要刻骨銘心，要永誌無忘這段苦難和羞恥的歷史，但並非為了報復和索償，而是以之為世代警惕和告誡，避免歷史重演，重演的災難無論落在任何地域、民族，也許是蹂躪過他人的帝國主義國家，中華民族同樣目不忍睹，而誠心誠意期望全人類能過着永久和平幸福的生活，並矢志為

達到此一目的而貢獻力量。完全可以肯定，西方侵略者作惡越多，更加深人類的仇恨。「道」是能量統稱，人類的仇恨必然導致西方加速衰亡。不然，為什麼説「天網恢恢。疏而不漏」？

「慈則能勇」，中華民族一定要樹立一個既為中華民族又為全人類的「無為」思想，才能徹底認識和揭露世界帝國主義一貫的勾當和野心，找出中華民族災難的源頭。中國人之「鬩牆之鬥」完全是國際帝國主義深謀遠慮所布置下的圈套，而中國黨派在多種因素的影響下，不同程度地受其蒙騙和離間，以致長期存在矛盾與磨擦，**終於接着第二次世界大戰的災難剛結束不久，1946 年 6 月 26 日，中國內戰全面爆發。問上蒼問上帝，中國人犯了那一規條？**是您愚昧還是腦中心中剔存不可白痴的憐惜？

在三年多的內戰中，國際帝國主義似乎奔波勞碌，為調停和解做了仁盡義盡的工作，其實他們做的是假調停，實離間的工作，使內戰到了無可和解的餘地，非戰不可。您們這班戰犯齊拍手！慶賀。以為如此，可滅亡中華民族。

中國人好像盆中的蟋蟀，而國際帝國主義政客引動蟋蟀草，高興欣賞要鬥的是他們，而痛苦的是中國人民！你們的舉動全是惡意用心。

中國人應該用不着懷疑，1949 年中國開始形成的海峽兩岸的對峙局面，是國際帝國主義一手造成；四十多年來，他們一直並未停止過愚弄和擺佈與煽動。

且看 1995 年 9 月 21 日開始發生海峽兩岸的緊張，亦是新霸權主義在背後教唆和支持的結果，再次妄想點燃中國人內

戰的火頭，制肘中國的發展，並且從中獲取軍火利益，解救它國內經濟衰退的困擾。**這種一箭雙鵰的手法，寄望台灣人民力求穩過生活，將精衞填海的金錢用作發展台灣經濟，不要去妄求甚麼生存空間。其實專心搞好台灣經濟，使治灣人民過着更幸福的生活，加強海峽兩岸的往來，才是真正的生存空間。總之，中國要統一才可致強國泰民安。**

以和為貴，是中國永恆的目標的民族核心精神。

黨派鬥爭已成過去，中華民族當前的偉大任務是全民同心同力振興中華！實現中國夢是偉大全民共奔。

國民黨和共產黨是近代史中一對難兄難弟，兩黨革命先賢均為富強中華而立黨，好應為中華民族而忘卻過去的恩怨，而重頭携手合作，振興中華，迎接二十一世紀的到來。中國老訓：家和萬事興，家衰口不停！國共要和平統一！

國共統一，炎黃子孫世代永遠感激您們！

（3）唯心主義哲學是人類災難總漩渦

説唯心主義哲學是人類災難的總漩渦，絕非危言聳聽，更不是惡意中傷，而是客觀事實，並無虛言。上面已經説過，在此重複再提。細説其詳。

唯心主義哲學，其原母體是人類的信仰，它一開始就像個幽靈，形影不離地迷惑人類，為害人羣。要人類用《道德經》此一哲學徹底清除，清除人類錯誤哲學思想，必達天清地靈。

一個完整的唯心主義發展過程，以歐洲最為典型。從這個縮影看到它為害人類的過程。

公元 312 年，羅馬帝國強迫統一宗教信仰，以基督教為

合法宗教，使唯心主義哲學，步登無上權威，濫殺無辜，為所欲為。

唯心主義哲學成為基督教的劊子手。

公元六世紀，希臘人將唯心主義哲學領出教廷送進社會，把其接觸面擴大，影響普及世界，使中國一些自詡的哲學家公然說哲學來自歐洲，菲薄中國無哲學可言。其實這些人在哲學上肚空無物，根本無知哲學何物。這班人是典型哲學白痴。**中國不少統治者和學閥無知中國道德經永執世界牛耳。甚麼能量、電能學、量子學，全在道德經可尋。"無有入於無間"，能量連鎖互持全包括在其中。**

這是唯心主義哲學的主流和正統派，其他的羅素哲學、唯物主義哲學、辯證唯物主義哲學，盡屬衍派或分支。**西方哲學盡源中國宋明理學，沒有中國人世界人類根本沒有哲學可言。西方馬克思哲學，資本主義制度，亦由宋明理學而發展。**

十八世紀末的唯物主義哲學和辯證唯物主義哲學先後接踵出現，後者的影響頗為驚人，掀起風雲際會，席卷全球。受影響人數達全世界人口三分之一，歷時半個世紀，到了二十世紀，九十年代，才告全面性衰落，改轅易轍。

「順其道者。萬變而愈盛。逆其道者。萬變而愈衰」，這兩句道家的哲理名言。概括了唯心主義哲學交流發展的興衰。道德經是永恆督導全人類任何哲學的天書。任何事物的興衰，用它作微細放大鏡，事物的興衰一目了然。

俄國彼得大帝的改革，日本的明治維新，中國的戊戌政變，以及世界其他國家的變革，均受唯心主義哲學影響。其後俄國、日本發動對中國侵略，亦來自唯心主義哲學這一禍根。

哲學的好壞影響全球。人類要緊記，永恆努力尋求完全的哲學思想。《道德經》是蟠桃的汁，永恆解決人類問題的政治思維，全集中於此，全源於此。**要緊記：晨早當忌謀生計，閑時應讀道德經；道德經是全人類永恆天書。**

中國自辛亥革命以來的革命派、政治家，沒有一個不願當唯心主義哲學的門生，相反對中國正統思想道家，涉獵較為膚淺，而多鑽研諸子百家，應稱他們為雜家。**因此，可說中國革命家和政治家，他們的思想，是華洋混雜；中國的災難，就是來自混雜華洋。**中國一切災難、錯誤皆因政治家、皇帝、士大夫無知道德經所造成。中國真找不到洞悉道德經的人。中國人共要"晨早當思謀生計，閑時應讀道德經"。

根據上面一系列的歷史事實，說世界災難的總漩渦在歐洲，唯心主義哲學是禍根，大家應無庸置疑。在辛亥革命後，不少頭腦簡單的知識分子雀躍西方哲學，以洋標榜自己是個新時代知識分子。中國出現如此現象，與孔子儒家思想有關。所以，可說儒學後患無窮。**唯"道主儒輔"可以拯救此等眾生。**

不信，且看十字軍東征、鴉片戰爭、八國聯軍攻打北京、火燒圓明園、第一次世界大戰、第二次世界大戰、朝鮮戰爭、越南戰爭、波斯灣戰爭，數不勝數，罄竹難書，它們都是來自歐洲，因為唯心主義哲學這一人類災難的總漩渦落在歐洲。禍連亞洲及各洲各地。

中國海峽兩岸政治對峙局面也是唯心主義哲學帶來的後遺症。炎黃子孫要解決此一問題，必須把老子的《道德經》拿出來，大家以此為指南，何患問題不解決，何患中華民族不團圓！老子《道德經》是全人類天書，「道主儒輔」是完美無瑕

的哲學經典，永恆指導人類邁向世界大同。中國人拓展世界人類文明，亦啟導世界萬向大同。**"只有道德經能夠救世界"，只有中國人才能以德報怨，啟導人類大同。**

《道德經》好像海峽通往的大橋，在此大橋必然出現如此的景象：

「眾人熙熙。如享太牢。如登春臺。」

中華民族必然統一富強，大家齊舉《道德經》前進！

唯心主義哲學這禍根，一旦為人類說它是過街老鼠，人類也就永遠幸福和平！

唯心主義是人類災難的漩渦，本書百談不厭，要求人們加深認識唯心主義害人。唯心主義哲學是永恆是人類災難漩渦。歷史作了完全無疑的回答。

只有道德經能夠救世界，完全是真言實語，只有如此人類才可大同。

（4）中華民族、共產黨和國民黨三者的未來

中華民族，頭頂璀璨文明的桂冠，經歷坎坷的歲月，踏着淚水滴潤的道路，受着人類羨慕與同情的目光，毅然朝着和平世界人民一致渴望的永久幸福和平的生活目標前進。**共產社會是中國人民傳統觀念亦是當代世界人類共求，與道德經結成一體，戰無不勝，共產是全人類共向和目的。道德經是全人類克服任何困難的天書。**

科技轉換了天地，地球因之縮細，拉近人之距離，萬里緬懷，在乎一線之間，彷若促膝談心；親朋無分國界、膚色和語言，走向天下一家。**共產徹底為人民服務，理想世界一定到來。**

　　時代的旋轉和變化，儘管有些中國人被那似是而非的人權所迷，失卻了純樸謙虛，不惜弄虛作假，以出賣自己的族類為榮；然而，大多數的炎黃子孫，海內外都是一樣，為了中華民族的統一、繁榮和富強，感情更加濃烈和堅貞。

　　這是中華民族的時代精神和特點，任何一個主政的政黨，相信都不會顢頇愚昧無知。

　　蔣經國先生，在擔任台灣國民黨總統時間，為台灣經濟、政治、瀝血操勞，創造了史無前例的成就，為中國政治家，樹立楷模，永垂不朽，名躐漢青！衡補家聲！但卻有眼無珠，錯選李登輝作繼承人，促使國民黨變向走向台獨。民進黨領導台灣人民走向不歸路，滅亡的回報是必然到來，台灣人民要醒覺過來！

　　中國大陸經十年文革浩劫，經濟情緒和政治感情疲憊，**鄧小平先生，春雷一聲，指出不再改革開放，只有死路一條，挽救了中華；政治、經濟如沐春風，掀動全世界，萬方共望神州！尤其是一國兩制促使資本主義加速衰亡。**

　　鄧小平先生洞悉道德經，以光輝貓論清楚反映表達對道德經洞悉；習近平先生一帶一路世界共同體，天才發揮和繼承。永恆走向中國必然強的方向。

　　願鄧公先生壽比南山，死而不亡者壽。指點振興中華；九七年健步親臨香港，抒發新的構思，登上太平山指點江山！可惜鄧小平先生在九七回香港前去世！

　　無論中華民族、國民黨或共產黨，大家願望共是一個，中國統一、繁榮和富強！

　　倘若任何政黨和任何人罔顧此一共同願望，受到唾棄和咒

罵，定然在所難免。

中國近代史的權威見證者，尤其是對國民黨，前蔣總統夫人宋美齡先生，與中國統一舉足輕重，若能堅持國家、民族的信念，率領蔣家成員、國民黨要員，先回大陸考察，定然受到舉世炎黃子孫無限的慶賀和歡迎！可惜這些人都去世了。

您，救了國民黨，救了台灣！衡補家聲！何樂而不為？

宋美齡修得自己百歲長生，可是中國統一難得難求，宋美齡不顧中國統一而去，知難而退，永遠再無法洗淨自己對中國的過失！當然生不安，死不安，是個有過失者永難洗清。

晨早當思謀生計，閑時應讀道德經；道德經是全人類永恆天書，只有道德經能夠救世界，永恆是真正誠懇的預言。

所以撰一聯：但願誠心寫道德，何須著意做神仙。並撰一詩示意。

道德永恆救世界　　乾坤前進耀中華
環球盡頌神州好　　美霸西方嘆落差

第四章

用《道德經》的哲學觀點去認識
和指導中國未來

第四章　用《道德經》的哲學觀點去認識和指導中國未來

第一節　如何進行民主改革

（一）權衡民主改革的基礎

民主改革必須首先找到其基礎是甚麼，可從三個方面去認識：1. 經濟基礎；2. 思想基礎；3. 文化教育基礎。

1. 經濟基礎

辛亥革命以後，雖然推翻了帝制，跟上了世界民主潮流，是一次偉大空前而破天荒的民主改革，可惜一連串的軍閥割據和混戰帶來北伐戰爭、八年抗日戰爭。三年多的內戰，它們好像狂風暴雨，把中國這棵初生的樹木，吹得枝葉飄零。在這過程中，雖然事件是由帝國主義一手炮製，但過高估計自己的實力，罔顧當時國民經濟受到嚴重的破壞、人民希望休養生息，而輕舉妄動，給經濟崩潰拉垮了政權。總管如此自己的不足，但勿忽略西方帝國主義不能讓中國富強。好像他們有一共同宣言，共同制裁中國，而以達永遠受西方欺凌。若然讓中國強盛，會恢復過去的歷史。中國由黃帝立國到 1784 年西方工業革命，西方才能超過中國。這是西方政客含恨毋忘。政客是西方知識優秀中人才，但是以破壞品德專侵略中國人。以政策以

侵略小國和落後國，富強自己，而侵略中國。中國是他們打擊對象。這種感情的形成由秦始皇築萬里長城斷絕斷其先人米路開始。其後漢唐強大，更加積恨加深。

　　1949 年後的大陸由共產黨執政，儘管毛澤東主席發動接連的政治運動，未能集中全力投到經濟建設上去，使國民經濟發展未如理想；但無可否認，國防力量的增長可說歷史空前，因而政權得到鞏固和生根，連帝國主義亦退避三舍，不敢覬覦和冒犯。**中國歷史由唐虞夏商周到民國，那一個朝代是完美無瑕？總是有其一定的缺點難免。因此對毛澤東先生不應過於否定。他能改朝換代已不簡單。做令人得敬佩；是中國歷史英雄，亦是世界歷史偉人。更重要西方無能設法消滅此一中國。**

　　十年文革浩劫，雖然使人民經濟興趣疲憊；但台灣經濟起飛，促使大陸新的經濟轉變。孔子是聖人，可能以「錯而能改，善莫大焉」，在台灣與大陸經濟比較優劣下，大陸走向新經濟的發展，促政治經濟並向前發展，這是大陸全面發展的先機。體現是一個有希望政權。

　　鄧小平先生是中華民族的救星，大膽提出改革開放政策，使經濟成就令世界矚目震驚。尤其他的貓論哲學，確實體現其超人智慧。《道德經》的唯德唯能給準確掌權，是歷史上所無。跟着習近平先生天才發揮，兩者前呼後應中國一帶一路，世界共同體是莫大進步驚人。因此「聖人為腹不為目」，是永恆的偉大教條。自文革到今，中國充分體現「為腹不為目」非常成功，為世界敬佩模仿。中國人偉大，創造偉大時代，受敬於全人類。打好國家經濟基礎，無怕美國打貿易戰，促使美國走向衰亡。

　　這是中國民主改革的經濟基礎，但此一基礎似乎仍然不能承受規模性的民主改革，只有循序漸進，「按」經濟發展之「部」，而「就」民主改革之「班」。不然，將會盡廢前功！經濟發展是「為腹」，民主改革是「為目」，倘若不是本末倒置，豈有不失敗之理？這反映中國人天才創造。政客更是心驚！中國人國賊、漢奸反為難得之貨。中國人切勿忘記，改革開放，是永恆國策，一國兩制，使資本主義加速衰亡，同是永恆國策。

　　經濟的手可伸長一點，但民主的步不要開得太寬，如果經濟與民主，不亦步亦趨，如果讓民主像西方大開跨步，亦是死路一條。**西方"民主自由"兩者永恆矛盾不和**，是其衰敗的必然，因此不得不用欺騙補救和苟延殘喘。所以學西方完全是政治的白痴。中國根據中國經濟而按部就班，中國民主改革可能快而穩步向前。這是中國民主發展，欲速不達。必須先經濟而後民主。西方掌握住此道理欲搞垮中國。鄧小平先生居功最偉；而習近平先生天才發揮並繼承，而中國永恆富強。

2. 思想基礎

　　思想基礎，是民主改革一項重要的因素，倘若罔顧一切，貿然而行，會險象橫生，輕則社會經常動亂；重者，國滅族亡。因此，《道德經》的「慎終如始。則無敗事」。反映《道德經》是一本人類天書，絕非言過真實，要將真言置股掌之間，它是永恆真言。西方工業革命後中國，全部落後，但道德經永恆是世界總哲學經典。

　　長期的封建帝制給中國社會形成嚴重封閉，堅固的封建思

想積垢。與儒家思想配合更封閉中國社會促使進步全無氣力。

這是孔子功勞蓋世，但其後患無窮的帶來。「道主儒輔」就完全解決其短處而成完美政制。

中國不少憂國憂民之士，尤其是那些長期接受西方教育的中國人，為了清除頑固的封建思想，極力主張全盤西化，無知此是亡家滅國的行為。且看孫中山先生三民主義，不斷思正棄錯，其後才出現聯俄容共政策。足見西方政治深山聞鷓鴣，是行不得也哥哥。

曾經有人公開提倡，基督教救中國；但上帝亦無能為力，去改變他一家政治命運的乖舛和坎坷！西方是所謂革命宗教欺騙配合政治侵略世界，而中國人全無此居心，永恆以德報怨貢獻全人類。人類將覺醒：「人創造鬼神」而影響全人類宗教大團結，使人類走向大同。

世界帝國主義乘此「西化」之方便途徑，朋比為奸，進行瓦解和瓜分中華；它們的宗教、政治、經濟、文化瀰漫中華大地，使中國陷入半殖民地狀態。**請看看香港的現狀，足以反映和說明。教會似米舖，教化全港。如果不加扭轉，一場新災難必然到來。建設政府，真不要輕視宗教對社會壞的影響。陳子曾不厭提議香港要推行公民教育，不然外國勢力災難會來臨。2019 年開始體現，還繼續再來。**

為了抗拒西化的蔓延，封建思想藉着提倡傳統思想而抬頭，把中國拖入半封建狀態的社會。誰救中國人，新的時代在中國產生。

洋華思想的交雜，一種不洋不華的混血兒思想應運而生。他們稱自己的思想名為摩登思想。這種辛亥革命後產生的思

想，為中國社會種下禍根，延展到二十世紀末的海峽兩岸！這反映孫中山先生三民主義並非十全十美，而是錯在其中；所以他知改才是永恆。**辛亥革命是一場偉大革命，將中國推上新世紀的軌道，但其負面的影響是不容低估。簡單地說，西方宗教傳入，影響是非常可怕，其深遠程度是無人能估計。**

十年文革的災難雖然事過境遷，但有些人難忘切身之痛，罔顧民族利益，藉反共而反華，配合新霸權主義，盡犬馬之勞，不惜「深入虎穴」；移花接木令人無限嘆息和悲傷，中國人，你太下流，遺害自己國家！要緊記，你們的子孫應永是中國人。

折騰了半世紀的平均主義政制解體，使思想領域出現青黃不接，有些人思想滑落，作奸犯科；有些人始終以民族國家利益為重，邊做邊摸索，尋找救國救民的科學哲學思想。

開放改革是永遠救國救民的政策，好些人並不因生活得到改善而感恩戴德；相反，趁機好像白蟻一樣，要把房子的桁桷蛀通。乘機會污害國家，暴殄天物，造成不少人誤解：錯怨改革開放是貪污的政策。因家仇而無知改革開放是偉大永恆政策，而要嚴打貪污的出現，發揮優良，解除誤解。改革開放是永恆的國策，而要國策永恆，中國邁向永恆富強不衰。

新霸權主義者，眼睛銳利，嗅覺靈敏，無論任何場合，都要求殖民主義宗教宣傳自由和「人權」的推行，藉與開放改革中的逆流會合，進行裏應外合的反華，達到搞亂中華。**永恆要警惕西方政客藉宗教破壞中華。中華民族要世代相承，西方政客永懷滅華之心不死。西方政客永恆是中國以德報怨的敵人！**

綜合目前中國的思想情況，開放改革是唯一發展經濟的根

本方針，加強民族思想的宣傳和鞏固，循序漸進地進行民主改革，才是安全幸福富裕之途！「慎終如始。則無敗事」。

炎黃子孫要提高民族思想意識，醒眼看清新霸權主義反華的陰謀，看它怎樣橫行！據歷史記載，唐朝韓愈任現代教育部長職位每天只能吃白菜過餐，其後去給人當幕僚，足見古人為官品德，堅持不敢貪污。值得當代人學習。

思想建設是開放改革中耿耿於懷的事情，不然，將會全功盡廢，為新霸權主義的裏應外合的反華政策而化為烏有。改革開放永恆，反貪污配合永恆，中國必強。國民教育永恆，與日月同輝喚醒中國政壇。

《道德經》是世界上唯一的微型百科全書，是振興中華的思想寶藏，是全人類走向和平幸福之途的明燈和天書，「道主儒輔」政制將帶給中國無限幸福和光明，政通人和。

中華民族高舉《道德經》，反華的陰謀無可遁形，全世界走向和平！所以習近平聖人的世界共同體，一帶一路，是一偉大的發明。

3. 文化教育基礎

經濟和思想是一個政權的支柱；因此，發展經濟、提高民族思想是任何政黨的首要任務，國家和民族時刻毋忘的大事情。文化教育基礎是思想教育的基礎，因此文化教育是永恒與社會設施相適應，促使社會思想基礎永恆鞏固。總之公民教育是國家民族永要以此固本培元。

中國以農立國，小農經濟在地球上創造了璀璨的文明。雖然，由歷史一開始，就存在着戰爭和自然災害，然而，中國人

仍然是天之驕子，在遼闊的幅員上，過着人類羨慕的生活。中國人是宇宙的選民，是人類文明的拓展者，並是人類哲學的開創地。《道德經》永恆是人類天書，倘若天天能夠：晨早當思謀生計，閑時應讀道德經，中國永恆是全人類邁向大同的啟導者。

隨着向來不撩起中國注意力的人口膨漲壓力，無遏止地增長，還有隨人口增加而接踵的天災橫禍和戰爭的破壞，小農經濟愈來愈捉襟見肘；一旦發生強大的外來侵略，異族會輕而易舉入主中原。過去宋朝的滅亡，明朝的覆沒，是歷史有力的證明。它們不失為很好的歷史教材。國防是發展首要任務。中國不會亡！不受凌辱。**毛澤東先生明智，雖然文革失落經濟發展，但國防發展了，保障了中國安全，中國人要感謝毛澤東先生！毛澤東先生是中國永恆偉人，但其文化革命十年災難絕無任何辯護和阻攔，在此事實中永恆是災難，但從中吸取教訓，是一件大好事情。反映於改革開放和世界共同體的偉大思想。**

封建思想麻痺人民的戰鬥力，阻礙了經濟發展；到了十九世紀初，西方工業革命興起，使中國的經濟和思想在比較下相形見拙。中國的落後與帝制和儒家思想有關，尤其董仲舒是個罪魁禍首！**儘管如此，但董仲舒先生對通西域有功，因此一件事要看其兩面。所以「常無欲以觀其妙。有欲以觀其竅」是永恆真理。**

漢武帝使漢朝國庫空虛，漢朝從此永走下坡。直至唐，才有去衰返強。

帝國主義破壞了中國的經濟、政治和思想，並且進行殘暴的掠奪，中國文化教育因受破壞而無法建立，而像棵沒有根的

浮萍。香港殖民地教育的壞影響足以一管觀全豹！偉大的中華民族，緊記《道德經》是世界人類天書，世代毋忘！

辛亥革命後，因民族思想進一步受到內外相應的破壞，政治因而更失卻凝聚力，社會動蕩接踵而來。軍閥混戰，北伐戰爭，日本軍國主侵略，鬩牆之爭，這等等嚴重的破壞，使中國經濟像一棵飄零衰敗的樹木，奄奄一息。痛心哉！天呀，我們中國人犯了什麼罪呀？遭受如此待遇！上帝還有同情心嗎？不過，道德經中國政治靈丹妙藥，可惜能掌握運用的人不多，因此中國沉淪難起。

1949 年後，戰爭雖然並未在中國土地上出現，但朝鮮戰爭、越南戰爭。形勢迫中國對外支持，大大削弱了中國經濟，加上十年文革的浩劫，經濟更加脆弱；儘管政府從未放棄文化教育發展，但力不從心，文化教育基礎仍需一個較長的時間進長恢復和加強。文化增強教育，有如人的血液得到恰當治療！人要忘我工作、勞逸兼顧，才是養生生產之道！《道德經》真理。改革開放，空氣多了，香甜味導細菌滋生，打貪防腐思想教育非常重要！永恆毋忘要積極警惕而進行清除。

自開放改革此一救國救民的政策開放以來，文化教育跟不上經濟發展，出現明顯的差距；更因新霸權主義的威迫利誘而加深。不少民族敗類，趁此機會貪污橫行，有損此偉大救國政策！貪污是中國人傳統陋習，但《道德經》可以清除。

在經濟基礎、思想基礎和文化教育基礎三者不協調的情況下，如果貿然進行大刀闊斧的民主改革，無疑是一引火自焚的愚蠢行為；只要新霸權主義者幸災樂禍，略施小計，中國也就天下大亂。改革是完全必要，保開放要看準氣候天時！民主永

恆決定於經濟民生，此是《道德經》的永恆教訓。毋忘勿丟！

開放改革是中國的命脈，在經濟增長下，注意思想建設和文化教育發展，隨着經濟、思想、文化教育三者的拉近，重大的民主改革才可進行。那時春暖花開，水到渠成。國泰民安，政通人和必然到來！中國不但要緊記要一眼關七！西方政客在虎視眈眈滅我中國夢呀！公民教育是中國經濟發展和民主發展的永恆。

自由是民主的啟端，中國目前開放的自由層面很廣，好像陣陣春風，使中國社會欣欣向榮，暫時起着行使民主改革的效能。「慎終如始。則無敗事」！這是永恆警惕，西方政客在等待機會，亡我中華！普及《道德經》教育，是鐵壁銅牆。教育是經濟發展永恆伴侶。有了國民教育的好基礎，經濟發展有了一定水平，然後探討更廣泛的民主未遲。

晨早當思謀生計，閑時應讀道德經，中華永族永葆青春富強。

道德經是全人類的永恆天書，普及道德經，可普救世界一切。

（二）強化和純化執政黨的功能

要論述此問題，分三個方面內容論述：1. 多黨制的時機尚未成熟；2. 堅持一黨領導；3. 堅持以道性指導黨性。

朝代的盛衰，由帝王洞悉道德經多少的智愚而定；國家的強弱，與執政黨好壞有關；執政黨的功能如何，要看其建黨的哲學思想是甚麼。孫中山先生建國以西方民主自由和西方宗教

為基礎；奈何孫中山先生確實是個愛國者，永恆本着愛國之心，才肯以中華民族為中心，忍辱負重不畏艱辛萬苦，應世而遷就的偉人！

今天的中華民族何去何從，能否永恆繁榮、富強、統一，取決於執政黨是否能用老子的《道德經》哲學思想去強化和純化黨本身的功能。領導中國前進，永盛無衰，這一艱辛道路，真要偉人大智大慧排除萬難，堅持道德經指導永恆才能創出成功不朽成績。"道主儒輔"是中國全面繼承傳統的理想政制。

至於如何去強化和純化黨的功能，下面從三個方面去進行探討。

本人曾到英國考察研究十年，到 1986 年在香港新界粉嶺蓬瀛仙館接觸《道德經》第七十七章：

「天之道。其猶張弓乎。高者。抑之。下者。舉之。有餘者。損之。不足者。補之。天之道。損有餘以補不足。人之道則不然。損不足以奉有餘。孰能以有餘奉天下。惟有道者。是以聖人。為而不恃。功成而不處。不欲見賢也。」

深深領悟，要解決人類貧窮唯《道德經》人類天書，大家可深入研究，解決人類貧窮唯有《道德經》天書。建議全中國道學專家參與研究共同探討道德經，並給與陳子的見解進行批評，陳子無限歡迎。相信"陳子論道"可迎來百家爭鳴道德經，看誰能詳盡論述並解釋道德經，促使道德經成真正的天書，中國永遠富強不衰。來吧，為了中國永恆強盛。大家要認真讀通洞悉道德經。

相信促使中國人明白道德經，是每個愛國知識分子天責，

而促使中國永恆強盛不衰。

1. 多黨制的時機尚未成熟

　　根據陳子研究，西方的多黨制理論不但未完善而卻是非常粗糙；將導致西方社會越來越走向受欺騙；**民主與自由矛盾鬥爭越劇烈，而導致西方走向衰亡，到 2035 年，就顯得捉襟見肘。**

　　《道德經》有云：

　　「知人者。智。自知者。明。」

　　中國要推行多黨制，必須要知己知彼，認識西方多黨制的社會基礎的原因和性質，並認識其必走向衰亡，而察悉中國社會和時勢之特殊，暫把多黨制的願望推遲。不然，就會功虧一簣，違背千千萬萬世代為國犧牲的中國英雄烈士願望，並打擊當代和將來中國的訴求。中國當今聰明之舉是堅持一黨領導，多黨參政。西方政制切勿跟隨！

　　西方推行多黨制，時日頗長，取得很大的成績，積累不少好壞兩方面的情況經驗，倘若中國貿然推行，無疑是東施效顰，自取其咎，導致中國充當新霸權主義者的傀儡和附庸。何必妄試河豚！生命誠可貴，國家民族更為重，比生命更為重要！國家民族要永存。據陳子多方面比較，根據十年在西方研究，西方確實未解決社會貧窮問題。它的自由民主是以欺騙中心，最後是死亡在等候它，2035 年捉襟見肘！

　　十九世紀的工業革命，西方將國內的矛盾轉嫁到世界落後的國家。殖民主義宗教的侵略，為西方政治殖民「石牛開道」，而掠奪資源財富，予取予求，為本國的經濟進一步發展，廣

拓國內教育事業，提高人民思想文化水平，為推行多黨制提供了牢靠的社會基礎。一旦世界各國自強建國，西方必然每日下況。

西方推行戰爭經濟政策，研究以美元為世界金融中心，促使全人類供養美國。

中國，是世界帝國主義眼中釘的蹂躪對象，這絕非危言聳聽，只要任何一位有民族良心的炎黃子孫睜開客觀的眼睛，從今天新霸權主義者的所作所為，也就不難洞悉新舊帝國主義滅華之心不死。有些中國人會拍手叫好！他們是變異中國人。他們是國賊和漢奸。倘若向他們無為勸喻，大家要放棄好心而等待與他割席。

中國面對國內經濟落後、文化教育不發達、人民思想水平不高、百廢待舉的情況下，加上新霸權主義者千方百計地在國際上干擾中國，中國真可貿然推行多黨制嗎？**如果他不是受人之託，定然是政治白痴，才急求中國多黨制的推行。**

「知人者。智。自知者。明。」

炎黃子孫要以此為座右銘，去識破國內外反華的言行和居心。他們是國賊漢奸。

急於推行多黨制，是毀華的言行。堅決不可妄行亂為！他們是最危險的內奸。

中國政治協商組織，是多黨制的萌芽，只要民族能耐心一點，把《道德經》的學習推到新的高度，經濟建設到了一定水平，文化思想建設有了基礎，中國多黨制一定春風化雨，何患不比西方安定繁榮，人民大會堂定然不是競技的校場，而是和諧和睦為中華前途而高興歡聚地方！敬請中華民族切勿幻想受

西方政黨愚弄，受國內奸臣賊子煽動而跟從，自討滅亡。中國人豈有如此傻瓜。

在一段時間裡，中國只宜一黨領導，多黨參政！道德經是其永恆天書。中國多受制，有別西方。仍是以一黨中心，道德經為指導，由一成功政黨領導。大興國政。

2. 堅持一黨領導

多黨制的時機，無論從國內外的形勢所迫、再無法可想的權宜之策；不然，振興中華將成一句空話，並且坐以待斃；中華民族遲早將必然成為新霸權主義的犧牲品或傀儡。**中國特區推行一國兩制，是一項偉大策略，對內可防左，對外可促使資本主義衰亡。如此下往，西方快將捉襟見肘。西方必然聯系台灣共同亂港。香港特區必須推行公民教育，堅決要求教育與宗教分家！不然，大亂必臨！**

提倡堅持一黨領導，也許令人談虎色變，引起無數人破口大罵，因為他們和記憶猶新、跟曾經帶給人們苦難的一黨專政混淆起來。**中國推行是一黨領導，多黨協商政制，是目前世界上最優越政制；不然，進步豈能以中國越世嗎？**

中國自夏朝始就家天下，到 1949 年已經超過兩千年歷史，政通人和，天下太平，曾有幾時呢？似晴光一耀，也就風雨無情；有孔子儒家的良言，稱鬼神不好。日子的兌現，在歷史上好日好時，全是道家的實施。偶然雖非朝朝代代出現，出現時均是好好政體和帝王，此反映道的政治是好，中國推行「道主儒輔」應是必然無疑。陳子自 1986 年開始研究道德經，並精心研究鄧小平貓論、一國兩制、韜光養晦、改革開放、實

踐是檢驗真理唯一標準等觀點，組成「道主儒輔」政制，中國才永恆富強昌盛。敬希中國政治專家提出優秀政制與之比較，經討論採用作比較，看誰是優秀政制，而納之，可無一錯。**中國已為共產黨作了清除一切革命因素，中國再無革命因素，建議，提議，永恆人人的合理合法和必須的行為。任何一個熱愛中華民族的學者、政治家、哲學家，大可提出促進中國的好意見。**

　　一黨專政的禍害大家有目共睹，把中華民族推入痛苦的深淵，令無數自己的優秀黨員和民族精英飽受殘害和折磨，甚至粉身碎骨。總稱之為"左傾路線"。所以鄧小平先生提出警惕防左。一國兩制有此作用。改革開放是永恆的政策。國家民族要富強，難不開放。改革開放的永恆，和一國兩制的比較，對內防左，對外促使資本主義加速溫疫而衰亡，2035 年可見其明顯衰亡。

　　以事論事，當一個政權剛剛建立，要為其免遭顛覆，任何政黨都會採用一黨專政，發揮其無可爭議的實用價值，尤其是面對中國這樣一個半殖民地的國家，一黨專政更為完全必須。但一黨專政安定社會後，時機成熟就倒不如以一黨為主領導眾黨，那就會花香遍吹，天地日春共福。一個政治能做到國泰民安，如果堅持一黨領導眾黨，那可永恆興盛。總之，做到"慎終如始，敗無敗事"，先一黨專政，穩定政局，然後一黨領導多黨參政。如此亦步亦趨，以道可道，非常道去等待時機的整合。中國在道德經天書指導下，必然國泰民安，對中國道主儒輔是最優良的政制。行之月效，中國必然永盛永強。

　　然而，當政權穩定以後，仍然長此下去，不是領導技術黔

驢技窮，就是政治思想頭腦僵化，使它變成了自己黨員的枷鎖和中華民族的牢籠。領導要開始注意此一問題。領導的黨大可邀請堅貞的其他黨的黨員負責參政。正如《道德經》第三十七章曰：

「道常無為。而無不為。侯王若能守。萬物將自化。化而欲作。吾將鎮之。以無名之樸。無名之樸。亦將不欲。不以欲爭。天下自正。」

在道治天下中出叛逆，亦以「道樸」思想對待。天下之亂由欲爭而產生。

自從推行救國救民的開放改革政策以來，經濟發展像源源不絕的清水，把一黨專政的污垢情況清除，建立一黨領導的新面貌，配合高速度的經濟發展，將世界資金吸入中國這一開放市場，使中國出現歷史從來未有的自由而發展，國泰民安。在改革開放打好經濟基礎，有備無害，足以應美國的經濟反華制華！歷史將証明其偉大效能。任何一種新措施，尤其有顯著成就，貪污壞蛋也就在其中倒把貪污，就要以引導走向正途或禁止。道德經教育，是黨政和教育的永恆天書。

一黨專政，是平均主義政體的產物，其哲學思想是主觀唯心主義。但道家政治不反對暫且推行此一黨專政。一黨領導只要能做到適時順世，集思廣益，充分發揮各黨派的監督作用的政策和方針，其哲學思想又應歸屬於道家的哲學範疇，並有其無窮的救亡生命力，會為中華民族創造出一個二十一世紀，是中國人世紀的藍圖。這說明一黨專制並非壞事情。當蔣介石先生擁有中國時有大軍八百萬，結果要退出大陸而走避台灣，當時武器確是不差，為什麼戰敗？足證蔣先生政績和進向不合時

宜！頑固持有強大軍隊有何用處呢？統一是全民所求，是時代必然，誰可抗拒天意？政黨要全心全意服務人民，此一政權必掌天下立強國。**共產黨有此雄心壯志，而創造偉大中華。**

目前海峽兩岸的對峙，是帝國主義朋比為奸的產物而產生遺留，大家的目光集中到民族利益的立場上去，通過高瞻遠矚的和平談判，統一的觀點可以找到而並不困難。**國共聯合打倒民進黨應是時機了，如果國民黨還不發揮作用，有負孫中山先生的願望。時間拖得越長，國民將成無用的垃圾。國民黨豈能如此下場？**

蔣氏父子，相繼出賣了大陸和台灣，有生的國民黨人應醒覺，統一是唯一前途！

分別在台灣以國民黨一黨領導，在大陸以共產黨為首，只要雙方的目標是一個中國，推行老子《道德經》的至理名言：

「善者。吾善之。不善者。吾亦善之。」

國共兩黨，永無原因相爭？必然走向統一，國民黨地位永遠仍會受人民另眼相看。大陸台灣來一個建國比賽，豈不是中國人的洪福齊天嗎？國民黨要爭氣！中國人的眼光看著你為中國強勝伸出腳步。國民黨唯一出路，是國共合作，兩岸和平統一！

這種互補長短，和互通有無的合作，而逐步走向統一，才是中華民族的願望和將來切身利益所在。當今國民黨，切勿鼠目寸光！蔣經國先生心明無法反攻大陸，因而將台灣奉贈李登輝這位國賊！有生國民黨員，豈能忍辱偷生嗎？

台灣今天的經濟發展，為人民帶來豐衣足食，安居樂業，而罔顧一切去搞台灣獨立，把台灣的安危貿然投入一場無望的

賭注，豈值得一試嗎？恐怕應是深山聞鷓鴣，萬萬不能！**共產黨向來歡迎國民黨統一的要求。國民要鼓起勇氣，堅持中國和平統一；眾望所歸。**

海峽兩岸人民的共同願望是繁榮、昌盛和統一，倘若誰人違背了此一民族共同願望，誰就是中國歷史的千古罪人。誰願做千古罪人？民進黨是矮黨，不是中國人政黨！祇有它會如此一意孤行。

全世界炎黃子孫全都聽從老子《道德經》的「聖人無常心。以百姓心為心」的指導，去集思廣益，接受各政黨和人民的監督，並且百折不撓地堅持一黨領導，中華民族的統一必然到來，是既定日程的將來！誰也改變不了！

在大陸也好，或在台灣也好，堅持以道治黨，以黨治國，暫且一黨專制，暫且還要加強，將會加速兩地的安定和繁榮，促進兩地統一早日到來。「實踐是檢驗真理的唯一標準」，絕非妄言。國共兩黨各穩定兩地為統一作好安定作用。

美國政客永恆是破壞中國統一的壞人！

陳子一再提出，國民黨救了共產黨，共產黨救了國民黨，是中國歷史的必然體現。陳子更大膽進一言：中國共產黨救了世界，推行發揚道德經救了全人類；道德經永恆是全人類天書。

3. 堅持以道性指導黨性

孫中山先生死後，蔣介石先生獨攬大權掌八百萬大軍，軍備精良，如狼如虎，天下莫敵。共產黨小米加步槍，多是農民子弟，促以國家民族利益為依歸，全心為國為民與《道德經》：「道常無為。而無不為」，完全能戰勝強大國民黨而取其天

下。所以道性指導黨性是完全一致。共產黨贏得天下是必然的事情。

世界上無分軝域、膚色、語言、文化和經濟，他們所成立結社和組織的政黨，均有本社本黨的目標和意向，並為實現和推行其目標和意向而訂立規章制度。成員們對這些規章制度的遵守和奉行的自覺性，稱之為集體性，即所謂黨性，亦即道性。**黨性徹底為人民服務，道性也是同樣徹底服務人民。兩者統一無痕。如果兩者統一，則戰無不勝。這是道性和黨性完全統一，戰無不勝。因道性完全科學性。**

在一個團體或政黨中，必然有其首領，首領的黨性強弱，會影響整個政黨成員的黨性。毛澤東先生為國家民族取得天下，所以對《道德經》別有心得。因此蔣先生必敗無疑。相信蔣先生是日本軍事學家，卻是道德經白痴。

既然，任何政黨有其自己的黨性，這黨性也就自然受其政黨所偏頗和局限。

為甚麼天下間那樣多政黨，而終於難免走進死胡同，亂搞朝綱國家？現在世界比比皆是。中國歷代歷史亦不出其左右。

世界上那樣多被譽為偉大的政治家、思想家、社會學家，為甚麼他們在這問題上，黔驢技窮，無法防止自己政黨目的去被亂指和搞亂朝綱而使興起災難狂瀾。

大家拭目以待，西方的文明已經滑坡，災難已經露出端倪，在不太遠的路程上等待着西歐的人民。西方明顯衰敗在2035年！原因民主與自由互不調和互鬥。為了苟延殘喘，以欺騙同流合烏。因此衰敗必然。尤其他那民主和自由是以欺騙為核心，彼此永恆不相容的互鬥促使資本主義必然衰亡。西方

政制不值一學和用。

　　西歐的人民，要警覺，再不要醉生夢死！應該，晨早當思謀生計，閑時應讀道德經。以此促進自己的民族和國家，天下也就不難共大同。

　　新霸權主義者及其隨從政客把人民推向災難的滑坡。

　　目前歐洲問題，雖僅是災難的星星之火，燎原日子誰也不能預料那天到來！

　　世界的災難來自唯心主義哲學、政黨的末落亦因唯心主義哲學所造成。一天唯心主義哲學不清除，不堅決要求它退出人的思想領域，尤其是那些國家、政黨的主腦，唯心主義哲學思想和災難兩者成正比穿插在他們的政治舞台。

　　也許有不少人在譴責這種觀點是危言聳聽，或者嗤笑它捕風捉影、杞人憂天。

　　且問世界有多少個有道家哲學思想的政治家和思想家，以老子《道德經》哲學思想作為治國、治民、施政的指南。正因如此，所以政黨的自私面，揮之不去，如影隨形，使政治家患上政治思想瘧疾，時壞時正常，使人類受盡折磨，使人類災難無常。

　　一個對道家哲學思想顢頇的政黨領導人，他領導下的黨員有過之而無不及地愚蒙，當然，一黨上下，這只有「黨性」而無「道性」。這種黨性愈濃，人民災難之就愈重，嚴重造成誤盡蒼生。十字軍東征、世界帝國主義侵華、第一次世界大戰、第二次世界大戰、日本軍國主義侵華戰爭、朝鮮戰爭、越南戰爭、波斯灣戰爭、中東戰亂，全是唯心主義哲學思想的黨性，其危害和災難罄竹難書！盡在其中體現並非「無為」而「無

不為」。

　　人類真正死不悔改嗎？豈能使善良者無辜受罪！誰無惻隱之心！

　　到底「道性」是甚麼？為甚麼黨性要以它為指南，時刻不能稍有偏離？且細嚼第三十四章《道德經》的內容，也就豁然開朗，進而臣服五體投地。

　　「大道汎兮。其可左右。萬物恃之以生。而不辭。功成不名有。衣被萬物。而不為主。常無欲。可名於小。萬物歸兮。而不為主。可名於大。是以聖人終不為大。故能成其大。」

　　這種「不辭」、「不名有」、「不為主」、「無欲」、「不為大」、「成其大」的精神，**就是老子所要提倡的道性；這種偉大的道性，誰能媲美？**是以道性凌駕於一切一切的其他物性、集體性和黨性之上，相信只有政治白痴才去懷疑。《道德經》是人類天書，戰無不勝因它「無為。而無不為」連鎖反應所致。

　　中國目前的形勢，新霸權主義者千方百計製造反華，而中國本身經濟、政治、文化、思想剛處於初成長的階段，多黨制的時機尚未成熟，唯有推行堅持一黨領導，去集思廣益，接受各黨派和人民的監督。**要做好和完成這一振興中華的工作和任務，除了堅持以「道性」指揮「黨性」外，相信，別無其他更好道路可行。**

　　提倡開放改革者，是中華民族的救星，完全可以說，他是一位有高度道性的人，不然，他豈能功成名逐身退嗎？他的高尚品質是共產黨模範，名留千古。

　　孫中山先生最後功成名遂身退的道性精神反映，永遠照耀着中華民族世代發奮圖強的前路。

　　鄧小平先生的思想救了中華民族，指導着全民同心合力去建設繁榮、富強、統一的偉大中華。習近平先生以一帶一路，世界共同體科學觀點繼承發揮，中國必然富強無疑。這種偉大的繼承，世代相接相承，中華民族永恆富強必然。

　　以道性指揮人的靈性，是中國永恆的指南，中華民族必然萬古不衰！

　　世界人類，將看見中華民族以道性治國的成功，從新霸權主義者和其政客的蹂躪與欺騙中跳出來，以道性去建設新的世界秩序，從此走向世界永久幸福和平！

　　習近平先生的一帶一路，世界共同體，充分反映其道性黨性戰無不勝。

　　「反者。道之動。弱者。道之用。萬物生於有，有生於無」，是一個政黨不老的長生藥，只要黨政領導人能悟其中奧秘，也就道德傳家國，中華無妄凶！敬請炎黃子孫世代不忘服用此一政治長生妙方，長生久視宇宙和中華！

　　中華民族永抱以德報怨的道性，天下必然由中國啟導世界人類邁向大同。

　　1. 多黨制的時機尚未成熟；2. 堅持一黨領導；3. 堅持以道性指導黨性；這三點應與，晨早當思謀生計，閑時應讀道德經永恆配合，黨國永遠富強。

　　道德經是人類永恆天書，誰掌握了它以指導政治，國家永盛無衰。

　　炎黃子孫緊記：1784 年西方工業革命後中國甚麼均比西

方落後，但中國老子道德經永遠是全人類天書，永恆指導人類由中國人以德報怨的貢獻，實踐全人類世界大同。

（三）堅持改革開放政策

要堅持改革開放而知政策要成功做好，必須做好和認識下面四點要求：1. 改革開放的時代背景；2. 改革開放的必要性和成功可行性；3. 強化宣揚和推行民族思想教育；4. 推行科學哲理性的民族信仰和習俗。堅持並做好此四點要求，改革開放是強國富民的永恆國策。

1. 改革開放的時代背景

西方殖民主義對中國早已垂涎三尺；早已在明朝萬曆八年（即公元 1580 年）殖民主義宗教開始進入國門，開始瓦解中國。中國人世代要共識毋忘，西方侵略中國是始作俑者，手法亦蒙騙無數中國人，尤其是留學西方的知識分子。**所以陳子提倡中國子弟未完中國教育大學知識，出國留學是枉然，並帶來禍害。**

宗教，是原始的政治，到今天仍未跳出政治而脫離，世界上根本找不到不是政治的宗教。**因此奉勸中國要認識西方宗教瓦解力的可怕。而中國必須科學推行民族信仰和習俗。中國民族信仰是自然而科學的。中華民族一早已富有共產浪漫思想。民族侵略宗教永是無可不敵的可怕；中國且看香港，回歸後教育和宗教不分離，終有一日難免大災大難發生，香港特區遭災。可憐香港人。為特區主腦者要緊記於心。**

殖民主義宗教深入中國後，為帝國主義軍事蹂躪中華鋪平了道路，打開了受掠奪的大門。可惜中國帝王將相信，無知充分發揮中國民族信仰反擊，倘能如此以中國人早已遠祖猶懷，敬祖順天，這種科學信仰，人創造鬼神的觀點去抗拒而中國必勝。萬古不衰。

　　辛亥革命的慶祝聲尚未落寂，國際帝國主義已經炮製了連綿的戰禍，將中國插上半殖民地受宰割的標簽。帝國主義利用1900年八國聯軍侵略中國其中一小部分賠款去辦學救災去麻痺中國人神經，加上清朝的腐敗，中國開始變成一盆散沙，不堪一擊。**美國在這次侵略之前，1899年提出開放門戶政策，為1900年八國聯軍攻打北京作好佈局。**

　　國際帝國主義的侵略好像一場接一場的暴風，中國的經濟、政治、文化、思想、軍事好像受摧殘的枝葉。然而，蔣中正先生的手下人手全不明白和知情，而迷慕於日本和西方政制，無知中國老子《道德經》。發揮道德經永恆科學性哲理去振奮民族而清楚認清外國其侵略亡中國政策。

　　西方社會平均主義思想傳入，中國人好像吃了止痛餅，國防力量有了明顯的增強，帝國主義只能作威嚇的叫嚷，不敢踏進國門，但頻繁的運動，尤其是十年文革的浩劫，已經使中國人的政治、經濟情緒陷入低潮。不過中國人要清楚認識，一切悲劇均來自西方。國民黨政府在其中點火助借風勢，火借風威的有力作用。國民黨人無知道運用道德經而反射助長西方侵略。蔣先生太幼稚而無知道德經天書。

　　世界各國的經濟發展和科技進步，使中國人醞釀了振興中華的新觀念，勢不可擋。中國是世界文明的拓展者，並是世界

大同的啟導者。一旦中國人掌握道德經的科學民族性，一種無敵的民族精神，無懼任何外國侵略行為。

　　改革開放政策，在國內外情勢的催促下，鄧小平先生順天應民地向世界宣佈，好像春風化雨，吸引世界資金走進中華，中華經濟像雨後春筍。鄧小平先生改革開放偉大貢獻，必將在外國經濟破壞中國經濟時段產生偉大生存的作用。

　　鄧小平先生的貓論具體精要地反映道德經的唯德唯能，加上科學實踐科學論，實踐是檢真理唯一標準，韜光養晦，一國兩制的配合，促使西方必然衰亡的到來。

　　鄧小平先生理論，促進世界更加和平開放。鄧小平先生救了中國，救了世界。習近平先生天才發揮和繼承，世界共同體，指導世界大同。聖人出，天下寧！

　　中國澤東、小平而近平必然引導中國走向永恆的太平。

2. 改革開放的必要性和成功可行性

　　改革開放，是振興中華唯一無可選擇的途徑。它是「**觀天之道，執天之行，盡矣。**」的總結。中國人民千萬不要懷疑和動搖而改轅易轍。改革開放好比長江後浪推前浪，使中國經濟、文化、政治全面舉步邁前。叫做觸一髮動全身的重要政策。當然在其中加劇貪污思想的擴大和膨漲。中國必須明白認識，發展必然帶來貪污，因為忙中有亂的道理，那麼應加以整治，何患其出現？防貪是政治的永恆，何怕它如影隨形。"常使民無知無欲，使乎知者不敢為。為無為，則無不治"。是永恆公民教育。中國有些無政治知識的盲從，以點蓋面，斥罵中國貪污由改革開放造成。試問屋內空氣混濁，開窗難道是罪過

嗎？蒼蠅進來是必然，防貪何常不立即採用嚴刑重法呢？

世界經濟的發展，全球科技的進步，人民生活水平的提高，倘若中國繼續閉門造車，不與世界文化技術交流，中國整個國計民生將像一潭死水，國內政治會因此而矛盾加深，醞釀鬩牆之鬥，人民重蹈流離顛沛的災難；新霸權主義會乘虛而入，使中華民族變成聽他們吆喝的傀儡。改革開放，是永恆國策。

不改革開放，只有死路一條。這是最及時而恰當的警告，沒有他的警告，中國將會更積習難反，泥足深陷，痛苦的呻吟更加深重。

至以改革開放的成功可行性有多少？在接著下面的第"3"點內從四個方面進行探討，可在道德經中找到其根據。使大家明白，防貪倡廉是永恆的國策，保護改革開放這一強國富民的永恆經濟、政治、文化國策。為官者，應永恆效忠國家人民。

《道德經》第六十六章有云：

「江海之所以為百谷王者。以其善下之。故所為百谷王。」

老子要求中國人民要「善下之」，去認識整個世界存在的有利因素，將它們導入中國的開放江海，中國必然成為百谷王。韜光養晦，更是中國自己教兒成家立業的秘方。韜光養晦，實質是道德經"治人事天莫若嗇"。這一是永恆治國金科玉律。

世界各國為了攀登新科技的高峯，是無窮無盡的競賽，勝敗關乎國民經濟生產，各國為了減輕負荷，適當將成功的產品，出售套取資金，是採取發展科技的普通途徑。中國開放，面對此一琳瑯滿目的選擇，大可精挑細度，予取予求。

　　新霸權主義者，為了號令天下，醉心於軍火的測試和推銷，藉着挑起他人的內戰，而去銷售和斂財，賴以為生和發展。軍事科技涉及的面很廣，中國大可從中之舉一隅而知而知其他三隅。**這是新霸權主義者所意料不到的「強梁者不得其死」的下場，將會出現在它毀滅中國之前。其實如果中國洞悉道德經，堅持**"常無欲以觀其妙，有欲以觀其竅"**，常無為而無不為，中國必然立竿見影的勝利。**

　　中國要時刻警惕西方的戰爭經濟政策，配合世界美元化，促使世界永遠供養美國。

　　全世界的商人都是一樣，利潤是他們靈魂的皈依，只要中國打開穩定的大門，開放有其規章和準則，他們也就爭相湧來。他們的資金好像百谷之水，流入中國這一開放的江海。因此，有規有距，有條有理的改革開放，有百利而全無一害。

　　一國兩制的香港，澳門將發揮其偉大功能。一國兩制是鄧小平領導共產黨天才的創作。但要永恆注重國民教育不然將給西方政客欺騙煽動歷史人物的後裔反華。

　　老子的《道德經》在二千多年前，為今天的改革開放作了一個成功的論斷：

　　「譬道之在天下。猶川谷之在江海也。」

　　《道德經》是全人類天書，應置股掌之間。晨早當思謀生計，閑時應讀《道德經》。道德經永遠是中國人和世界人民徹底解放的永恆天書。

3. 強化宣揚和推行民族思想教育

　　要做好強化宣揚和推行民族思想教育，必須洞悉"道主儒

輔"這一優良政制。推行民族思想教育，其包涵下面四個內容：
1.歷史性；2.生活性；3.科學性；4.包容性。

　　民族思想是開放改革基礎的基礎。強化宣揚和推行民族思想，是成敗的關鍵；不然，則徒勞無功，中國大亂。中國人受西方思想指揮，因貪西方小利而亡國滅族！國民思想是靈魂。《道德經》是最有力文化武器。香港回歸後不注重國民教育，後患將發生。今天的人，必須明白："人之初，性本善，性相近，習相遠"；中國人經"五四"後的西洋思想毒化、洋化、洋奴已成了普遍性。尤其是道德經説："百姓皆注其耳目"，公民教育是永恆的事情。在永恆的實踐中，要分為嚴重階段和平常而正常。

　　中華民族思想是甚麼呢？

　　是儒家？是諸子百家？是佛家？抑或是基督文化？基督文化，是侵略性的文化，藉着船堅炮利強迫輸入；佛家，是古印度的宗教思想，雖然自東漢明帝輸入以來，經長期與中國文化相融滙，但仍然是有毒有害的典型唯心主義思想；儒家和諸子百家，雖然是土生土長，但他們均由道家思想半途出家；衍派出來認識論是不健全的思想。哲學思想，全以道家為標準，除道德經正統外，其餘均是不全面而甚至錯誤的哲學思想，無一可作永恆治國治家治人的思想。奉獻偉大的今後歷代聖人們，奉行唯道德經天書。

　　真真正正的中華民族思想，是以老子為首、以《道德經》為哲學思想指南的道家思想。有不少人批評"道蟲"固然是罵名不好；其實"道家思想"是指"道經專家的思想"。如此說來，也就無人敢罵名；如此高貴的名稱應由誰來接受此一稱

號？由道德經專家，由他的著作並由廣大中國人評定。敬希中國道德經專家把自己心德全寫出，供中華民族強國健身。中華民族青春常駐，國強家富。全靠道德經化武裝，則萬世無衰。敬希歷代聖人：“慎終如此，則無敗事”。

道家思想，是科學的哲學思想，無論唯心主義哲學、唯物主義思想、辯證唯物主義哲學、佛家思想、基督教思想、儒家思想和諸子百家思想，與之比較，全都相形見絀，俯首稱臣。一個有《道德經》思考修養的中國人，好處走盡江湖千途萬道，而永遠百毒不侵。永遠是個不變色的中國人。道家中國人，言之是道，為之是道，學之是道，總之一舉一動均應是道。道家永恆如此要求自己，自然一生不失為道。一個中國道家的人，永遠是天地為我而生，我為天地而死！

中國當代最偉大的哲學家，說了一句這樣的話：

「實踐是檢驗真理的唯一標準」是全人類的天書代言人。

老子道家思想，它能經得起下面四大標準反覆實踐的檢驗，它是真理中的真理。「道常無為。而無不為」。中國無數研究《道德經》的人把「無為」而「無不為」分開，造成千古不解《道德經》。「無為」必須以「無不為」作核心，如果說「無為」沒有以「無不為」作後盾，全是空殼無力的「無為」。「無為」有「無不為」作後盾，「無為」才是長久的「無為」。因此“無不為”永遠是“無為”的前題。無為必須有無不為作前題作基礎，這“無為”才可戰無不勝。無為的真諦在此。請大家細心認識民族思想教育的內涵。能將其內容連鎖理解並運用，民族教育是全良鐵甲，使人民思想刀槍不怕而戰無不勝。道是能量統稱，人的思想經過道德經百煉成精鋼，精鋼

的人那有變的可能？中國人永遠是中國人，永恆以德報怨，受世界人民敬仰。古云："普天之下，莫非后士"，即今天改革開放，一帶一路，世界共同體。

中國有一部分衰人，專門卑薄道德經，特意只提"無為"而不提"無不為"，惡毒之心良苦而極卑污。

下面四大檢驗法則是永恆、經常、重複的，百用而不煩的，請勿嫌棄，則為產生漏網之魚的發生而錯誤。緊記，"天網恢恢，疏而不失"！國民教育，像簷前滴水，耐性永恆。

（1）歷史性

世界人類本是一家，在喜瑪拉雅山平原上，沿着人類的基因進化而來，在一段頗長的歲月裡，困居地球上第一個海島平原上，整天對着無邊無際的汪洋大海，共望天空上的太陽月亮，經受平原上的風雨，補捉山上的野獸和海邊的魚類，過着茹毛飲血的艱苦生活，生兒育女，延續後代，期望美好的明天！待地球面積擴大而陡居。

所以道學是人類的求生學，其歷史性根源來自於此。這是最原始開始的歷史性。

隨着平原的地殼變化，地球上的陸地擴闊，人類隨着"光"而"逐海"而分成兩支，一支走向東方，其後散居世界各地；一支分向南洋羣島、澳洲、菲律賓、扶桑和美洲；另一支走向東南和西南，分向印度半島、伊朗高原、非洲和西歐各地。**所謂「非洲土人」，其實是喜瑪拉雅山最早的移民，因困守森林而保守，進步緩慢而停頓，西方說人類源自非洲，不知他們葫蘆裡是甚麼東西。同時非洲文化、社會發展變化不大，**

所以上地上保留不少因不發展而產生的殘留。像如此殘留而早為社會發展國家民族破壞無存。請勿忘記，非洲原由亞洲分離，更說明非洲人原是亞洲人。西方政客何用此欺騙世界，尤其是中國人呢？簡直超級無聊！

「谷神不死。是謂元牝。」

這是証明非洲人完全源自喜瑪拉雅山。

地球上最早的「谷」，是出現在非洲嗎？所以非洲是元牝？相信是想為"伊甸園"作佐證而已。這種道德觀是錯誤的，故意扭曲人類歷史，那是製造歷史上紛爭不休的文化罪人。人類共源於真是平原喜瑪拉雅山的高處，是事實，另一方面使人類沿着真實性找到人類真正的來源，無須浪費精神和資源。總之，站在道德經的角度，喜瑪拉雅山本身文化歷史並非淺短，而企圖以假歷史欺騙他人，完全是可恥政客行為。相信中國永不會因此，不守信於以德報怨。

中華民族始祖選擇了最早看見太陽的東方，落足黃河流域，創造了璀璨的文明。成為世界文明的拓展者，出現人類天書《道德經》啟導人類治好社會國家。

象形文字是人類最早文字的開始，唯獨中華民族才可完成這一條發展道路；今天的算盤仍然可以和電腦爭快速的長短，足見中華民族的智慧和天才，確是超人！

中華民族的文明歷史起碼有萬多年，居世界前茅，在人類歷史中起着領先和啟蒙的作用。中華文化薰陶了「以德報怨」的高貴品德效勞全人類，促使人類走向大同。全人類要共識中國發現6500年前古墓，足證人類歷史，唯中國拓展人民文明。

伏羲氏的八卦是道家思想最早的里程碑，經神農氏、黃

帝、商周的發展，老子把道家思想來個總結，寫成了哲學經典《道德經》全人類天書。

《道德經》是中華民族智慧的結晶，集一萬多年經驗證實的哲理，磨練成五千言，譽它為人類微型百科全書，完全名副其實，恰到好處。

以不能正確反映人類歷史的公元紀年來計，《道德經》是根據一萬多年的歷史經驗實踐而總結成書，到今已有二千多年，以萬年看千年，何患須懷疑中國歷史確是拓展世界文明。

在中國歷史中，誰若稍為採用《道德經》，那一個朝代也就盛世富強，「文景之治」和「貞觀之治」是個歷史成功典型。足見道家思想歷史性確實昭然。

雖然今天推行道家思想尚且方興未艾，不過，運用道家思想去振興中華，已經現再露出明顯的端倪，取得驕人的成就。新的歷史性又在開始。向着《道德經》進發全人類的路向和必然的將來。

老子道家思想的歷史性，大家應該無可置疑，以之比較其他思想，客觀地論其是短是長，切勿強詞奪理，以勢凌人，而要以理服人。歷史上不少無知之徒，企圖曲解《道德經》，促使《道德經》成為不解廢書，其罪豈可饒恕呢？

道德經全人類止亂昇平天書，誰能為此事盡功盡力，當然是偉大的聖人。

（2）生活性

從道家思想的歷史性，由此找到了它的起點；再從它的起點，找到它的生活性。更進一步說明道家思想的偉大救世救

人。

由古觀今，再由今鑑古，道家思想與現實生活的關係，緊密相扣，演證了道家思想的生活性，完全無可置疑。

《道德經》第二章云：

「天下皆知。美之為美。斯惡已。善之為善。斯不善已。故有無相生。難易相成。長短相較。高下相傾。音聲相合。前後相隨。」

這裡的「美」和「惡」、「善」和「不善」、「有」和「無」、「難」和「易」、「長」和「短」、「高」和「下」、「音」和「聲」、「前」和「後」都是人類從日常生活中，經實踐證明得出的結論。再從事物相對的理論，引出人類的倫理關係。人類歸根結底，最重要而不容推卸的責任，是培養下一代。一代接一代彼此之間，要樹立正確倫理關係，長者無私，幼者知恩，彼此和諧相處，建立幸福的家庭，世代相接不停，奕世其昌。

生活是生命，沒有生活就沒有生命，生活與生命息息相關。如果政權缺乏生活性，也就失掉生命性，改革政治何用？任何政治與生活性脫節何必多此一舉，浪費生活和生命，豈不是將活生生的社會變死寂的而生活生命何求。革命何用何求。因此革命必須有生活性，而政治必須有生命性。生命生活兩者血肉相連不可分割。問天下為政者拋頭顱灑熱血為何？「民為重」，要為人民服務！其實為人民服務是為人的生活性。任何一位聖賢，必須為政為民，為民為生，有生則政治永恆。

《道德經》七十五章：

「民之難治。以其上之有為。是以難治。民之輕死。

以其求生之厚。是以輕死。」

《道德五千言》，每一字每一句，所談的全與人類日常生活有關的事情。

欠缺民生的政治永恆是壞透的政治，非社會的政治。道德經政治永無存在如此壞的政治，道主儒輔是優越的政制，是人類永恆政制。

（3）科學性

世界上除了道家思想以外，其他的全屬唯心主義的東西。

一種思想科學與不科學，認識論是它們的分水嶺。那一家的認識論愈徹底，它也就最正確；只要大家堅持這種觀點，去衡量和研究，道家思想的科學性會赤裸呈現眼前。道德經是全人類天書，哪一位政治者能洞悉道德經而用之治國，那一國家執世界牛耳無疑。人民永恆沾恩受福。

歷史性和生活性是檢驗任何一種思想是否科學的兩大標準，是經得起它們檢驗的思想。它的科學性也就表現無疑。三者能融合共通辯證運用，推行民族思想也就水到渠成。

「有物渾成。先天地生。」

在天地尚未形成之前，宇宙全為能量所充斥，經過能量長期的運作，天地才然後完成。萬物隨之而生，人類才會出現。社會才能得到發展。

「無名天地之始。有名萬物之母。」

人類出現前，因為沒有言語和思維去分割，萬物無名；到了人類出現，宇宙萬事萬物才被細分。"域中有四大，王居其一焉"。

　　道家思想認為人類要認識千變萬化的宇宙，「微觀」和「宏觀」是一種重要的思維方法，把兩者交替運用，事物的「妙」和「竅」也就無可遁形，逢難必解。

　　人類絕對不是甚麼上帝和神靈所創造，上帝造人是西方統治者用於欺騙人民手法，而出自神棍的嘴巴，並與政客的結合。政教形成一體，大利統治者的暴政統治；國家衰亡因此而產生。

　　「道生一。一生二。二生三。三生萬物。」

　　英國達爾文先生從絲綢之路和印度，接觸了老子的《道德經》，知道了這一進化途徑，可惜他領悟不足，把人的基因的獨立性與其他動物混為一談，對人類由來，使人發生懷疑。人類細胞是一種特殊細胞，不然怎能人為萬物之靈；因宗教政客想不通，採用上帝造人的欺騙。西方宗教迷信，全因對人類進行理論無知。也許與達爾文進化論不徹底有關。

　　道家思想的歷史性、生活性和科學性，是三個緊扣的鐵環，萬事萬物經此三個扣環一套，也就真相大白，表露無遺。再加上下面(4)包容性，對事物了解完全清楚完滿。包容是任何事發展的根本能力，促使事物發展完善，完全離不開事物包容性。

（4）包容性

　　宇宙中萬事萬物，彼此之間，皆存在着排它性，它是事物間矛盾鬥爭的根源。

　　因此，西方的民主和自由是永遠矛盾鬥爭，因此西方必然於 2035 年經濟明顯衰亡。

　　人類為了解決矛盾鬥爭所造成的災難，嘔心瀝血，仍然裹足不前，怨天尤人。

　　老子《道德經》是一部包羅萬有的哲學經典，只有它才能徹底解決此一問題。道德經永恆是人類天書，能解決人類任何困難。中國人永遠認知道德經是人類天書。所以中國人是人類文明拓展者，根據圖文八卦、易經、道德經而完全堅信，人類的將來的大同，亦必須由中國人啟導。

　　「孔德之容。惟道是從。」

　　道家思想的包容性，並非人類社會中任何思想可以倫比；它以地球上任何一點為圓心，而以宇宙為半徑作一圓，宇宙上萬事萬物，均包羅在此圓圈之內；而掌握道家思想者，他高瞻遠矚，凌駕此圈之上，解決人類社會問題，造福蒼生。這完全是日程上的安排。只有中國人才能為人類解決一切與人類的矛盾，而成為彼此互利互依互生互長。這種的道，是指人類生命延續。人類與天地同古主導宇宙。

　　道家思想，以歷史性、生活性、科學性三者為核心，增加套上包容性這一環，使它成為獨一無二永恆貢獻人類的科學哲學思想，對於均在它圓圈內活動的任何一種主義、思想、政治、宗教來說，它是個總樞紐，它們均在「道法自然」的軸心上旋轉，接受淘汰命運的安排。「道」主宰一切，「道」是能量統稱，能量創造一切，是人類生存的依存，人與能量共存共依共興。因為不能無人去可以發揮。如果天地沒有人類，世界豈能多采多姿。所以道德經第一章的"無名之地之始，有名萬物之母"，就指出宇宙如果沒有人類，整個宇宙的事物全無作為。道在運轉，永遠是空永轉，何用之有？

以老子《道德經》為首的道家思想，是久經實踐檢驗的民族思想，唯有它才能照亮中華民族走向繁榮、富強、統一的道路，永遠兀立在地球上，造福世界蒼生。中國人恆愛永抱以德報怨，無私貢獻人類，全人類才能邁向大同。人類應知抱德以報怨是道德經唯有的徹底道德觀哲學思想。其他各門類思想均欠缺而全無。所以道德經人類道德天書。

總之，此四大衡量、檢驗任何事物的客觀標準有如醫生日常用的檢驗身體健康的儀器！道德經永恆是全人類唯一天書。

4. 推行科學哲理性的民族信仰和習俗

宗教，無論怎樣去粉飾，總掩蓋不了其與生俱來的政治本色，她從來未脫離過為政治服務的崗位，是以說宗教是人民精神鴉片，無非片面之詞，因為鴉片一詞，是認為它不利政治而提。**鴉片對人身體有害，但宗教各國有別，也許也信偉大哲學家無知中國道教是什麼，把中國道教與西方宗教混為一談。西方宗教宣傳神創造人，而中國却說「人創造鬼神」。人是神的創造者，神由人來主使。這種觀點是科學無疑。**西方宗教是迷信宗教，而中國是科學宗教。西方這位哲學家不理解中國宗教。其實中國信仰以人為中心，即所謂崇拜敬奉的是自己祖先；祖先其外的信仰於不明當時自然現象而信仰；其後將兩者合拼，人亦會有貢獻於社會而尊為神與自己認為自然存在的神相結合。反映當時人對自然認識不足而愚昧，腦袋不知所謂的東西是人自封為神。其實亦是人創造鬼神的芻見。。

西方學者對宗教的認識，是反映其是主觀的不科學的哲學觀。中國對那位西方哲學家的理論科學性應當懷疑，對他學說

應切勿囫圇吞棄；完全可大膽説一句，其社會理論只是有道可道地位，並非永恆真理。

世界文明古國，開始於向血緣和神靈的崇拜，其後才分道揚鑣，信仰不同。

中華民族，歷來推崇慎終追遠，敬天法祖，所以全無藉宗教殖民主義野心。這種人類共同的原始宗教，唯獨中華民族世代相繼推行，承先啟後，歷劫猶存，保持中華民族兀立在地球上的東方，長生久視東海與朝陽。尤其是那以德報怨精神標誌唯有中國人可以之啟導世界人類邁向大同，因此中國是宇宙能量觀選民。

然而，其他文明古國，經受不起過多游牧民族的穿梭，思想難以專一，不能不改轅易轍，結果，不是使領土破碎支離，名不復存，就是弱不堪言，仰人鼻息。

宗教和民族息息相關！任何有理智的偉大領袖定然不會貿然順從宗教是人民鴉片觀點。而發展道教啟導中華民族向前，加速中國富強。中國道教是世界唯一科學宗教，道教人士應鼓掌歡呼。人創造鬼神認識是道教的核心精神。沒別人出現前的所謂神，亦是人所認可亦應屬人創造鬼神。古民歌反映，“日出而作，日入而息，帝力與我何有哉”，**使人發現最早信仰“共產主義”的人是中國人**。學者們可否同意如此説，世界上最早有共產思想的民族是中國人；因此，共產在中國成功，道理並非奇怪。總之，中國人是世界文明的拓展者，可説人類一切知識最早起於中國。圖文八卦、易經、道德經，完全足以証明中國人是任何理論的最早知道者，全部外來理論思想全屬後學之舉，中國人把它崇拜説明是無知之徒！難道不是嗎？“言而不

實乎"和"傳而不習乎"，根據此兩句話，也就完全可知，西方不少學者是中國人後學！那值得過高崇拜呢？

　　羅馬帝國，公元 312 年，公布米蘭赦令，使用屠殺強將宗教統一，尊基督教為國教，統一了歐洲思想，帶來羅馬帝國強盛空前，促使歐洲以中國文明為基礎走向神創造人的基督教新的文明，並連鎖災難世界，將政治與宗教配合，殖民世界，災難全球。連中國亦大遭迫害；也可說，人類災難，全來自西方歐洲。與其神創造人和強霸兇惡宗教思想有關！

　　宗教和政治血肉相關。發展中國科學道教，利國利民利世，科學道教是「人創造鬼神」的宗教，是人類唯一科學宗教，是人類最後宗教。道教按張道陵先生組教以道德經為聖經意即道德經宗教聖觀。以宣揚道德經為中心的宗教。其後歷代王朝改造道教推行自己的意念道教給而改變很大。其實接張道陵民族英雄尊道德經為聖經，已經完全並非神創造人的觀點，而已只相信人創造鬼神，中國道教是全人類真正科學好宗教。全國道教徒，要宗教改革，永遠圍繞人創造鬼神。

　　漢朝和唐代，兩個中國歷史上最強盛的朝代，推行道家思想治國治民，百姓尊崇道教，聲譽震撼西方，漢人和唐人的光榮稱號，源自這兩個朝代，永遠鼓舞着中華民族發奮圖強。本來有過之而無不及中國發展可超越 1784 年西方工業革命的發展結果和效能，但統治者怕對天下的不良影響而產生害怕王朝崩潰恐懼而棄掉，怕自己後代變成平民，因此改弦易轍，以印度傳入宗教取代，造成國家衰弱，與儒家結合更加速貧困，而合久必分，分久必合。帝制、儒家思想相結合，像一根繩綑綁中國一切自由發展而積極習慣。帝制和儒家思想相結合是綑綁

中國社會落後的根本原因。中國人世代要認識抓緊此一落後的根源，中國永葆青春，萬世不衰。**因此，陳子提議道主儒輔是最完善理想政制。徹底解決中國的盛衰，而中國萬世不衰。**

政治和宗教配合，無往不利。不科學宗教複雜，思想混亂，國強不能持久。尤其那反常無知思想污染了中國宗教。中國宗教思想，簡直變了一複雜大染缸。不過道教仍是其宗教主流。道教本是科學宗教，因受了污染，應將其落後摒除，回復中國傳統科學宗教原貌。

西方殖民主義，由公元 1580 年，明朝神宗萬曆八年，已經處心積慮布置宗教殖民中國，到公元 1841 年，經二百六十一年的時間，將宗教與政治相結合，把中華民族擊敗，一直蹂躪了一百多年。如果說殖民主義宗教統治中華，可說到 1949 年才完全停止。新中國兀立東方，強大迅速驚人。**毛澤東先生是偉大中國人永遠受中國人尊崇。**倘若不是美中不足，十年文革災難染污，真是功勞萬世的民族英雄。不過他推行語言統一，功勞與文字統一的偉大秦始皇共輝中華民族。

現在兩條無形的宗教絞索，耐心地在等待另一次時機，把中華民族奉獻給上帝，當上帝的子民。這是基督教踏入中國的目的和企圖。西方宗教污染中國國民思想，無論在香港特區，必然後患無窮。不信，請拭目以待。其災難直至 2047 年。

這雖然是反面教材，亦可使炎黃子孫提高警惕，小心新霸權主義者利用宗教破壞振興中華。在香港特區早日按一國才發展為兩制，大可將教育與宗教分家，而以策萬全。不過要待2020 年災難過後去實行？**香港要教育和宗教分家，推行中國的公民教育。**

　　改革開放，引起新霸權主義者驚惶失措，害怕中國的富強，會妨礙他們奴役中華民族和宰割世界人民，因此，他們無孔不入地尋找散播雙重標準的宗教、民主、自由和人權這些西方軟性毒品，夢想瓦解世界人民和平堡壘的中華民族。總之幻想天下無不是基督順民！**堅持發展科學道教，以人創造鬼神為堅持宗教政策，西方努力全功盡廢。"人創造鬼神"是一支偉大鳴鏑，可改造世界，並創造新世紀。**

　　要抵制和化解新霸權主義者的軟性毒品，最和平而有效的措施是推行科學的民族宗教——道教。在推行道教時，不忘張道陵這位民族英雄立教時提倡《道德經》為道教的聖經。《道德經》雖然被提到聖經的地位，而道教確發揮了其偉大意義，道德經才能成為永恆聖經。以完成道教名副其實科學家，而成為世界科學宗教。

　　道德經是全人類的永恆聖經，一切是將像是冰塊，而道德經像太陽，它將所有全部錯誤宗教思想溶化無存。唯有獨一無二的人創造鬼神科學宗教。

　　《道德經》永恆是全人類天書的偉大意義和用途，"與天地之所以能長久者，以其不自生"相適應而相符。

　　道教是建立在道家思想四大科學原則上的宗教，在她的教義上具有四大科學實用精神。

　　人創造人、人創造社會、人創造鬼神和入世為人為己。這四大科學實用精神，使道教長生久視人類信仰思想領域，天衣無縫地配合中國特色的社會建設。

　　道教是人類科學宗教，《道德經》其指導思想聖經，與天地同壽天長地久照耀中華。

中國特色的社會，要配以科學的民族宗教道教；這科學民族宗教，能補政治之不足，行法律之不能，是中國唯一可選擇的宗教。科學道教是中國必然要發展宗教。

中國現行的宗教政策，保護了中華民族文化，救了中華民族，並亦保障了各宗教信仰自由和彼此間的和諧，然而，必須時刻勉勵她們自覺地跟隨改革開放軸心順時針旋轉。而對宗教，永遠採用科學態度改造宗教。不然對中國政治將起絆腳作用，妨礙中國經濟發展。**人創造鬼神此一科學思想，唯有它可拯救世界宗教。這偉大思想，必經堅決宣傳和執行。與堅持公民教育相配合，中國必然富強無衰。**

不過除中國道教外，其他宗教無不或多或少與理性現實生活脫節。對如此宗教，好應適當約制保障國家建設發展是完全必然注意。決不可粗心大意等閑視之而放鬆宗教負面影響。陳子預言，到了政治不斷發展，宗教將起抗拒影響，宗教必須改革，與中國共同進步而高舉人創造鬼神科學邁向世界大同。人創造鬼神觀，必然無為而無不為，將世界宗教全面服務全人類，再無宗教創造人的宗教。不信，請拭目以待。

（四）調動婦女投入改革開放這一時代政策中

調動婦女投入改革開放這一時代政策中，分為四個內容論述：1. 婦女是社會的根；2. 婦女是社會的嚴重受害者；3. 西方女權運動後患無窮；4. 發揮中國婦女的偉大貢獻。

《道德經》第六十一章：

「大國者。下流。天下之交。天下之牝。牝常以靜勝。

牝以靜為下。」

「牝常以靜勝牡」反映女性的偉大，亦要男性支持尊重，發揮女性的偉大效力，加速社會的建設發展。

婦女是社會百姓一部份，同樣是屬"皆注其耳目"的成員，對她們要永恆公民教育。

根據本人早期研究和社會現實的結果，堅信現實難於解決的對婦女的根本問題是："常以靜勝"。社會男性不認識和遵守此原則，家庭、社會、國家亦因此大亂。敬請人類細心研究陳子此觀點。道德經這句話，提醒社會聖人，推行公民教育要特別加強重視婦女的公民教育永恆不可放鬆。

1. 婦女是社會的根

《道德經》是一部以人為中心的求生哲學。求生的目的，除了為本身生存外，重大的目的是為了延續下一代。延續是由父母和子女兩個方面所組成。**所以孔子曰"不孝有三，無後為大"是一句千真萬確的真理。社會只有"牝能以靜勝"，如果欠缺牝亦是空然。因社會的根本問題是永恆延續問題。**

西方說神創造人，無知他們是無知抑或故意愚惑自己和別人。還是有機心，純屬政客欺騙百姓，以達其政治目的。凌辱天下，侵略世界，掠奪貨財，以滿足其卑污下流欲望，無顧侮辱神靈，並侮辱全人類婦女與對神靈有不軌行為。這是西方最犯罪行為。西方人說神創造人，提倡和相信者只是白痴。天下的神，全由人類創造，西方人將其本末倒置，分明是自欺欺人，另必有不測的意圖。

試問，天下間誰無父母！試管嬰兒，亦有父母，連低等的

動植物都要來自一個雌雄共體，那個共體，亦是「父母」！説到「道生萬物」，是進化過程，其實進化亦有陰陽合化，他們就是原始父母。所以天下無不是父母，這反映真關係與感情和必然。

《道德經》第六章有云：

「谷神不死。是謂元牝。元牝之門。是為天地根。綿綿若存。用之不勤。」

元牝，是最早的母親，宇宙萬事萬物無不由此母體而來。元牝是父母共體的產物。人類母體最早原始啟始時，亦是父母共體而後期分開分為父為母。

老子把母親擺在無上的地位，神聖不可侵犯。西方却不顧進化，也許其實是無知，而錯認人的延續而侮辱神靈。人創造鬼神是永恆無改真理。

母體是宇宙的根，婦女是社會的根。因此，男性千萬不要忽視冒犯女性的偉大權威。所謂權威，是由社會的創造功能產生。當然，男的功勞亦不容否定。

天下婦女，能知老子如此偉大者，能有幾人？天下婦女教導兒女細讀《道德經》，促使天下太平，以永顯婦女的功勳。下一代有了道德經智慧，社會才不會衰微。婦女無知自己本身的重要社會性，全男性造成。今後男性在社會公民教育中，多作無為而無不為的貢獻作社福。

要做到尊重婦女，要熟讀此陳子撰聯：晨早當思媒生計，閑時應讀道德經。

如果中國社會能天天如此，中國必然強盛永恆，偉大願望必然實現，世界共同體得到必然實現。

2. 婦女是社會的嚴重受害者

老子雖然上溯二千多年前，已經把婦女推崇到無上的地位，但世人在一段頗長的歲月裡，處於老子所批評的「吾言甚易知。甚易行。天下莫能知。莫能行。」的愚蒙，把婦女推進飽受凌辱的煎熬。這與孔子：「唯女子與小人難養也」有莫大關連。儒家壟斷結合帝制中國二千多年，引起「五四」打倒孔家店，並非無風起浪。

《論語・陽貨第十七》中，孔子門生借老師的口對婦女地位進行宣判：

「子曰：唯女子與小人為難養也；近之，則不遜，遠之，則有怨。」

孔子把婦女與「同而不和」的小人等同起來，婦女靈魂深處的陰森，聽而生厭，難不以貶壓，似乎有失常理。孔子這番說話，既概括了士大夫這班上層社會的對婦女觀，亦引導後人，歧視和壓迫婦女；往他的語錄中找出以聖人嚇唬他人的「金石良言」，並且引接「女子無才便是德」的行程。然而，歷史上有無數受敬佩而可歌可泣的女性，例如女媧。孔子的話，可說孔子對女子欠缺耐性，也因此批斷孔子是欠缺耐性的人。其學說也見其未經周詳思考。

全世界的婦女觀，都好像在一把無形的大枷鎖下，接受持續增加的蹂躪，迫得婦女的苦而不敢言，變成社會男性的玩物、經濟發展的奴才。可憐天下母親！誰人無母，豈不痛心哉！

漢朝的呂后、唐代的武則天和世界其他國家的女皇，她們的稱帝，除了權欲和世襲的推縱外，亦可說是一種吐氣揚眉的

女權心態。不過,他們能知否,他們雖權傾男界,但却有無數婦女受壓迫和蹂躪。他們肯定無知。他們既登皇位,為甚麼無法改變婦女的地位呢?她們仍如男性王者一樣,無法擺脫儒家困擾。政權一旦脫離儒家,帝王政權也就可能不存在,因此婦女她們無法改變,儒家可知否?陳子說,**孔子功勞蓋世,然而後患無窮**。婦女地位受貶,與社會推行公民教育,並不足顧及女權。因道主儒輔,要徹底研究推行。

西方婦女在工業革命成功後,已經開始了社會地位的提高;中國要到 1949 年,婦女半邊天的旗幟才高樹起來。反映道主儒輔理想政制必然到來,而共產主義必然實現於將來,它亦是全人類的共同體,一帶一路是實踐的途徑。

世界婦女在「女性為先」的恭維聲裡和婦女半邊天的旗幟下,享受的社會地位各有不同。前者似乎以恭維而奴役和毒化婦女;而後者正在踏實地引導婦女走向幸福將來。中國是世界文明的拓展者,亦是人類大同世界的啟導者。"牝常以靜勝",是婦女崇高地位的讚語。

今天中國政治已經和道家政治接軌,婦女的地位更加與眾不同。中國婦女地位的提高是人類進步標誌,世界唯看中國婦女是世界標兵。堅信中國政治、經濟、文化和日常生活,將會更貼近運用唯德唯能道德經科學思想指導一切而促進中國一切均向前而永不後退啟導世界人類走向大同,世界共同體方向。婦女受害者地位永成歷史問題。"道主儒輔"的優越政制必然社會到來。

3. 西方女權運動後患無窮

西方女權運動思想，隸屬西方唯心主義哲學範疇；一個錯誤的因，必然帶來結出使社會走向崩潰的果。因此西方婦女的女權運動，永遠不是中國學習的東西。

男女平等，好像一顆退燒餅，婦女服食後，神志飄然，無知受騙而去騙其他自己的人，幫助了帝國主義對外掠奪和殖民，它和殖民主義宗教有異曲同工之妙。

延續下一代，是婦女的神聖職責，男人永遠無法越俎代庖；還有許多特殊的工作，雖無社會束縛，婦女亦難自告奮勇。男女性別有異，職責不同，平等是無稽的等號。**然而《道德經》却教人要永遠尊重女權！給婦女地位正如道德經所言，"牝常以靜勝而永受尊崇"。**

天無二日，國無二王，一個家庭，豈能容有兩個主人？不少夫婦，因要求平等而破裂，造成單親問題家庭，兒女自小飽受精神虐待，夫婦本人，亦因兒女觸景傷情，滿肚難言之隱；獨身女貴族，是對男性不甘示弱的反抗；婦女性解放，是自我作賤的報復；同性卿我，絕非貪近取便的苟且行為，而是反映對男女對立恐懼的心理變態。要消除人類此一病，唯有《道德經》。普及道德經是靈丹妙藥。

青少年社會問題，是西方追求男女平等的產物，隨着女權運動的高漲，而更加成為嚴重問題，使社會滑向沉淪的深淵。尤其是西方的民主與自由永遠不協調，而促使西方社會以欺騙為中心。產生女性啟動的社會現象，以欺騙配合衰亡。

女權運動的最終目的，只是追求男女平等，而不是要求男性要尊重女性，認識她們是社會的根，有了她們的穩定，家庭

才有溫暖，兒女才有幸福，社會才得安寧和前途。**西方名人說結婚是愛情的墳墓，反映西方文豪愚昧無知，中國偉大男女相互尊重道理："夫婦相敬如賓"。夫婦相敬如賓是永恆社會結構，誰不領悟此理就是不懂道德經哲學的人。**

西方女權運動，其後患無窮，中華民族豈能拾西方人的牙慧，而應向《道德經》中去找尋，拯救婦女運動，拯救蒼生！唯有天書《道德經》。

西方女權運動，如果不向《道德經》找尋科學哲學思想作指導，將是徒勞無功，並且對社會遺害無窮。《道德經》是婦女的痛苦的靈芝。道德經是婦女受尊崇天書。

4. 發揮中國婦女的偉大貢獻

中國婦女應毫無置疑地以老子《道德經》為哲學思想指導，去建立新的形象，成為前所未有的世界新楷模，在振興中華的歷程中，作出偉大的貢獻。

「紅顏禍水」，雖然是一句對婦女貶低並引以為鑑的老話，但說明了婦女內在的反抗力量，震撼了以男性為中心的中國社會。也許是不聽老子言的一種懲戒。西方婦女運動因受着非老子思想而是唯心主義哲學思想引導和影響，已經露出社會「禍水」的端倪，中國婦女切勿當作蕭規曹隨，重蹈覆轍。中國婦女在比較中顯出中國婦女是世界巾幗英雄的女模範。不過，中國有句永恆遵守格言，娶妻娶德，倘若能如此，紅顏永不會是禍水。

「重為輕根。靜為躁君。」

老子認為，整個宇宙無不是二合為一的事物，然後才有

一分為二的出現，絕非先有一分為二，才有二合為一，亦不是兩者無分先後。先一分二的思想是錯誤的，違背先後的秩序。是有害無益錯誤西方哲學思想。西方哲學全原自宋明理學而變體。所以它回流中國，帶來中國人難明的災難。真要錯而能改，去得與解決和清理。

陰陽是物質和能量的本體，在社會裡則男陽女陰，男輕而躁，女靜而重，她是根而且君，是社會和家庭的司令。家庭建好，社會定然要安定快樂。

中國婦女長期受盡壓迫和歧視，困守家園，做男性掌中玩物，形成了孤陋寡聞、眼光淺短、氣量狹隘和報復心強的缺點。這些缺點只能長期埋藏心坎，難有發洩的機會，一旦稍有機會不是超卓過人，也就紅顏禍水；因此，大多數婦女惟好千依百順，委曲求全，去幹美其名為「相夫教子」工作。

尊重婦女是一件艱辛長遠的工作，首先要由社會提倡做起，廣泛宣揚老子《道德經》的尊重婦女思想，並且使廣大婦女取得受教育和培養的機會，使她們的品德、知識和體質，與其重要性名副其實，倘若如此，她們才能運籌帷幄、司令家庭，決勝於整個廣闊的社會。逐步提高其應有的學科的領域知識地位，發揮其"牝常以靜勝"的偉大社會意義。

「相夫教子」是婦女新的光榮神聖的職責、偉大的社會任務，它絕不是新的枷鎖，而是一頂璀璨的桂冠，婦女確實是社會之皇。所以孔聖人說：不孝有三，無後為大，有多少人能理解這語言的內容。它反映女性的偉大，並非男性所願能。江山永固，全靠女性大人！真要尊重女性！並非虛言。

「相夫」，絕非奴隸般待奉丈夫。「相」的廣泛涵意，包

括幫助、監督、照顧、和諧、協調和尊重等內容。一個美滿的家庭在真有賴婦女！所以古語云：「男人無女人不成家」。家的砥柱是婦女。

「教子」，它的內容是愛護、照顧、引導、啟發、磨練、尊重、培養和撫養，等偉大任務。「生而不有。為而不恃。功成而不居。夫惟弗居。是以不去。」，這是老子在《道德經》中提出的教子總綱，此是父母千古不變的座右銘。讓兒女長大後將此種精神帶到他們的事業，用以待人接物，沿襲於自己組織的家庭，世代相傳，而擴到整個人類社會。**道主儒輔是優越政制必是人類的將來。**

要使中國婦女成為家庭中的君、社會中的根，擬定計畫要周詳，推行計畫要百折不撓。

對婦女的培養計畫由四個階段所組成：(1) 第一是學習培養階段；(2) 第二是社會就業工作階段；(3) 第三是育嬰教子階段；(4) 第四是為社會服務階段。分別闡述如下：

(1) 第一是學習培養階段。在此一階段中，要把她們的思想基礎築好，認識自己地位之尊崇和任務之重大、責任之繁重，從而孜孜不倦地去掌握知識，去修維自己的品德，去鍛鍊自己的體質，為投入社會工作和服務作好一切的準備。

(2) 第二是社會就業工作階段。對以她們的工作和就業，按社會發展的實情，給與照顧和尊重，讓她們的品德、知識和體質，得到充分的檢驗、發揮、鍛鍊和考驗，並藉此而使男女接觸，選擇和找到自己終身伴侶，組織家庭，迎接其天職的安排。

(3) 第三是育嬰教子階段。男性有自我檢點的健康，女性

具備了鍛鍊有數的身體。為彼此的結合提供了良好的條件。婦女妊娠後，對於如何保重自己，愛護胎兒；嬰兒出生後，怎樣去裰褓和護理他們和她們均有預先知道的科學常識。對這一工作的應付，綽綽有餘，儘管初為人母，亦不會陷於老鼠拉龜。

兒女進入受教育時期，為人母者，綜合平生所學、所見、所修、所悟，配合夫婦同心合力，為教育兒女，將會發揮得淋漓盡致，何患國家棟樑不是盡善盡美，不合格的廢品相信萬中無一。有優良後代，才更幸福明天。後繼無人，無論家庭社會均崩潰的懲兆。人材永遠是國民族強盛不衰的基礎。所以公民教育是永恆無止的工作。如此家庭，絕不會叛國、逆父母六親不認！全屬好國民。

（4）第四是為社會服務階段。隨着兒女的長大，婦女重出社會的時間愈來愈多，按她們的年齡、體質、能力、知識和興趣去選擇和擔任有酬勞或義務性的社會服務工作。丈夫到了退休年齡，兩者可以夫唱婦隨，服務社會公益，貢獻無限好的時光，管它是否黃昏。

中國社會，向來有層層貪污的陋習，也許因婦女登上「根」、「君」的社會舞台，不肯苟且使用丈夫那來歷不明的家用錢和孩子追問爸爸，在自己的飯菜中，有無拌雜了人民的血淚，而興起棄貪倡廉。社會清廉到每個家庭夫婦，社會清廉社會健康發展，民族國家必強。婦女對社會永保清廉貢獻作監督推動作用。

一般人都嗤笑「婦人之仁」，焉知她們有扭轉社會風氣的才能！倡廉有靠於婦女。

陳子一再勸告社會和人類，社會婦女的根本問題：男性要

尊重婦女"牝常以靜勝"的根。婦女問題則根本解決，社會進步會出現特殊的新奇和進步。

婦女半邊天，婦女地位到了此境界，男女真到了平等，社會亦到了太平。

這一切婦女社會地位的崇高出色，應以中國婦女為世界婦女的榜樣。

倘若社會永恆遵守此格言：娶妻娶德，夫妻必相敬如賓，家家必妻賢子孝，幸福家庭。

（五）推行「尊道貴德」為綱的全面性教育方針

推行「尊道貴德」為綱的全面性教育方針，分由三個方面推行：1. 學制文憑教育；2. 推行社會性的普及教育；3. 全面推行民族思想教育。

中華民族飽受世界帝國主義的侮辱和欺凌，在經濟方面被進行殘酷的剝削和掠奪，使中國人民生活在水深火熱之中；並且趁機使用威迫利誘的手段，推行宗教和文化侵略宣傳，瓦解中華固有的民族思想，而培植在華的代理人，等待亡華的時日到來。香港由 1842 年至 1997 年足足有 155 年殖民地欺騙教訓，一種反對思想深深塗滿中國人世代。不少中國政治家對此認識不足，不枉推行奪回思想教育，後患將發作於香港特區未來。這反映政策未達對症下藥。每屆特首要勤修道德經，運用道德經智慧去解香港問題。

偉大的辛亥革命雖然砸碎了封建統治，開闢了走向民主新紀元的道路，但卻洞開了殖民主義思想輸入的大門，進一步

把民族思想推上崩潰的邊緣。國民政府錯誤地任由西方宗教思想宣傳和侵略。**香港特區教育永恆要與宗教分家是重大社會問題！**

1949 年的翻天覆地變化，使民族思想空前高漲，一呼百諾，可惜未能及時識別平均主義思想對經濟建設的破壞和拖累。荒廢了快速趕上西方的時日，其後要推行「道可道」的改革開放政策彌補，全國人民的精神面貌才如沐春風；中華民族要世代銘記此段歷史，飲水思源。毋忘改革開放與救亡。鄧小平先生是繼周恩來總理後大救亡者，改革開放是及時雨，潤物細無聲。改革開放，貓論，實踐是檢驗真理唯一標準，此三大偉大政治思想，稍有鬆散，均會發現發展上出現或大或小的問題。警示世代領導者應警醒毋忘。

橫蠻囂張的新霸權主義者，認為中華民族自力更生的強大，打破了他們唯我獨尊、發號施令和奴役世界人類的美夢，而把矛頭指向中國，千方百計和無孔不入地藉着文化交流和經濟貿易的機會，附加人權和宗教的推銷，企圖與在華代理人加強聯繫，擴大國外「以華反華」和國內「以華亡華」的勢力；倘若國家領導者不及時「為之於未有。治之於未亂」，那就害了自己的子孫，難免有亡國之災。偉大中國新時代絕不會再走蒙昧的道路，所以是偉大時代，莫教踏碎瓊瑤。中國民族永遠警惕西方政客永遠不會停止侵略中國野心。這是金科玉律，是陳子研究歷史心得。

老子在二千年前，已經為中華民族擬定了「尊道貴德」的教育方針，化解新霸權主義的干擾和破壞。中國世代按此宗旨執行，中國永盛無衰。要永恆警防西方政客的野心。

　　「尊道貴德」，不但是中華民族的永恆教育方針，並且是全人類發展和進步的軌跡，只要堅持此一原則和方針，新霸權主義者也就黔驢技窮，終於走進自挖的墳墓。世界人類大同世界已經日見顯出標誌人類大同有望。

　　「尊道貴德」的教育內容，包括三個方面：(1) 分為學制文憑教育；(2) 社會推行普及教育；(3) 全面推行傳統民族思想教育。此三者連續發展，織成一個「天網恢恢。疏而不漏」。無怕西方殖民主義宗教及其民主自由思想的侵略。三大教育方向百毒不侵，足以抗拒西方文化思想多方面的侵略。

　　下面將此三個方面進行探討和闡述。

1. 學制文憑教育

　　中國向來採用私塾制去培養人材，它以品學和文學修養為主，學而優則仕，而中途輟學的學生，則投入社會各行各業，在就業中鍛鍊自己。中國的科技人材全是在實踐中提煉出來。並非由學校培養出人材，而是在生活實踐中培養出人材，自工業革命後，而西方卻通過學術發展培養人材。因此西方科學培養比中國快而高速度。中國 1949 年改革開放出現西方式曙光，如果社會運動與學術盡量避免，中國將出現一番新景象。中國自 1911 年辛亥革命後，取消科舉制，而採用學校培養人材，跟上西方培育學生和高等學府培育高科技人材。1949 年中國解放，學制向文憑制培養人材邁進。中國在文化科學文化發展大大邁進一步，結合中國傳統必然趕上世界水平，徐後超越世界，而獨佔高水平，並非神話和幻想。是必然的預言。

　　西歐很早已經採用學制文憑教育，全面性地培養各學各科

人材，由此，他們培養出來的人材，與社會現實較為脗合。西方政府教育出來人才與社會實用結合完全配合，促使社會進步也就較為快速。因此吸引中國出現到西洋的留學潮。

　　無可否認，西歐的教育制度暫時遠比中國的暫時代改變的形勢進步好。他們進步的主要原因是國家政府並不推行科舉制。這說明教育制度是否完善，和社會發展與進步有着莫大的關連。這亦反映儒家思想貢獻非常，但其後患無窮，陳子經 1986 年研究《道德經》，對比中國道儒兩家在中國歷史上的現實價值，而認為大膽推薦「道主儒輔」這道儒互補政制，中國必然永恆向前進步，為世界學習的榜樣。意思是指可推行學制文憑教育，教育內容「道主儒輔」這一學制既活用中國傳統，另則吸收西方先進觀點。中國是人類文明的拓展者，但科學制、帝制、儒家思想綑綁中國在科學文化落後了；唯有「道主儒輔」政制永遠走在超西方的前頭。

　　當一個社會較為穩定後，發展經濟，必須要發展教育，兩者相輔相成。

　　按陳子研究中國由 1949 年摸索，倘若錯而能改，不斷改革前進，中國學制文憑教育要取得偉大成就，必須是道主儒輔，促使中國教育永遠向前；亦不會受西方壞思想侵蝕影響。原因中國人不懂道德經天書的科學真理，中國因此而落後於西方，如果改用道主儒輔政制，永遠認識西方政客的野心，永不為西方影響而當奴隸。

　　西方的學制是值得中國學習和採用，並將之適應中國社會而發展，創造出一套新的學制教育方法。總而言之，學習是靈活的代名詞，如果囫圇吞棗，是死的學習，有害而無益。《道

德經》説「道可道。非常道」是一句活學活用的啟示，還有「常無欲以觀其妙，有欲以觀其竅」；這兩句話標誌中國人是天精地靈的人。不然，怎會有四大發明？豈能成為世界文明拓展者嗎？尤其中國人固有道德以德報怨，必是世界唯一的啟導者。永遠貢獻人類，而永遠富強。

「尊道貴德」，既可使從西方學習過來的學制得到改造，而在培養出來的學生，全是俱有「無為。而無不為」的社會建設人材。中國人要洞悉這句話，必須將「無為」與「無不為」連鎖一起，才能發揮棄其無不能的「無為」。

中華民族的小學生、中學生、大學生和專家，在「尊道貴德」的教育思想指導下進行冶煉，他們必然「我獨異於人。而貴食母」。這句話是説中國最重要認識「道」是能量統稱永恆主宰宇宙，人是宇宙主理者，符合其「道法自然」，才能發揮偉大效能。

「尊道貴德」，是萬事萬物的指南，即是「抱一以為天下式」的永恆金科玉律。

「尊道貴德」，「貴德」是「尊道」的核心，如「尊道」者不「貴德」，到頭有害人類而圖勞無功，一切都是空，全部徒勞無功。總之，道德經天書的核心是唯德唯能，為而無為，而無不為，為社會人民貢獻永生。中國人全是無為而無不為，那有不超世界的道理？中國人是宇宙智慧的寵兒：中國人是世界文明的拓展者，而必然世界大同的啟導者！不信：鄧小平先生改革開放，一國兩制，韜光養晦，永恆實踐檢驗真理唯一標準；而習近平先生天才發揮和繼承，一帶一路，世界共同體，不是以德報怨而實現世界大同嗎？中國必萬世不衰，永恆以德

報怨貢獻世界。

　　"道主儒輔"教育觀點內容永遠"尊道貴德"，永遠發揮道常無為而無不為的偉大萬能。培養的學生和學者人人是國家棟樑，效忠中華民族，永恆以德報怨貢獻世界全人類。

2. 推行社會性的普及教育

　　歷史性薄弱的中國經濟，又株連平均主義的軌誤，儘管推行改革開放政策後，引起世界刮目相看，但畢究是方興未艾，要抽調龐大資金去發展教育事業，顧此失彼，是不可能的事情，而去尋找較為節省金錢而發揮效能大的途徑，不但是當務之急，而且是勢在必行。西方虎視眈眈侵略中國，中國聰明的從政者無不驚心動魄！因此如果平行發展經濟、國防和教育事業，有靠中國偉人經濟學家操勞。

　　西方政客，自秦始皇築起萬里長城，接著漢唐的富強，入骨仇恨中國至今。中國了解國防是當前之急。但教育亦不可輕視。中國偉人真要鞠躬盡瘁為中華。

　　推行教育電視，是唯一切合實際而可能的措施。把它和新聞出版業配合起來，可收天衣無縫的效果。此屬慳水慳力的措施，好好地利用，也許會引起火箭式進步，舉國為之歡騰，中國強盛日新月異。發揮以德報怨，貢獻世界，邁向全人類世界大同，中國強盛是「天之道」。總之，選擇統一恰當的電視教育是慳水慳力的社會普及教育。效力無窮。結合永恆堅持以德報怨，全人類均會報以支持！在 2019 年疫政流行中亦採用電視輔助教育教學工作。

　　「常使民無知無欲」，是社會性的普及教育的指導思想。

廣大老百姓無須知道使他們產生壞念頭的知識，相信不會有半個人站出來反對，但倘若提起老子的話，就會有不少對《道德經》走馬看花的人，站起來指責和批評。這種暴殄天物的做法，誤盡蒼生。「無知無欲」，不少人理解為愚民政策，其實是指要求人民循規蹈矩，一切按要求進行，學習生活，奉公守法。問，有什麼不妥，有何傷害人民和國家？中國當前已經完全消失革命因素，「無知無欲」是其必然！"百姓皆注其耳目"永恆的，公民教育亦是永恆！切勿放鬆。尤其是香港特區！

推行道德經全民普及教育是中國共產黨偉大創舉清除全民性的革命因素。

西方國家及其他帝國主義通過掠奪了他人的物質、勞力和資源，建設了自己的國家，為了繼續享有這種機會，不惜推行個人主義和自由主義思想，並藉着各種渠道去瓦解他人，使她們的思想和經濟脫節，形成長期混亂和衝突的矛盾，達到其奴役他人的企圖，這是新霸權主義者重施帝國主義時代而改頭換貌的故技。無論怎樣，**西方民主自由，永恆矛盾無法解決於2035年，西方必然明顯衰亡！**

中國共產黨消除全民性革命因素，配以唯德唯能全民性道德經普及教育，西方政客對中國是老鼠拉龜無處著手！

西方宗教是其侵略先遣隊，其次跟著是所謂救援物資吸引而變壞以達其可恥的勞役他人。中國運用道德經的治人事天莫若嗇。中國經濟迅速起飛，經濟發展促進教育事業發展。中國國民教育可促使經濟加速發展。

揭穿西方腐蝕和瓦解他人的教育，在發展和推行「尊道

貴德」的教育時，就不會三心兩意、左搖右擺、諸多懷疑。堅持唯德唯能根本教育，全國人民一致同心愛國擁護黨國，鋼鐵江山怎能動搖中國？

　　整套教育電視分為初級和中級兩組，它們同樣包括文化知識教育、科學知識教育和生活保健知識教育。電視普及教育為學校文憑教育作好準備，中國教育必將迅速驚人。

　　組織統籌性全國機構，指導地方上同性質的組織，聽取他們的意見，進行編寫教材，安排廣播和進度；在另一方面的功能，是進行監督、檢討、調配、改進和總結等事務。

　　儘管學制文憑教育做得很好，電視輔助教育，亦有其輔助用途。

　　西方的教育思想和目的決定了他們的電視和新聞出版事業的失敗和浪費，帶來諸多社會問題，中國切勿聽那些只喝奶茶的所謂中國人說，進行東施效顰，那就糟定了，必須將電視和新聞出版業高度發揮，藉以推行社會性的普及教育。國家社會性擁有傳媒是非常重要工作，絕不可放鬆。**香港特區放棄傳媒的控制，害處快要圖窮匕見。傳媒要配合國民教育是永恆不分的合理配合。特區香港兩者貌合神離，禍害終會到來。尤是教育與宗教不分家，是一個計時炸彈！香港特區要警覺。**

　　教育和娛樂兩者是相輔相成的，不能把娛樂性和教育性有機相結合的人，都是「江郎才盡」的作家和藝術家。娛樂性和社會教育性是永恆結合無分。

　　「反者。道之動。弱者。道之用。萬物生於有。有生於無」，是無窮的創造道路，切勿因自己「不勤」而「不既」，誤盡蒼生！總之，社會的一切活動要與教育相配合，人民品德

當然因之提高。社會道德提高，促進社會生產和節省。

　　奉勸中國政治家和教育學家，好好研究，電視教育和學制教育兩者互相完善配合，促使中國共產黨領導中國加速超過西方。社會教育是永恆不可放鬆的大事。

3. 全面推行民族思想教育

　　中華民族之所以歷劫猶存，兀立不倒，完全有賴於強烈的民族思想，根深蒂固地世代流傳；不然，早已四分五裂，仰人鼻息。因此一國移植他國思想，變成附屬於他國。中國有必要移植他國思想入中國而取代中華思想嗎？相信沒有如此的傻瓜。也許輸入思想後可起救亡作用而改變中國現狀，而外來得到的變化，隨著其進步發展而最後定然改變回到中國傳統社會政制。道主儒輔是一種既傳統又科學政制。促使中國永恆國強家富。完全可以斷言，甚麼思想最終改變不了中國傳統優秀的道主儒輔政制，因為這種政制是世界上最優越政制。

　　道，是中華民族的核心思想，中國人的家庭倫理和宗教信仰由它而生。慎終追遠、敬天法祖和利物濟人，三者是倫理和信仰的基本內容。它們融會一體，既柔弱而又堅強，使中華民族冠日月而披星辰，踏地球而與宇宙共存。上面三者，已使外國人敬佩萬分。如果有人降低自己身價作奴於人，他必然是個沒有頭腦的人，而不是中國人。總之任何一個中國人，想改變中國道主儒輔優良傳統思想，將必然失敗收場。中華民族是永可改變外來思想的民族。**其實世界上根本找不到超越中華民族傳統思想道主儒輔的思想。堅持道主儒輔永恆並配以德報怨，堅持改革開放，一國兩制，韜光養晦，不忘實踐是檢驗真理唯**

一標準，世界共同體，中國必然為世界全人類所敬重。

中國人永恆是全人類中流砥柱開拓世界文明，亦必然領導發展人類邁向大同。

民族思想是一個國家民族的靈魂，亦是保護民族的外殼；是以，任何一位賢明的國家領袖，必然非常重視民族思想的培養和鞏固；國家和民族思想的強弱，兩者相輔相成，而彼此互成正比。任何一位明君聖主，必然會總結歷史而取其優秀的有用思想，把無用而有害的東西，冒千難萬難而棄之。當前世局不宜妄情亂動，造成社會動盪，而應說理據理和平改革，是當前中國現實要求。永恆和平理智改革是今後的唯一國事道路，絕不得亂動。如果中國社會有天能普及道德經，使人人能知無為而無不為，抱著道可道非常道的智慧，中國也無不可克服的困難問題。

道德經是人類永恆天書，可惜中國人欠缺洞悉道德經的人；道德蒙塵，促使中國陷於儒家和帝制。完全可以斷言，中國人最終明白道治的偉大，而走上道可道，非常道，而天之道，利而不害，聖人之道，而不爭的國泰民安盛世。

推行民族思想教育工作是國家的義務、人民的權利。這一工作要推行得成功，大家必須認識其重要性，並且自覺地去接受和要求，尤其是那些政治家、思想家、哲學家、藝術家、戲劇家、歌唱家，他們都是人民中的「知者」，更要自覺地加入此一行列，為民族的生存而貢獻自己的力量。這是民族思想教育的文教途徑。道德經是人類永恆天書，中國人要：晨早當思謀生計，閑時應讀道德經。

此外，宗教亦是推行民族思想教育的重要陣地；只是「行

不言之教」的途徑，而收「萬物作焉而不辭」的效能。且觀世界各國無不藉宗教以輔政治，達到補政治之不足、行法律之不能之作用。是以，中國選擇一種富有民族性、科學性、生活性和包容性宗教，作為輔助振興中華的當前政治，是一件絕對無須有任何忌諱而責無旁貸的大事情。**道教是中國傳統宗教，可惜中國道教徒不用心去研究《道德經》，用《道德經》內天經地義道理去改革道教**。任何一位道教徒，必須終身學習《道德經》道理，如何把道教中非《道德經》思想棄掉，讓道教成為真正名不虛傳的民族宗教。**道教應認真用道德經內的科學內容去改革道教，將其中非道教思想摒棄而純化道德經思想永恆百折不撓地改革道教，而吻合當道，形勢為國為民服務中華民族。道教的核心思想是人創造鬼神，因為張道陵主教以道德經為聖經，因此，不堅持人創造鬼神的道教徒，也就不明道教，不知道教，是道德經的白痴。**

　　道教是中國土生土長的固有科學宗教，溯源到黃帝立國時期已經開始，在數千年的歷史中，為了捍衛中華民族，建立了豐功偉績，建立了廣泛和悠長的民族基礎。**她所尊崇的聖經《道德經》**，促使她的教義富有強烈的科學性和哲理性，在她的四大科學原則中，表露無遺；一是人創造人；二是人創造社會；三是人創造鬼神；四是入世為人為己。在她的四大科學精神原則中，蘊藏着強烈的民族性、生活性、科學性和包容性，這四大生命力原則，使她必然成為世界性的宗教。中國歷史上的漢、唐兩代，推行老子《道德經》哲學思想治國治民，而取得了「文景之治」和「貞觀之治」；今天的中國採用此一古法良藥，去強身健體，相信未為晚也。今天的中國是人民的中國，

再不會像過去的帝王，怕推行道教而失掉自己的江山！而完全明白，推行普及道德經永保中華民族富強不衰，昌盛永恆。

倘若能把尊崇《道德經》為聖經的道教，與用《道德經》為治國治民的政治用途，結合成「抱一以為天下式」，中國萬眾一心，何患中國不富強、不繁榮、不統一呢？中國是道德經哺育國家，必然以以德報怨精神啟導全人類邁向世界共同體的統一世界。台灣在中國大陸強盛的號召下國民黨深悟蔣氏父子分別先後出賣了中國大陸和台灣。有生的國民黨人要立志推動國共合作，統一中國。

也許有人憂慮，推行道教為主導宗教，會與執行宗教信仰自由政策產生矛盾，但可從上面的四個方面來探索，也就知道他們的憂慮是杞人憂天。上面四個方面與任何政治主義和諧無爭，因此現行什麼主義政治均可並行，無害無傷。

但凡宗教，彼此有一個共通點，就是導致人心向善，服務本國的政治，西方的宗教就是一個典型的例證，為殖民主義政治服務。因此，在中國的宗教中，有誰不肯去為中國民族的國家民族效力？相信大家都會為推行道教而高興，豈會因之而生嫉妒之情？除非他們不是中國人。是外國的代言人！中國安心發展自己國家用自己宗教思想。道德經的核心思想是唯德唯能，無為而無不為，貴以賤為本，高以下為基。**鄧小平先生是個洞悉道德經的政治家，在中國十年文革災難中，救了共產黨、救了中國、救了世界，救了全人類，他的貓論，徹底體現唯德唯能的道德經天書思想。改革開放以及韜光養晦，不敢為天下先的偉大思想，戰無不勝，中國永存，共產黨萬歲。習近平先生天才繼承，一帶一路，世界共同體，中國永存而強盛。**

中國人民經多次運動的教育，已懂得服從國家政令的必要，相信再無人藉着宗教的神靈去對抗政令，把神靈凌駕政令，而踏政令於腳下。任何人稍微理智，知道「人創造鬼神」是永恆真理，定然全情支持直到最後。中國人要躍進而前茅必須堅信人創造鬼神此一永恆真理。人創造鬼神是永恆強民固國的宗教改革思想。

說到殖民主義，已經徹底被搗毀，遺留下來的孤臣孽子，早已噤若寒蟬；而新霸權主義者的在華代言人，永難生根；是以，他們兩者聯合起來，亦掀不起甚麼波瀾。中國江山穩固，不怕外國勢力隨意顛覆。**中國本身革命因素完全烟消雲散。共產江山萬萬年。共產自古已在中國道德經體現。道主儒輔，永葆中華民族萬世不衰。**

至於怕西方國家藉口干預，且看西方各國，它們雖然宗教信仰自由，但在他們的皇家婚禮國典上，還不是採用他們自己本國的宗教嗎？西方真豈敢橫蠻無理地唯我獨尊嗎？其實唯我獨尊的思想，導致宗教必然衰亡，是典型迷信思想最終必然衰亡。**如果神靈真是存在，普天神靈均以好善為標準衡量事物。神靈偏見全政客歪曲。如果神靈真有，政客定遭天譴。全部政客定無好下場！**

中國經濟空前發展，必然促使國家貨幣走上國際自由兌換，要小心新霸權主義者在金融上興風作浪，若能未雨綢繆，預先有堅強的民族思想作後盾，中國也就穩坐釣魚船了。民族思想教育成功，江山穩定，政通人和，天下太平。政治昌盛發展，來自超強的經濟基礎。**世界永恆美元的歪理必然因其民主自由的永恆矛盾而捉襟見肘。西方於 2035 年必明顯衰亡。**

　　還有，中國仍未完全統一，道教好像一度橋，可使兩岸頻繁通往；亦好像一根繩，繫住那葉飄舟，並可把它拖近岸邊。民族宗教是統一兩岸的一臂助力作為。台灣人民對道教信仰已普及全島，藉道教力量，中國統一必然不日到來！

　　道教為了迎接此一光榮任務，必須自覺地把一切封建帝王的污染清涮，使她完全與當今社會制度相適應，服務政制，義不容辭。中國統一必然到來。

　　光陰似箭，日月如梭，社會不斷進步，實踐是檢驗真理唯一標準，任何錯誤思想和制度，必然因實踐而淘汰！任何一位政治聖人，均懂因時制宜，順應時勢而改變，因為現在不會再家天下。徹底為人服務思想正形成後浪推前浪再不可退後不前。

　　儒家永恆的真理明言：知錯能改，善莫大焉，堅持此一信念，統一強盛的中華排在日程上是必然。中華民族永恆以德報怨，真正偉大道德胸懷，啟導世界邁向大同。**道主儒輔是中華民族全面傳統思想總結，推行道主儒輔全面繼承中華民族傳統思想，必然中國萬世富強無衰。永恆毋忘晨早當思謀生計，閑時應讀道德經，普及全民。**

第二節　向二十一世紀邁進的中華民族

哪一個人能曉歷史的發展，誰人能知人類的將來？

唯有老子，再別無其他人。

《道德經》第四十七章云：

「不出戶。知天下。不窺牖。見天道。其出彌遠。其知彌少。是以聖人。不行而知。不見而名。不為而成。」

對於「不出戶。知天下」，令無數鬼神吃驚，但不少人說此是無稽之談。不知「不出戶」的前題，是已讀盡不少應讀的書，聽盡不少的人說話，更曾經遊歷天下廣見多聞而回坐屋子裡，他豈不是「不出戶。知天下」嗎？不出戶前已經做足了求知的準備。回到家內再將經歷所知進行檢討整理，知天下，不是輕而易舉的事情嗎？道德經之洞悉，真要考讀者智才。讀萬卷書，不如行萬里路，說得對嗎？

老子的智慧出神入化，他知道歷史的發展和人類的將來，絕非虛無。

人類將來會如何呢？

老子在《道德經》第五十一章云：

「道生之。德蓄之。物形之。勢成之。是以萬物。莫不尊道而貴德。道之尊。德之貴。夫莫之命。而常自然。」

人類發展到一萬年後，甚至億兆年後，歷史的發展必然按照「尊道而貴德」的軌道前進，再沒有另外的路途。道德經是人類的天書，永恆智導人類思想永恆前進無誤。道法自然，是天地宇宙永恆無改。所以道主儒輔是優越政制永恆。

中國是個大國，只要永遠保持「善下之」的精神，去納

天下各國之交，堅持「天下之牝」的外交政策，也自然會好像江海一樣，成為「百谷王」。中國推行《道德經》思想和政治，中國無論在經濟上政治上均必然是「百谷王」，受天之益，施自己之能以益天下，而所謂貢獻天下。以德報怨，是永恆國策，天下完全歸向中華。試問，誰有良謀可推翻中國人江山？中國必然，安如泰山。

《道德經》是人類智慧的海洋，只要能夠高舉《道德經》哲學思想前進，堅持以它去治國治民，向二十一世紀邁進的中華民族，完全可以肯定必然能為世界人類作出豐功偉績的貢獻，而新霸權主義者的勢力將會江河日下，而它會像神枱上的桔子，天天乾癟。代表西方霸權主義者於 2035 年必然衰亡。這是"無可奈何花落去"的必然出現。敬請任何人莫再想資本主義起死回生，除非它納入中國特色社會主義而共流。

向二十一世紀邁進的中華民族，分為六個部分進行敍述：（一）建立世界的和平統一戰線；（二）如何宣傳建立和平統一戰線的思想；（三）推行和平外交促進建立和平統一戰線；（四）團結海外華人維護世界和平；（五）對人權思想的認識；（六）西方社會發展超前中國的原因。

認識此六點內容融會貫通，在你眼前會浮現："向二十一世紀邁進的中華民族"，這是一句完整的語句。

（一）建立世界性的和平統一戰線

改革開放和一帶一路相互社會是發展而天衣無縫的統一。世界作惡的戰爭煽動者最為震驚！這樣是以和平手段抑制霸權

主處處大失人心而走向無地自容。這是他們作惡的因果報應。這絕非迷信，而是狂妄作惡的報應的必然。

下面再從兩個方面去說明：1.建立和平統一戰線的必要性；2.建立和平統一戰線的可能性。和平永遠是必然霸主！

1. 建立和平統一戰線的必要性

隨着世界人類對戰爭厭惡的醒覺，迫使新霸權主義者採用新的策略，挾聯合國以令世界，軟硬兼施。民主、自由、人權是其新的招數、以冷戰的心態，去支配這一表面文明的策略，達到其奴役世界人類的目的。**「觀天之道，執天之行，盡矣」，如何去執天之道？「道」是能量統稱宇宙內能量主宰，這能量絕對而不是神，當然絕非人的主意！是一種自然能量的規律。**宇宙由自然能量的主宰，人類結合自然能量而統理世界人類和萬事萬物。霸權主義的民主、自由、人權與道德，必然失敗而受摒棄無疑。

「以巴和談」和「東歐談判」，對地區上來說，確是兩件喜事。但留下的死灰仍然存在復燃的機會。**新霸權主義者之所以要捨棄這兩處出售軍火的利益，因心寒於中國經濟邁進的腳步聲，想從中抽身，拉攏台灣、日本、朝鮮、菲律賓和中南半島各國，以中國威脅世界為藉口，圍堵中國，縫補他那快將幻滅的奴役人類的美夢。**同樣，以中國威脅論去拉攏其他地區的國家，支持其對華幻想的政策。

過去中國的平均主義政策給不少中國人留下傷痛的烙印，儘管推行改革開放政策後，取得輝煌的經濟成就，政治亦因之而有明顯改變和進步，但國際仍然有一少撮人，罔顧前後的改

變的事實，而去支持新霸權主義者反華的計畫。尤其是一群不長進的中國人趁中國繁榮，貪污出賣靈魂，做出害國傷民的行為，有辱兒孫。他們為此無知的諸多無稽指責，而產生叛國浪潮和愚蠢阻力。他們全是皆注其耳目的人。

中華民族是世界和平的中流砥柱，新霸權主義者深知中國的強大，對他們奴役人類的夢想有所牽制，因之以冷戰心態把中國看作假想的敵人；控制世界貿易是冷戰思想的典型事例。企圖用經濟去挑起各國即發動戰爭，從事殺人放火中圖利。

因之，要實現人類的永久和平的願望，必須組織世界性的和平統一戰線，去化解新霸權主義奴役人類的行為。毛澤東先生發揮《道德經》的戰略思想以小米及步槍，將八百萬大軍盡皆灰飛煙滅，迫蔣介石客死台灣，停屍待回入土為安。這是中國人性的表現：老死知回鄉！亦算為中國和平統一，作好其後的安排。

《道德經》第七十八章云：

「天下柔弱。莫過於水。而攻堅強者。莫之能勝。其無以易之。」

和平統一戰線是水，新霸權主義者雖然表面堅強，但水能勝堅強，其必然「無以易之」。《道德經》是天書，中國人要置股掌之間，真要做到：晨早當思謀生計，閑時應讀《道德經》。道德經永恆是人類天書，戰無不勝。建立和平統一戰線的必要性是時代要求。

世界和平統一戰線是全人類的要求，是燃眉之急的必須必然組織。

2. 建立和平統一戰線的可能性

建立一條世界性的和平統一戰線，其可能性試從兩個方面去探討，其一是世界形勢；其二是中國的形勢。運用《道德經》觀點去分析和認識以下兩點，不難達到建立和平統一戰線的可能性。請細思細讀下面分由兩點說明：(1) 世界形勢；(2) 中國的國內形勢。

（1）世界形勢

自第二次世界大戰結束後，戰爭已經成為毛骨悚然的聽聞，聯合國成立的初衷是為了亡羊補牢。聯合國操縱權完全落入西方霸權者掌握，真可履行和平的職責嗎？令人無限懷疑！當然西方自稱自由國家，也許不得裝點門面，裝飾作用做點門面功夫，欺騙世人！不信請細看其詳。

然而，不同顏色的新霸權主義者抬頭，形成了世界對壘的兩種勢力。

1949 年中國翻天覆地的變化，為人類帶來新的展望。可斷言中國確實起了根本政權的變化，是歷史性巨變，其變化超過辛亥革命。完全可以預言，中國政權是世界政權的中流砥柱。永遠支撐世界步向和平。這一步是辛亥革命所無，台灣應清楚。尤其國民黨人，應對蔣家父子先後出賣中國、台灣並非虛言，而應矢志追求中國統一，為孫中山先生偉大志願爭光。

朝鮮戰爭，中國付出了沉重的代價，既犧牲了不少生命，亦飽受經濟的折磨，縫縫補補、苦煞蒼生，全拜所謂同路人所賜。他可知否，而中國人是真心真意的幫忙。當毛澤東先生有超人的洞察力。於朝鮮戰爭殃及池魚！中國是當代池魚，朝鮮

人民要永遠毋忘。中國人與朝鮮人民生死與共！

中國人的毅力和聰明，使困難在腳下溜過，國防的成就，招惹了不同顏色的新霸權主義者嫉妒，「共識」中國將來會牽制和阻撓彼此霸業的企圖。促使他們另一次同盟，斟對中國。然而中國的以德報怨的傳統民族永恆精神，定然善應世界，團結在中華民族身邊。全人類共邁世界和平。

在古巴事件中，中國提出自己的戰略好意，卻被誤為另有陰謀，更不受共伙者歡迎，幾乎陷於孤立，獨自求生，承受更多壓力。在此時刻中，有誰知中國的困境。從中國「九評」文章事件可見可知。中國"九評"充分反映中國的眼光明亮的高見。充分反映中國人堅持以德報怨的永恆堅持。

依靠聯合國謀生的新霸權主義者，誤以為分歧是可乘的冒險之機，發動了越南戰爭。中國本着地區和平與睦鄰的精神，付出了責無旁貸的代價。這場戰爭終使興兵者面目無光，教訓了他，再不敢在亞洲魯莽用兵，而採用另一種措施。

然而中國的好意並未化解受歷史性的懷疑好意，結果發生諒山兵士的慘烈中偉大的大群士兵遭遇，安息罷，偉大的中國犧牲者！終有一天越南人民會感謝您們的精誠和衷誠，鄧小平先生永留越南人民的心中！本是同根生，相煎何太急。美國永遠超越南方的是非者，永恆的惡狼。

完全可以預計越南必然興起短暫反華，終於受騙而回頭是岸，回依和好中國。

中國為了擺脫在經濟死胡同中的困擾而進行改革開放，創出為世驚奇的成績，啟蒙了東歐另找經濟出路的國家，使世界出現新的變化，對壘的局勢不再復存，和平的因素慢慢增長。

鄧小平先生改革開放有其偉大時代意義，中國和世界人民要感激而永不忘懷！鄧先生救了中國，救了世界，是個了不起偉人！和今天習近平先生的一帶一路世界共同體的天才結合，促使世界形勢產生巨大變化，功歸偉大全體中國人民。和當權的偉人！習近平先生承前啟後，中國更加速向前邁進。任何在愚國，均是可疑的內奸和敵人！永遠要即敬之遠之。

特殊而獨一猶存的新霸權主義者為了銷毀舊的武器，換上新的裝備，雄霸世界，乘趁波斯灣的危機，打着聯合國的旗號，1989 年爆發了波斯灣的戰爭；烽煙彌漫了沙漠和海空，屍橫遍地，到處是飢餓的人羣，現在仍然捱受禁制之苦。足見世界霸權者是世界災難製造者，是世界的罪魁禍首。其人民當然蒙在鼓裡而無知。這反映西方民主自由的社會政制，以這欺騙而苟延殘喘。

西方必然明顯衰亡，在 2035 年將必然出現，大家拭目以待。美國經濟明顯衰亡，這是戰爭害人的科學報應。報應並非迷信，而是科學的必然。

《道德經》第三十一章云：

「兵者。不祥之器。非君子之器。不得已而用之。恬澹為上。勝而不美。而美之者。是樂殺人。夫樂殺人者。則不可得志於天下矣。故吉事尚左。凶事尚右。偏將軍居左。上將軍居右。言以喪禮處之。殺人眾多。以悲哀泣之。戰勝。以喪禮處之。」

波斯灣戰爭，死人眾多，西方而以慶祝處之，一種「樂殺人者」的心態，足以一覽無遺。上帝可知否，此種失却天理的行為。當然，「人創造鬼神」是永恆的真理，鬼神包括上帝可

完全無知而不聞不問無疑！

　　從新霸權主義者在處理「以巴和談」和「波斯尼亞」的問題上，已經露出其黔驢技窮的醜態，下一步掩耳盜鈴的行藏必然使將出來。反映霸權主義過失自欺欺人。

　　英倫海峽隧道的通車，説明了英法兩國人民不相信人類總衝突的日子再會來臨；中國三峽工程受世界財團的支持，從集資的廣泛和順利，足以説明世界人類對和平的信心不斷增強；是以，建立世界性的和平統一戰線，必將水到渠成，而新霸權主義者，必然「若冰之將釋」。從世界形勢推測，人類將必然由和平過渡到新的制度到來。**新的制度是什麼？由世界人民自選自挑。與道德經天書有關理想政制必然有關。中國人選道主儒輔的必然。道德經天書在主導社會完善人倫思想，中國堅持和維護的不是帝制，而是人民當家作主的大同世界。**

　　道主儒輔的成功試行，將吸引整個世界，普天之下莫非后土。后是王，王是人，和平的人民，主宰整個和平世界！世界是人民，人民永恆是世界，兩者完全有機結合。

（2）中國的國內形勢

　　「實踐是檢驗真理的唯一標準」，在一個受平均主義思想固封的社會裡，敢提出這一劃時代的偉大真理，並以無比的革命毅力和精神將此真理付諸實踐，使國家蒸蒸日上，民族朝氣蓬勃，並攀登二十一世紀繁榮、富強、統一的高峯；儘管有些害群之馬，中飽私囊，無視建國之艱辛、西方糾集國家，進行圍堵自己的國家，他們是國賊無疑民族敗類。他們必然遭受國法難容的懲處、人民的唾罵；他們上對不起祖宗，還羞恥了後

代，使妻子、兒女、父母、親戚愧對他人；尤其是迫使父母、妻子、兒女吃喝着人民的血汗，他們罪惡更是無地置容。作為一個稍有良知和熱血的炎黃子孫都會回頭是岸，洗心革面、重新鼓起勇氣，投身振興中華、光宗耀祖、輝映家人和親朋，不亦樂乎！貪污雖然世代大小不同而不絕，但今天中國要進入世界之林，一雪中國歷史恥辱！知道嗎？中國人！可恥的貪污中國人。作為國家幹部，貪污，從高一度去看，應受國賊罵名。

「實踐是檢驗真理的唯一標準」這句包涵全面性檢驗，包涵工作的優劣、進步以及在進行過程中的貪污分子，亦以清廉、進步、成功等內容去檢驗和要求他們重新做人。

面對如此良辰，何必「貴大患若身」、應按照《道德經》所言的光輝思想，去為國為民。貪污分子應受嚴懲！他們完全是自作自受。

「貴以身為天下者。則可寄以天下。愛以身為天下者。乃可託以天下。」

中華民族是《道德經》哺育的民族，以德、仁為本性，以敬天法祖為恆軌，為利物濟人而不辭。在無數次歷史干擾事件，總是以和為貴，點到即止，重修舊好，納薄贈厚，直到現在，仍繼乃風。這充分反映中國傳統精神以德報怨的偉大民族精神。

在近代百年歷史中，飽受殖民主義折磨，帝國主義蹂躪，尤其是日本軍國主義侵略的血海深仇，並無因此而興仇勵恨，始終抱着和鄰睦里的信念。作為歷史上侵略者的後人，豈能麻木不仁，冥頑不靈嗎？而無動於衷！世界侵略中國國家和民族，應痛改前非，而彼此合作，促進世界大同。世界共同體，

是中國希望實現的夢想，永恆不倦在追求。

中國雖然擁有尖端的武器，但坦然公告絕不首先使用核武，能如此者，曾有何國與誰人？天下中國人是宇宙選民，永恆以德報怨者，唯獨是中國人！一心主導世界人類大同。人類要堅信，世界要邁向大同，永遠要與中國人共同奮鬥。中國是永恆熱愛和平的民族。

這是組織世界性和平統一戰線的歷史傳統道德基礎，有誰可以比擬！聞者有誰不來參與？中國人民傳統受世界人民尊重，統一戰線必能組成，以懲世界戰犯。

自從中國採取改革開放政策以來，取得史無前例的成就，世界財團爭相來華，各國大企業家星火於途，絡繹不絕。他們在華的總投資以億萬計算。這說明了中國經濟基礎雄厚，前景明朗，萬里之程，始於足下，回報前景取之而不盡，用之而不竭，預見中國前途萬里。世界人民前途萬里。世界人類共富的天堂在中國。

中國人始終要杜漸防微，美國人譎計多端，定用改用另一套侵略中華！中國要警惕小心！

隨着經濟發展而開放的政治，從容不迫，收放有度，按部就班。儘管新霸權主義者，推行「以華反華」和「以華亡華」的政策，施展渾身解數、運用口是心非的自由、民主、人權去進行滲透和腐蝕，中國始終安如磐石，不倒不歪。過去有不少中國人，因平均主義政治而歷盡滄桑，他們都不念家毀人亡的宿怨，而回到家鄉，建屋安居，夫妻團聚與兒女共叙天倫，安享晚年。中國永恆追求美好明天，共享世界大同。

儘管經濟發展導致良莠不齊、品流複雜，但法理定刑，再

不以貧富為準，而以所犯輕犯重，該囚則牢，該死則殺；等待開放全面展開，生活距離拉近，教育普及推行，並得民族宗教信仰配合，太平盛世，已經漸露曙色。中國前途永向光明進取。

經濟和政治這兩大社會支柱已經牢固樹立，將安定、繁榮的社會層面撐起，人民精神面貌必然因此煥然一新，再加上民族固有道德的滋潤，科學民族宗教約治其心，一種高潔的民族形象必然矗立世界，受人尊崇。只要世界和平統一戰線一提出，則聞者來、聽者赴，世界人類無分膚色和語言，「眾人熙熙。如享太牢。如登春臺」，共為和平統一戰線設策獻謀，何患新霸權主義者不收斂而驚訝！甚至加速衰亡。西方推行霸權主義，與其神創造人的宗教分裂；全人類應共信人創造鬼神科學信仰，取代神創造人的迷信。

國際和國內形勢已經「抱一以為天下式」，「誠全而歸之」，擺在面前的工作，是以如何宣傳，怎樣組織，以何種思想為號召和核心。中國國內形勢大好，科學理想必受歡和擁護。"道主儒輔"，是最為應理想唯一政制。請以實踐是檢驗唯標準思維去分析此理想政制，"道主儒輔"。

中國始終堅持以和為貴，「不敢為天下先」，並貫「治人。事天。莫若嗇。夫惟嗇」，善於理財、控財、存財。加上中國人有知「嗇」的傳統，國富民豐一定到來。

經濟發展成功，公民教育加強；貪污分子必受嚴懲。"是以聖人處無為之事，行不言之教，萬事作焉而不辭。"第二章道德經。中國必然強。

如果能做到上述內容，"建立世界性的平統一戰線"是水到渠成。國際好戰分子必然噤若寒蟬。世界要堅信，中國是世

界和平中流砥柱，永不是和平的叛徒。這是中國人永恆民族品德。以德報怨，必須取得統一戰線的共識而促使永恆永盛。

（二）如何宣傳建立和平統一戰線的思想

要建立一個組織，尤其是世界性的組織，更加需要一種顛撲不破的哲學思想作基礎，才可團結廣大的人羣，為它作出偉大的貢獻，才「不失其所者。久」。

《道德經》是人類天書，從中找到任何需要應用正確方法和真理，永遠無誤無錯指導人類解決任何困難。當然有人錯誤理解《道德經》其中內容，而按自己不正確的理解去做結果失誤完全是自錯所引起！事實如此。

如何宣傳建立和平統一戰線的思想，分兩方面進行說明：1.《道德經》是世界唯一正確的哲學思想；2.世界性宣傳老子《道德經》哲學思想。

1.《道德經》是世界唯一正確的哲學思想

人類由「無名天地之始」起，已經為唯心主義思想所綑綁；它好像一個原始的苦泉，是萬物災難之宗教；它亦好像一根黑色的長線，串聯起人類歷史的痛苦和災難。人類從線頭一直走到現在，仍然給它穿着鼻子沿着它的指揮走下去而不知它是災難的源頭；唯獨中國在二千多年前，由老子提出另外一條科學哲學的道路，即《道德經》哲學道路，但可惜在一段頗長的歲月裡，人們「莫能知。莫能行」；到了漢朝文景二帝和唐朝李世民，他們是一代明君，將之作治民的實踐，建立了「文景之

治」和「貞觀之治」的豐功偉績。唐玄宗初期繼續推行道治，仍然出現「開元之治」，但到了後期，疏於道治，沉迷享樂，聽信讒言，安史之亂隨之而來，而四川蒙塵；其後國勢江河日下，一蹶不振；到了唐末、出現可憐的殘唐十國，民不聊生。這一例子充分反映一個真理，世界任何事情不認真洞悉《道德經》而導致失敗，是人類思維非正確而理解《道德經》而錯誤造成！如果人類能總結歷史並洞悉《道德經》而運用《道德經》則萬試萬靈。在《道德經》中有云：

「道常無為。而無不為。侯王若能守。萬物將自化。化而欲作。吾將鎮之。以無名之樸。無名之樸。亦將不欲。不以欲爭。天下自正。」

陳子有點要提醒使用者要將「無為。而無不為」合起來理解。中國人最大錯誤是不肯認真理解孔子此話：「錯而能改，善莫大焉！」一錯再錯。豈不痛心哉。

西歐是唯心主義的搖籃，全世界的災難全起於西歐，而推展到全人類。亞洲、非洲和其他地方，飽受西歐唯心主義哲學思想的摧殘。

唯物主義，頗受《舊約》的影響，而無法跳出那唯心主義的泥潭，其帶給社會的災難，記憶猶新，不勝歔欷！此反映唯心主義與唯物主義是母子關係，不少人沉迷無知，錯以為唯物主義是唯心主義推陳出新，強迫人們大推行。這完全歸咎於對《道德經》無知而誤解所造成。

雖然唯物主義的認識論功虧一簣，但它却把世界哲學推進了一大步，為認識老子《道德經》哲學思想提供了一把階梯；不然，老子《道德經》將要再束諸高閣和塵封垢掩一段時間。

唯物主義者倘若不信，敬請細讀《陳子論道》一書，閣下要解決的問題無一落差，請君試試。陳子從 1986 年開始接解研究《道德經》，一直至今仍手不釋卷。更以此對聯自讚自樂自陶：但願誠心寫道德，何須著意做神仙。

　　老子《道德經》哲學思想，是世界上獨一無二而永恆，而僅存的正確的科學哲學思想，它的認識論最為徹底，去到物質的盡頭能量，並且把自然能量和社會能量合二為一，而稱之為「道」，真正做到了認識和概括萬事萬物無往而不利；那怕再細再微、再深再奧的事理，在它的認識和解釋下，都迎刃而解，絕非牽強附會。而永恆是道法自然。

　　世上任何哲學認識能量地步，是世界上唯一科學哲學，可說前無古人，後無來者。唯有道德經。

　　老子是中華代表、世界完人，他的《道德經》是獨一無二的世界哲學經典，尊崇它為建立世界性的和平統一戰線的核心哲學思想，是唯一的選擇，完全可以斷言，再無別的通途。老子《道德經》永恆是人類唯一天書，敬請勿暴殄天物，人類唯一天書。晨早當思謀生計，閑時要讀道德經，是永恆的公民教育，中國永萬世無衰。

2. 世界性宣傳老子《道德經》哲學思想

　　「天下難事必作於易。天下大事必作於細。」

　　建立世界性和平統一戰線，既是一件難事，亦是一件大事，首先必須由「易」和「細」開始，並由易到難。

　　宣傳，對任何事情，都是較容易和細小的開始，所以在建立統一戰線之先，必須首先做好宣傳老子《道德經》哲學思想

的工作。做好《道德經》的宣傳，促使人類從科學哲學思想去認識和考慮問題，這本永恆正確天書永恆正確指導人類思維。在任何政策實施之前均受到深思熟慮，錯誤也自然少之又少，倘若錯誤施行者是推行「**無為**」有錯而是不可能去到而無不為的徹底地步，所以要永恆正確施行，才能必須要做到 "**無為而無不為**" 的地步。

下面再由三點說明：(1) 把老子《道德經》擺入課堂；(2) 廣泛成立研究老子《道德經》學會；(3) 成立世界性《道德經》交流協會。道德經則名揚世界，人類永恆無錯地以科學哲學思想指導自己一切所思所作，永無錯誤產生。

（1）把老子《道德經》擺入課堂

由幼稚園到高等學府，而至專科研究院，按着其年齡、環境、條件、知識水平，靈活地把老子《道德經》適當分量地放進課本之內。課文內容分量，由全國性統一編排，再經當地省、市、縣實事求是的因地制宜而推行。

陳子研究心得：晨早當思謀生計，閑時應讀《道德經》。敬請廣大學者批評指教並推行宣傳。

這種首先在本國教育事業中推行老子《道德經》知識教育，是向國際宣傳擴展的基礎，對世界性統一戰線來說，是先作於易和先作於細的「**千里之行。始於足下**」的事情。《道德經》是人類天書，當然廣包一切學科。《道德經》是指導科學知識的天書，普及了道德經教育，共提了科學教育，促使科學超世界水平。

宣傳老子《道德經》，絕非任何政治運動和宣傳可以比擬

的，它是「天之道。利而不害。聖人之道。為而不爭」人**類歷史最偉大創舉！**宣傳《道德經》，必然帶來全面性豐厚的收穫。完全可斷，任何一種政治國策計劃的錯誤和失敗，皆因施行不懂《道德經》所造成。中國歷史由過去到將來任何錯誤必然來自不理解和洞悉《道德經》所造成。推行道德經普及運動是全面性教育運動，全面解決人類社會各門派各宗教知識問題。**道德經擺入課堂，必將造成世界無任何方面均會掀起重大的改變，**世界共同體的思想將會天天發展，而促使世界一起大同，人類共思共想共存。人類思想在科學哲學上一致，世界共同體必然實現。

（2）廣泛成立研究老子《道德經》學會

在中國文化部門領導下，按人材情況、知識水平和環境條件在全國廣泛性成立老子《道德經》學會，由它去舉辦討論會和講學會，使宣傳老子《道德經》進一步普及和深入各階層，形成根深柢固、長生久視的效能。

普及和宣傳工作，必須配合和結合經濟生產。它是一項長期潛移默化的工作，使人民思想「道法自然」地凝聚起來，自覺地去熱愛自己的國家和民族，去維繫社會治安和紀律，去促進生產和發明，千萬不要重蹈覆轍，把思想宣傳脫離生產或者躭誤生產。中國社會已經進行沒有革命因素的社會，一切不宜集體請願喧嘩鬧市有擾治安，意見應通過文字詳和客觀表達，在任何會議上溫和說理，以理服人。中國進入說理時代，甚麼樣的好意見，完全不適宜劇烈進行和表達。中國人要緊記：治大國若烹小鮮。大民主，永禍國殃民！

在一個沒有革命因素的國家中國，普及《道德經》學會成立宣傳，中國經濟將會更高速發展。民風耀世，人人彬彬有禮君子。

經濟生產，是「聖人為腹不為目」的頭等大事，但接觸老子《道德經》，是使人的思想開竅，將其哲學思想去指導生產，發揮其「無不為」的功能。無為而無不為永恆是社會發展不可少的途徑和方法。

《道德經》是天書，是「無為。而無不為」永遠結合一致的偉大哲學經典，永恆照耀人們的前路，永不迷失方向。永恆促使全面性快速發展。

（3）成立世界性《道德經》交流協會

《道德經》交流協會的成立，將受全世界歡迎。

中國永遠是道德的發源地，是《道德經》的宣傳總機構，交流協會今設立在北京是完全的必然，絕不該放棄。**北京是世界宣傳道德經中心。條條道路通北京！北京是世界聞名道德經中心！**

在中國北京成立世界性協會，與世界學者接觸和聯繫，並籌畫世界性活動。

為了推廣成立世界性《道德經》交流協會，下面由（甲）、在渦陽舉辦世界學者交流會；（乙）、舉辦世界性老子渦陽朝聖會。

道德經是國際性哲學思想，全無損害任何國家和人民，永遠促進人民為國為家效黨的偉大天書。

（甲）在渦陽舉辦世界學者交流會

　　儘管仍然爭論不休，到底鹿邑抑或渦陽是老子的出生地，或是成長而工作生活地方。渦陽是他出生而並非掌握道德經的地方。在頗長的歲月裡，莫衷一是。**但從出土文物和馬炳文教授根據道藏的考證，似乎渦陽確是老子的出生地，而鹿邑是老子成長的地方；並且，歷代官方因渦陽交通不便，而在鹿邑舉行盛典，人們也就習非而是。試問老子生於渦陽，而成長於鹿邑可說是較正確觀點而和諧的理論。**渦陽太清殿由譚兆先生出資，青松觀觀長侯寶桓道長督導，由陳子主理風水事務。渦陽和鹿邑爭論取得平息，大利道學發展，因此促使彼等諒解與和諧是官方和民間永恆共同努力的大事。

　　馬炳文先生醉學於老子之道，治老子之學，頗有造詣，桃李滿門，弟子遍佈港台新馬等地。1949 年到台灣，現仍居於台灣，弟子們見其對家鄉感情濃厚，籌資重建渦陽天靜宮，以表尊師重道的感情。

　　譚兆先生，馬先生弟子，是一位堅毅自奮的成功企業家，像他那樣家財的人，相信不少；但像他那樣有道心的人，萬中無一。天靜宮以他為首籌集，完成第一期工程。

　　天靜宮規模宏偉工程，結構參仿孔廟，工程分三期。第一期工程耗資港幣九百多萬；第二期和第三期，工程費用相信只有增無減。全由譚兆先生支持支付。

　　侯寶垣觀長，是當今全真龍門青松派教主，道教青松觀的全球觀長，為民族宗教樹立豐功偉績。廣東博羅黃龍觀，堪稱「天下唯看黃龍」的規模和氣勢，耗資近五千多萬港幣，是他的精心傑作。他已經高齡八十多歲，經常來往香港、渦陽和無

數次香港、博羅；但他從不言倦，總是兢兢業業，為民族宗教，在中國、在世界奔馳。他的辦道精神、經歷和成就，是中國道教近半世紀來發展的縮影和典型。堪稱宗教民族英雄。

1995 年 10 月 19 日，天清地寧，陽光祥和，渦陽天靜宮開光兼開幕慶典，「眾人熙熙。如登春臺」，當地政府官員高度評價老子哲學思想，**譚兆先生，說道教從此由羣眾燒香層次，進入世界科學水平，這一番話，令人耳目一新；深信渦陽文化如旭日東升，由東方照耀西方。渦陽文化地位的重要性，將為世界共仰。**

候寶垣協助譚兆先生在安徽渦陽建立老子出生地道觀，是偉大創舉。中國而世界永恆紀念此兩位老先生。

中國傳統道觀，老子即太上老君，多為坐像泥塑。但渦陽大清寶殿的老子像是採用企像，相信此標誌道教進入另一時代。這時代始創人是侯寶桓觀長和譚兆先生，馬炳文先生以及弟子。這一開創之舉，永受世人尊敬，永垂中國道教歷史。

海外學者，在會上高呼渦陽文化萬歲！

渦陽，是世界學者文流的好地方！

（乙）舉辦世界性老子渦陽朝聖會

老子是中華代表、世界完人，《道德經》是前無古人、後無來者的哲學經典。《道德經》是全人類天書，無論任何困難，均能迎刃而解。它永護國泰民安。

無論是甚麼膚色、説那一種語言、生活在地球上哪一個地方，唯有尊崇和推行老子《道德經》哲學思想治國、治民、治族，才可能永遠擺脫痛苦和災難，使整個國家民族共富裕、共

繁榮、共太平，並且使整個人類長久幸福、和平！永遠擺脫西方災難的禍害！中國是永恆以德報怨的唯一民族和國家。

《道德經》是人類唯一的天書。

是以，老子的偉大是全人類的，《道德經》的貢獻是全世界的；老子是救世主、是和平之神，《道德經》是人類共同的思想明燈，是永恆的聖經！

全世界應如何表達對老子這位世界和平之神的感恩，怎樣去表達對《道德經》這部永恆的哲學經典的崇拜？**到渦陽去朝聖，可把個人崇拜的感情得到徹底表達無遺！**

朝聖會由文化部門和宗教部門聯合領導，指揮世界性協會和道教協會籌組，量經濟能力和旅遊設施之負荷來決定是大是小，切莫不觀天之道而妄為。因時制宜，道法自然。

每一次盛會，必然給全人類帶來特殊的貢獻和進步。

按部就班和循序漸進是籌辦朝聖會的指導思想，可先用邀請世界知名學者和名山觀宮代表參加的形式舉辦，通過積累經驗和創造了條件，才逐步擴大範圍。朝聖範圍內，由舉辦部門統籌，務使朝聖者，井然有條，平安步入和平步出，笑逐顏開，回味無窮。道德經普及越廣，人類幸福越深越廣而永恆。

全人類的心進入了「眾妙之門」，他們的意志也就自然共為營造和平，邁向共同幸福的坦途！齊聲歡呼，渦陽——老子，老子——渦陽！

通過如此凝聚人心和志趣，並教育人民思想品德，國家當然更加安定繁榮，同時更廣泛吸引世界眼光到中國來。中國逐漸走向世界天下一家。世界興起一家概念世界和平大同步步邁向成功而水到渠成漫流世界。世界共同體，將必是不久的將

來。

老子生於渦陽，成長於鹿邑應是無爭論的唯一統一觀。

（三）推行和平外交促進建立和平統一戰線

在維護本國利益的大前提下，國家無分大小，大家均有一個共同的願望，要求主權獨立，內政不為他人干涉，經濟平等互利；然而新霸權主義，卻為了分贓軍火厚利，不惜干涉他人內政，侵犯別國主權，製造民族不和，挑撥種族仇恨，鼓吹遏制中國，使世國進入新的不安局面。動盪局勢，是霸權主義者的寄生溫床，一旦世界和平，沒有任何衝突，他就好像洩了氣的皮球，冬天裡的殭蟲。

工業革命於 1784 年，英國創造了 50 年日不末國；共後轉投到美國又強盛 50 年。美國藉 50 年的時機建立全世界霸主；一旦成為世界罪魁禍首至今，而至 2035 年經濟國勢走向無可挽救衰亡。

只要中國能奉行和平外交五項原則，也就正如老子所說：「慎終如始。則無敗事」。穩定世界，強盛中國，改革開放，世界共同體，美國必然於 2035 年明顯衰退。

下面從三方面去說明：1. 互相尊重主權和領土完整；2. 堅持互不干涉內政；3. 推行平等互利經貿政策。世界各國堅持推行和平外交，建立和平統一戰線也就千易而不難。

1. 互相尊重主權和領土完整

戰爭的爆發，往往是因為不尊重主權和領土完整所引起，

第二次世界大戰，是一次踐踏主權和領土的侵略戰爭。大戰結束後，大家都想通過聯合國組織功能，化解所有紛爭，維持世界和平，但事與願違，聯合國成了霸權主義者的生財工具，提供了干涉他人內政的方便機構。朝鮮戰爭，聯合國在美主導之下一種侵略歪行，是聯合國它在國際上一之冒險的嘗試，結果是身敗名裂收場。但在美國厚顏無恥主持下，構思在另一地方幹同樣惡行。美國確是全人類罪魁禍首。但無人提出組織聯合和平陣線，困擾美國戰略立國勢力，促使美國走弱，促使美國軍事勢力走下坡，連鎖美金亦走下坡而經濟崩潰。到 2035 年，美國經濟衰落必然到來並呈現世界。

這一偉大戰略，怎樣實現此一策略立竿見影。堅揚以德報怨，宣揚和平道德經思想，美國必然走向衰亡。

1955 年萬隆會議，中國提出和平共處五項原則，表達世界人民的心聲，但未能警醒執迷不悟的霸權主義者，又挑起遭受慘敗下場的越南戰爭。

美國為了破壞萬隆會議，事前製造飛機失事，偉大中國和平戰士永遠名留千古。美國留下卑污可恥的歷史記錄，亦為美國將來惡報增加其必然因素。

長期的中東戰爭，突發的波斯灣戰事，處心積慮的巴爾幹半島戰禍，是霸權主義者幻想恫嚇他人並寄望開闢新戰場取得勝利和厚利的幻想，豈料惹來惶恐不安，更加聲名狼藉，而增加了世界走向和平的新轉機！西方的民主自由互相存在不可調和和克服那永不寧息的鬥爭，直至國家完全衰亡。也許如此帶來苟延殘喘促使戰爭藉以解除。雖然西方不會因一次或兩次戰事而滅亡，但亦會因此而削弱它們的勢力而走向衰亡。

　　朝鮮戰爭和越南戰爭，亞洲用兵，已成霸權主義者的雷池，談虎色變，所以在台灣問題上，不敢再置身其中，引起新的軍事衝突，唯有在香港問題上聯絡黑手，採取「以華亂華」、「以華反華」的策略，以收漁人之利。這恐怕是海客談瀛洲！破壞香港而拖累中國國內經濟將不斷發生，或大或小地起落。這是西方卑污手段的必然。中國切勿信世界政客，他們全是思想靠戰爭苟延殘喘的死亡維持者。美國罪魁禍首。

　　世界人民渴望和平之心，已經「譬道之在天下，猶川谷之在於江海也」。

　　尊重主權和領土完整，好像水一樣，「無有入於無間」，發揮其「天下之至柔。馳騁天下之至剛」，必把霸權主義融化，而促進世界和平的到來！

　　世界將以中國為楷模，永恆堅持以德報怨，為實現世界大同而努力。

2. 堅持互不干涉內政

　　近百年的歷史，中國飽受殖民主義和帝國主義的蹂躪，變成半殖民地化，民不聊生。迫出蔣介石先生八百萬雄兵的慘敗而客死台灣。

　　1949 年的炮聲，驚破了美國箝制中國命運的惡夢，然而，人類卻在新霸權主義對壘下的蒼穹裡折騰，不得已忍氣吞聲，依重一方。儘管當時生活艱苦，精神凝滯，措施粗糙，但尚能保存完整國土，免遭戰爭摧殘，人民無須顛沛流離，已經是不幸中的大幸，為改革開放，提供了政治基礎。但願炎黃子孫都能如此看並兼且如此想，烟消雲散肚子裡的氣，攜手振興中

華。

　　中國世代必須認識西方帝國主義的侵略。但中國永遠高舉道德經發奮圖強，以德報怨貢獻世界。而必然受世界人民敬頌。

　　中國，歷史性深惡痛絕干涉內政的行為；他根本無須搞任何稱霸和侵略，因為有肥沃廣闊的土地，要把它變成美麗的樂土，足使中華民族世代付出畢生精力和才能，生活足以溫飽無憂。中華民族堅持以德報怨，中華民族歡樂生活圈會自然而然受歡迎擴闊。

　　老子在二千多年前，已經教導中華民族，不要「兵強天下」，免遭「其事好還」，歷史確實如此，中國從不侵略別人、從不干涉他人內政；因此，為了奉行和平共處，願與世界各國推心置腹，而坐言起行。

　　1955 年的萬隆會議，提出了和平共處五項原則，表達了中國衷心至誠的和平願望，耳目一新當時的局勢。

　　聯合國在 1970 年的大會上和 1974 年的特別會議上，再次肯定了五項原則的國際意義，並且多次在其他國際會議上，把它列入文獻，使它成為解決國際大小爭端的準則。多數帶西方眼光的人，瞧不起必然帶來的改變。殊知此定會是漸變而帶來突變。

　　自和平共處五項原則公布以來，中國竭誠恪守，與一百五十個國家建交，和二百多個國家經常有科技、經貿、文化合作交往。反映這五項原則的偉大作用。

　　在新霸權主義者心目中，把中國看作是破壞他稱霸世界美夢的假想敵人，無論中國人為世界做了多少好事，曾經受盡欺

凌，而總把中國人擺在該死的地位，大家有目共睹，絕非含血噴人。西方為首的罪魁禍首，永遠是人類的敵人。

「以國觀國。以天下觀天下」，這是老子對待人權的態度，中國向來用這種觀點去認識人權。大家應經常醒覺，人權與經濟、政治、文化三者有緊密的制衡關係，豈能以一種人權標準去要求世界人民嗎？這豈不要求以西歐人的鼻子高度和膚色為標準，去要求世界一樣而貽笑大方嗎？鼻子高矮，膚色黑白，何不讓它「道法自然」？豈可要求以此作一視同仁嗎？

國有國法，家有家規，一個國家以國法去判處國民，本是一件非常平常的事情，但新霸權主義者如果不是推行「以華反華」和「以華亂華」的干涉他人內政的政策。何必為此而瘋狂咆哮？

奉行和宣傳互不干涉內政的政策，是中國堅定不移的方針，它必然發揮老子說的「水」那樣功效，「天下柔弱。莫過於水。而政堅強者，莫之能勝。其無易之」。任何一個有理智政治家，均考慮人類的將來；但西方霸權主義不顧現實更不思將來。一意破壞世界為主見，直至自然衰亡。西方政制，因民主自彼此永恆矛盾，因此放任於欺騙去援和社會，使資本主義政治能得苟延殘喘。西方侵略為苟延殘喘，其美金天下衰敗必然有等待著西方。

全世界人民為永久和平而團結起來，新霸權主義者必然難免受融化於「水」的命運，而「夫莫之命。而常自然」的日程必將到來。全人類聯合起來，促使美國軍事每況愈下，其貨幣就隨之而貶值，再不是美金天下。"美國政治永遠和美金成正比"；美國國勢江河日下，美金也亦日下西山；美於 2035 年

明顯衰亡。世界人民加把力，美國必加速衰亡。美國反對世界和平，制造人類災難罪魁禍首，人民永遠反對莫手軟。

3. 推行平等互利經貿政策

世界經貿，是國際間文化、科技、政治的樞紐，倘若有國家居心叵測，可把樞紐變成災難的漩渦，尤其是先進國家，在國際上興風作浪，其影響就更大更壞，後果不堪聞問。如何制止此災難之到來，以防止災難的產生，是任何一位有良知的政治領袖和對政治關心的人決不推辭的責任。和平與太平永遠是一個賢聖所永恆的要求。

新霸權主義者自亞洲用兵倒灶後，採用了人權腐蝕政策，配合世界一體化經濟，進行世界干涉他人內政；然而，"世界一體化經濟"，對新興的中國經濟發展，有非常多的好處，只要中國小心雞泡魚中的劇毒，那就大快朵頤。道家有知智慧者的天責呀！拯救世界拯救人類一定堅持千辛萬苦而不辭。運用「無為」則無不治。人類一定能治好，而世界一定能治好，《道德經》是天書，可解決千辛萬苦的困難。

《道德經》第七十七章：

「天之道。其猶張弓乎。高者。抑之。下者。舉之。有餘者。損之。不足者。補之。天之道。損有餘以補不足。人之道則不然。損不足以奉有餘。孰能以有餘奉天下。惟有道者。是以聖人。為而不恃。功成而不處。不欲見賢也。」

世界上的理論家無不知《道德經》的偉大，但真洞悉者有幾人？然而，只憑個人的幻想和推理，發表階級論和剝削論

使天下產生翻天覆地的災難。中國人一向因積孔子儒家思想之弊，加上近年西方思想的影響而對中國《道德經》垂注完全放棄，因此中國人為了救國救民飢不擇食，憑熱情而頭痛醫頭。中國已經沒有革命因素而應和平冷靜思考《道德經》的實用價值，而"晨早當思謀生計，閑時應讀道德經"。推行道主儒輔的政制！

　　社會實在存在「有餘」和「不足」兩種人，兩者絕無階級對立，而是互損和互奉取得永恆平衡。社會永恆安定無爭。"有餘"和"不足"兩者的關係是一大的課題，任何一位政治家，均應知己知彼而貢獻人類。

　　中國已經有數十年思想鍛鍊的基礎，輕重工業亦有一定的基礎，加入國際貿易，推行平等互利經濟政策並無任何困難。目前中國存在最大的問題是經貿管理不夠完善，只要好好地運用老子「不見可欲。使心不亂」的管理學，中國經濟起飛是一件日程上的事情。因此，陳子堅持中國問題的解決，盡在老子道德經。

　　平等互利經貿的核心內容，是按公值而取價，彼此互通其有無，貿易不相傷，坦誠而交歸，遠政治之干涉，恪守貨價之相齊。若能如此長相廝守，平等互利，也就完整無瑕了。西方戰略思想經濟、政治策略必然失敗。美國 2035 年經濟國勢全面衰退。

　　中國改革開放政策，是應時勢合氣候而兩不相傷、互通有無的偉大決策。自改革開放以來，投入中國的資金，年年有增無減。根據聯合國發表之《1995 年世界投資報告》說，中國 1994 年吸引外資，由 1993 年的二百八十億元，增加到

了三百四十億，連續第二年居世界第二，僅次於美國。貿易發展是像製貨幣機，招惹那無道德的國家壞分子，結合外國反對者，貪污傷害民族而不顧。這是國賊行為，該殺該斬首問罪。中國貪污分子罪如國賊漢奸，切勿輕待，重錘打　　。

世界不少國家因中國的市場開放而渡過經濟衰退，更有些國家通過與中國貿易而建立自主的經濟體系，而不再仰人鼻息。

推行平等互利經貿政策，它好像一面插在喜瑪拉雅山頂的大纛，吸引眾國所共望，而使新霸權主義者的經濟、政治指揮棒失靈。倘若世界能繼往不止，西方帝國主義必然產業失落。美國經濟到 2035 年明顯衰退，唯我獨尊的西方霸權勢力每況愈下，是世界共同體更加昂首闊步邁向世界大同。

其實西方不少有理智的政治家好好研究西方自由民主而知其互鬥互爭，不可調和必帶來衰亡，而出手拯救國家民族，甚至支持正義，使世界走向和平。其實西方經社會的活動，完全可擺脫戰爭主義從而可走向世界共同體。所以中國提倡和平百利主義促動時勢走向世界共同體，有其一定科學道理，而促使社會走向大同，人類共步和平向前以達理想願望和要求。

推行平等互利經貿策有其偉大效能促使世界共邁大同。

無論世界發展如何，中國永恆堅持以德報怨傳統道德，世界人類必共讚揚偉大中華！

（四）團結海外華人維護世界和平

海外華人分布之廣，及其人數之眾多，是其他國家所無；

其整個發展過程，是由無數血淚辛酸的故事編織而成，聞之簌
簌淚下，亦為其他民族聞所未聞：華人他們在科學學術上的成
就，受人尊敬的天之驕子，是全人類各族共有的物華天寶各民
族均同樣擁護而讚揚。

他們離鄉別井，代表了人類最樸素的思想，「求生之厚」；
他們從踏入他人國土第一步起，而至老死，亦未曾想過殖民他
人，是以世界上每一次排華，全屬何患無辭！中國人是最純樸
民族，純屬為了求生賒錢，而日後有積蓄而回家。

近百年來，中國政府對海外華人關心，完全是有心無力，
任他們聽從宰割，飲泣吞聲。1949 年後，曙光漸露，世界華
人無限興奮，但因道不同的關係，不時發生莫須有的風波。

海外華人問題，只要海峽兩岸仍存對峙，始終是一個敏
感問題，然而唯一的萬全之策，是推行「我無為，而人自靜」
的和平團結政策，幫助他們樹立優良傳統，掌握一定的中華文
化，鼓勵他們和當地人民建立深厚友誼，共同維護世界和平。
團結當地人民，使華人正當而無損並遵守當地政策，因而也就
會得到政府支持。

下面從三個方面去說明：1. 鼓勵海外華人守法隨俗；2. 鼓
勵海外華人貢獻居住國家和人民；3. 樹立世界人民一家親的思
想。下面分析的三個問題闡述。

1. 鼓勵海外華人守法隨俗

起初漂洋越海的華人，華僑因知識受教育少而大都文化
水平不高，唯靠勞力換取落地生根或者暫寄謀生，以知識謀生
的，可能少之又少。

語言的隔閡，生活方式和習俗不相同，將他們故步自封於小圈子之中。

時移勢易，東方文化驚起，華人地位提高，海外華人將其才華和時代結合，闖出傲人的成就，使自己成為天之驕子。為當地作出偉大貢獻。

如何去引導海外華人發揮其作用和影響力，已經成為國際日程上的時代課題，再不容稍為怠慢和推辭。

爭取當地政府協助和支持，幫助他們建立優良的思想傳統，使他們掌握一定程度的中華文化，樹立家庭倫理價值觀，與促進本國人打成一片，做到守法；隨俗、和鄰；一派祥和景象，海外華人將必成國際貴賓。隨著中國國際地位相適應，受到全世界的歡迎。

發揚中華文化，採用「道法自然」的途徑，跟過去殖民義者所使用的手法有本質的不同，前者，是文化交流，取長補短；後者，則企圖奴役別人，並使之永遠變成上帝的子民。中國人在海外，應有入鄉隨俗入水隨灣的智慧，完全遵守該國法例，並順從該國的習俗。

採用和平協調的途徑去宣揚中華文化，不但不會引起當局政府的不安，同時對那些想藉中國人挑撥中國人矛盾的人，也無能為力，黔驢技窮。中國華人和居住政府人民相處，這是中國祖國的偉大願望。永遠緊記以德報怨的該國人民或華僑。

目前有一急不容緩的工作，是全面性編寫一套海外華人學習工具和教材，使他們從中得到按部就班全面系統性的知識。這一套教材亦可方便外國人掌握中國文化，進一步擴大中西文化交流。海外中國人，永恆守法隨俗，對當地國家永不引起麻

煩而促進大家遵守當地法例，互相守望相助，發揚中華文化。中國高級知識分子可用高深知識服務政府和中華，相敬相尊天下一家。

總之，祖國越強大，越富裕將編好教材錄音錄像發行海外，中國海外華人永有機會學習中華文化。尤其世界人類天書道德經，要如何好好宣傳，深入華僑。尤其是台灣統一後，華僑問題，會自然而然，出現新的發展。

2. 鼓勵海外華人貢獻居住國家和人民

人類之所以災難如影隨形，除了一些難免的天災橫禍外，其餘皆來自受唯心主義哲學思想主宰的野心家，他們通過殺人見血為樂趣，及借此恐嚇去掠奪他人財富；中華民族飽受蹂躪，全拜這些喪心病狂的罪魁禍首所賜。西方政客是喪心病狂者。

是以，人類要共同維護世界和平，化干戈為玉帛，大家本着原是一家親的精神以德報怨的並心，去化除一切宿怨和爭端，共建和平幸福的盛世。

日新月異的科技，使人類更加親近和了解，減少了很多因受愚弄而產生的矛盾，邁向新的感情大熔爐，無分甚麼膚色、操甚麼語言、信奉甚麼宗教，大家共冶一爐。無數愚昧無知，無知人創造鬼神的觀點，而迷信神可速減除人類的災難而建立融洽感情。人創造鬼神，是陳子的研究心德；推行此觀點而普及大眾，華僑工作又出現更新的發展。

一體經濟構思，無論其背後的主張和企圖怎樣，其推行，必然帶來人類一體的共識。本來人類的發源地是喜瑪拉雅山大平原，因地殼的變化而徙向四方以至全世界、為了維護世界和

平，感情很快聯想到喜瑪拉雅山這一大搖籃，使任何野心家想蠱惑和挑撥亦徒勞無功，並枉費心機。道德經是人類的天書，普及道德經必將世界災難漸漸清除，而到消聲匿跡。

海外華人，無論居往在哪一個國家，而自己是個最普通的人，抑或是個學者、科學家、工商家，為了發揚中華民族維護世界和平的精神，應當爭相出錢出力，為居住國作出貢獻，為當地人民多做福利事業，和他們建立深厚的感情。作為中國人應知將居住國家改造好，可促使該國人民友善中國人。另使那國家變好，縮細了人為的災難，促使人類自我救助促進改造世界，天下一家親。

海外全體有文化的學者，科學家，經濟地位富裕者出錢出力促進中華文化普及教育，功勞永遠世界華人共讚共歌。

《道德經》是中華民族的靈魂，更是海外華人的靈魂；有了它作思想指導，一種慈愛的感情自然產生。是以，《道德經》云：

「夫慈。以戰則勝。以守則固。」

有了慈愛的感情，宣揚中華文化才能堅毅而耐心，百折不撓；有了它作思想指導，才不會滑進唯心主義的泥潭，而放棄「道法自然」。人們共識了道法自然，自然共同求取和平進步為人類造福。

孔子學院已經設立于各國，華人何不設立推行《道德經》學習小組，繼而擴展《道德經》學院，宣揚老子《道德經》在外國民間頗受歡迎，在德國每四個家庭已經擁有一本《道德經》，既然如此現象，中國組織《道德經》學習社團定受歡迎無阻。這叫順應民意和俗承。這反映《道德經》應運而風行國

外。亦反映《道德經》世界不日到來。那麼海外中國人為什麼不學習而迎接未來呢？在外國居住的中國大家齊起學習《道德經》，影響全人類共識：晨早當思謀生計，閑時應讀道德經。居住海外的中國人，普及道德經的學習，自然更融洽居住社會，與當地人感情更結合，為世界大同創造條件。海外華人可在孔子學院的基礎上推展道德經學習，相信會擴展孔子學院的影響範圍，收到與外國友好的效果。

3. 樹立世界人民一家親的思想

　　世界和平人盡望！她好像苦雨後的太陽，大家都在盼望。

　　天上的雨雲慢慢收斂，人間的和平因素時刻增長。然而，新霸權主義者像一團風眼，隨時會出人意表地掩蓋晴陽，重佈風雨。並帶給人類難預測的災難，全人類渴望和平的早日實現並普照全人類，但希望不會受到西方霸權主義破壞。

　　自由、民主、人權是因經濟發展而異的東西，不可能大家共一個標準，新霸權主義者明知故犯，偏要求同一個標準，去掩蓋其迷信、頹廢、偽善、狡猾、兇殘，而並藉此干預他人。它所製造的災難雖然層出不窮，使人眼花繚亂，而能認識它是災難源頭者，曾幾何人！最令人莫名其妙，仍有好些人在包庇世界罪魁禍首。

　　人類災難全因統治者無知道法自然所造成。而全人類共同願望亦是道法自然。

　　不過，新霸權主義者其思想本質是唯心主義，唯利害人是圖。儘管它嘴邊經常掛着和平、博愛的字眼，但其最終目的是要煽動起戰爭，以謀取軍火銷售厚利及聯同其合夥者分贓，

而其狐狸尾巴必為人類所共識。只要世界人民加強來往，加深了解，增進友誼，堅決維護世界和平，倘若有十年或更長的時間不發生任何大小戰爭，它終於難以支持其孱弱的殘軀。事情反映一個生活真理，敵人無不天天爛下去，我們應當「錯而能改善莫大焉」、「吾日三省吾身」是重要進步途徑；自己的進步亦促使敵人加速衰亡。孔子的"錯而能改，善莫大焉，這是人類永恆真理，任何人一旦不接受此一永恆真理，人就變成狂徒，變成為害人類的千古罪人。

老子《道德經》哲學思想好像太陽，把它的宣傳和世界人類渴望和平的願望結合起來，揉成一股維護和平的力量，新霸權主義也就「若冰之將釋」。

老子的《道德經》是一枱梳妝台，每人天天要在它鏡前照照自己認識自己缺點，克服缺點戰勝敵人。敵人的加速衰亡往往因我們能克服缺點而衰亡。

為了世界人民的幸福，為了維護世界和平，海外華人要樹世界人民一家親的思想，到處為家，「萬事作焉而不辭」。家家誦讀《道德經》，有道則感應天；霸權主義以作惡害人為榮，其必遭天譴。本身衰亡加上天譴，更快衰亡，世界太平。

道德經是樹立世界人民一家親的思想的唯一天書。

敵人必然於 2035 年明顯衰亡，人類拭目以待。

道德經是全人類天書，推行普及道德經，加速世界共同體，實現人類世界大同。

（五）對人權思想的認識

人權是甚麼？因歷史文化背景不同，尤其是經濟發展水平不同，對人權的理解和概念也就各有不同，如果要求強行同一標準，這是一種居心叵測的行為。新霸權主義者就是如此，藉此奴役整個世界。《道德經》對人權理解和概念為世界所無，有其超脫一般理論家現象，敬請大家認識並指導和批評。

道德經是全人類永恆天書，盡包天下一切哲學內容，將全部錯誤哲學思想滌除。大家認真研究世界上千種萬類哲學，無一家是完整的哲學。能有一半內容符合哲學要求，已經非常了不起。最著名的思想家孔子，其整個思想，全是人道而非天道。嚴格說來孔子思想是人道最高評為半部哲學家書而已。以此而可想而知，稱得哲學家並非容易。

自公元 1840 年以來，中國飽受侵略和蹂躪，但卻無人過問中國的人權問題，而只是唯恐中國人不死。到了最近十餘年，中國擺脱了平均主義的厄運，埋頭發展自己的經濟，克勤克儉建設自己的國家，努力參加維護世界和平，全無野心於別人國家。不知為甚麼，新霸權主義者卻用人權去進行「以華亂華」和「以華擾華」，重施殖民主義的故技，先從思想毒化，進而政治瓦解，再使政治動盪而破壞經濟生產，最後變成傀儡政權；中國是這一維護世界和平的中流砥柱，一旦受到摧毀，新霸權主義者也就為所欲為，世界盡入其股掌之間的奴隸，世界進入殖民主義奴役國家。中國明察霸權主義一切陰謀和詭計，但仍堅持以德報怨貢獻，促進世界走向大同。世界誰肯如此，唯有以德報怨的中國人。

　　到底如何認識西方人權思想，是很少人敢去探討的問題，亦無人敢去徹底批判西方人權思想的錯誤，把它公諸天下，使全人類回頭是岸，跳出西方人權思想的泥潭。西方人權以民主自由為核心；西方自由和民主兩者永恆矛盾不和，一直對抗到彼此共同末落衰亡。到 2035 年大家就知，美國國勢和美金共同每況愈下。

　　人權，是新霸權主義者的"思想瓦斯"，是腐蝕思想的液體，是奴役世界的工具，亦是人類對資本主義的輓歌！寄望人類早日覺醒，使它早日成為新霸權主義者的挖墳墓者。

　　下面從兩個方面去說明：1. 西方人權思想是時代的災難漩渦；2. 老子《道德經》的人權思想。對此兩個問題完全了解，也就掌握正確人權思想。

1. 西方人權思想是時代的災難漩渦

　　西方人權是一種極端自由主義思想，隸屬於唯心主義範疇，是新霸權主義者繼亞洲兩次用兵失敗後，不得不緩和國內反戰情緒，但又鍥而不捨地夢想奴役世界，而推行的新霸權主義政策；它是時代的災難漩渦，再仍想奴役全人類。

　　是以，探討西方人權思想，昭告天下，是一個義不容辭的大課題。

　　羅馬帝國為了繼續擴張勢力和維持在歐洲的領導地位，看見因國破家亡，為了報復國仇而徙入歐洲的基督教，其擴張性和復仇性，卻引起了羅馬帝國的垂青，因之納為國教，於 313 年正式成為羅馬國教。藉以幻想征復全人類。

　　基督教自從落到羅馬帝國的手裡，其本身原來存在的侵

略性，再經加工炮製，更加面目猙獰，變成了極為殘暴的政治幫兇，其後一直再沒有恢復宗教信仰的本性，**而淪落為殖民主義，帝國主義和新霸權主義者的鷹犬。**

基督教的本質全體反對"人創造鬼神"，將宗教神聖完全污染變成人為的野蠻宗教。這一宗教更體現反對人創造鬼神，但卻完全無人提出人創造鬼神去戳穿上帝是人所創造。這一神創造人的宗教，迷信俘虜了天下不少人，直至 1949 年中國出現新政府制度，中國改變為不迷信於此一宗教但仍在國內許可自由存在。完全可以估計這一外來宗教時刻在深謀遠慮如何推翻中國政權。主政者要特別小心，警惕。

當時的哲學，和政治幫兇的基督教合成一體，哲學是神學，神學是哲學，維持了數百年的時間，為禍歐洲。當時的歐洲人全無知《道德經》，而為人為的宗教所毒害。政客用它去侵略別國，掠奪資源和割佔地土，也奴役其他民族；也亦毒化自己民族。

西方工業發展作侵略別人的經濟力量配合侵略宗教，雙管齊下，如入無人之境。

踏進了公元六世紀，希臘人的叛逆性，把哲學拖出教廷，獨立發展了五百多年，但到了公元十一世紀，羅馬帝國滅亡，基督教把哲學重陷宗教囹圄，五百年的努力，徒勞無功。故西方始終要舒展其侵略擺脫不了要用宗教打先鋒；先用和平手段探摸他人國家一切情況，配合商業和軍隊而侵略。

西方哲學受盡宗教的折磨，費盡九牛二虎之力，才把受宗教污染的野蠻和霸道去掉，走上極端自由主義的道路。為了與其他哲學的識別，且把這種哲學稱之為自由唯心主義哲學。這

種哲學，為歐洲本土和世界人類帶來嚴重的禍害。

　　到了十九世紀初，辯證唯物主義興起。它把宗教的原罪、平均主義和極端主觀主義思想貼上科學標籤，擺進自己的哲學思想中，並以主觀的物質細分方法作為科學演證，去掩飾其從《舊約》中搬過來的迷信，以繼承潛移默化的庭訓，妄知把世界三分一人口捲入苦難的漩渦，長達超過半個世紀之久。它仍隸屬於唯心主義哲學範疇，為了與自由唯心主義有所識別，稱之為主觀唯心主義。

　　老子在二千多年前，已經論斷「為者敗之。執者失之」的必然性，主觀唯心主義哲學，剛巧犯了此一大忌而導致它指導的政治集團解體。這種內因崩潰的必然結果，不少政治家和學者錯誤地歸功於自由唯心主義哲學的戰鬥威力。其實，當天下人民普遍掌握了老子《道德經》哲學後，自由唯心主義哲學必然重蹈主觀唯心主義哲學的覆轍。自從《道德經》面世後，流入社會，雖然人們理解不大透徹，但略知一二道理，將之與現行的唯心主義混合，正如儒家思想混入道家思想，產生混淆性鬥爭。

　　人權，是從自由唯心主義哲學產生出來的極端自由主義思想，是新霸權主義者用來對付主觀唯心主義政治集團的武器。它從主觀唯心主義政治集團的解體，錯誤地認人權是戰無不勝的東西，因此進一步用作干涉世界各國內政，企圖以之達到奴役世界的野心。中國是維護世界永久和平的中流砥柱，因之把中國作為假想敵人，這種將好人當賊和喊賊捉賊的行為，實質是「黃禍」煽動的另一次故技重施。真會有那麼多人願意接受蒙騙，而去破壞世界和平，支持新霸權主義者奴役世界嗎？

　　人權，無可否認有其一定加速對平均主義的「為」和「執」的解體作用，但將其與它對人類世界的破壞作個比較，前者是小巫，後者則是大巫，但人權卻利用經濟發展不平衡而對思想規限不相同的原理，誤導新興國家的人民向經濟發達的國家看齊，去衝擊自己的國家，使政治與經濟發生連鎖矛盾的反應，進而促使國家永無寧日，亂而更亂，終於幫助了新霸權主義者藉著救助為名，而予取予求、奴役為實。

　　全世界炎黃子孫要自惕、自重、自勵，聯合世界愛好和平和主持正義的人民，共同認識新霸權主義者的陰謀；尤其是那些掌握中華民族命運的人要好好地把舵，廉潔奉公，堅決制裁那些貪污的國賊，推行民族《道德經》思想教育，鞏固中國這塊世界和平的大基地，貢獻世界人類；新霸權主義者的失敗，只是時日問題。

　　人權思想，不但破壞別人，亦摧毀自己本身的社會。新霸權主義者，必然搬起石頭打自己的腳，並玩火自焚。大家有目共睹，人權思想，是典型極端自由主義思想，它好像一種強烈的興奮劑，使人失卻平衡，胡作非為，無分男女老少，道德蕩然。它使那些有良知的西方社會學家憂心忡忡。恐妨再過十五年，受極端自由思想毒害的青少年長大了，而血洗社會。連社會倫理道德保守的中國人，在東施效顰後，悲劇頻頻發生。不知那些鼓吹西方人權思想的中國人，是否認識「不知知。病」的道理？中國人民要覺醒，世界災難全由西方進來，似乎可說如果沒有西方新霸權主義，人類災難可以全消。當然當他們衰亡後，還要普及《道德經》教育掃清一切非道家思想和障礙。道德經是全人類天書，能解決人類任何困難。

　　尤其是在一國兩制香港，仍有人企圖用西方宗教取代國民教育，如果再無知，大難必然到來！香港偉大藍圖，對內可防左，對外可促使資本主義加速衰亡的作用喪失。多麼令人痛心頓足。

　　老子在二千多年前，已經預斷了西方人權導致社會的結果：

　　「服文采。佩利劍。厭飲食。財貨有餘。是謂道夸。非道也哉。」

　　難道這不是西方社會的現實寫照嗎？如果中國不及早「為之於未有。治之於未亂」，豈能逃脫此一厄運，而成為新霸權主義者的掌上玩物嗎？中國應知道德經是特效藥，請緊記：晨早當思謀生計，閑時應讀道德經。倘能如此，百毒不侵。

　　日本和東歐，不少人對極端自由主義思想看不過眼，憂慮它最終會導致無政府狀態，社會亂得不可收拾，人民在戰亂的漩渦中掙扎，痛苦無以名狀。無奈又尚未接觸老子《道德經》哲學思想，無知其有社會抗癌的作用，因而妄然支持軍國主義復辟和恭請主觀唯心主義政治回朝。這是西方人權氾濫所帶來的人類不幸，日本和東歐人民要警惕軍國主義和平均主義捲土重來。**總之世界人民永恆要共識，緊握道德經天書，西方一切害人思想均必走向衰亡，道主儒輔是人類最好政制。**

　　人類既要提防軍國主義復辟和主觀唯心主義政治在東歐全面回朝的同時，但更重要的，是要徹底認識西方人權的危險性，它是要煽起極端自由主義思想，去衝擊自己的國家和民族，變成無政府狀態，使人民掉進戰亂的災難漩渦；那時受新霸權主義者豢養的人，大可請它來幫助收拾殘局，而把自己的

國家和民族奉獻給新霸權主義者奴役踐踏！

　　中華民族和世界人民豈能接受新霸權主義者佈下請君入彀的陰謀！唯一的預防武器是道德經天書。道德經永恆是全人類天書。能掌握道德經，完全可化解而不受困難所困擾。

　　西方天天在思考如果將其奴役人類的宗教，與自由政治相結合，瓦解中國政權。尤其是香港特區應推行國民教育，促使教育與宗教分家。普及道德經教育，可葆中國特區香港政通人和而永恆。

2. 老子《道德經》的人權思想

　　老子《道德經》人權思想是世界上唯一能夠經得起歷史考驗的科學哲學思想檢驗。唯有它才能化解西方唯心主義哲學思想，把人類從受西方人權思想毒害的泥潭中拯救出來，永遠擺脫西方人權思想帶給人類的痛苦和呻吟。道德經是全人類唯一天書。化解人類全部錯誤思想。

　　中國在公元前十八世紀，商業相當發達，商品經濟開始萌芽，曾經出現一次世界性的移民。經西周的發展，商品經濟像一朵璀璨的向日葵。

　　以西周商品經濟社會為起點，回顧過去的歷史，瞻望發展的未來，冶煉熔鑄了《道德經》這一部哲學經典，包羅萬有，萬古常新，以它指導一切，再沒有任何哲學思想可以取代它的地位。道德經永恆是全人類天書。

　　人權，是整部老子《道德經》的中心思想，它的哲學理論，全為人類求生而設。亦為解決人類任何困難的天書。

　　《道德經》第二十五章有云：

「故道大。天大。地大。王亦大。域中有四大。王居其一焉。」

人，在四域中高踞最重要的環節；儘管「道」在宇宙中主宰一切，倘若沒有人類主管宇宙，一切都是空虛。人是宇宙中主角，發揮道的作用。道主宰宇宙和人類是能量統稱，來自物質發揮。但要通過人去主理和管理萬事萬物，亦發揮人的智慧創造萬物。因此宇宙不能沒有人，國家不能無人民，執政者要徹底為人民服務。人權的崇高，並非歐洲人用擾亂世界人心的歪曲人權。

在行使人權的過程中，「尊道而貴德」是人權的永恆樞紐，一旦偏離了這一軌跡，人權就會變成人類災難的漩渦。西方的人權觀，最終走向死胡同。

環境、氣候、歷史、文化、風俗、習慣和信仰都與人權有着密切的關係，它們是人權的「箍身咒」，如果把它們丟掉而去談人權，肯定是一派胡言，居心不良。

「以身觀身。以家觀家。以鄉觀鄉。以國觀國。以天下觀天下。」

這是人權變易的方程式，在怎樣不同的情況下，就有怎樣的人權。這提醒大家，倘若有人罔顧一切，故意為人權訂下一個標準，並威迫利誘他人去按圖索驥，那人不是白痴，必是狂徒，亦可以肯定必然居心叵測，另有陰險的動機。對社會和人類必然有害而無益。西方人權是通過欺騙達到奴役全人類，為其民主自由所統治。西方宗教無不配合人權配合共同以毒害人類。以達統治世界，成為他們的奴隸。

西方人把人權解釋為人民每一個人的個人權利，無疑是把

個人主義引誘到最極端和最恐怖的地步，毒化他人，去打倒一切，去否定一切，使社會陷入無政府狀態。一旦一個社會到了政治和經濟全面崩潰時，而一股支持西方人權的勢力自然會興波助瀾，方便新霸權主義者的魔爪很容易乘虛而入，那時，想不受奴役，欲罷不能。這是人類永恆要警惕事情。慎終如此，則無敗事。人類要警惕西方煽動人的人，尤其是中國人要特別小心。西方政客，時時刻刻想奴隸中國人而及世界人。

老子把一個社會的人分為兩種，一是聖人，他們包括上至國家元首，下至一個小小的領導，以及那些參與政府管理工作的人；另一種是廣大的普遍平民百姓。聖人的責任，是要慄慄渾其心，去為人民服務，做到「生而不有。為而不恃。功成而不居。夫惟弗居。是以不去」；這對聖人來説，是他們的服務權和發展權；在老百姓方面説，是生存權和享用權。第三種人是社會永恆施行公民教育的人。

當社會全面徹底推行老子人權思想後，全個社會的人，聖人和普通的老百姓都過着同一生活：

「甘其食。美其服。安其居。樂其俗。」

西方的人權愈深化，社會必然走向全面性崩潰，現在的西方社會已經露出端倪：

「服文采。佩利劍。厭飲食。財貨有餘。是謂道夸。非道也哉。」

為了更全面和系統地了解與認識《道德經》的人權思想，下面作一個概括的闡釋。這一問題，西方知而全無改變意圖。

「尊道而貴德」，是一個指導性和匡制性總綱領，以此指導其中四大內容，永不偏離。

下面分由四個方面去說明論證：(1) 生存權；(2) 發展權；(3) 享用權；(4) 服務權。

（1）生存權

「聖人為腹不為目」，即所謂民以食為天。一個社會連這一基本保證都沒有，社會要求進一步發展，談何容易？好些盲從、騙徒和西方人權的吹鼓手，抹煞生存權是國家和個人的共同職責和任務，說生存權純屬國家政府的職責，不應歸入人權中，他們的顢頇與欺騙，豈不令人貽笑大方，不攻而自破。凡任何政權，如果不保民生，它們都難逃衰敗和結束。如果人權不包括生存權，那人權有何價值呢？那真是完全胡說八道的欺詞。

生存權是人民重要的權利，任何社會欠缺此權利，根本不是人的社會。而是衰亡和死亡的必然到來社會。生存權是人權核心。

（2）發展權

發展權，撇開法限和人為阻撓，抑或戰亂擾人，本質是指資金、勞力和才智的出路。一個社會，如果不給資金、勞力和才智出路，社會發展必然裹足不前，經濟死水一潭。西方為了刺激發展權，極力鼓吹極端自由主義，以達此一目的，出了不少負面的問題，但老子的觀點，要推行發展權，必須要求人們走在無為和無不為兩條軌道上，使社會安定、平和、協調，不會出現偏差。平均主義思想是發展權的絆腳石、教訓毋忘！

所謂發展，並非特權，更不是其某人特許的權而是社會普

遍廣泛人民能享有的發展權。其實發展權連帶產生所有權。

（3）享用權

享用權是發展權的價值觀，是發展權最根本的推動力，促使資金、勞力和智慧高度自覺地發揮。西方把享用權推進揮霍的深淵，出現不少光怪陸離的現象，但老子的享用權，要求享用不忘德，用而不濫。這種既為自己又為他人和社會的享用權，與發展權相輔相成，使社會更加迅速發展，邁向人類的樂園。道德經是全人類唯一天書，此外而再無其他。社會應當天天宣傳人要正當合理使用保衛其享用權。不要糟塌浪費。

（4）服務權

因為老子的人權思想，使人產生一種偉大為人的思想，自己的享有，不忘要服務他人，推動社會，永使社會繁榮與祥和。全面性全民性共享共樂是道德經的核心思想。培養社會的相會合作思想，享用和服務兩者互補而合作永恆。

服務權，包括有酬和義務兩個方面。有酬的服務，是指公務員的政策和制度。公務員制度是全社會性的管理運作韌帶。要編織好此一韌帶，關鍵在於公務員有優良素質。素質來自社會的教育，體現在德育、智育和體育。老子的人權思想之所以要以「尊道而貴德」為綱領，就是要警惕和警醒社會上一事一物都不要偏離集體的利益，集體的利益建立在個人的利益上，個人利益亦建立在集體利益上，兩者相輔相成。是以公務員的編制和任用，不難做到任人唯賢，而不是唯親；品學兼優則仕。義務的服務，是指發揮和調動人們出錢出力，服務社會，

使社會性感情更加融洽與團結，政府對這種要求，不但要求是提供方便，更要諸多鼓勵和培養。

「大道汎兮。其可左右。萬物恃之以生。而不辭。功成不名有。衣被萬物。而不為主。常無欲。可名於小。萬物歸兮。而不為主。可名於大。是以聖人終不為大。故能成其大。」

這是老子人權思想的科學基礎，所以有強大的生命力，「故能成其大」。

《道德經》人權思想像太陽，西方人權思想註定如冰之將釋。

全世界正義、善良的人民，團結起來，高舉老子《道德經》的人權思想火炬前進，建設世界樂園！在道德經天書指導下，世界永遠富裕昇平。

老子的人權思想，將是「上善若水。水善利萬物。而不爭」而深入世界人心。它一旦為人類所掌握，西方的人權思想也就日暮途窮。

因此人權的四大原則永遠保障和維繫社會向前不息，與人類共天長地久永無分離。這才是人類真正的永恆人權。

全人類共同努力：晨早當思謀生計，閑時應讀道德經。促使世界邁向大同，在此內容上闡述人權內容結合研究，永恆歌頌道德經是全人類唯一明燈。生存的永恆安樂窩。

道德經人權思想的完整四個內容，永恆完整不分。

（六）西方社會發展超前中國的原因

　　中國本來一貫是世界文化的中心，拓展世界文明，但為甚麼近百年來卻落後了？經公元 1840 年的中英較量，徹底給西方戰敗，從此受盡掠奪和欺凌，成為人盡可欺的國家。英國戰爭欺凌割地，中國人永遠不忘此奇恥大辱，英國人應知恥補過。不過陳子有此幻想，如果中國早懂毛澤東先生天才軍事學家游擊戰，英國早就國弱民衰永抬不起頭！不知相信者有幾人？曾記英國女皇謁訪中國鄧小平先生，曾上呈英國在明代正德年間，英國來朝明朝的信件。這暗示英國終有一天會向中國請罪！中國人可拭目以待！唯有如此，英國逃出貧困的生天。這充分反映，中國真真正正以德報怨的國家。

　　有炎黃熱血的政治家和學者，以至一個普通的百姓平民，亦關注國家的命運，競相為她效命折腰，不惜灑熱血和拋頭顱。陳子在讀中國近代歷史時亦寫了兩句：**少年早立炎黃志，熱血拋頭國難捐。**

　　公元 1697 年俄國彼得大帝西歐之行和公元 1868 年日本明治維新，均向西方學習，改變了本國的落後面貌，與西方強國分庭抗禮，但後來同樣參加了蹂躪中華的行徑，使中國人均盡向警惕失望，認為中國要立志富強，必須推翻封建政制，並且義無反顧地學習西方。所以 1917 年 "五四運動"，中國學者掀起打倒孔家店；誤以為因帝制被推翻，而和打倒孔家，而面向西方學習中國人就會強盛；殊知中國仍是一厥不振，繼續受西方欺凌和侵略。反映辛亥革命的偉大，但不徹底反對外國勢力，相反更無意中加深西方思想的輸入。帶來因由戰爭，帶

來中國無限艱辛而却非走向偉大的變化，而走向永恆強盛！

　　在此一個半世紀的歲月中，中國的災難全都來自受西方的侵略和向西方學習而妄自菲薄，不少人將中國傳統全盤否定，主張全盤西化，大讚西方的月亮特別圓。儘管亦有不少人反對這種觀點和主張，但他們同樣顢頇，把西方未經實踐檢驗的思想和主義強加於中國人的頭上，使一片振興中華的善心，苦煞了無數蒼生，人民經濟思想領域受約制得像一潭寧靜無波的死水；幸得當代最偉大的思想家，提出及時雨的"改革開放"政策，使經濟欣欣向榮；然而在其中，似乎有人把儒家思想捧得過高，失卻前車可鑑的警惕，而憂慮重蹈覆轍。是以探討西方社會，為甚麼在近百多年中，超前了中國社會，敢以老子《道德經》哲學思想作為指南，揭開中外學者莫衷一是的癥結，進一步認識《道德經》的偉大，樹立對「**其無以易之**」的信心。總結中國 1949 年前歷史，中國之弱為西方欺凌，均由中國帝制與儒家結合，造成長期落後，加上中國人不懂道德經。

　　下面分三點進行叙述：1. 中國歷史發展與歐洲文明息息相關；2. 中國落後於歐洲的根源；3. 中華民族如何永處不敗之地。將此三點展述警醒中國人，勇往向前振興中國，而堅持以德報怨永遠為世界大同作出貢獻，**而中國一定強。道德經是全人類天書。**

1. 中國歷史發展與歐洲文明息息相關

　　中華文化開拓了歐洲的文明，並漣漪至世界各個地方。世界文明由中國拓展，絕非訛傳。但西方不但不感謝中國人，反恩將仇報，反映西方政客永恆是壞蛋，永不可救藥。中國炎黃

子孫要世代緊記，西方政客是衰人。西方政客永恆是懷蛋，但中國永恆堅持以德報怨，不移。

西方政客，處心積慮，居心叵測，為了推行他們的殖民主義，向來守口如瓶，隻字不提中國文化對西方的影響，把歐洲人民百姓蒙在鼓裡，愚弄他們「妄作兇」，而瘋狂蹂躪中華；連不少中國人亦為其威迫利誘的殖民主義宗教所迷惑，數典忘宗，俯首甘做在華的代言人，等待裡應外合的機會，摧毀領導政府，把執政黨送上斷頭台，以之奴役中華民族，做上帝的獻禮！問執政黨曾警惕此一危機有無？此完全是真實的危機，每一個執政老成員均要警惕此危機的存在。唯德唯能的執政黨要刻骨銘心！西方政客永是壞蛋而警惕，警惕！且看，西方不肯承認人創造鬼神是永恆改造宗教真理，意味宗教繼續瓦解侵略中國，並徹底瓦解當今偉大政權。枉費中國人的偉大理想。要積極推行國民教育，要推行道主儒輔政制徹底摧毀西方宗教侵略幻想。

為了讓事實說話，不妨翻開中國歷史，演證中國文化發展與歐洲文明息息相關。敬請執政黨黨員，放眼世界，西方侵略無時無刻不虎視眈眈中華錦銹河山。

公元前 140 年，歐洲仍然是個蠻荒的時代。漢武帝為了發展霸業，首先採用"獨尊儒術"去強行統一思想，然後貫通西域，開闢了絲綢之路，拓展了歐洲之蠻荒，啟蒙了羅馬帝國，於公元 312 年，強迫國人信奉"東方傳入的基督教"，進行宗教大清洗，殺得異教徒屍橫遍地；於次年公元 313 年，公布米蘭敕令，並立基督教為國教，以它箝制歐人。從此一個罪惡的殖民宗教產生，永恆搞亂世界，侵略人類，災難全人類！

有誰覺悟此影響和災難。歐洲是全人類災難來源地。宗教帶來世界災難。它真真正正是人類"精神的破壞者"。

魏晉南北朝，開始於公元三世紀，是宗教思想極盛時期，當時的西北方民族像趕集一樣進出中原，尤其是五胡十國期間，大量的中國商品和文化伴着商旅和移民，絡繹進入歐洲。政治、學術和宗教在中國的文化影響下，而出現彼此分家。這種思想影響了歐洲，而宗教不再統率政治和學術，為歐洲解除妨礙進步的桎梏。

唐朝李世民登基於公元 626 年，以道治國，任用道家賢臣，國家強盛，超過往後用儒家思想治國的朝代。絲綢之路空前擴大，暢通無阻，老子《道德經》思想，像春風化雨，滋潤了歐洲思想領域。**唐玄奘將道德經輸入印度。促使印度無論經濟、政治、文化大步前進。印度宗教直接影響歐洲基督教。**

中國統治者，不洞悉道德經，認為它與自己江山永遠世襲不符，所以改轅與轍！**這反映儒家臣服為帝制服務，促使中國落後至 1949 年，才得到徹底改變。**

宋朝半部《論語》治天下的宣傳，儒家思想像漫天的彩色氣球，儒家思想因之昇華為理學。舊絲綢之路長期不為宋朝勢力所及，改由新闢的海上絲綢之路，經愛琴海轉入歐洲。**理學對歐洲影響最為深遠。宋明理學開發世界有誰明白認識此一歷史發展和影響。宋明理學，一產生西方資本主義，二產生馬克思主義啟動震撼世界。西方兩大歷史發展，西方永不想表白自己認知此事。**

元朝九十多年的統治，勢力直達歐洲，中國四大發明和當時的生產技術全面性地輸入歐洲，為歐洲進入新世紀作了充分

的準備。西方發展受全國中國文化傳入而“解盲”！元朝後的明朝，西方因綁馬不恰當而死亡，經向學習中國而解決馬的死亡。只見中華文化，對世界的貢獻。

　　東羅馬帝國於 1453 年滅亡，宋明理學影響，結合希望哲學思想，文藝復興一觸即發，再經三百年的醞釀與奠基，並吸收宋明朝的理學與生產技術，催促了工業革命提前到來。中華民族偉大思想，開發了整個歐洲而至全世界。但西方忘恩負義，返侵略中華。

　　歐洲文化思想扎根在有強烈殖民野心的“基督教思想”上。基督教本身是猶太思想的結晶，是一種殖民主義宗教。這種不健康的情緒是由殘暴的羅馬帝國迫出來的，並且痛心地離開家園，流落到西歐。當時羅馬帝國察覺了其團結性和殖民性才吸納立為國教的。十字軍長期的東征，反映了羅馬帝國的立心。充分証明羅馬吸立基督教為國教原因。

　　中國文化的長期輸入，改變不了歐洲人的殖民主義野心；相反，增加了他們的智慧和勇氣。他們用中國的指南針，找到殖民的所在地；用中國發明的火藥去屠殺和統治殖民；用中國的造紙術和印刷術去製出的紙以印製文件，作威嚇和欺騙殖民。中國的文明由始至終是以德報怨貢獻全人類，卻為西方政客所利用，侵略世界災難世界；馬克思發揮宋明理學的朱熹格物思想警醒人類解放自己建設將來。西方全面理想馬克思，但無知馬克思對人類偉大貢獻。當然，亦無人知道馬克思是宋明理學的偉大繼承者，而又回溯中國。中國是世界文明拓展者。世界一切思想源於中國。**世界沒有中國人，就沒有世界文明。多謝馬克思先生的思想救亡了中國政治和時代。中國人必須用**

道可道，非常道去認識"救亡"政治的偉大，更要哲學階段性的應時與過時。恩永遠不忘但不合時宜哲理則要永恆改變。進步永恆，則中國強勝永恆。

　　歐洲之所以比中國進步迅速，因為歐洲人性格較為倔強和沉毅，也許在游牧和跋涉中鍛鍊出來；擅於取長補短和勇於改革是求生的首要條件，因此把宗教和政治調換了位置，而以之強盛和海外殖民。世許西方好殖民掠奪其他民族，是游牧民族的野蠻性不改。**西方的野蠻性要得到改正，唯一是道德經，不信且看德國提倡道德經，發揚道德經，每四家人就有一本道德經。**

　　歐洲的進步程序，仍然離不開先經濟後政治及其他，循序漸進；中國改革，切勿受一些無知或者別有用心的人唆擺，先來個政治改革，然後去搞經濟，失敗是在所難免的命運。中國長期由帝制困擾和儒家協助帝制阻礙中國經濟發展，產生中國文明拓展落後西方。帝制和儒家結合，是中國的絆腳石。中國學者認識此問題有幾人？陳子自 1986 年開始要發展發問此疑問！**儒家和帝制相結合，拖歪道德經中國政治，而分久必合，合久必分的反覆拖延而落後中華！也許國運不齊，要待 1949 年的到來。**

　　當然，當經濟完全受到政治阻礙，並造成社會動盪，民不聊生，而進行政治改革，是聰明之舉；但歷史上有兩件大事值得借鑑和回顧；公元 1697 年，彼德大帝一世到西歐遊過列國後國改革，和公元 1868 年日本明治維新，均是一場經濟和政治渾然一體進行改革的典型事例，其中以日本明治維新最為成功。中國的改革開放，遠遠超過上面兩個歷史事例，如果它能

繼續擴大溶注老子《道德經》哲學思想在其中作指導，「分久必合，合久必分」，只是中國過去的政局，今後的中國必然繁榮、富強、統一，長生久視天下！**道德行中國，中華無妄凶。**

政權必須先鞏固，繼而謀求經濟改革，萬無一失。

炎黃子孫要飲水思源，要多謝提出改革開放的恩人！**"改革開放"是永恆的國策，永恆促使中國進步無衰。改革開放萬歲。母忘改革開放！改革開放是永恆國策，但必須用道德經唯德唯能作指導，則永盛無衰。這次美國採用貿易戰拖累中國，中國人要感恩戴德，中國鄧小平先生改革而開放，其基礎牢固築之抗行而勝利必然，中國人真要感謝習近平先生天才發揮改革開放。**

找到了歐洲優勝和進步的原因，遺留下來要探討的，是中國落後和衰敗的根源。儒家思想和帝制相配合造成中國的落後。這是總病系。"道主儒輔"是理想政制。中國永恆不衰。道主儒輔家強國富，中國統傳世界定乾坤。

道德經是全人類永恆唯一天書。

2. 中國落後於歐洲根源

中國向來是世界上最先進的古國，世界文明與她有密切的關連；尤其是歐洲，是世界文明的轉驛站，經絲綢之路到歐洲轉去各洋各洲。世界文明由中國拓展。未來的世界大同亦中國啟導。

中國名列前茅，有過一段頗長的歲月，到了近百年和歐洲較量，衰退才畢露無遺。**其主要原因是"中國帝制和儒家思想結合維護帝制"**，使帝制苟延殘喘，但自中國宋明理學西傳，

開發歐洲而迅速超過中國。但亦因如此，中國遭受慘禍回流而降臨。"但禍兮，福所倚；永兮，禍所伏。"中國人要永恆此警句。

冰封三尺，非一日之寒。中國多少學者和政治家窮經皓首，翻遍典籍，博覽羣書，找遍世界政論，無知其落後的真正根源。這反映中國過於追求西方學說和生活而精疏於中國文化，當然也就無法深入了解中國文化，並產生誤判中國文化落後於西方。中國要回顧，五四運動簡直一場驚人要求西化，吹入中國，中國無數知識分子以提倡西方民主無知它是不文明，而妄卑視而否定中國本身的文明。正所謂俗言自取其咎！**但過由中國人無知道德經是全人類天書。**

推翻帝制，打倒孔家店，趕跑帝國主義，甚至不惜十年浩劫，五花八門都嚐試過，仍是徒勞無功，殊不知是一種帝制和儒家思想合體的統治思想長期打擊另一種中國正統的民族思想所帶來。

中國衰退的根源是甚麼？值得每一中國人查清認識清楚！

是老子《道德經》在中國社會蒙塵！為帝制和儒家結合所害。

老子《道德經》之所以蒙塵，誰是罪魁禍首？

《道德經》第三十八章有云：

「道失而後德。德失而後仁。仁失而後義。義失而後禮。夫禮者。忠信之薄也。亂之首也。前識者。道之華。愚之始也。」

孔子向老聃問的是禮，而並非問道。他本末倒置，好像失掉一雙高瞻遠矚的眼睛，影響了今後的儒家，胸襟狹隘，對待

道家。"克己復禮"充分反映孔子不明老子理論，但對老子理論要謹慎理解，做人不要亂説亂動，而要控制自我，而守固禮教。對老子道家理論本人尚未完全清楚明瞭，所以其本人要提："克己復禮"。暫時要"克己"勿亂説亂動，暫且以故禮為準而守舊。

克己復禮，相信儒家後學，洞悉者，到今天明白者亦不多。

孔子為了宣揚禮的主張，周遊列國到頭來一鼻子灰。克己復禮，既不先進而根本欠缺新鮮的觀點，復禮要是守舊，當時帝王對這套理論全無興趣，因此孔子遭受失敗，碰了一鼻子灰。**只好以教學為生。反映孔子知難而退。**

董仲舒引薦儒家思想，用個"術"字跳過龍門。漢武帝通西域，開闢絲綢之路，為世界文明建立奇功偉績。從此儒家為國家思想領域之主，統治者以它是治國鎮民之瑰寶，奉為玉律金科。董仲舒似乎不敢正面評定儒家思想，而是作為"術"而已。其實漢武帝以及其左右謀士，不發覺，"獨尊儒術"，是叫人勿用全套儒家，而是用其騙人之"術"而已。**陳子評中國人長期無知"術"的巧妙，而導致漢朝國庫空虛漢朝而朝垮台走向，從此漢朝走向衰落。**

漢明帝時，社會動盪，漸露端倪，**為填補心靈空虛，懷疑本土神靈無力，迎進頹廢、消極、迷信的佛教精神。反映"儒術"失效，另找社會的止痛藥。**"儒術"騙人失效，又進行另一套新來騙術。按推理，其實世界任何神靈必然不離"公心公德"，一旦誰背棄了公心公德，那個神一定是衰神，不值一信。**其實神都是一樣而無有分中外，陳子這種神見解如何？人創造**

鬼神，是人類認識鬼神的唯一永恆宗教真理，此外全是騙人歪理。

　　面對佛教的宣傳，儒道兩者態度不同更兼相背，對中國更為不利而害大。儒家為了奉承皇帝，對佛教傳入表現無動於衷；但道家以張道陵為代表，進一步擴大道教組織，以保持故有文化，弘揚《道德經》五千言，並立它為道教聖經。道教是中華文化的根，半點不差。**道教為了出路，忍辱負重，亦有偏離道德經，扭曲道教。道教人士要深刻檢討，恢復道教原有面目。道教是提倡人創造鬼神的唯一科學宗教。全體道教界，要深知道教是科學的民族宗教，你所應堅持恢復原有科學性宗教面目。總之，人創造鬼神是道教永恆核心思想。**

　　張道陵先生是民族英雄，能知此者，能有幾人？其實張道陵早知早明人創造鬼神的真理。

　　佛教思想腐蝕了中華民族人性，走向醉生夢死，視人生無常，儒家不但無力匡扶中國，並且聯手佛家對付道家，從皇帝的面色，可以一目瞭然，尤其是魏晉南北朝。佛教成當時社會思想主流！佛祖，您大智大偉，可惜因為其本國遭受壓迫而對人生失掉信心，而產生色是空，空是色的歪理。故意偏離有無相生。如果您的色空理論只去到社會層面，而並非哲學，那就妙極！但去到哲學層面，那就遺害不淺。佛學並非科學哲學，而是生活哲理。

　　道家為唐朝建立萬邦進貢的天下，終為佛教所虧害，出現殘唐十國的面局。

　　宋朝儒家受寵若驚，由半部《論語》治天下，步上理學境界，更是唯心虛幻。道家在朝廷中地位立着微小的地位，靠民

間齋醮保留和宣傳。

落後民族入主中原前後全由儒家經手，送走趙家天子，迎來元朝的民族帝王之家。足見中國人不明道德經的悲慘結局！

明朝萬曆八年，基督教傳入，儒家大獻殷勤，忙於穿針引線，在皇帝面前做了殷勤推薦人。儒家可以和合基督教，反映儒家欠缺科學哲學，純屬社會人學，古云此是兵來從兵，賊來從賊的哲學。本來儒家克己復禮有強烈愛國思想，但自服務於中國帝制後，當了鷹犬，成了擁護帝王而變成為先帝王後民眾的儒家思想。失掉了愛國思想，成為唯一護帝派而成了家奴。

儒家宋朝送給蒙古族再把明朝寶座送給關外女真族，並且獻勤效勞；尤其，經不起公元 1840 年中英較量，中國一敗塗地，儒家仍然無知汗顏；促使中國必然出現另一新的救國思想到來。

辛亥革命雖然推翻了封建帝制，但儒家思想和基督思想揉合，控制了中國政壇，坐大了基督思想，混亂的局面無法收拾，招惹了救亡的平均主義的登場，苦盡蒼生，倘非改革開放的提出，中國人民豈能苦盡甘來。改革開放是偉大時代救亡政治思想，促使劫後的社會迅速恢復。辛亥革命後的中國社會，急需一種有效政治救亡思想，因此中國飢不擇食，思想產生混亂。**陳子據深入研究，馬克思主義雖然其由宋明理學發展而來，但其偉大救亡作用，否定者是政治無知！馬列主義救了中國，馬列主義救了道德經。**

中國社會，分久必合，合久必分，這一循環的規律是來自儒家思想，能知者曾幾何人！**中國人最早古代已知道共產思想；"日出而作，日入而息，帝力與和何有哉"這中國最早的**

中國的共產思想。道德經的"貴以賤為本，高以下基"，亦是典型共產思想。中國義門三百年不分家亦典型共產組織。帝王怕陳家義門一旦作反，取天下易如反掌。所以宋朝由包青天、文彥博等人幫陳家分家。這反映共產理想早在中國小型實現。中國由始至終，是共產之鄉！中國有幾人能知？今天中國共產，亦應必然。何怨之有，何驚之有？中國人應知必來必愛應該順受而歡迎，中國超世界的新局面到來。

翻揭中國的歷史，細審各朝各代的變遷，深嚼其盛衰之理，尋求其樞紐的規律，客觀評估其歷史的貢獻，斟酌其評價的言辭，啟世人以深省，作為前車之可鑑，以免重蹈覆轍。道德經永恆的人類天書，完全有解決免重蹈覆轍的問題。

孔子的偉大和貢獻是要肯定的，給他萬世師表的盛名，受之無愧，儘管他的禮教使中國婦女飽受折磨，喪失婦女的尊嚴，不過他的思想和理論，總算把中華民族凝聚不散，屹立在地球上，歷劫猶存，是不幸中的萬幸了。這是儒家值得一尊的根據。儒家確實值得讚揚和肯定儒家偉大。"道主儒輔"，是陳子細研中國歷史，統一國家民族傳統，而提出"道主儒輔"思考體制，是有其一定社會實用價值而值得討論和批評而推行。

據本人於 1986 年接觸了道家思想進行勤思苦想，深刻認識道德經是一本世界永恆天書，"道可道，非常道；名可名，非常名"；已經是人類哲學總綱，是一永恆的正確規律，是衡量一切政治、經濟、文化的總觀，永恆指導人類正確認識一切事理。不信，可將世界一切哲理擺出來，作客觀比較、辯論，而作科學客觀的總結，也就一清二楚。絕無半點誇張。道德經

第一，論語第二，雜家第三。這三種傳統文化，他們源自道德經，但若以"道主儒輔"去繼承，似乎是最恰當而最傳統的理想政制。道是能量統稱，道永恆統率宇宙，人類利用天道而拓展社會。

炎黃子孫要齊聲高呼：

孔子永垂不朽，儒家思想精神不朽長留！為中華民文明和世界人類豎立豐碑！

然而，要透過儒家思想的耀目金光，看見其內在的陰暗，禍延整部中華歷史，中國人民百姓的痛苦和眼淚像東逝長江，日夜嗚咽長流！中華民族要代代銘記，世代毋忘！儒家非道家科學哲理，無能指導中國永盛不衰，而"道主儒輔"，就可永恆促使中國永恆強盛不衰。

中國封建王朝，豢養儒家思想，兩者結合為一體，主宰政壇二千多年。在此二千多年中，無能擺脫落後民族干擾和異族入主中原，拖慢中國社會的進步，對於外國輸入的佛教和基督教，不但不予摒棄斥責，更不去捍衛中華文化，相反還諸多容忍、方便、協助、推薦和受借助，連同打擊、排擠、限制、污染、誹謗老子道家思想，**令《道德經》長久蒙塵。中國人因長期無知道德經是唯德唯能科學哲學，而誤將西方錯誤落後的哲學捧為哲學珍品，而強行無悔，帶給中國人民災難。**

老子《道德經》長久蒙塵，是中國社會衰敗的根源。就以2019年6月以來香港暴動慘痛打擊香港經濟，主要原因，是香港沒有推行國民教育造成。中國在香港政治，亦缺少道德經氣味。學生少知道德經是甚麼？難道不痛心乎？

中國拓展人類文明，因擁有道德經而是全人類將必進入

大同的指導者。此必為歷史所証明。如果香港早知推行道德經
普及教育，運用道常無為而無不為精神應對，在甚麼情況下，
社會發生任何事情，預先有思想基礎應對，災難減輕並容易解
決。

順其道者，萬變而愈盛，逆其道，萬變而愈衰，這是千
古不變的真理；道衰國弱，道興國強，是億萬世常新的金玉良
言。道德經是全人類天書其唯德唯能推動無為而無不為的哲學
思維，永恆保証人類向前的未來發展。

老子《道德經》是中華民族的命根，民族昌盛之源、國家
富強之本，是人民團結、統一不敗的軸心。道是能量的統稱，
分由自然能量和社會能量組成永恆督導人類永恆進步不息。道
德經可與任何哲學客觀和平較量，以和平定優劣和勝負。

《道德經》是全人類的思想明燈！和平、幸福的源泉！是
全人類永恆天書。道德經的勝利，完全道法自然。

3. 中華民族如何永處不敗之地

中華民族如何才可處不敗之地，對一個受盡帝國主義哲磨
的國家，能夠言之鑿鑿者相信不見多人，儘管那些擅於宣傳的
政治家只是一鼓作氣，也承受不了妙想天開和痴心妄想的冷諷
熱嘲。

然而老子在二千多年前，已經獨排眾議，先知先覺，在
《道德經》第七章提出超羣卓見：

「天長地久。天地所以能常且久者。以其不自生。故
能長生。」

老子雖然揭開了這一千古之謎，但在悠長的歲月裡，莫知

莫行；在中國政治家中，只看作「落落如石」，豈知它是「琭琭如玉」！豈不悲乎，中國這樣多人卻無人找中國永恆不衰的道路和方向。

團結是中華不貳心之根，統一是民族長生之君。只要炎黃子孫能夠團結一致，做不貳之民，而「不自生」和不「取天下而為之」，中華兀立長生久視於地球之上，絕非痴心妄想！完全是一件確鑿而現實的事情。還有，選用道德經為治國的永恆的天書。其唯德唯能是社會永遠不衰指路明燈。

中國進入 1949 年年代，革命因素已經開始慢慢消除，到了鄧小平先生接手，更徹底消除了任何抗拒和叛逆因素。國家進入和平發展時期。在發展中，所謂實踐是檢驗真理唯一標準。國家一切政策通過實踐去檢驗優劣，優納劣棄不良政治政策，中國政治發展自然一帆風順，國泰民安。

下面分四方面詳細說明：(1) 推行道家思想的政治；(2) 當代偉人鄧小平先生；(3) 中華永族永不衰落的鑰匙；(4) 向宋美齡先生進一言。

（1）推行道家思想的政治

世界哲學可分為兩大類，一是老子道家哲學，另一是唯心主義哲學。哲學是政治的靈魂，因此而亦分為兩大類，一是老子道家政治，其他全屬法西斯政治。兩者的試金石，是「道法自然」，要說得更加明確一點，看誰是或不是，「觀天之道，執天之行，盡矣」。道是能量統稱，由自然能量和社會能量組成，人類永恆在此兩種能量運作中找到真理規律，整個人類政治按此規律規則運作永無錯誤。

在中國萬多年的發展文明史中，衍生了千門萬類的思想，尤其是老子《道德經》面世後，在其後二千多年的歷史中，思想領域中更加璀璨繽紛，諸子百家，只是無可奈何勉強使用此詞概括和形容，可惜，它們並未發揮老子道家思想精髓，憑着個人的主觀和淺見，好像驚蟄的高興蟲蛙，亂唱亂鳴。**它們全由老子道家思想開始，愈走愈與老子思想偏離，掉進唯心主義的泥潭。無分孔子、孟子、墨子……他們都在唯心主義哲學思想的陰溝裡爬行**，危害中華民族，幫助了外國思想回流的入侵，束縛和阻礙老子道家思想的發揮和對外來思想侵入的反擊；在中國形成了一套法西斯思想和政治，為後期西方法西斯思想和主義之輸入，其實是中國人思想經西方發展而回流的思想大開方便之門，同流合污，幾乎將道家思想淹沒。西方思想以不同程度和方式共同蹂躪中國人社會國家。

諸子百家思想良莠不齊，好壞滲雜。要以《道德經》作天書，好好地精挑細選，找出道家統一性的思想，成為中國永恆實用思考。道德經是永恆科學哲學思想，以它作為照妖鏡，挑選優秀的百家思想，組成唯德唯能的科學思想，永恆指導中國政治前進。中國永恆前進不衰。

西方文化之所以較中國非道家政治進步和優越，原因在於西方能繼承吸取中國文化之先進，集其長處，結合西方宗教，演變成一套殖民法西斯政治，掠奪世界，侵略各國，蹂躪各族，擴拓領土。所以西方的進步，那怕一點一滴，一分一寸，均可找到中華文化影響的痕跡和世界人民的血淚。西方吸收中華優良文化而發揮共進取性侵略世界，而中國人不懂發揮道家科學哲學以對抗，而形成西方所向無敵。

舉一隅而三隅反，火葯中國宋朝發明，中國用作喜慶的爆竹，但西方用以作炮彈，侵略和殺害別人。最令人發笑而羞恥是中國以之為學習榜樣，即無知原是中國思想回流危害中國人。中國人無知，道是能量統稱，由社會能量和自然能量組成。道德經是唯德唯能科學哲學思想。是人類永恆天書。

概而言之，除了道家思想以外，中國的、西方的，以至全世界的都歸屬唯心主義哲學範疇，亦可總稱之為法西斯政治思想，長期反覆地帶給人類痛苦和災難。

那麼，對人類文化應如何肯定？如果以「道法自然」這一點去衡量，也就不難剔除糟粕，恢復道家文化的原來真正面目。人類文化是與自然發展相脗合的，污點由少數政客者所撒上。無論那小撮人怎樣污染文化，但他們總不能超脫自然，是以全世界任何角落的文化，只要是符合人民大眾長遠利益的文化，就是道家文化。總之，中國儒家道家文化，先後傳入各國，世界無不受中國道家、儒家文化薰陶。

人類共源於喜瑪拉雅山大平原，世界文化以中國為最早先進，均受中國影響而拓展和影響，而為拓展和影響的核心。且舉一個平凡而又令人震驚的事例，大家就會不得不信服，原來基督教象徵上帝的十字架，最早為中國殷商時代殷族人拜祀神靈時所使用，其後才由殷族中的游牧民族傳入東亞細亞；所以世界很多地方有中國殷族人的腳跡和血統，受中華民族文化直接或間接的影響，說中華民族開拓世界，中華文化啟蒙世界，絕非失實之言，而是有根有據。中國是世界文明拓展者，沒有中國的發展文明，人類肯定在今天以中國的文明為核心。中國文明是世界文明核心。

　　自《道德經》思想面世後，經海陸絲綢之路輸入愛琴海和歐洲大陸；中亞細亞是最早的轉運站，歐洲人基本上是中東的移民，是長期受中華文化薰陶的人羣。因此，天下莫非中國道統。全人類均霑中國人文明之恩。

　　從西方的民主政制和經濟政策均可在《道德經》中找到根據，比方市場經濟或商品經濟，在《道德經》第七十七章中所說的，有過之而無不及；有關西方民主、自由、人權，在《道德經》中，俯拾皆是，只是它受了基督教思想的影響，彼此有本質的不同，變了侵掠的東西而已。足見西方宗教的排他性污染了中國文化以侵略別人，掠奪別人。進行一切可恥行為。西方文明變化不離中華文明是其根。

　　如果說老子道家政治思想是那樣完美，人類為何不能早就全面採用，過着無災無難無苦無害的和平幸福生活？

　　由人類一開始，有人說它是一個無壓迫無剝削的完美社會，這都是一羣無知而唯心主義的社會學者，他們根本無知人類在本能和智慧上存在不平衡，還有血緣先後濃淡的原因，形成了少數人統治或領導多數人的關係。老子道德經永不為政客者所用，遺害人類。

　　中國老子是天下人類第一人，從觀天之道，提出執天之行，要求少數人不要統治、壓迫、剝削大多數人，而去造福他們；時刻造到「**聖人無常心。以百姓心為心**」，老子代表大多數人「公」的一方面，去勸說代表少數人「私」的另一方面，但並未為「私」的一方所理解和信服，社會、國家之所以動盪不安，是「公」和「私」鬥爭的表象；人類之所以在災難的漩渦中打滾，完全是由那小部分人代表「私」所造成，他們是歷

史的罪人、是罪魁禍首。「以道治心」是老子政治思想的核心。世界任何人、任何政治、任何主義的領導者，稍微肯投入道家文化，均會將自己的錯誤洗刷乾淨而有利於民。但好多政治人物卻一成不變，而因循害國害民。道德經全書盡創造人生，而無為發揮無不為促使人類幸福和平。

　　大家可以一目瞭然，世界上為甚麼那麼多宗教家、政治家、思想家、哲學家諸式人等，都提出光怪陸離、五光十色的思想、主張、主義和政見，企圖和目的是為了掩蓋和調和「公」和「私」的問題；老子《道德經》被認為是「最可怕的思想」，所以成為統治者眾矢之的，說得明確而清楚一點，反《道德經》的行為，實質是反人民的行為。大家可以拿這一標準去看世界各國政治：

　　哪一種政制離開《道德經》思想愈遠，也就愈專制、極權和殘暴。所以可立下這樣的金科玉律：「順其道者，萬變而愈盛，逆其道者，萬變而愈衰」。試問，有哪一個統治者、哪一個朝代可以跳出此一規限和預言？可以說絕難出現超脫的一人。

　　千言萬語，只是一句，千頭萬緒，唯有一點：

　　全面推行唯道家政治！《道德經》可以救世界，可以救人類。一切錯誤思想產生，皆因人們不懂《道德經》所致。《道德經》人類天書，言之至理。

　　振興中華，立竿見影，千秋萬世，固如磐石！晨早當思謀生計，閑時應讀道德經。

　　全體炎黃子孫要精心細琢此一真理；當前一切危害中國、侵略各國的法西斯思想和行為，在中國全面推行唯道家政治

下，「若冰之將釋」！《道德經》真能救世界。人類要堅信得救。**所以陳子要將原來 "只有《道德經》能夠救中國"，改名為 "只有《道德經》能夠救世"。道德經確實能夠救世界、實踐可以鐵証如山，絕無欺騙和誇張。世界終有日，人類掌握道德經，道德經掌握人類，必然世界共同體，世界大同。**

（2）當代偉人鄧小平先生

秦始皇是偉人，孫中山先生是偉人，毛澤東先生是偉人，鄧小平先生是偉人，偉人不斷因時代而出現，中國代代出偉人。中國人應世代回顧中國歷史英雄，壯膽烈，絞盡腦汁，保家衛國，表現其精忠為國，臨危鐵心不變不懼的偉大精神，為歷史上層出不窮；不然，中國早已滅亡。**中國人要永遠學習偉人，中國必然永不受西方欺凌。堅持以德報怨，中國永受人類尊崇。**

評價偉人的標準是甚麼，相信無人敢於造次，唯獨老子在《道德經》中下了**這樣透徹無遺的標準，可用於億萬之世的將來，而不會過時。**

一個沒有國家民族觀的人，永遠不可能有大志和堅毅精神為民族作出偉大的貢獻，**毛澤東先生能夠建立為人民國家，就是大志和堅毅所使；**後期文革錯誤是因其錯誤哲學觀並非《道德經》哲學觀所造成。鄧小平先生的哲學觀全屬《道德經》，因此做出永恆偉大的改革，為中華民族。**毛澤東先生和鄧小平先生兩人功勞值得中國人學習。道德經永遠能準確評價英雄的標準。道德經是唯一永恆人類天書。**

「尊道而貴德。」

　　無論哪一個人，只要他能「觀天之道。執天之行。盡矣」，若能如此，他定然是一位受人愛戴的偉人。因為他們的哲學觀納入唯德唯能《道德經》。**唯德唯能永恆促使中國人效忠自己民族和國家，名垂千古。**

　　老子在《道德經》第四十九章中，更提出對偉人的要求和策勵：

　　「聖人無常心。以百姓心為心。善者。吾善之。不善者。吾亦善之。信者。吾信之。不信者。吾亦信之。聖人之在天下。惵惵為天下渾其心。百姓皆注其耳目。聖人皆孩之。」

　　中國統治者和世界過去的統治者都有共同的難改的缺點，稍與己見不合，就要殺戮，那怕是出生入死的戰友和同鄉，比比皆是。老子叫"聖人皆孩之"，要他們胸如寬谷、肚可撐船。相互殺害只有傷害人之感情而永遠難於消磨。以「善者。吾善之。不善者。吾亦善之」。此《道德經》之永恆警語，永恆警惕處理國政的人應當如此為人。

　　稍遠的歷史不說，因為人皆盡知。且以近百年的近代史觀之，為國為民的偉人輩出，可歌可泣，但最為典型而佼佼者，可有三人。

　　孫中山先生，推翻封建帝制，引導中國走上民主的新紀元，當時國人尊稱他為國父，這是死而不亡的偉大評價。因時代帝制對西方基督教認識愚蒙，惜以基督教指導黨人，也許是孫偉人他想無可想，而不理解中國道德經，而唯有忍辱負重，有難言之隱。這一暫時未明清楚的疑惑，有待將來認識。不過中國有道德經天書，終不難化解此歷史難題。完全可準確標準

評價偉人和任何微細的事物，全不錯誤分毫。

蔣經國先生，把台灣人民生活水平提高到歷史所無的高度。去世後，銀行存款像一個普通的平民百姓，為中華民族樹立一個勤政愛民、棄貪倡廉的典型！可惜不認識李登輝先生他並非中華民族堅貞者，暗透民進黨搞台獨。也許蔣經國父子均與孫中山先生一樣無知道德經，無法找到正確愛國愛民的出路所誤。

鄧小平先生，受盡時代的折磨，三起三落，象徵着中華民族永遠不可摧毀。他是當代天才的哲學家、政治家、思想家，打開了天下莫能知的「知」，推行了天下莫能行的「行」。鄧小平先生之所以偉大，與眾不同，出類拔萃，是他是老子《道德經》思想靈活地活用到今天中國的現實，並以取得偉大的成效，「改革開放」政策是最高明的體現、最偉大的結晶。鄧先生改革開放，正充分反映其精通"道可道，非常道；名可名，非常名"的真諦。道德經開章就有此語，概括其全書要闡述的哲學真理。亦啟導中國人，你想洞悉道德經，還是要認識這句話的概括性，過後小心真理而理解其全書的內容。鄧先生將中國經濟納入"損有餘以補不足；損不足以奉有餘"的經濟體系。從此中國經濟領先世界經濟，打開中國永恆富強不歇的將來。

「實踐是檢驗真理的唯一標準。」

這是鄧先生道家思想的本源。如果説：「觀天之道，執天之行」是認識事物和執行事物運動規律的途徑，那麼鄧小平先生的實踐檢驗理論，是教人如何去找到「執天之行」的正誤。前後兩者相合為一，使道家學說發展到了另一個新階段和境界。是後世永恆的楷模。

　　1977 年 7 月 21 日，第十屆三中全會，時代處於不容水潑和針插，但鄧先生在會上說出了冒着政治生命危險、救國救民、針對時弊的話。他說：

　　「不管白貓、黑貓，會捉老鼠就是好貓。」

　　他及時規勸大家要從能量發揮的觀點去看人的價值觀。在沉淪平均生義時刻裡，先生的話，是晨鐘暮鼓！先生太不簡單！充分發揮道家哲學理論創舉，標誌走向更進步更先進的國家，名列世界前矛。那管貓是甚麼顏色，其功能是捕鼠，任何一個不捕鼠的貓，養之有何之用？趕快將此無用的貓摒棄；而用人唯才，絕非唯親。捕鼠的貓以喻身為國家革命者豈能無能嗎？這正反映鄧先生精通洞悉道德經核心思想唯德唯能，無為而無不的偉大天書核心思想。能如此透徹領悟道德經者，唯我鄧公！而世界難尋難找；不過中國物華天寶，人傑地靈，必然，英雄輩出。接班者無不盡是聖人賢人。相信偉大中華民族，徹底洞悉道德經者，一代比一代，青出於藍，勝於藍。

　　「無名天地之始。有名萬物之母」和「域中有四大。王居其一焉」，老子道出了人在宇宙中的重要地位。要發揮人佔着重要地位的作用，必須做到：

　　「聖人無常心。以百姓心為心。」

　　鄧先生同樣說：

　　「要全心全意為人民服務，深入羣眾傾聽他們的心聲；要敢說真話，反對說假話；不務虛名，多做實事；要公私分明，不拿原則換人情；要任人唯賢，反對任人唯親。」

　　這番說話，標誌中華民族世代要為國為民永忠於國政，而

永不動搖永恆不變，唯德唯能盡悴於中華民族。**即徹底永恆為人民服務。**

這正恰當反映鄧公是無為而無不為的偉大政治家；這進一步充分反映道德經的真諦確為鄧先生掌握，有如置股掌之間。他是洞悉道德經偉大者，像如此偉大領導者，必越來越多。以他領導國家民族完全可堅信此後中華民族必萬古而無衰。以此是衡量聖人唯一標準，而聖人輩出源源，中國也就一代比一代強盛。

這番說話，開時代之先河，為時代樹立榜樣。高風亮節，感應中華民族世代青年，永恆愛國、愛民、愛家，**而鞠躬盡瘁，求進而無貪！中華民族必是永強永盛而無衰。**

老子的話和鄧先生的話，不是一模一樣嗎？鄧先生把老子要說的話，闡述得更加明確和細緻；鄧先生透徹領悟老子《道德經》！是顛撲不破的永恆事實。完全可以斷言，不認識鄧小平先生時代偉人者，他定然透解道德經天書。

老子說「聖人為腹不為目」，其後有人說，「民以食為天」，法家更加強調說，「衣食足，知榮辱」，**鄧先生把這些至理名言完全繼承下來；他說：**

「生產力方面的革命，也是革命，而且是很重要的革命，從歷史的發展來說，是最根本的革命。」

這說法充分體現鄧先生對道德經"聖人為腹不為目"徹底理解和奉行。

他還進一步指出：

「我們的經濟還沒有搞上去，要夾着尾巴做人。」

鄧先生把經濟建設看作首位，並與國際地位息息相關。要

決心趕上世界水平，這是實惠可行的願望，在《道德經》哲學思想照耀下實踐無疑。中國永強永富，世界共羨共慕是必然。
中國要永記偉大鄧公！

鄧先生明理識道，完全清楚徹底知曉，改革開放，而深明其中不明黨紀的黨員和幹部深藏違法進行投機倒把者定必洗心革面。鄧小平先生提出：實踐是檢驗真理唯一標準，在改革開放中不忘要勵行進行整肅貪污幹部。孫子兵法説："順者用，逆者廢"；是緊記此至理名言。改革開放，讓少數人富裕起來，但不忘要反貪污。在革命中仍有不良分子，破壞黨事業。他們永遠是害群之馬！如此卑污者，永受罵名，而辱祖害孫。

老子教人認識，「食」，是人類最根本問題，連「食」都缺乏，民族、國家、社會、家庭全都不可能存在和保留。**鄧先生從國民經濟生產角度說，必須搞好國民經濟，中華民族才可挺起胸膛**；鄧先生眼光投射到國際問題上，中國人不僅要求溫飽問題，還要出類拔萃！中國在改革開放中，一定要冷靜和平進行，對過去切勿抱懷恨心態而是時代的發展必須的要求。以要求發展為中心，而鬧事無知是破壞行為。和平冷靜發展人民進步的思想，是中國要求人人具有強盛的希望和要求。這是可達的要求，但緊記要知韜光養晦，此是「**國之利器，不可以示人**」。要「**不敢為天下先**」。中國人萬世均尊守以德報怨貢獻全人類，世界必然感謝而共朝中華。

"治人事天莫若嗇"，與韜光養晦有異曲同功之妙！中國人要緊記毋忘。

不敢為天下先，中國世代領導者，要緊記：治人事天，莫若嗇，若能緊守"嗇"；自然會韜光養晦。西方霸權主義永恆

敵視中國人為假想敵人，時刻趁機破壞中國。

　　社會主義和資本主義，只要稍為株連起來，就會被看作觸犯天條，步入雷池，但鄧先生破天荒地說出：

　　「不要以為，一說計劃經齊就是社會主義，一說市場經濟就是資本主義，不是那麼回事，兩者都是手段，市場也可為社會服務。」

　　這反映鄧先生不忘初心，"善終如始，則無敗事"。其實時代的相繼相承是政治不可不重視。認識前朝的不是，改革求進將來。世界政治歷史，永遠像長江水，滾滾長往長流，但世代如棋局局新，而推陳出新，才是政治永恆去舊更新，而萬古留芳。"道可道，非常道，名可名，非常名。"老子道德經要人永恆利取天道有利之處，去發展社會一切，統稱天道利而不害，影響聖人之道，永恆為而不爭。**習近平先生，天才繼承，中國永強無衰：一帶一路發展，世界共同體，這是壯舉，偉人。**

　　鄧先生一國兩制目的是時代高謀善策：**對國內可防左和防右，對世界可促使資本主義提前衰亡。世界大同，中國人要為創造大同服務。**按陳子研究，中國十年文革災難發生，是經濟問題。如果當時有似一國兩制的香港收入，文化革命定然不會發生。意見僅供討論參考。這反映一國兩制，將體現從善而流，促使資本主義本身而不接納資本主義有公道的經驗加速衰亡。2035 年，中國人均可見其衰亡。

　　社會永存在的是「有餘」和「不足」兩者，兩者通過互奉為社會為人民，這種「道可道。非常道」的見解，從來無人敢想敢說；鄧先生引導中華民族大破禁諱，**鄧先生在思想領域上，確實解放了中華。**將自然而然，潤物細無聲地影響世界

全人類。為今後中國發展打下經濟和思想基礎，今後中國必然一日千里。馬列主義救中國；馬列主義救了道德經；道德經救了全人類。

「功成名逐身退。天之道。」

辛亥革命，孫中山先生勞苦功高，可惜無知道德經而深明"慎終如此，則無敗事"的至理明言，去完成革命。中華民國成立，只任臨時大總統，其後把此重職讓給他人。他是進入民主時代第一個功成身退的偉人。其後一段頗長的歲月裡，蔣先生沉淪於終身制為榮，誤失天下，失德失才無能。但身居重任的鄧先生，卻說出這樣耳目一新的話：

「我過去多次講，可能我最後的作用是帶頭建立退休制度。」

鄧先生這番話反映鄧先生洞悉道德經，如何自己完成事業然後留給下一代。

鄧先生實踐了他的諾言，第一個人為中國建立退休制。這充分反映共產黨人的偉大和光榮。他繼孫中山先生後的天下的一次創舉。中國從此必然走向國泰民安。中國是個有希望的民族，**在徹底為人民服務的中國共產黨領導下**，必然建設中國成為歷史所無的國家，其繼承者，必然直接再勵向前。

孫中山先生帶動中國人，**而鄧先生以道德經觀點去繼承功成身退的偉大者。**

然而，能洞悉道德經，政績輝煌，國威大振，萬邦來朝中華，此君執政，難逢難遇，值得擁護推崇。"天地之所以能常且久者，以其不自生"。此是聖人，徹底為人民服務，永恆發揮共產黨偉大精神。

西方民主是極端自由主義思想的產物。西方藉着其物質生產和文化教育的優勢，散播西方民主思想，製造社會動盪，乘亂而取之，是世界人類的一毒瘤，必然不久人世。

自中國進行改革開放，西方政制影響力不得不縮細，而加速必然走向衰亡，2035 年會顯露其捉襟見肘。這一估計應準而無差。大家拭目以待。

鄧先生對中國現況瞭如指掌，對外國人的居心亦洞察秋毫。他為中國民主進程提出如此的見解：

「人們往往把民主同美國聯繫起來，認為美國的制度是最理想的民主制度。我們不能搬你們的。」

西方的民主自由是永恆矛盾對立不可調和的，而一直走向資本主義本身必然衰亡。**鄧先生觀點是永恆完全正確，中國人走中國道德經道路，必然超過美國。美國在 2035 年，就要步向必然的衰亡。**

孫中山是完全搬用西方政制，蔣介石先生是搬日本政制但結果前功盡廢。失敗收場。並敗走台灣，老死台灣，有待中國統一回歸大陸家鄉入土為安。蔣家父子有負孫中山先生重託！歷史功過，功少過多。敬請歷史家鐵核。

西方的民主是為了掩蓋民主和自由不協調永恆鬥爭所使用苟延殘喘的欺騙手段。西方到 2035 年必然衰亡就畢露其衰退原形。其實西方衰亡已漸露端倪。西方將反華行為一次比一次要激烈。敬請諸君拭目以待。美國政客是罪魁禍首，永不寧息反華，中國永恆警惕。

鄧公他繼續指出西方民主的危害性：

「民主只能逐步地發展，不能搬用西方的那一套，非

亂不可。」

西方民主自由是永恆對拉不和的兩種觀點，永恆用欺騙去欺騙人民是永恆不變，而直至衰亡。而以此組成西方必然的盡頭和下場。

他還提醒中國青年，要洞悉西方的自由：

「許多青年崇拜西方的所謂自由，但甚麼叫自由他們並不懂。」

這完全到題和貼切的話，中國青年應永恆聽鄧先生的教導，永恆掌握道德經偉大哲學思想，服務國家人民。海枯石爛，鄧先生道德經衍生理論永恆響徹世界，指導警惕中華民族永恆向前不衰。所以鄧小平先生，是中國偉人，是世界偉人。鄧小平先生之所以永恆偉大，原因是他徹底洞悉馬克思中國化；徹底洞悉道德經。

這種革命永恆不忘敵人在磨刀。

中國青年問題和人民對西方政制認識不足問題，是兩項當前重大問題，應當如何去引導、教育和化解，唯一最妥善的方法，是推展道的思想教育，以道治人，以道治心。**發展《道德經》全民教育是最有效的措施。共產黨永恆是個光榮不敗政黨！**

鄧先生對九七年後的香港政策，是值得深思熟慮，從中可以找到中國政制未來發展。他說：

「一九九七後香港有人罵中國共產黨、罵中國，我們還是允許他罵，但是如果變成行動，要把香港變成一個在『民主』的幌子下反對大陸的基地，怎麼辦？那就非干預不行。」

　　鄧先生預言香港的亂，必然到來，委任選用香港特首真要認真而不可大意，錯造不良而禍及香港大眾，干預中國經濟，影響世界。香港是觸一髮而動全身的偉大工作，並非平凡之輩可任可當。這是鄧先生的錦囊。選擇特首要加倍小心謹慎，當特首者要樹立道德經思想徹底為人民服務，特區永盛不衰。實現鄧小平先生要求：對內可防左；對外可促使資本主義衰亡。這是偉大目標和功德。

　　這番說話，比專政口號時期，有天淵之別。只要說話者不立心推翻執政黨，在生活中碰上不如意的事情，言語粗暴一點，是可以理解和容許的。這反映了中國的民主會逐步開放和擴大。**目前中國大陸的自由，為歷史上所無，甚至媲美台灣，並有過之而無不及，這引證了鄧先生的話是實在的，絕不是陷阱，大家應當相信鄧先生的人格、意志和決心：振興中華，民主建設中華。**其接班人亦會蕭規曹隨，中國人無須懷疑和憂慮。中國強盛是理所當然的必然。繼承人必然更聰明才智天才發揮繼承。中國會更強更盛，世界唯有中華。任何有左傾思者必然錯而能改，善莫大焉！中國人拓展世界文明，必然是啟導世界大同的人，唯有中國人可以以德報怨，客觀理智永恆。中國永恆進步，世界必然永恆邁向大同。

　　鄧小平先生「微妙元通。深不可識」，他理論豐富，政見卓越，與老子《道德經》不謀而合的地方舉不勝舉。他的思想波瀾壯闊，不少言詞石破天驚，險象橫生，令人無限欽佩，並且堅信，唯有永恆真理他才能領導中國人走向國際政治和經濟舞台；在這一舞台上，戴上璀璨多姿而歷史從未有過的桂冠，登上首席的寶座，接受世界各國欽佩和羨慕的眾目睽睽！為中

國開創前程萬里。繼承者輕而易舉，青出於藍勝於藍的偉大前途。中國的繼承必更光輝偉大發揚光大。中國萬世無衰。**中國繼承者必然一代比一代光榮偉大，永遠徹底服務中國人民。中國鴻福齊天，中國聖人層出不窮，中華民族邁向強盛永恆。習近平先生的一帶一路，世界共同體理論，是天才繼承和發揮。中國世代出聖人，中國必然富強永恆。**

這一短短篇幅的文章，企圖將江海的水量縮進一個碗裡，當然難孚眾望，並且自責於不自量力；不過，不會出人意表，給予「為虎作倀」的譴責，在所難免；然而，也得誠懇地説幾句話：

「實踐是檢驗真理的唯一標準。」

歷史必然以鐵的事實不斷證明：

鄧小平先生是當代的偉人！亦是世界偉人，他救了中國救了世界，救了中國共產黨，中國其永恆領導中國奮勇前進，體現中國人開拓世界文明，亦啟導世界邁向大同。總而言之，一黨主政，永恆堅持"是以聖人處無為之事，行不言之教，萬事作焉而不辭；生而不有，為不恃，功成而不居。倘若有如此聖人，能如此終生為人民服務者，永受世代歡迎。"

從鄧先生執政，始終體現：慎終如始，則無敗事。

恭祝鄧先生長生久視振興中華！將來繼承偉大事業者，必然是全心全意為人民服務，光揚發大鄧先生尚未完成的偉大事業。這是中國共產黨是偉大政黨領導中國永恆強盛不衰的必然。充分反映共產思想發源地是我偉大中華。

於此同時，**亦要感謝廣大推行鄧小平先生政治主張的接班人**，恭祝他們健康長壽，家庭幸福美滿！更加樹立偉大豐功偉

績，中華民族永恆偉大立國世界成為世界的榜樣，以德報怨永恆毋忘。

　　並祈望台灣的中華民族精英，認真地研究鄧小平先生的政治理論，是否符合中國的國情，是否屬於道家政治的範疇。如果既符合國情，又歸屬於道家政治的範疇，那麼中國的前景，國勢必然超過漢、唐！中國全民起來統一中國，國共重新合作，大中國宏圖。中國全民全黨崇尚道而中國統一萬歲！

　　談判，是磋商和琢磨，把老子的"道"字擺在談判桌上，相信無不解的困難和問題！《道德經》救世界是一真實的真理。完全反映在中國進步的腳步。

　　道德經是全人類天書，鄧小平堅守此智慧是中國人民永恆楷模，中國必然萬世富強不衰。中國繼承必然不負眾望。大中華繁榮萬歲，中國共產黨萬歲！

　　這篇文章的抒寫，目的盡表陳子為天地而生，為天地而死的誠心誠意，永冀中國永恆強盛不衰。鄧小平先生不但受中國人世代尊崇，即必將受全人類尊崇，他是世界偉人。

（3）中華民族永不衰落的鑰匙

　　道德經第二十九章有云：將欲取天下而為之，吾見其不得已。天下神器，不可為也，為者敗之，執者失之。鄧小平先生政治完全遵照此章治國，為國家民族開闢了一條受全人類歡迎道路。"執者失之"這坦誠告訴中國人永恆改革開放，是永恆發展偉大航程。

　　世界上最能先知早識而永幻想幻求共產主義者是中國人，道德經作了全面論述；鄧小平是共產黨的蒼鷹！在中國天空鳴

喚。吸引全人類注目，世界必變，變成世界共同體，一帶一路進行。這是偉大天才繼承者習近平先生主執中國永遠不衰是鑰匙，領導中國人民永恆向前。

　　中國，長期在儒家思想和封建制度相結合的法西斯統治下，安寧只是短暫，長期的是流離顛簸；尤其近百年，飽受殖民主義、帝國主義和新霸權主義蹂躪與欺凌，相信可以從中找到一把令中國永不衰落的鑰匙，恐怕是寂兮、寥兮。其至連稍微考慮的人，也不會多。大多數的知識分子和廣大平民百姓，他們腦海深處，有個不想相信而又不得不信的疑團，中國的歷史變化似乎全都跳不出天下分久必合、合久必分的規限。然而，天下唯有《道德經》哲學理論才能恰當全面正確地解答。因此中國要普及《道德經》教育是刻不容緩。促使中國萬世不衰國泰民安。

　　不過，西方有些先進國家，受中華文化影響頗深，他們把中華文人化的長處和基督教相結合，出現了西方今天的文明；經百多年的考驗，她們再沒有重蹈政變和內戰的覆轍，穩定地發展百餘年，到今天才開始露出衰退的端倪。這警醒中國人，在中國文化本身，定然有政治長生久視之藥。**西方對中國文明的了解仍是一知半解，等到歐洲完全掌握中國文明的底蘊，小心西方又一次超越中華。這反映西方倘能接受道德經哲學理論，世界最終必然出現世界共同，永遠邁向和平。**

　　《道德經》第三十七章有云：

　　「道常無為。而無不為。侯王若能守。萬物將自化。化而欲作。吾將鎮之。以無名之樸。無名之樸。亦將不欲。不以欲爭。天下自正。」

　　"道"有無上的權威和效能，為所欲為，只要國家領導人能夠洞悉"道"的規律，將之把握，並堅持推行，社會上也就無不可解決的事情；事情儘管有所反覆，亦堅持"無欲無為而無不為"的道治，社會自然回復永恆的正常。風調雨順，國泰民安。

　　老子怕人們懷疑「天下自正」的必然性，在《道德經》第五十九章，清晰告訴大家，長生久視治存在的可能性和基礎是甚麼。

　　「治人。事天。莫若嗇。夫惟嗇。是謂早服。早服。謂之重積德。重積德。則無不克。無不克。則莫知其極。莫知其極。可以有國。有國之母。可以長久。是謂根深固蒂。長生久視之道。」

　　治人，即治國、治民，首要的事情是要洞悉精通運用和掌握道的規律。在執天之行的過程中，最重要的守則是"嗇"。嗇的含意，廣包愛護、珍惜、善識、善用、經久。嗇的核心問題是重積德。國家領導者坐言起行，均從"重積德"出發和立心，其一言一行都會有無限的權威和效能。有了「莫知其極」的權威和效能，也就可以擁有國家、治好國家，國家也就得長久，國家的根基也就因為深根固蒂而為長生久視的道所把持，而不衰落。長安久治，政通人和。建立一個美好將來。

　　很明顯，中華民族能長生久視，掌握永不衰落的鑰匙，完全是可能的現實，「道」是能量統稱，社會上一切一切的事物全由「道法自然」所主宰，絕非望天打卦的事情，更並非泛談失實的空話。自古以來，有云，知易行難，到底如何去行，行的方法和途徑怎樣呢？能掌握其規律，萬事無難而易，《道

德經》有其解決途徑和方法。將道德經置股掌之間，即要：晨早當思謀生計，閑時應讀道德經。道德經思想普及中國民間。

《道德經》第三十六章為中華民族找到了眾妙之門，永遠消除專制、極權和暴政的方針與方案，完全可以按圖索驥。

「將欲噏之。必固張之。將欲弱之。必固強之。將欲廢之。必固興之。將欲奪之。必固與之。是謂微明。柔弱勝剛強。魚不可脫於淵。國之利器。不可以示人。」

老子從「萬物並作。吾以觀其復。夫物芸芸。各復歸其根」的永恆事物的變化規律，進一步總結：

「反者。道之動。弱者。道之用。天下萬物生於有。有生於無。」的總規律，在總規律中找到了「弱」是動的根和君。只要人們握掌着「弱」這一主宰事物的根和君，萬事萬物也就可以由無變有、由有變無；有無相生的哲理，也就完全洞悉，無分政治、經濟、軍事、宗教、文化、科學、道德、強弱、盛衰，全由此一樞紐所主宰。大家可在社會現實中找一件事，運用此原理去解決，看有實效否，實踐是檢驗真理唯一標準。由此完全知道其可行與否。中國人全以此為其志，中國定長戰不衰。

既然如此，何患長期肆虐的專制、極權、暴政還怕不銷聲匿跡嗎？凡是專制、極權、暴政均會「若冰之將釋」。幸福永恆取代災難。

老子教導人們消除專制、極權、暴政的途徑和方法，先從人類呼吸去認識。人們要呼吸以求生存，必須讓呼吸系統經常不斷張開，處於「弱」和「用」的狀態。從呼吸的「弱」、「用」原理，找到化強為弱的方法，要促使強者再強而至極限，

強也就必然轉弱；要將一個專制、極權、暴政的個人或政體廢除，必須給予彼等一個盡量展示和暴露的機會，讓廣眾有所知聞，成為千夫所指，彼等也就難逃被廢除的厄運了。對於將專制、極權、暴政的政體或個人奪取過來，切勿輕舉妄動，而要逆來順受，跟政體或執政者的言辭、舉動和步調一致，等到時機成熟，也就瓜熟蒂落，將專制、極權、暴政奪取過來，推行德政、還政於民。如果一個人做到如此，他也就到了洞悉秋毫的地步，充分發揮柔弱勝剛強的哲理。人與柔的關係，好像魚與淵的關係，魚脫了淵會有危險，人不懂得運用柔，想為人民效勞，也就寸步難移，並且會帶來犧牲。在一個專制、極權、暴政的環境底下，切勿輕易暴露自己為國為民的志向和肝膽；它好像國的利器一樣，要保密而不讓敵人知道，不然，也就危在旦夕，功虧一簣。所以"不敢為天下先"，至理名言而永恆。

歷史上狄仁傑是一個很好的例子，反對武則天廢唐立周的唐臣頗多，結果都死在她的手下，唯有他能順應她，終於轉周為唐。武則天非常相信他，時機到了，**他一言而觸動武則天全身，而將天下交回李家**，恢復李家天下，出現「天之道利而不害」。出現"開元之治"！是天下奇蹟。中國要緊記此故事，唐朝起死回生。只有中國永恆掌握道德經，對任何困難永在大家腳下過去。

1949 年國民黨撤往台灣，從來未放棄過一個中國的偉大信念，這是蔣氏父子的歷史民族道德，當時李登輝先生亦表堅決跟從，但他大權在握後，改轅易轍，實現了心藏已久的抱負。站在上帝的立場，會得到好些認同者支持，相信他不會有甚麼不安之感；然而，那些被蒙在鼓裡的廣大台灣人民，當然心裡

才感不以為然；那些有血性的國民黨員當然心情更難平服。有甚麼辦法蔣經國先生要實現其將中國的統一拖遲。有人虛構故事說，而假設有人說蔣經國先生說："你等回"，人們誤是指李登輝，而李登輝就黃袍加身。這是人所的實語還是假話，天曉得。不過陳子認為，蔣經國想拖延統一，是事實，幻想國民黨有機會統一大陸而幻想如此規劃。其後事實証明此說有其真實價值，在於蔣經國先生無大志，幻想拖延統一，等待另一時機。**豈知中國歷史不會回頭，進步才是永恆，共產是必然的將來，中國大老已早有此願望。**

這裡並不是批評李登輝先生的民族道德，只是用作事例而已，說明《道德經》的實用價值。實踐是檢驗真理唯一標準：蔣經國先生走出國民黨，而李登輝送給民進黨。國民黨後人無一有民族真意志的完整好人。因為他們全無知道德經天書知識。**因孫中山先生、蔣介石先生無一洞悉道德經。所以蔣經國先生很輕意送走國民黨的台灣。**

蘇聯戈爾巴喬夫先生，很早參加蘇聯革命，歷盡滄桑，終於 1985 年登上總理寶座，短短五年時間，就把蘇聯拆細，東歐國家和東德亦發生巨變，使世界頓然出現晴天霹靂。戈爾巴喬夫先生是功是過，這裡不作評論，但引證了《道德經》第三十六章的偉大效能和實用價值。反映《道德經》確有實用價值，絕非紙上談兵。道德經是全人類天書，其用無窮，其效無窮，問題是中國人仍不懂運用道德經經。

中華民族當代偉人鄧小平先生，好事多磨，三起三落，全無氣餒，為了創造一個大時代，忍氣吞聲，逆來順受，得到廣大有民族熱血的同僚同情和支持，不費一兵一卒，把一個鐵鑄

的時代和平地融釋，推行改革開放，救了中華！並救了世界！世界共產黨主義實踐有靠鄧小平先生，鄧小平先生是共產主義的偉大保衛者。鄧先生的改革開放，亦是共產主義創造者。他的政論，他的智慧使中國共產黨能永存。鄧小平先生是真正共產主義倡議者。鄧小平先生偉大智慧者救了中國共產黨。其一國兩制，打開中國經濟之門，有力地抗拒美國發動的貿易戰，中國卻安如泰山。鄧小平先生改革開放，為美國貿易戰預先作經濟基礎，可供與美國作持久戰，加上習近平先生天才發揮，**世界共同體，中國永強。**

奉勸那些安全離境、頭腦活潑的青年，應知如果不是鄧先生將恢恢稍為於有疏，相信連一粒電波亦飛不出去，切勿迷信外國人權組織的神通。談什麼平反六四呀！六四的死人在長安街，而為什麼要說天安門大屠殺，原因何在？充分反映西方政客在欺騙和害人，中國人豈能無知受騙？政客該死？**鄧小平先生是救了中國共產黨！鄧小平先生救了中國。鄧小平先生不但是共產黨的救護者，亦是全人類的救護者。歷史必將鄧小平先生推上世界偉人的寶座。**

鄧先生的智慧出神入化地把共產黨和振興中華熔成一體，揭開外國人和一些中國的應聲蟲的反共行為，只是一個幌子，而他們的實質，是為了反華。然而，不知那些中國人會否徹底領悟中了外國人的圈套；當然，他們有權原封不動，帶着反華去向上帝邀功。不過，這是可恥的行為，永遠失敗收場，共產必然到來，誰也改變不了。**共產與中國人有深遠關連，中國人最早知道共產是必然理想和將來。**

鄧先生的策動是中華民族的時代典範，全國上下、男女、

老少齊來學鄧先生的精神，把它和學習《道德經》結合起來，中國的專制、極權、暴政也就永不再來，而會徹底烟消雲散，天清地寧，神洲一片祥和！政通人和，邁向昇平，必然到來。

老子這種啟導人們以道立心，以道治人，「行不言之教」，以柔制剛的政治策略，最為完美無瑕，最具實踐價值，戰之無不勝、用之而不既，永保民風純樸，永促社會進步，永葆民族長生久視，國家昌隆！中華民族萬世無衰而永盛永恆巍峨屹立世界。

此是「天之道。利而不害。聖人之道。為而不爭」，亦是中華民族永不衰落的鑽石鑰匙！緊緊握着並善用，天道無不解之難，困難無不迎刃而解，萬事遂意。

道德經是全人類天書，永恆為人類解決一切困難。道德經是中華民族永不衰敗的鑰匙。中國要緊記緊握此永恆。晨早當思謀生計，閑時應讀道德經；中國必然永恆昌盛無衰。中國人民永恆要多謝鄧小平先生救了中國，救了共產黨，推展永恆世界和平，習近平先生是偉大天才繼承者，世界共同體，一帶一路，永遠是人類幸福必然。鄧小平先生推行道家經濟策略，與西方自由平均主義競賽，中國經濟進步永恆，西方經濟由 2035 年明顯衰亡，大家拭目以待。

（4）向宋美齡先生進一言

宋氏家族，尤其是她們的姊妹，地位顯赫而特殊，對台灣政界仍然三日繞梁，因此尊稱宋美齡女士為先生，並以肅敬心情進一言。

中國近代史學者多若九牛之毛，像海峽兩岸天空璀璨的繁

星，他們的著作卷帙浩繁，但能有的放矢者，曾有幾人？

近百年的西方列強是中華民族災難的主宰者，像那失掉人性的瘋子，兇殘暴戾，焚擄姦掠，罄竹難書。中國人要永恆警惕西方政客，他們永遠刻骨仇恨中國侵略中國，他們宿恨源始由秦始皇建築萬里長城。

中華民族在遭受恨透西方殖民主義之餘，但看見西方因其科技文明、船堅炮利；並回顧過去的歷史，公元 1689 年的俄國學習西方，改變了落後面貌；還有公元 1868 年，明治維新的日本，國勢立竿見影，似乎救國救民。不得不忍辱負重，傾慕學習西方。這種感情的產生，誰也無知其原因是甚麼。中國因無知道德經，才致中國落後，盲目欽佩西方；包括掌握的政治家。

國民黨和共產黨在中國苦難的土地上，感應時代的氣候，兩者都本着純潔無瑕的救國救民之心，凝聚民族精英，建立起來。大家應向她們致以萬分敬謝！然而，她們在救國救民的途徑上，取向各有不同，觀點無法一致，因此而煮豆燃豆萁，掀起驚濤駭浪，地覆天翻。中國兩黨的分歧，亦是兩者均欠缺對道德經的洞悉所致。

如果中國早普及道德經思想，而當領袖皆以道德經而所依，當然可免國共兩黨之戰了。

國民黨和共產黨都自認為是主宰中華民族命運的兩大政黨，但在西方列強的眼裡，她們像一雙盆中的鬥蟋，整個過程受它們挑逗和擺佈，而欣賞她們的惡鬥而聚精會神，並嬉笑他們彼此合夥的成功，更慶賀奴役中華民族的日子也將到來。

西方政客從秦始皇開始已經仇恨中國為眼中釘，加上漢唐

國力發展，引起西方政客的仇恨，天天也祈望一個機會能奴役中國。但中國共產黨有心強盛中國，是愛國唯一可寄望政黨。

她道性高於任何黨性，在上文已經論述，相信是不爭之理，只要兩黨經歷過這段歷史的人，站在國家和民族的立場上，回顧過去的整段歷史，並看今天新霸權主義的囂張，也就不難找到共同的羞慚和唏噓，而彼此應抱頭痛哭，攬作一團，敵愾同仇，共商國是！彼此悟已往之不諫，共奮彌補，知來者之可追！彼此能認真體會孔子的至理名言："錯而能改，善莫大焉"。相信一切事情均可商量和諒解，化干戈為玉帛。尤其是對政黨在建黨過程中，犯了錯誤，不肯改而却提前滅亡；有些政黨知錯能改，則生存而擁有天下，建設中華民族。中華民族永恆向前不衰。

1949 年，風息雲閟，滿天爆竹，鑼鼓喧天，國共各守海峽一方，人民以為大可過和平幸福生活，殊知帝國主義仍然鍥而不捨，海峽兩地人民，各有不同的遭遇，頂着苦難的天，踏着痛苦的地，過着不得不麻木的生活。一切罪惡皆由西方帝國主義制造和蒙騙。

大家應當完全可以相信，兩黨由上至下，看見中華民族所遭受的苦難，無一不痛在自己的心裡，奈何她們受西方唯心主義政治毒害太深，積重難返，又加上帝國主義的愚弄和挑撥，進一步迷惑於「取天下而為之」的欲望，妄顧「為者敗之。執者失之」的後果，錯無返顧地在一段頗長的歲月裡，蹂躪自己深愛的人民。

豈不痛心哉！

蔣經國先生，年少有為，早在江西已經有過一番驚人的表

現，晚年在台灣為國民黨樹立新的形象，並為蔣家重振家聲，蔣經國先生使台灣人民過着中國歷史所無的生活，鋪設了海峽兩岸統一的橋樑，可惜接班者未能「慎終如始」，卻幻想出空間外交，想將台灣帶出中國的領海，使台灣人民族棄中國的國籍。

豈不痛心哉！為蔣經國先生！**先生的確是道德經的白痴！不然，怎會將國民黨政權交給李登輝這國賊呢？中國人最大錯誤是不懂道德經，難道有誰否定嗎？**

從國民黨和共產黨的黨綱中，根本找不到兩個中國的字句，似乎不管誰人，只要存有兩個中國之念，他就是反黨叛國，成為中國歷史罪人！

鄧小平先生，在三起三落中，加深了對平均主義危害性的認識，提出先讓少數人富裕起來，推行改革開放政策，拯救了中華，起步走向萬世太平。聖人能化亂淵源！**鄧小平先生是一位傑出時代政治家，可說值得大家敬佩，他是真心真意想建設偉大的國家中國，對台灣提出新的政策。**他的貓論核心是唯德唯能，加上實踐是檢驗真理唯一標準。尤其是他的改革開放觀和韜光養晦，此種謙虛穩步建國思想，必帶來偉大收效。中國必然走上世界偉大國家，受世界尊敬而來朝。

鄧先生本着實事求是的精神，救了無數形形式式的個人和家庭，這是天人共鑑的事情；然而，居然有人公開咒罵鄧先生，相信「木金字塔」的火，僅僅是天譴的端倪。這些罵鄧先生的人，他們確實欠缺道德經知識。任何政制、政治、思想在推行中，建設繁忙，不少國賊藉此機會投機倒粑貪污羞國。

人民在要求，時代在呼喚，海峽兩岸再不能敵對海峽而要

和談，已經成了順者昌逆者亡的趨勢，誰也不可以抗衡！雙方能體會此天意，雙方也就實踐和談的共同。

過去有不少人因國仇家恨而「反共」，並非完全沒有道理，更不應責之為反對革命；箇中原因，眾所周知，**但自鄧小平先生推行改革開放政策後，已經將「共」字轉換為「華」，因此今天世界「反共」者，其實質是在「反華」。**反華是反對老祖宗。如果雙方有念這些，和談統一就有新途徑可尋。

反華，是新霸權主義者的行藏和勾當，最終目的和過去的殖民主義一樣，為了奴役中華，中國中豈能顢頇入殼，去充當小丑跳梁！

對國民黨存有惡感的人亦不少，這些人好應提高認識，其實在國民黨員中亦有無數像共產黨員一樣，願奉獻中華！像蔣經國先生那樣廉潔奉公、勤政愛民的典型，大有其人！鄧小平先生觀點，蔣經國先生的思想，似乎不難找到和談的希望。

共產黨尊重國民黨，國民黨尊重共產黨，才能消除過去的誤會，並暢開今天談判統一之門！為了國家和民族，有甚麼不能化解的恩仇！只要雙方均以中華民族立心，相信中國和平統一必然到來。不過從歷史上來看，大陸運動繁複，台灣人驚心動魄尚未平復，台灣人是驚弓之鳥。應多讓台灣人回大陸了解，大陸與過去完全不同。我陳子推測國民黨無能統一心因而諸多推託而拖延統一，蔣家是主要者！

鄧小平先生是自老子《道德經》面世以來，最具道家政治思想的人物，是國共談判最有利的時機，切勿聽信一些受上帝干擾的人更不要信受毒化的人之言，把鄧先生看作是現時談判的障礙。小心錯失良機。鄧小平的確是在殷望中國統一的偉

人。

　　台灣是個小省份，大陸是個大地方，各有各不同的現狀和困難，彼此互相取長補短，何必以一個省份的成就，就盛氣凌人。台灣經濟困難不日會降臨，且拭目以待。首先台灣在經濟上要靠大陸。如果不靠，怕貧窮難捱。民以食為天！問題在此。

　　世界各地經濟發展好比地球上彼此相通的湖泊，從正常來說，大湖總會優勝過小湖；等到大陸經濟發展要風得風時才去要求談判，恐怕機不再來，豈不是人眼光淺短葬送了國民黨的前程！國共和談，永遠是挽救中國的唯一前途。同樣亦救了國民黨，亦可救了共產黨，兩者均從中得益，不是共同有益中華民族嗎？

　　根據目前海峽兩地的形勢，雙方重溫老子《道德經》第六十一章，是最恰當的時宜。

　　「大國者。下流。天下之交。天下之牝。牝常以靜勝。牡以靜為下。故大國以下小國。而取小國。小國以下大國。而取大國。故或下以取。或下而取。大國不過欲兼畜人。小國不過欲入事人。夫兩者。各得其所欲。故大者。宜為下。」

　　這裡的大國和小國是指周朝之下的大小不同的諸侯國，並無意指大陸是大國而台灣是小國，不過從中國是個統一大國來說，大陸和台灣進行談判，而《道德經》第六十一章是有參考價值的。

　　蔣家在台灣，無分男女老少，相信都在夢寐以求回家鄉一行。幼輩，從日常潛移默化中知道家鄉，還有從書本和雜誌的介紹，他們多麼向往家鄉！那些長輩，飄泊台灣多年，有鳥

倦飛而知還的感懷！相信先生更有此心！若然蔣家因守台灣，希望美國在世界勝利，奴役全世界，會有希望和可能嗎？**據陳子眼光，台灣國民黨唯一出路是國共和談，國民黨定受共產黨"尊重而取得一定地位"。這是最好出路，先生您定完全心中有數。**

「既自以心為形役，奚惆悵而獨悲？」

國共因誤會而生惡，應為覺醒後而和談。

中國統一，世界資本主義加速衰亡；先生功不可末。

宋先生是和談的一面有影響力的大旗，可先回去了解大陸的氣候，然後安排下一步進程，讓談判之門，由縫隙而洞開！先生身負大任，能發動此一偉大工作，先生是時代偉人。**歷史上定然給予崇高的稱呼以標榜先生之功。**

無論對國家、對民族、對國民黨、對台灣，是一件賞心樂事，何不趁廉頗未老，尚能飯加餐，出現雨後復斜陽，杏花晚風香！多麼令人神往。

「悟已往之不諫，知來者之可追！」

冀望宋先生歸來，接受人民紅地毡的歡迎！舉國鑼鼓喧天，爆竹笙樂齊鳴！

為國為民為家，乃巾幗英雄之壯舉，神州、世界，誰不為此歡呼！誰不敬佩先生，如果先生敢於和談此事，必然有偉大收獲。

這段文章，寫於丙子年盛夏滿天蟬噪時節，使人自然聯想起，名噪一時！是宋先生，並永恆歷史留名。

本文於 2019 年 4 月份修改，宋女士已經含羞死去與世長辭，客死美國，永無返鄉之日。如果蔣家有人能聽陳子勸告，

回祖國一行，定然身價百倍。信乎不信乎？不然蔣介石先生為什麼停屍待回中國家鄉入土？老死不回鄉，豈非人生大憾事嗎？敬希蔣家完成蔣中正先生生前重大願望，回鄉入土為安。

國共統一還是中國人的總願望，敬希執政者努力於統一的願望，中國光明偉大，天下盡朝賀中華。

相信，全中國中華民族無不期望此一天到來。

此篇文章也許無數錯言壞語，請體會而原諒，**陳子全心全意期望中國國共兩黨和平統一。**

宋美齡先生與世長辭了，但骨埋異鄉；如果人死靈魂尤在，尤其是中國天天進步，中國是世界文明的啟拓者，亦必是人類世界大同的啟導者，豈不永懷可愛的中華？相信蔣家無不希望將先祖送回大陸入土為安。蔣經國先生將台灣贈給李登輝，拖延至今天尚未統一，阻礙中國更高速度發展，豈無羞愧乎？宋美齡先生相信在天之靈也亦如此！蔣家後人已經全部脫離黨國職權，將先祖入土為安，亦是受歡迎創舉！

痛定思痛，長江滾滾淘盡國恥，宋先生應仰天長笑，讚中國永恆富強，中國永恆無衰，直至小國寡民！蔣經國先生獨嘆，早應知錯能改，豈是全無補益乎？

敬希中國人的蔣家晚輩，決心將先祖回鄉入土為安，以了心願。

第三節　只有《道德經》能夠救世界

（一）導言

　　唯有母親哺育我，兒唯有成材以示回報，唯示片面的慰藉。母親三十四歲撒手人寰，因過於辛勞早逝。時值 1949 年，新中國成立。

　　1986 年接觸《道德經》，驚異新奇萬千，也許堅信是中國是一部前無古人，後無來者的「天書」，是中國人永恆受用。自始全情投入研究。經十年時間，1996 年 8 月 5 日完成《只有〈道德經〉能夠救中國》出版。

　　曾有人想買該書版權，因要改名和修改內容而告吹。作者堅持內容是時代性標誌。陳舜書博士提出異議，如果在此書時年出售版權，可能出現時代異彩！這是天曉得的事情；陳子無言以對。

　　1993 年北京羅天大醮期間，當時全國道教協會會長閔智亭道長善言指出拙作應改名為《只有〈道德經〉能夠救世界》，心記謹遵此語。於再版修改易名。

　　重溫深思《道德經》，由第一章「道可道。非常道」；接連第八十一章「天之道。利而不害。聖人之道。為而不爭」而聯想，深感改名為《只有〈道德經〉能夠救世界》，是完全恰當正確。閔智亭道長作古了，但永遠感激他的建議。可惜他再無機閱讀陳子這本書！

　　由毛澤東先生提出「為人民服務」；鄧小平先生繼承而「改革開放」；習近平先生迎合時代提出「一帶一路」，世界

共同體，為中國人民引出一條永恆國泰民安的發展道路，直邁全人類世界大同。這等亦促使陳子決心要寫好一套導讀道德經書籍，以盡效勞效報中華民族和早逝母親。

（二）《道德經》是全人類最珍貴「中國哲學經典」

　　為了說明此一問題，下面分由六點叙述：1. 按青龍白虎出土文物演繹中國文明有一萬一千年歷史；2. 伏羲氏圖文八卦是全人類哲學鼻祖；3. 中國哲學蟠桃《易經》的面世；4. 中國民間文學《詩經》登場；5.《道德經》是諸子百家學說之源的時代天書；6.《道德經》是全人類的永恆天書。

　　上述六連鎖性闡述，使大家有所認識而能引起中國人，晨早當思謀生計，閑時應讀道德經。道德經普及中國人，共效力中華。中華永盛無衰，而萬邦來朝。

1. 按青龍白虎出土文物演繹中國文明有一萬二千年歷史

　　一種思想形成而成熟，起碼二千年時間，說中國有一萬二千年歷史，絕非瞎言妄語；完全可以鳴鑼響道大肆宣揚的事實。說明道德經是人類永恆天書。

　　辛亥革命帶給中國人一切以西方為衡量標準思想。促使中國一切跟時代脫節，使中國進入混亂時期，人民亦因此而顛沛流離，是個亂世的開始。但亦預示另一個新時代開始。然而西方乘此機會掠奪和奴役中國人。西方思想瘋狂進攻中國文化。促使中國走向滅族亡家邊緣。

　　中國自孔子思想開拓世界一貫是以德報怨，為何換取如此

回報呢？西方工業革命的成功，却如虎添翼，肆暴世界。西方工業革命的產生完全有由宋明理學啟發而結合西方有新貪望哲學家的推動，發動掠奪和侵略中華及其他國家。

　　中國應如何去應對世界？似乎形勢將啟導中國人採取新的態度，不過似乎以德報怨是中國人的永恆底線。中國再強盛亦不改用"以怨報怨"，始終堅持中國民族本性"以德報怨"，無損他人。中國改革開放應是永恆國策，中國願望世界共同體是必然。

　　中國悠長歷史，反映中國是全人類文明的拓展者，沒有中國孔子思想啟導世界，世界的文明，起碼落後再多五百年。但西方侵略中國，全不顧及以德報德，卻丟掉人性，以怨報德。西方應一改此種政客的心肝主意。全人類必將服務於世界共同體全人類性共同觀。

2. 伏羲氏圖文八卦是全人類哲學鼻祖

　　陽光和溫和氣候，為黃河流域醞釀天才輩出，為拓展天下文明貢獻才智。當時雖然沒有文字去表達中國人的偉大思想，但却以圖文去解決而表示偉大思維，而保留其偉大哲學天才，亦為中國人哲學定下一個難得的起點，而發展長流，奠定世界哲學基礎。伏羲氏的圖文八卦是人類的哲學始祖。標誌中國人是唯一宇宙選民。亦是全人類最科學地方，執天下牛耳。所以說中國開拓世界人類文明，其偉大將會啟導全人類邁向世界共同體。**陳子對這段歷史起懷疑，為甚麼八千年前發明圖文八卦，為甚麼軒轅在三千年後才立國呢？其中是否有一段燦爛的時期。不然，豈有皇帝那樣偉大時期？**

3. 中國哲學蟠桃《易經》的面世

到了中國黃帝時代，文字已經出現，並走向能反映和表達人的複雜思想。

周朝的周，反映思想走向完善的時代到來。周文王是一個偉大天文學家，加上姜尚精通陰陽的軍師協助，更加精通天文地理，偉大的《易經》出現於此一時代，是天地人三才的偉大完美結晶。周易是世界上偉大天文人事經典。

《易經》廣包天文地理人理共冶一爐，是中華民族偉大智慧的結晶，是人類世界第一部永恆天書。所以可說，中國人拓展世界文明，亦必然啟導世界大同的到來。

《易經》的出現，反映中國人是世界文明拓展者伸踏出了一步。

《易經》出現在西周，中國人應知其最根本原因是什麼，反映中國文明由黃河流域時代向西移，原因是夏、商朝政治不理想，智士向西方流失藏身，結聚西岐。形成《周易》成就出現西周原點西岐。

《易經》標誌中國思想文明進入一個超凡脫俗的時代。「百家爭鳴」的時代必將到來。

周朝姜尚是個了得發明家；在渭水遇文王，要文王步行；結果文王走了八百步；姜尚即說主公天下八百載。使人質疑，易經是姜尚頁品。亦反映周文王是姜尚授徒。封神榜鬧一個笑話：姜太公封神，自己無分。傳說出現之"易經"也許是姜尚作品。

4. 中國民間文學《詩經》登場

　　《詩經》出現西周，反映社會國泰民安，閒情逸志盡詳抒發其中。促使中國文化由說理文化進入歌功頌德抒情時代。為《道德經》言理哲學多姿多采提供基礎，如散文如詩歌。一種歌功頌德文化出現，反映中國當豐衣足食國泰民安。反中華文化無限發展前途。中國文化是啟導世界文明拓展者。

5.《道德經》是諸子百家學說之源的時代天書

　　《易經》是中國的第一部天書，天道人道盡包涵在卦文中，人們不易察覺和領會道是能量的統稱。易經為道德經的出現提科學思想基礎。完全可說，中國沒有"易經"絕不會有道德經。當然，勿忘圖文八卦是科學哲學鼻祖。

　　《道德經》則不然，完全坦示天道和人道兩者主宰宇宙，結合天衣無縫。

6.《道德經》是全人類的永恆天書

　　「道可道。非常道。名可名。非常名。無名天地之始。有名萬物之母。」

　　言簡短而深奧之言，已反映，「道」是能量統稱，它由自然能量和社會能量兩者組成。天道與人道相結合，主宰天地宇宙。是全人類的唯一天書。

　　「故常無欲以觀其妙。有欲以觀其竅。」

　　已經在指導人類如何去認識天地宇宙事物。在此指導下，教人如何「元之又元」，進入「眾妙之門」，掌握整個宇宙人間知識。善於思維是人類文化發展的坦途。

接着在下面全部詳述《道德經》名不虛傳真正永恆人類天書。

道德經是全人類唯一天書，顯示中國人智慧是宇宙唯一天之驕子。奠定中國人是人類文明的唯一拓展者，亦預示中國人必然是人類邁向大同的啟導者。

世界唯一民族能夠創造更好而追求人類美好世界的到來。

上面六點簡述帶出，中華民族一貫洞悉自然能量運作，"道德經"是以能量為基礎展述哲學的天書，永恆指導人類。陳子將只有"道德經能夠救中國"，而要改名為「只有道德經能夠世界」。原因在此。

（三）《道德經》是全人類的微型百科全書

1. 諸子百家源出《道德經》開拓世界文明

《道德經》第五十二章：

「天下有始。以為天下母。既得其母。以知其子。既知其子。復守其母。沒身不殆。」

天下學說萬萬千，首要應知其始其母；從母開始，而找其千繫萬緒；按母觀其子，按子發展言其母，事情啟始發展盡在脈絡分明。有母有子前後分明。

"諸子"而稱"百家"，可見其繁多複雜。中華文化五千年，先由「圖文八卦」而《易經》，而《詩經》再而《道德經》。接而孔子儒家學說，其後千家萬類，層出不窮；不過有點因無知道德經而偏離。道德經的偉大理想無法實現，征服中國沉淪。中國是拓展世界文明拓展者，始終堅持傳統以德報怨，絕

不會像西方政客以怨報中國之德，因此中國人永恆警惕西方政客。西方政客是中國永恆的敵人。據陳子研究可大膽説一句，人類災難全源自西方。災難人類長久，與西方政客共長短，共命運。

老子，博覽群書，細察天下事，聽盡社會各界傳聞和經歷，走遍天下，百見百聞萬事萬物，總結細析比較寫出天下人類實用天書《道德經》，中國天下讀書人無不知《道德經》。但可惜無一能真正洞悉道德經的真諦，錯過無數發展機會。受盡西方的欺凌，豈不羞恥哉。不過能覺今是而昨非，實迷途而未遠。

尤其是儒學，成為統治者伴侶；儒家學説，與道家千絲萬縷。這正反映儒家後學想光揚儒家而無法突破孔子的“克己復禮”。從敬鬼神而遠之，反映儒家不能帶領倫理而達天理的科學的學科，因而拖累中國，出現分久必合，合久必分的可恥的政制徘徊。長期無知人創造鬼神，道德經早已知曉明瞭。

儒家到了宋朝，已成強弩之末，宋明理學是發展儒家而傳播世界，促使歐洲出現工業革命，和馬克思主義出現。西方藉工業革命大展侵略拳腳。亦發展了偉大革命家馬克思。**馬克思是偉大政治救亡家，世界突破有賴於馬克思先生。中國能有今天的強盛不能不感謝他。推崇馬列掃門庭，包括了整部馬克思主義。世人對馬克思偉大貢獻不應抹煞。對人類歷史理解繼承是永恆使命，世界才可世界共同體。**如果中國人全透徹理解道可道，非常道，所主宰，無時無刻不向前發展。

馬克思是偉大救亡的政治學説，但人們要洞悉道可道，非常道！發展才是永恆。道德經指導永恆。

　　這整個過程，無道不成家。足見世界源自道家而孔家到百家。可惜百家並未把道家推動由原始社會走向更遠大文明。

　　《道德經》第三十七章：

　　「道常無為。而無不為。侯王若能守。萬物將自化。」

　　《道德經》生活實驗成功立論，吸引了天下成功人士，藉而生活層面推廣迅速驚人。

　　《道德經》深入人心，反映在《道德經》第四十九章：

　　「聖人無常心。以百姓心為心。善者。吾善之。不善者。吾亦善之。信者。吾信之。不信者。吾亦信之。聖人之在天下。惵惵為天下渾其心。百姓皆注其耳目。聖人皆孩之。」

　　《道德經》雖然為人知者希，但為實用面擴大無為開始即無不為，所以提出《道德經》開拓世界文明豈虛言哉！在實踐中使人認識是全人類唯一天書。

　　馬克思主義，宋明理學西傳，經馬克思天才發揮，而回流中國，構成馬克思主義救了道德經，道德經發展了馬克思主義。促使馬克思主義中國化，因道德經科學哲學思想的指導，產生互補作用，唯世界所無。中國的進步永走在世界的前茅。

2.《道德經》全人類哲學總綱

　　《道德經》思想，遍佈民間，但儒家思想受統治者重用社會現實，統治者政治的擴張，並為官方設立書齋，成為開拓世界學說。孔子功勞無限，可惜對中國歷史後患無窮。儒家對中國歷史可說功過參半。

　　按內容來說，《道德經》是哲學經典，而儒學《論語》為

代表，是一本民間倫理教科書，道德經和社會倫理齊宣傳，兩者均是中國社會思想基礎，國家安定，人民守法安居，彼此起着同功異曲之妙，見証中國分久必合，見盡中國歷史興亡曲折悲哀和歡樂，並為中國人提供寶貴生活指揮和教訓。同時恩惠世界人民！但得回是世界政客恩將仇報；然而，中國人總是堅守《道德經》「善者。吾善之。不善者。吾亦善之」。

道德經和儒家思想發展，展示"道主儒輔"是人類美滿政制，完善人類世界共同體並一帶一路的將來。"道主儒輔"全面繼承中國傳統思想是完善的永恆政制。

中國兩大聖人，彼此無限敬佩，可惜帝王深恐言論過於科學明理，人民因之覺醒而帝位不穩，有失世襲相傳；加上孔子「克己復禮」並沒有明確闡述清楚，理解為忍辱負重宣揚社會禮教，正與統治驚恐相結合，共圖奮進，在中國歷史中佔着統治地位；若政治偉大成就表現，如天上明星，並未引起全國人民如何分析其利害。儒家學説欠缺道是能量統稱科學真理，發展不能任意伸張。最終只能導致政治分久必合，合久必分的困擾。

中國社會歷史發展出現「道短儒長」，產生衰亡相繼，尤其是到十四世紀，西方工業革命成功；西方侵略野心如虎添翼，中國貢獻世界，卻受凌辱踐躪和羞辱。

《道德經》偉大哲學思想是世界哲學的鼻祖，無一哲學思想可以倫比。實踐是檢驗真理唯一標準，下面聞過《道德經》的偉大哲學思想的認識和發展，而影響整個人類。

為了正確認識道德經，下面分由七個方面論述：(1)《道德經》指出人領悟「天道」為宇宙主導者；(2)指導人類如何

思維並表達思維永恆社會發展；(3) 道是能量的統稱；(4)《道德經》對天、地、人與道關係的論述；(5)《道德經》指導人類如何治好社會；(6)《道德經》指導人類如何解決一切生活困難；(7)《道德經》能的和諧理論徹底永恆解決社會分配問題。

　　明白七者內容要旨推行運用其七者彼此關聯，發揮其彼此共用分用，一切難題，亦成功楷梯。

　　道德經是全人類唯一天書，敬希中國青年認識理解下面對道德經七點的闡述，運用解決一切生活困難。

（1）《道德經》指出人領悟「天道」為宇宙主導者

　　「道可道。非常道。名可名。非常名。無名天地之始。有名萬物之母」

　　人類出現前，天地無名；人類出現後，人的語言和思維相結合，通過文字紀錄，發展人類文化。這幾句重要的科學哲理能懂者不多，但西方學者曾利用道的幾句話寫了一本書轟動世界。明顯是以中國哲學的偉大。

　　道德經首先向世界人類宣告：人創造鬼神。反映道德經是全人類唯一天書。

（2）指導人類如何思想並表達思維永恆社會發展

　　「常無欲以觀其妙。有欲以觀其竅。」

　　告訴人們正確思維方法，是先要「無欲」去觀察事物變化，從變化中找到事物的「竅」，即事物活動的規律。去認識事物產生、效能和發展；此稱之為「元之又元」的途徑和方法，進入透視萬事萬物的「眾妙之門」！「妙」是對事物的一切

變化規律的掌握。

　　道德經是指導全人類科學思維的天書。

（3）道是能量的統稱

　　《道德經》第二十一章：

　　「孔德之容。惟道是從。道之為物。惟恍惟惚。恍兮。惚兮。其中有象。恍兮。惚兮，其中有物。窈兮。冥兮。其中有精。其精甚真。其中有信。自今及古。其名不去。以閱眾甫。吾何以知眾甫之狀哉。以此。」

　　「道」皆是能量統稱，「道之為物。惟恍惟惚」、「其中有物。窈兮。冥兮」、「其中有精。其精甚真。其中有信。自今及古。其名不去」。道是能量，表現於象、物、精，而並非鬼神；道主宰宇宙天地一切，人類亦因它而產生。萬物無一不是因它而產生。這裡啟導人共識人創造鬼神。人類共識人創造鬼神，社會即迅速進步，徹底擺脫鬼神迷信。"人創造鬼神"是永恆真理，它是拯救了宗教而新生。

　　如此展示道是物質、道是能量、道生萬物，揭盡天下書籍，無一本如此認識道的書籍，更無一人曾發表過此道的理論。這反映《道德經》是全人類天書完全真實。

（4）《道德經》對天、地、人與道關係的論述

　　《道德經》第二十五章：

　　「有物渾成。先天地生。寂兮。寥兮。獨立而不改。周行而不殆。可以為天地母。吾不知其名。字之曰道。強為名之曰。大。大曰。逝。逝曰。遠。遠曰。反。故道大。

天大。地大。王亦大。域中有四大。王居其一焉。人法地。
地法天。天法道。道法自然。」

　　宇宙中雖然有四大，但人是主導一切，因為人有思維有語
言，指導人的創造。指導人是萬物之靈，按思維，順應而創造
社會。社會無一不是依賴於人的創造。

　　像如此寫出道、天、地、人四者關係的書籍，世界唯一是
《道德經》。世界科學家沒有一人。尤其是文字，前無古人，
後無來者。天書善名望穩，唯一是《道德經》。

（5）《道德經》指導人類如何治好社會

　　《道德經》第三章：

　　「不尚賢。使民不爭。不貴難得之貨。使民不為盜。
不見可欲。使心不亂。是以聖人之治。虛其心。實其腹。
弱其志。強其骨。常使民。無知無欲。使夫知者。不敢為
也。為無為。則無不治。」

　　天下找不到一本書能夠如此肯定必然治好國家人民社會，
只有《道德經》，當然更無人可寫如此完整的政論。**《道德經》
是全人類總哲學經典，確是人類天書。**

（6）《道德經》指導人類如何解決一切生活困難

　　《道德經》第六十四章：

　　「其安。易持。其未兆。易謀。其脆。易破。其微。
易散。為之於未有。治之於未亂。合抱之木。生於毫末。
九層之臺。起於累土。千里之行。始於足下。為者敗之。
執者失之。是以聖人。無為亦無敗。無執亦無失。民之從

事。常於幾成而敗之。慎終如始。則無敗事。是以聖人欲
不欲。不貴難得之貨。學不學。復眾人之所過。以輔萬物
之自然。而不敢為。」

人類只要洞悉《道德經》，生活上困難全部可迎刃而解。
任何國家的困難皆可不費吹灰之力而解決。道德經豈非天書
乎。

《道德經》是人類生活百科全書，非它莫屬。

（7）《道德經》能和諧理論徹底永恆解決社會分配問題

本人由進入高等學校至今，仍在思考如何徹底解決社會問
題，翻過不少政治理論和社會學書籍，根本無人能提出徹底解
決社會貧窮問題。旅英十年，以為世界最早興起工業革命，而
發展侵略世界成為"日不末國"；中國辛亥革命後，中國知識
分子，如痴如醉傾慕西方，尤其英國日本，把中國傳統文化看
作一錢不值；十年所見，英國每況愈下，解決社會貧窮問題，
亦捉襟見肘，鬼打喃嘸。其後 1986 年在香港新界蓬瀛仙館接
觸《道德經》，經細心謹慎研究，確實唯有《道德經》能夠徹
底和諧解決人類社會分配問題。

《道德經》第七十七章全文：

「天之道。其猶張弓乎。高者。抑之。下者。舉之。
有餘者。損之。不足者。補之。天之道。損有餘以補不足。
人之道則不然。損不足以奉有餘。孰能以有餘奉天下。惟
有道者。是以聖人。為而不恃。功成而不處。不欲見賢
也。」

天下要解決的社會問題很容易而簡單，只要人們正視「有

餘」和「不足」兩者根本問題，以和諧協調的方法，將其兩
者不平衡解決，社會也就國泰民安，永遠富足無事，絕不會發
生；「民不畏威。大威至矣。無狹其所居。無厭其所生」，
那裡會產生社會動盪革命因素呢？社會永遠解決分配失調問
題，一切問題也解決了。再換用恆常的《道德經》普及教育，
動盪的死灰永恆是死灰絕不會復燃。

**當今中國出現可喜可現象，中國徹底化解了革命荼毒，中
國為徹底解決永恆社會問題，亦為人類世界共同體和一帶一路
的成功希望是完全可能。**

**中國的根木問題為中國共產黨解決無革命因素存在，只要
能唯德唯能治國治民中國也就永恆無衰而永強。**

上述七點理由足夠說明《道德經》是全人類哲學總綱，是
永恆天書。

敬請諸君應當讀：晨早當思謀生計，閑時應讀道德經；而
將道德經置股掌之間。

鄧小平先生徹底洞悉道德經，他的“貓論”反映道德經
核心理論：唯德唯能，他救了中國共產黨，為中華民族指出永
遠強盛方向，習近平先生天才發揮，世界共同體是全人類的必
然。

3.《道德經》是全人類經濟總綱

任何事情必有其因，然後有其果，俗稱因果；其結果是好
是壞，俗人稱之為報應。報應是好是壞，完全決定於因；其因
是好，果就是好。因果關係，亦有人看作母子關係。因果的報
應關係誰也改變不了，除非你精通道德經，事情在進行開始，

就知其因壞，馬上改變，此則例外，是道德經挽救一切壞的事物，亦可啟導按照孔聖的話：“錯而能改，善莫大焉”，發揮其偉大效能。

《道德經》第五十二章：

「天下有始。以為天下母。既得其母。以知其子。既知其子。復守其母。沒身不殆。」

這章《道德經》是從正面去啟導世人；做人如果能懂得事物因果關係而按其因果去做，終生不會出現失敗的事情發生可稱「沒身不殆」。由生至死一生永無錯誤而正確快樂一生。世上任何人，知事物的好壞而取而其好的結果必然是好。有好的結果復回顧其母即開始，回顧其因果倘能如此，則永無敗事。

萬物全靠道而所生；人就靠自己創造的經濟而生而要。所以經濟是社會基礎，政治為經濟之維護而出現。因此，任何時代、任何社會、任何政黨、任何團體、任何家庭、任何個人，一旦脫離經濟，必然帶來困難，甚至死亡而覆滅。世界如此歷史萬萬千千，必然而不改。大家可回顧歷史，那個帝王不是財盡國滅呢。蔣介石先生，擁雄兵八百萬結果敗於小米加步槍的毛澤東先生。還有毛澤東先生其後發生文化革命亦因財盡而產生！經濟是社會基礎千真萬確，切勿輕視！偉大作家！如果早年在文革前有香港收入並如今天繁榮，文革不會有如此壞情況出現。**所以一國兩制對中國婭濟有極大促進作用。香港 2019 年 6 月份開始的暴動，美國又興起"貿易戰"如果不是有一國兩制支持，豈能迎戰必勝。鄧小平先生發展了中國經濟，習近平先生天才發揮繼成邁向光輝時代。**

下面從《道德經》列出有關經濟總綱的論述：

《道德經》第十二章：

「五色令人目盲。五音令人耳聾。五味令人口爽，馳騁田獵。令人心發狂。難得之貨。令人心防。是以聖人為腹不為目。故去彼。取此。」

在社會生活中，「為腹」遠比「為目」為重。這充分說明民以食為天，經濟大於任何其他事情。

《道德經》第五十三章：

「使我介然有知。行於大道。惟施是畏。大道甚夷。而民好徑。朝甚除。田甚蕪。倉甚虛。服文采。佩利劍。厭飲食。財貨有餘。是謂道夸。非道也哉。」

「朝甚除。田甚蕪。倉甚虛」，國家經濟能力和負荷走向薄弱，「財貨有餘」，是指財政收入空虛錢幣貶值，通貨膨漲，「是謂道夸。非道也哉」。這裡的 "財貨有餘" 是問話，指財貨哪裡有餘？即空虛全無存積。

社會經濟影響社會政權崩潰；治國者，豈能無動於衷，成為落難帝王。

《道德經》第七十五章：

「民之饑。以其上食稅之多。是以饑。民之難治。以其上之有為。是以難治。民之輕死。以其求生之厚。是以輕死。夫惟無以生為者。是賢於貴生。」

「以其上食稅之多」、「以其上之有為」，造成「民之難治」、「民之輕死」促使天下大亂，而失天下；豈不是經濟破壞而權力受挑戰而滅亡？

經濟，政權基礎！治國豈能妄視經濟乎？

《道德經》第七十七章：

「天之道。其猶張弓乎。高者。抑之。下者。舉之。有餘者。損之。不足者。補之。天之道。損有餘以補不足。人之道則不然。損不足以奉有餘。孰能以有餘奉天下。惟有道者。是以聖人。為而不恃。功成而不處。不欲見賢也。」

社會上的核心經濟問題做好，「損有餘以補不足」和「損不足以奉有餘」社會經濟問題也就徹底解決。「孰能以有餘奉天下。惟有道者」！唯有《道德經》多麼高傲！經濟問題要解決徹底，誰也無能為力，只有道家學說！即《道德經》！

《道德經》是世界經濟總綱，真能解決全人類經濟困難而成為人類優秀經濟策略。陳子旅英十年，認真研究英國實況，細心觀察英國，發現英經濟如一秋風起的黃葉而確認資本主義會無能力解決社會貧窮，而斷定資本主義必然衰亡。1986年研究道德經，才知道推行經的損有餘補不足，損不足以奉有餘是世界上最偉大經濟法則。敬請世界經濟學共研共討共導，有餘和不足，是社會經濟核心。如果能解決社會的有餘和不足，使其兩者永遠平行，社會永恆衣食足知榮辱，盜賊無有。陳子長期研究，其結論是："有餘"是天平法碼一邊，"不足"是稱重量那邊的物品。掌握此原則社會貧困問題也就永恆解決。社會革命因素永遠清除。社會平安，國泰民安永恆。

4.《道德經》是全人類政治總綱

天下分久必合，合久必分；中國實踐歷史已經作了鐵一樣證據，似乎無法解決此一死結；儘管《道德經》面世有

二千五百年，書內有此語句；

《道德經》第七章：

「天長地久。天地所以能常且久者。以其不自生。故能長生。是以聖人。後其身而身先。外其身而身存。非以其無私邪。故能成其私。」

由「天長地久」，因天地「不自生」，故能「常且久」；告訴人們，倘能人類能夠「後其身而身先」、「外其身而身存」，人類亦可像天地一樣長生；另一面亦告訴人們倘若聖人能以如此治國，國家亦可「天長地久」。這反映《道德經》內有關治民的政治總綱，倘若人類能洞悉《道德經》，運用《道德經》，國家人民可永享政通人和，國泰民安。

既然如此，試從《道德經》中，列出其政治總綱，似供政治參考和批評而堅定。

下面分由四點說明：(1) 人類欠缺投入研究《道德經》不知《道德經》的偉大貢獻；(2)《道德經》是全人類政治總綱；(3) 道是社會宇宙根本因此政治要維護「道法自然」組成政治總綱；(4) 聖人對《道德經》的修為。

(1) 人類欠缺投入研究《道德經》不知《道德經》的偉大和貢獻

《道德經》第七十章：

「吾言甚易知。甚易行。天下莫能知。莫能行。言有宗。事有君。夫惟莫知。是以不我知。知我者希。則我貴矣。是以聖人。被褐懷玉。」

大家可以試解下面的《道德經》語言，能有幾人知「道

可道。非常道」意思是指可以言傳說明的道是社會的道，並非宇宙自然的天道。道是能量統稱，由社會的道和自然的道兩者組成，主宰宇宙和人間，能生萬物並運化萬物。

更有第五章：「天地不仁。以萬物為芻狗。聖人不仁。以百姓為芻狗」，很明顯是指，天地失掉常規，萬物就受蹧蹋，似乎芻狗一樣；聖人失了常性，統治下的百姓就遭受災劫慘如「芻狗」。那裡能解作天地無所謂仁與不仁，和聖人無所謂仁與不仁，豈不是失去語句本質意義，離題萬里嗎？反映社會上不少人不懂道德經。甚至好些研究者，亦人云亦云，而不懂道德經。中國研究道德經者，無論道教人士或學者，他們無知，"天地不仁"是自然現象；聖人不仁，是社會現象。自然現象，和社會現象，兩者是完全結合一致，因道主宰一切。大部份學者無知此道理。

本人曾與陳鼓應教授在香港青松觀道教學院交換過意見，他說本人是第三代《道德經》解釋者。我只好不知所措地默默接受。不過本人對道德經的理解有異於一般的學者名家。"我獨異於人，而貴食母"。**陳子謹依道的原理去解釋道德經而已。**

還有「絕聖。棄智」，以此否定《道德經》是錯誤的哲學；其實"絕聖"應將其解作聖人智慧和知識去到「絕」（頂尖），那麼聖人他可對任何事物、事情、困難無所不知無所不能解決。聖人無所不通曉，掌握一切知識。他是一個到了完整全齊的聖人的境界。即所謂「古之善為士者。微妙元通。深不可識」。倘若聖人到了如此境界。**不是聖人到了"絕聖"而不可"棄智"嗎？**

(2)《道德經》是全人類政治總綱

《道德經》第一章：

「道可道。非常道。名可名。非常名。無名天地之始。有名萬物之母。故常無欲以觀其妙。有欲以觀其竅。此兩者。同出而異名。同謂之元。元之又元。眾妙之門。」

人類出現前，宇宙是在空洞運作，但「有名萬物之母」指人類出現後，創造了社會，「道」才為人類發展而運用。政治隨人類發展而出現應「常無欲以觀其妙。有欲以觀其竅」，這一思維方法，促使社會產生法律和規條。人類開始「元之又元。眾妙之門」。倘若人類能如此，則可洞悉道的原理和運用道的指導生活現實。

在《道德經》第八十一章「天之道。利而不害。聖人之道。為而不爭」，這幾句話把政治總綱的實質和內容全部勾劃出。更重要的，此話語表達了政治對社會的維護作用。道德經是全人類的政治總綱，人應"晨早當思謀生計，閒時應讀道德經"而將道德經置股掌之間。道德經是全人類天書，毫無疑問是人類政治總綱。

特別要鄭重提出，天之道，利而不害，利是利用，利用其無害的天道；聖人之道為而不爭的為，要全心全意貢獻，此貢獻誰也不可與爭。

(3) 道是社會宇宙根本因此政治要維護「道法自然」組成政治總綱

《道德經》面世已二千五百年，為甚無人提「道」是能量統稱？原因他們不相信或不懂第十四章內容。《道德經》第

十四章：

「視之不見。名曰。夷。聽之不聞。名曰。希。搏之不得。名曰。微。此三者。不可致詰。故混而為一。其上不皦。其下不昧。繩繩不可名。復歸於無物。是謂無狀之狀。無物之象。是為恍惚。迎之不見其首。隨之不見其後。執古之道。以御今之有。能知古始。是謂道紀。」

「道」的特點是「夷」、「希」、「微」。在日常生活中，人們不輕易察覺，因此不引起注意而進行細心研究。倘若人們均認識道特點："夷"、"希"、"微"，那麼能根本依道此一特性去認道研究其運作準確規律。道是能量統稱，早為中國學者知道。陳子收集不少道德經解釋本，但無一本說道是能量統稱！

「道」是能量統稱，由社會的道和自然的道所組成。「道」維護萬物，無所不包。要發揮政治的作用，要將其劃入受道的主宰，而演繹《道德經》是政治總綱。能知道與政治有關，才能發揮「道」是政治的主導，而促使人們以洞悉政治維護人類的發揮。以道治人，以道指導政治，以道指導生活，以道主導人的思想，以道主導日常生活，道指導人的一切。道當然是政治總綱。

政權以道為本，全面性根據道去認識道與政治，社會永恆與人類要求相結合，人類社會一切運作均依據道的規律去做，全合理無誤，萬世不衰。

(4) 聖人對《道德經》的修為

聖人對《道德經》政治修為是治國治民而國泰民安的首要

條件。歷代帝王因欠缺《道德經》修為，結果無不國亡家滅。難道中國之弱，不是因為無知道德經嗎？

《道德經》第十五章：

「古之善為士者。微妙元通。深不可識。夫唯不可識。故強為之容。豫兮。若冬涉川。猶兮。若畏四鄰。儼兮。其若客。渙兮。若冰之將釋。敦兮。其若樸。曠兮。其若谷。渾兮。其若濁。孰能濁以澄。靜之徐清。孰能安以久。動之徐生。保此道者。不欲盈。夫唯不盈。故能敝。不新成。」

聖人對《道德經》修為到了「微妙元通」，到了「絕聖。棄智。民利百倍」的境界，而對社會萬事萬物，無不知無不曉，困難全迎刃而解。故稱之聖君。

聖人治國治民，全無私欲，而謹尊道的自然觀，即無為而無不為治好社會社群。

《道德經》第四十七章：

「不出戶。知天下。不窺牖。見天道。其出彌遠。其知彌少。是以聖人。不行而知。不見而名。不為而成。」

《道德經》第四十八章：

「為學日益。為道日損。損之又損。以至於無為。無為。則無不為之矣。故取天下常以無事。及其有事。則不足以取天下。」

聖人修為，到了一舉一動全心全意為人民服務，全以人民利益為依歸。聖人心想事成，「故取天下常以無事」。聖修為到了至境，天下無事不通，社會達到政通人和，國泰民安，天下大治。聖人皆道，天下皆道，一切能有道性，天下即無一

不聽話的人，亦無不聽話的神，物盡其用，人盡其能，天下豈有不治乎？

《道德經》第八十一章，總結說「天之道。利而不害。聖人之道。為而不爭」。

《道德經》是全人類政治總綱，「豈虛言哉。誠全而歸之」！

大家實踐"晨早當思謀生計，閒時應讀道德經"，洞悉道德經，這是聖人修為道德經達到此地步，國家還有甚麼可難到聖人呢？聖人精通道德經而是天天應該經常修為的科目，聖人也就無不知如何解決任何困難。

（四）如何正確科學理解和認識《道德經》的內容

為了說明此問題會由十五點闡述：(1) 對「道可道。非常道」的正確理解；(2) 對「不尚賢。使民不爭」的正確理解；(3) 如何理解「常使民無知無欲」；(4) 冀中國學者批評對《道德經》第五章研究的見解；(5) 如何理解認識《道德經》第十四章中的夷、希、微；(6) 對絕聖、棄聖的理解；(7) 對「孔德之容。惟道是從」的理解；(8) 對「域中有四大。王居其一焉」的理解；(9) 如何理解「天下神器。不可為也。為者。敗之。執者。失之」；(10) 怎樣解釋道的「無為而無不為」；(11) 對「損或益」與「強梁者不得其死」的關係；(12) 應如何理解「不出戶知天下」；(13) 怎樣理解「明民」和「愚民」；(14) 怎樣認識《道德經》「有餘」和「不足」；(15) 怎樣理解《道德經》「聖人之道」和「天之道」；(16) 道德經能夠救世界首要貢獻世界見解："人

創造鬼神"；(17) 道德經永恆肅倡廉方法 ;(18) 對"治人事天，莫若嗇"，是中國永恆戰略思想。

將此十八點，精因洞悉，運用成巧，連國自開始；天下無難事，困難均應難而解。

(1) 對「道可道。非常道」的正確理解

這句話看起來很易明，但其深奧內容，無數人不明白。

《道德經》第一章

「道可道。非常道。名可名。非常名。無名天地之始。有名萬物之母。」

「道可道。非常道」，「可道」是社會能量的道，「非常道」，是指宇宙自然能量之道。「無名天地之始」，指出人類出現前，天地萬物，是天地之開始。「有名萬物之母」，人類出現，萬物有名，來自人類語言。**語言之偉大萬物有名，人的地位多麼崇高是萬物之靈。鬼神之名，由人類出現後，由人確定，所以人創造鬼神。**

道是能量統稱，由天然的道和社會的道所組成，道可道是社會的道，非常道是天然的道。即道由自然能量和社會能量所組成。主宰宇宙萬物。人類掌握其運作規律，依據而可解任何困難。**人言導宇宙萬物之使用和調配發揮其功能。物盡其用，人盡其才。**

(2) 對「不尚賢。使民不爭」的正確理解

「不尚賢。使民不爭。不貴難得之貨。使民不為盜。」

「使民不爭」，社會應「不尚賢」。「使民不為盜」，

人民無爭，人民「不為盜」，社會豈不是太平盛世了嗎？「尚賢」是社會「有爭」的根源。社會有盜賊，因人們推崇爭購「難得之貨」。「不尚賢」、「不貴難得之貨」，社會「不爭」、「不為盜」，豈非盛世乎？社會不分愚和智一視同仁，以各盡其能，社會不會發生為生活用品而激烈競爭；人民就不會爭先恐後，而各盡其工作。社會不提倡貴貧難得民用物品，社會就不會有搶奪偷盜的行為。**社會經常保持如此，自然生活安靜悠閒無邊。**

國民教育，千萬不可忽略，永恆重視進行。香港特區自後按此規章辦事，社會豈有如此黑衣人？**特區首長不能無此先後知先覺，而堅決推行公民教育，並教育與宗教分家。看有否如此恐怖反政府的小學、中學、大學生等出現為害社會，羞笑教育。反映教育完全失敗。**

尚賢是社會爭的根源，人民普遍就業，全民遍及教育，全民有品德修養，是理想社會。社會完全可無須尚賢，而社會完全無爭。人民全安分守己。理想社會出現。

公民教育是社會永恆而必然，任何人不能免。

(3) 如何理解「常使民無知無欲」

《道德經》第六十五章

「古之善為道者。非以明民。將以愚之。民之難治。以其智多。故以智治國。國之賊。不以智治國。國之福。」

《道德經》總結對百姓全面長期觀察，總結出百姓的共性；「聖人之在天下。慄慄為天下渾其心。百姓皆注其耳目。聖人皆孩之」。

聖人全心全意為百姓服務，"百姓皆注其耳目"，所以聖人無須和盤託出，將整個治國策略告知百姓。百姓順應對錯意見，百姓只從天真無邪的孩童角度而不顧及後果。**只要本著「實踐是檢驗真理唯一標準」，讓百姓在實踐中認識幸福而知幸福生活。用此種方法去對待「民之難治。以其智多」。**

國民教育永遠是社會要永恆進行的事情，時刻不停不息要推行國民教育，使其智多用作做好事，那麼對社會有益無害。**香港因不推行國民教育，却帶來整個經濟落後，暴動是其報應。特區特首，治好香港，首要推行國民教育！公民教育要寢寐不忘呀！特首先生。香港特區教育要全面改革重組，不然有負中國人民！**

總而言之，聖人永恆惕惕全心全意為百姓服務，百姓總會在實踐中享有的幸福要通過國民教育而才會知道感謝真正的聖人。**人之知，人之禮，人民安，中心在教育！望領導者謹識：人之初，性本善，性之初，習相遠。不是要聖人永恆推行公民教育嗎？為政者要緊記，宗教因政治無能，而統治者欺民，而民自欺！歷史不亦悲乎？**

《道德經》第三章說「常使民。無知無欲。使夫知者。不敢為也」。

冀天下學者，研究、思考、批評此一永恆救國道理！**總之，聖人永恆要教育百姓如此，"貴以賤為本，高以下為基"才能真真正正發揮此話的真理。**

(4) 冀中國學者批評對《道德經》第五章研究的見解

為了討論此一章，首先引用陳鼓應教授《老子註譯及評介

（重校本）》》（中華書局（香港）有限公司出版），2012 年
7 月初版第五章內容〈今譯〉：

> 「天地無所偏愛，任憑萬物自然生長；聖人
> 無所偏愛，任憑百姓自己發展。天地之間，豈不
> 像個風箱嗎？空虛但不會窮竭，發動起來而生生
> 不息。政令煩苛反而加速敗亡，不如持守虛靜」

當今中國學者普遍認為陳鼓應教授的《老子註譯及評介
（修訂補增本）》比較有代表性和依據的著作。本人試以由
1986 年接觸《道德經》進行研究的觀點提供參考，並聽中國
學者的意見批評而改進自己的研究，敬希不棄而指導和批評。

《道德經》第五章古本原文：

> 「天地不仁。以萬物為芻狗。聖人不仁。以百姓為芻
> 狗。天地之間。其猶橐籥乎。虛而不屈。動而愈出。多言
> 數窮。不如守中。」

陳子譯文：

天地失掉常規，

蹂躪萬物如拋棄無用如芻狗。

聖人喪失常性，

虐待百姓亦似用過拋棄如芻狗。

認識天地應如鼓風機，

排盡內氣仍不屈而委縮，

繼而鼓風却源源不絕。

事物規律以喻人多言有失，

不如經常握守恰當地位和時機。

也許此是初生之犢的見解，敬請指導和批評，以推進《道德經》研究。

謹請陳鼓應教授批評指導。客觀指導客觀批評，永恆有利研究道德經。更有利民族和國家。對以天地不仁，要聖人不仁，在道德經第八十一章，教人如何取捨。天道利而不害，利是指利用利人天道，不利的免除，聖人必須全有利於人，而不利者，並非聖人。人為萬物之靈，要取捨天道和聖人。

陳子為此章說幾句跳皮話：克己復禮社會，豈敢說，“聖人不仁”是聖人喪失掉常性受罵？不怕人頭落地，造成疾風殺機嗎？**錯解道德經，也許是時代遍忌！智者噤若寒蟬！是否？陳子敢斷言：中國人不懂道德經害己害人！全體中國人民同意嗎？**

道德經的核心理論是自然與現實相統一，而說明道永恆指導社會。天地失掉常規，和聖人失掉常性同樣導自萬物和百姓遭災。反映自然和社會兩者的統一，而天地和聖人亦要統一。天地，人間才可要掌永恆。

總之，人類有權取捨天道和聖人。

聖人永是聖人，應知禍福無門，唯人自招！聖人要永恆是聖人！

第五章中的聖人是指執政者，而並非指真正的聖人。聖人有其兩方面代表性。（一）統治者和領導人；（二）真正的聖人。

(5) 如何理解認識《道德經》第十四章中的夷、希、微

「視之不見。名曰。夷。聽之不聞。名曰。希。搏之不得。名曰。微。此三者。不可致詰。故混而為一。其上

不皦。其下不昧。繩繩不可名。復歸於無物。是謂無狀之狀。無物之象。是為恍惚。迎之不見其首。隨之不見其後。執古之道。以御今之有。能知古始。是謂道紀。」

　　這一章是反映道德經通全人類科學思維，西方全部成就皆源始於此！甚麼原子、粒子等一切科學理論預知於老子道德經。是世界科學總綱，世界科學，無不源於此章。

　　其實老子在此章中説得很清楚，説道是能量統稱，問題當時是「吾不知其名。字之曰道。強為名之曰。大。大曰。逝。逝曰」；所以「視之不見。名曰。夷。聽之不聞。名曰。希。搏之不得。名曰。微。此三者。不可致詰」。其實道是什麼？在《道德經》中呼之則出；只不過當時未接觸「能量」此一名詞而已。

　　作者 1986 年接觸《道德經》，發覺相逢恨晚，經細緻研究，知道道是能量統稱，因而奉道德經為天書。反覆多番研究，道德經應是全人類天書。

　　如果大家能共識道是能量統稱，也就自然共識《道德經》是全人類的唯一哲學經典，是全人類的天書。

　　中國人真要警惕，英國 1784 年工業革命，建立"日不末國"，中國慘受蹂躪和掠奪，割地賠款。近世紀《道德經》學習在歐洲風行，中國如何迎頭趕上，不然，西方又一次超過中國，而中國前途會如何，陳子不敢預言！敬希聖人指點指導，而並誠懇奉勸世人認真接受：晨早當思謀生計，閑時應讀道德經。道德經也自然而然而置股掌之間。道德經普及滿天下，世界那有不太平？

　　推行"道主儒輔"，道德經指導論語人倫理論的實施，永

恆準確無差。

(6) 對絕聖、棄智的理解

《道德經》第十九章

「絕聖。棄智。民利百倍。絕仁。棄義。民反孝慈。絕巧。棄利。盜賊無有。此三者。以為文不足。故令有所屬。見真抱璞。少思寡欲。」

這一章《道德經》考盡天下學者，因此去改寫其字句和內容，改為：

「絕智棄辯。民利百倍」，將其中絕聖，改為"絕智棄辯"；這一改反映知識分子真無顏。甚麼句中"絕"學考起中國知識分子，不是大笑話了嗎？"絕"是"極點"是絕對第一，無可倫比意思。俗人常說，絕世武功，絕世美人，為甚麼知識分子如此無知，無知"絕學"。絕學是學盡一切無須再學，若能如此，那還有憂呢？是嗎？

這反映《道德經》面世一千五百年，為甚麼無人完整理解《道德經》。因不少知識份子任意改動《道德經》。《道德經》語句，隨我個人知識而改，以它就我。無數狹隘儒家為此而慶幸。此反映中國知分子，害了中國人民。陳子大膽如此批評。敬請中國知識分子原諒。這是陳鼓應先生評讚下的道德經第三代倡言者。

由後句「民利百倍」，說明「絕聖。棄智」應從正面肯定去理解。再從「絕仁。棄義」同樣句式，反映「絕聖。棄智」組句無誤。如果將絕聖理解"頂點"和"無比"那也就完全理解那"絕"字的真正意義了。

「絕聖」，是指聖人要「古之善為士者。微妙元通。深不可識」。聖人到了此修為境界，還不「棄智」嗎？「棄智」即「絕學無憂」。智，巧計，哪裡還有用場呢？

能「絕聖。棄智」，**人到此境界，就是到了**「見真抱璞。少思寡欲」。

人能及此，見其事物真諦，徹底知任何事物，還不能說聖人是絕聖而要棄智嗎？中國儒家學者！

(7) 對「孔德之容。惟道是從」的理解

《道德經》第二十一章

「孔德之容。惟道是從。道之為物。惟恍惟惚。恍兮。惚兮。其中有象。恍兮。惚兮，其中有物。窈兮。冥兮。其中有精。其精甚真。其中有信。自今及古。其名不去。以閱眾甫。吾何以知眾甫之狀哉。以此。」

孔者，甚也；非凡也，引伸偉大無比也。「孔德之容。惟道是從」。無比偉大的功德，誰可創造，誰可包容？此功此德的成績，完全是從道（能量統稱）由頭至尾，由小至大，所創造出來。意思是指，宇宙一切皆由道（能量）創造出來。無任何能可以代替。如果一個想以己去代道（能量），那人必是災難的創造者，人類罪魁禍首！此警告任何人切不可貪天之功，應順從道（能量）的規律去思考唯此去造化去完成。故所以《道德經》第二十九章警惕任何人，「將欲取天下而為之。吾見其不得已。天下神器。不可為也。為者。敗之。執者。失之」。

此章後內容，是描述道是能量的統稱。惜當時未有「能

量」此一名詞。

　　將道認識去到能量的境界，萬物皆由能量而創造，掌握了道的運作規律，運用道的規律解決任何困難。也就天下無難事，萬難迎刃而解。

　　倘若中國早知道德經原來應如此理解，中國衛星早登天，而宣揚！敬請年青者要認真讀道德經！中國青年！道德經是全人類天書。

(8) 對「域中有四大。王居其一焉」的理解

　　《道德經》第二十五章

　　「有物渾成。先天地生。寂兮。寥兮。獨立而不改。周行而不殆。可以為天地母。吾不知其名。字之曰道。強為名之曰。大。大曰。逝。逝曰。遠。遠曰。反。故道大。天大。地大。王亦大。域中有四大。王居其一焉。人法地。地法天。天法道。道法自然。」

　　從《道德經》中的「王亦大」，聯想到周朝所提「普天之下莫非王土」，其中的「王」，明顯是指「人」，並非帝王和周朝。這反映《周易》提供《道德經》哲學思想基礎。**中國如果沒有《易經》，也亦完全不可會有《道德經》；《易經》是蟠桃，《道德經》是蟠桃的果汁。《道德經》是世界唯一總哲學經典，是社會生活天書。中國人開發了世界，是全人類文明的拓展者，但無時無刻毋忘以德報怨貢獻全人類。**這裡的王，是指人；王是宇宙中主要的人，是萬物之靈，如果沒有人類的出現；社會肯定不可發展。宇宙沒有人類去完成存在是完全沒有歷史意義。所以天地無名之始，有名萬物之母，這正反

映人是名的創造者，是萬物名之母；是萬物之靈，非人莫屬。
"域中有四大，王居其一焉"，他毋忘王要全心全意接受道的主宰。

因此聖人，要"絕聖棄智"，徹底服務人類。

(9) 如何理解「天下神器。不可為也。為者。敗之。執者。失之」

《道德經》第二十九章

「將欲取天下而為之。吾見其不得已。天下神器。不可為也。為者。敗之。執者。失之。故物或行。或隨。或噓。或吹。或強。或羸。或載。或隳。是以聖人。去甚。去奢。去泰。」

作為一個執掌天下的聖人，必然是個「居善地。心善淵。與善仁。言善信。正善治。事善能。動善時」的偉人，取天下而治，切勿當作"兒嬉"，而是要全心全意為人民，竭己之能，盡己之才，百分百負責治好天下，利民百倍，絕非取天下而「為之」而「玩之」，他應完全早已心知肚明「天下神器。不可為也」，更加警惕自己，「為者。敗之。執者。失之」；一定「去甚。去奢。去泰」，全心全意貢獻國家人民。聖人治好天下，其根本的核心力是恆守"無為而無不為"，天下無不可作為的事，只要人順應道的原理，而去創造萬物，萬物應之而生而成。

倘若聖人皆如此，豈會有"紂桀之君"嗎？

是亡國之君，皆因欠缺"不敢為也"的修養，因此任意作為，而有失民心。結果亡國滅族。

"徹底為人民服務"，是永恆中國人的國民教育！中國是中國，聖人永遠是聖人！

中國人必然因以德報怨貢獻人類而受尊重並誠服。

(10) 怎樣解釋道的「無為而無不為」

《道德經》面世二千五百年，但無人理解「無為而無不為」。世人對它只是處於似明非明。漢朝文景二兩之治，公元前 180 年，呂后死，周勃陳平等立漢文帝。「文景之治」由公元前 180 年，道治共三十九年；至公元前 140 年，武帝建元元年，因受向外發展野心蠱惑，聽信董仲舒之"獨尊儒術"。其後為「獨尊儒術」的漢武帝掌握天下。這一驚天動地的變動，天下至今，並無人論述批評此一「中國政治大轉變」。漢武因通西域即耗盡國家財富，出現國庫空虛，漢朝因此走向衰落。**可以此為監，凡統治者使用造成國庫空虛多數成為亡國之君。**

乾隆皇因耗盡清朝國庫，幸得佈局殺和珅。要緊記歷史教訓。

中國歷史，每一次災難，皆國庫空虛所至帶來。

道治三十九年，並無人理解和發揮「道常無為。而無不為」的偉大效能，使景帝、武帝、董仲舒等人深感「清水一潭」，因而「長安」思變。很可能景帝未終，而願放棄帝位，讓武帝經營。武帝"取天下而為之，吾知其不得矣"，所以武帝導致漢朝衰落。搞到漢獻帝丟盡祖宗聲譽。搞到王允要犧牲偉大愛國民女刁蟬！

「道常無為。而無不為」，兩者是連鎖關係。而把兩者分開，永遠得不到應有準確的解釋。其實「無為」永遠與「無

不為」結合體，一旦分開，使「無為」變作為無用，如果結合「無不為」；「無為」，是指完全沒有既定的主觀要求，而只以客觀的規律作為對事的要求；這一客觀事理是戰無不勝的；人按事理去尋找，這種尋找的方法是戰無不勝的。這說明《道德經》是無堅不摧，無困難不可解的；是全人類生活天書。

如果早在公元前 180 年已經知曉《道德經》的「無為」與「無不為」連鎖不可分關係，中國早已登上太空。而董仲舒亦沒有獨尊儒的機會。當然不會有天下分久必合，合久必分的循環。取董仲舒說獨尊儒術的 "術" 而觀之。"儒術" 的 "術" 含意有欺騙的政策在其中施行。當時漢武帝因急於求成，而忽略 "術" 的暫時性和欺騙性。**陳子批評：董仲舒先生是儒學騙子，歪曲了整個儒家思想。儒學先生可知否，董仲舒是儒家騙子。**

《道德經》第三十七章：

「道常無為。而無不為。侯王若能守。萬物將自化。」

《道德經》不是人類天書，應是什麼？

要發揮道德經的堅韌不拔的精神，必須：晨早當思謀生計，閑時要讀道德經。困難自然迎刃而解，國泰民安。

由文景二帝的文景之治，而到漢武帝國庫空虛，反映陳子批讚孔子名言。孔子功勞蓋世，但其後患無窮的中肯。

(11) 對「損或益」與「強梁者不得其死」關係

《道德經》第四十二章：

「道生一。一生二。二生三。三生萬物。萬物負陰而抱陽。沖氣以為和。人之所惡。惟孤寡不穀。而王公以為

稱。故物或損之而益。或益之而損。人之所教。我亦教之。強梁者不得其死。吾將以為教父。」

　　道（能量）主導統理宇宙萬物；道損而益於一；一損而益二；二損而益三；三損而益萬物；道（能量）開始損益而發展萬物；這是發展萬物的永恆不停的規律。誰對抗、阻礙此一規律，誰就「不得其死」。人是萬物之靈，發展是人永恆的責任，不得有違此一永恆的責任。若有所違，就受「道」的譴責。故一切「強梁者不得其死」。奉告為人者要永恆忠於自己職責。《道德經》第二十五章說：「域中有四大。王居其一焉」。人的職責之大，是任何不能取替的永恆的真理。

　　道，損為生而運作，舊的損耗盡，則產生全新的事物。不過這損益鬥爭轉換的反映，兩者完全性質不相同。**這一所謂鬥爭是為推陳出新，是為事物發展而進行。有些看見此一持續性，而說其必然性，但無知是事物必然向前，是以和為貴。**

　　損益是事物發展的規律，但其全依二合為一而發展，才一分為二，它永遠是後於二合為一，因而無損社會發展。和鬥爭是永恆，和政治人生觀點有天淵之別。任何運動，均以益為本，無益的運動是永恆的錯誤。總之，社會，換以利為宗，那就永恆大吉大利！萬無其害。經濟人生，永恆是道的本意，人的本意。

　　所以，"天之道，利而不害；聖人之道，為而不爭。"利是利用，為是指為盡好無害。

（12）應如何理解「不出戶知天下」

　　《道德經》第四十七章：

「不出戶。知天下。不窺牖。見天道。其出彌遠。其知彌少。是以聖人。不行而知。不見而名。不為而成。」

從多家的譯文，使人懷疑老子的智慧，哪可能因「不出戶。知天下」而產生。

從《道德經》第一章到最尾第八十一章，廣包天下知識，言盡天下哲理，是一本微型百科全書。內容如此廣泛，知識是無所不知，一個「不出戶」的人怎可寫得出來？其實第四十七章是寫一個聖人修成怎樣程度才合格，達到聖人的標準無所不知。

一個「不出戶」的人，已經知道「道可道。非常道。名可名。非常名。無名天地之始。有名萬物之母」；早明白「不尚賢。使民不爭。不貴難得之貨。使民不為盜。不見可欲。使心不亂」；認識論已達「微妙元通。深不可識」；並達「絕聖。棄智」；已深明「道常無為。而無不為」；修為更到了「孰能濁以澄。靜之徐清。孰能安以久。動之徐生」。《道德經》第十六章，此公更令人吃驚：「致虛極。守靜篤。萬物並作。吾以觀其復。夫物芸芸。各復歸其根。歸根。曰。靜。靜。曰。復命。復命。曰。常。知常。曰。明。不知常。妄作凶。知常容。容乃公。公乃王。王乃天。天乃道。道乃久。歿身不殆。」此公修為到了如此，豈非博覽群書嗎？聽聞世間男女老幼之千言萬語，見盡萬事萬物之無奇不有的一切變化變遷；公侯將相日常相處，明瞭若指掌；如此之人，無須出戶，盡知天下一切。是完全可能存在的聖人。請問看官不出戶，能知天下事甚麼是可以不可以為！你信可以嗎？照上面道理，當然可以，可行可信。聖人勤行，勤思，勤析，勤知不

知，而無病。

　　不出門之前的要做好的工作是其根本基礎，是要蒐群書，走遍天下，經無數常無欲以觀其妙，然後思考圓通，那麼，真可不出戶而知天下。"知不知，上；不知知，病"，**是聖人永樂的原則。**

　　如此聖人，坐天下，天下百份百應是政通人和，國泰民安！

　　你豈能不信嗎？不然，要怎樣才可信。"所以不出戶知天下"，是千真萬確的永恆真理。

(13) 怎樣理解「明民」和「愚民」

　　《道德經》第六十五章：

　　「古之善為道者。非以明民。將以愚之。民之難治。以其智多。故以智治國。國之賊。不以智治國。國之福。知此兩者。亦楷式。能知楷式。是為元德。元德深矣。遠矣。與物反矣。然後乃至大順。」

　　《道德經》第三章，《道德經》認為社會要國泰民安。社會要推行「不尚賢。使民不爭。不貴難得之貨。使民不為盜。不見可欲。使心不亂。是以聖人之治。虛其心。實其腹。弱其志。強其骨。常使民。無知無欲。使夫知者。不敢為也。為無為。則無不治。」

　　《道德經》第四十九章：

　　「聖人無常心。以百姓心為心。善者。吾善之。不善者。吾亦善之。信者。吾信之。不信者。吾亦信之。聖人之在天下。惵惵為天下渾其心。百姓皆注其耳目。聖人皆

孩之。」

　　第三章，反映聖人要怎樣治好社會人民；第四十九章反映人聖人好待人民大眾。

　　「聖人之在天下。惵惵為天下渾其心。百姓皆注其耳目。」

　　聖人在天下，無時無刻不惵惵不停地是關心和憂慮民眾一切政務實施和民眾生活，但百姓卻皆注其耳目。**聖人和百姓兩者有不相同的表現。**聖人要決心真意謀利於國家人民。有必要"民教"應非以明民，將以愚之，**是指教化民是聖人的永恆。特區有今日之亂，根由是無知公民教育永恆。**

　　聖人治國方針政策有什麼必要細述其詳呢？所以「古之善為道者。非以明民。將以愚之」，並説「明民」與「愚民」，「此兩者。亦楷式。能知楷式。是為元德」，「是為元德」是説，這一治國治民觀點，不要改變。

　　聖人非以明民，而施以愚民，反映聖人無論怎樣如何一定要治好人民。這種為民心切和真意反映聖人真明"高以下為基，貴以賤為本"的真理，決心益民"而無不救人，無不救物"之真心實意，**永無改變。聖人永恆萬事作焉而不辭，徹底為人民服務。**

　　民是愚之，還是使其知之，但在由之中要導之。導的核心是"使夫知者，不敢為也"。

(14) 怎樣認識《道德經》「有餘」和「不足」

　　《道德經》第七十七章：

　　「天之道。其猶張弓乎。高者。抑之。下者。舉之。

有餘者。損之。不足者。補之。天之道。損有餘以補不足。人之道則不然。損不足以奉有餘。孰能以有餘奉天下。惟有道者。是以聖人。為而不恃。功成而不處。不欲見賢也。」

《道德經》對官迫民反，深惡痛絕；「民不畏死。奈何以死懼之。若使民常畏死。而為奇者。吾得執而殺之」，《道德經》第七十四章對此種統治者，應將其處死。如果世代統治者時刻能重視民生，人民永遠謝王恩浩蕩，那會有起義叛道行為呢？

《道德經》第七十五章：

「民之饑。以其上食稅之多。是以饑。民之難治。以其上之有為。是以難治。民之輕死。以其求生之厚。是以輕死。夫惟無以生為者。是賢於貴生。」

《道德經》第七十四章和第七十五章，共同指出社會之亂由統治者統不得法，人民生活無溫飽所帶來，要求統治者，「是賢於貴生」，要取得「是賢於貴生」的社會，要認真洞悉第七十七章的「有餘」和「不足」兩者的解決問題方法。

「有餘」，因社會歷史背景不同，因享有教育機會，因社會關係而造成；與「有餘」者共為一等，但亦因遭遇、天災橫禍、人事、家人關係而走向貧窮，落入「不足」的隊伍。「不足」亦同原因而脫離「不足」進入「有餘」隊伍。這反映「有餘」和「不足」，兩者經常交替變遷。很明顯，有餘和補不足兩者永恆的互補關係，只統治者能掌握此兩者，並決心分配好，人民永恆國泰民安。

任何社會上均有存在此兩種人，「有餘」和「不足」，

他們是社會發展的動力。和諧、協作永遠是聖人力求的目的。這是治好國家的問題，聖人好好把握此兩者關係，並用道的運作規律。則國泰民安，豐衣足食，萬民歸順。

剝削是社會互鬥不和根源，其實人類社會另一方存在和為貴的途徑。有餘和不足兩者平行法則是社會和的核心。是道德經偉大的經濟法則。

聖人治理社會成功的途徑：

「天之道。損有餘以補不足。人之道則不然。損不足以奉有餘。孰能以有餘奉天下。惟有道者。」

《道德經》指出永恆解決社會貧困和動亂，「惟有道者」！

國泰民安，政通人和；唯有《道德經》救世界，全包涵在《道德經》中。

道德經是人類天書，只要統治者聖人，洞悉道德經，並循依的規律去指導改進生活，天下必然昇平大治。

經濟永遠是社會基礎，"聖人為腹不為目"是社會發展永恆真理，它是好和壞的根本真理。

(15) 怎樣理解《道德經》「聖人之道」和「天之道」

《道德經》第八十一章：

「信言不美。美言不信。善者不辯。辯者不善。知者不博。博者不知。聖人不積。既以為人己愈有。既以與人己愈多。天之道。利而不害。聖人之道。為而不爭。」

任何人對《道德經》曾精心研究，無不知第一章是總章，宣稱道是能量統稱；宇宙一切皆由道創造而來；藉著創造了的

人去主管宇宙萬物。由道是能量統稱而認識，「無名天地之始。有名萬物之母」；這章還教人如何去認識道的運作。人們認識道，首先要知道，「故常無欲以觀其妙。有欲以觀其竅」；並要堅持恆守。那麼你就是永恆能認識的主人翁，不然永遠是個門外漢。

　　大家可虛心總結，中國社會治理不好，無論那一朝代社會，全由統治者皆違背道德經運作的規律，而產生民怨而遭受民反而滅亡。

　　《道德經》第八十一章是全書的總結。

　　「信言不美。美言不信。善者不辯。辯者不善。知者不博。博者不知。聖人不積。既以為人己愈有。既以與人己愈多。天之道。利而不害。聖人之道。為而不爭。」

　　這一章的「天之道。利而不害。聖人之道。為而不爭」，全面總結了八十一章全章內容，更讚美《道德經》是全人類天書；是全世界唯一微型百科全書；是人類總哲學經典。

　　如何掌握天之道，專心研究探討道的有利的方向，而除其不利東西，聖人之道，是社會之道，為而無不為的核心是有利。不爭是任何事物解決的途經，解決任何問題，尋求和以解決，一切均會得到妥善完成和實踐。

　　中國掌握道德經團結人民，中國永遠向前。中國人永恆啟導"世界共同體"。

　　以德報怨，是戰無不勝的國策，堅持以德報怨，必受天下全人類頌揚。

（16）道德經能夠救世界首要貢獻世界見解："人創造鬼神"

道德經能夠救世界首要有效策略，是"人創造鬼神"。

世界是有鬼神抑或無鬼神，這兩種傳統流行觀點是不全面的，唯有人創造鬼神，才是全人類永恆真理。它應擺入小中大學校；並在社會上無論政治、經濟、學術、宗教，均要全面永恆宣傳。它必加速世界宗教統一，人類走向世界共同體，共邁大同。

宗教，尤其是迷信的宗教，在歷史上像一根思想繩索，製造人類一直鬥爭永不寧息。人創造鬼神，徹底將這根歷史性繩索割斷，人類永恆進步，共進入世界共同體，邁向世界大同。

人類思想永恆解放，人類永恆進步，社會發展永恆。全人類開始進入道德經政治眾妙之門。

（17）道德經永恆肅倡廉方法

永恆推行道德經普及社會公民教育。

以道德經武裝全民思想，是為官者的永恆核心守則：以律己、律家人和要求親朋自己；倘若官官能如此，社會一圈套一圈，縫造成天衣無縫。中國全民世代承傳："使夫知者，不敢為也"。

（18）對"治人事天，莫若嗇"，是中國永恆戰略思想

習近平先生提出全民性的教育；這充份反映習主席先生深明道德經，提出全民性勤儉節約的號召。國家能重視此一見解，國家人民永恆衣食豐足，永享太平幸福！主席先生為聖代樹立永享國泰民安時代標籤。倘若中國世代遵行此永恆真理，

中國共產黨永恆萬歲，道德經永恆天書，造福全人類，世界大同。

　　對特殊建樹偉大清官，在地方上立像表揚，有若古代"去太史碑"。倘能如此，加上以道治黨，以法治國，國家必然政通人和，世代和諧富強。

世界大同莫強求　　亞洲豐盛導全球
市場經濟亞洲始　　天地人間永解憂

第四節　《只有〈道德經〉能夠救世界》結束語

老子，中華民族智慧的代表，宇宙獨一無二的精英，繼往開來人類中獨無僅有的完人，他的著作《道德經》是一部前無古人、後無來者的哲學經典。**社會災難皆由人類不洞悉道德經而產生。如果聖人能洞悉道德經，社會必然國泰民安。**

《道德經》雖然僅有五千多個字，漢代稱之為《道德五千言》，包羅萬有，萬古常新，是世界上唯一的微型百科全書。世界上根本找不到一本書能與倫比。

為了印證老子《道德經》哲學思想戰無不勝、放之四海而皆準，是顛撲不破的真理，全面引作觀察和評估古今中外的歷史，從政治上找到人類災難的根源，尤其中華民族這個多災多難的國家，從皆因跳出災難的漩渦，而走上繁榮、富強、統一的道路，為人類的永久幸福與和平作出偉大貢獻。這全由歷代家天下和儒家結合所成。**所以陳子提倡道主儒輔是中國應通用世界優良的政制，可促使中國萬世不衰。**

生命怎樣產生，人類如何來到這個地球上，在二千多年前，既沒有望遠鏡，又沒有顯微鏡，交通是那樣不方便而難行，能知道「谷神不死。是為元牝」，並且知道「道生一。一生二。二生三。三生萬物」，整個生命的起源和發展，除了老子洞悉外，世上再無其他人。當然，老子知識與圖文八卦、易經、詩經有密切關聯。道德經是它們的總概括和總精華。

人類社會發展的動力是「為腹不為目」，從為腹這麼一個問題上，發展成千變萬化、錯縱複雜。它是解決社會一切困難和災難的永恆規律。人類要堅定不移。

　　老子認為宇宙之大不可丈量，人在其中雖然渺小，但人居四域之首，宇宙由他操縱管理大權。人的價值觀多麼偉大，哪一個政治家，如果他解決不了人的溫飽問題，他的政治才能怎樣說來說去亦只不過是個零。政治上諸多騙人，皆因無能解決社會人民生活而產生。

　　人類歷史發展如何劃分，向來按政治發展為準則，但老子以經濟為社會基礎；劃分人類歷史，似乎以經濟發展為準則，較為明確而合理。

　　為了發揮人在社會上的作用，老子提出了一系列完整的政治體系，並且要如何去培養人材，做到「樸散而為器。聖人用之。而為長官。故大制不割」。

　　中華民族的歷史有一萬二千多歷史，是世界文化的開拓者，其後為甚麼落後於他人，那促使民族衰落的原因是甚麼？這是每個中國人都想知道的事情。但卻無人能找到其原因。

　　促使中華民族衰落的原因，歷來不下千萬個政治家和歷史學家皓首窮經去探索這一千古之謎。但由於政治立場和信仰關係，原因也就無法找得出來。

　　五個促使中華民族衰落的原因，像五鬼一樣大鬧中華，鬧得地覆天翻，兵荒馬亂，民不聊生，近百年來，更飽受西方殖民主義的摧殘，淚水洗面。

　　諸子百家是衰落之首。他們因偏離老子《道德經》思想，使中國社會無法解決分久必合、合久必分的循環。**批評諸子百家的偏離，與他們的歷史地位和貢獻無關，這只是從老子道家思想的純度去批評他們美中不足而已。**

　　孔子儒家思想，代表諸子百家，經過漢武帝獨尊儒術後，

和封建制度與思想結成不解之緣，共同營造了一個思想大牢籠，把中華民族綑綁成順民。

中國封建制度和思想統治特別殘酷並且悠長。儘管封建制度已經不存在，但其思想卻像幽靈一樣，不同程度地困擾和左右任何一個人。因此，指責封建制度和思想是促使中華民族衰落的第二原因，相信不會有任何反對而不表支持。

漢武帝通西域的武功，將文景二帝的社會積累耗盡，加速了西漢政權的滅亡。道家思想在獨尊儒術的摧殘下，受到嚴重的破壞，社會結構更加脆弱。

漢武的耗盡國庫資財空虛，漢明帝為了尋求思想慰藉和挽救政權，把印度佛教請了進來。佛教是一種消極、頹廢、迷信的宗教思想，為了尋求精神超脫，截然放棄人對社會應負的責任，而要社會給其他物質的支持，誤以可登個人極樂的西天。佛教的教義使中華民族不同程度地患上了思想風濕癱瘓症，縮短了保衛國家民族的兵源，收狹了社會的生產力，增加了社會不應該的負擔，國勢因之而每況愈下，招惹了第四個促使中華民族衰落的原因出現，是落後民族思想入主中原。中國人的落後，每當外國思想侵入，使中華民族百上加斤，大家可以此去觀察一切外來思想災難。

據陳子研究，佛教色空理論，不可能去到哲學層面，只不過停留在生活，層有：如果屬於生活層面就得其有實用價值，如果它去到哲學層面，就害國害民了。敬請學者批評指教。

落後民族思想拖慢了中原經濟、政治和文化的活動。中國經濟、政治、文化因受到破壞而向其他地方轉移，使中國文明停滯不前，甚至出現倒退。

　　公元 313 年羅馬帝國因賞識由亞洲流入歐洲的基督教，有其強烈的殖民性，為了配合本身的侵略政治而納它為國教。經過長期的十字軍東征，將基督教普及歐洲各國。一個樸素思想遊牧民族改變成侵略民族，甚至帶動整個歐洲；世界人類因災難負重增加，侵略的災難因此而擴大，並涉及中國，發生劫掠戰爭。

　　中國這片廣大的土地和人民，西方殖民主義者早已虎視眈眈，從明朝神宗萬曆八年（即公元 1580 年），殖民主義宗教基督教已經開始踏入中國土地。

　　西方政治家從四大文明古國中，只有中國仍然兀然不倒，留給鄧小平先生提出改革開放政策，其支柱和凝聚力是慎終追遠的道教。**難怪文豪魯迅先生指出，中國文化的根柢是道教，因此西方殖民主義者千方百計要用上帝去取代中國血緣信仰，其後與軍事和政治配合，就可把中華民族牽到上帝的面前，做上帝的子民，而中國領土任由殖民主義瓜分。**偉大中華民族，是全人類文明的拓展者，並且是人類未來啟導大同的世界。如果成為西方帝國主義的奴隸，豈不痛心和可悲？西方罪魁禍首以怨報德。**倘若事情如此發生，人類永遠不可能邁向世界大同！**

　　辛亥革命雖然推翻了帝制，卻引進了西方的民主，但亦為基督文化侵略大開方便之門，激化中國社會的矛盾，種下新的禍根。尤其中國知識分子不懂道德經，無知道德經的偉大，促使世界人類天災人禍不斷發生，誤把西方民主自由。卻招惹一場世界共受災難的到來。

　　軍閥混戰，日本軍國主義的侵華，中國內戰，海峽兩岸仍然處於對峙，中國改革開放受到圍堵和干擾，這完全是由基督

文化侵略所造成。經由殖民主義、帝國主義、新霸權主義在其中精心策劃，形成一場接一場的政治狂風暴雨，一場夢想受徹底摧毀中華！

中華民族從受愚弄、受瓦解、受瓜分、受蹂躪中清醒過來，無論共產黨、國民黨，兩者共同意識到，自己政黨的存在不應以苦難為對民族的恩賜，而應立心振興中華，因此，無論任何一個炎黃子孫，如果尚存民族的血性，都應該棄誰打倒誰的口號，更不要為外國勢力所左右，受其威迫利誘所蠱擺，當其巔頂的應聲蟲和嘍囉。**中國災難的降臨，原因由天下帝制和儒家思想，以及外國侵略勢力促使中國受盡凌辱。**

對峙，是恥辱歷史的殘餘，談判，是民族的共望，誰在此問題上刁難、推宕、抗衡、誰也就與人民之願相違。

談判，並非廣東新會的柑皮，小心折舊的時日會到來。機不可失，時不與人！

香港九七回歸，是一件民族大事，不但中國人高興，而任何一個有正義感的外國人，亦為之歡欣！香港回歸是一偉大好事，中國由香港得益重大，**但緊記要推行國民教育。誰放棄國民教育，誰就是時代罪人。導致香港未來苦難。**

新霸權主義者是回歸的大障礙，英國政治家罔顧人民的遠近利益，和一些靈魂不協調的中國人，亦跟隨它的指揮棒喧嘩，帶來諸多刁難和麻煩。香港的麻煩將會是一場不少的禍害。**撤消香港政治部，後患無窮。堅決、廣泛、持續推行國民教育，是靈丹妙藥！為特首者請毋忘！政府應設立"人事科"取代；廉潔政治永恆。**

全人類拭目以待，新霸權主義者正在策畫和醞釀一場香港

回歸前和後的動亂。

敬請台灣當局敬動亂而遠之，因它有損自己新豎立的形象，降底了談判的籌碼。不過按台灣的執政者，根本不明白道德經而傳統的是日本帝國思想所染污而繼續為害中國和香港。

香港繁榮安定，不但是全香港人的利益，亦是人類的利益，敬請英國政治家好好深思熟慮。英國要擺脫經濟困難，有別於歐洲其他國家，親華是唯一出路！

敬希中國政府，要同情、體諒、饒恕香港人，因為廣大的香港人，他們世代由 1842 年期望到今天！願當亡國奴的畢竟是很小很小的一部分人。大多數的中國人永遠熱愛中華民族。

冀望在 1989 年夏天失掉兒女的父母們，節哀順變，要跳出悲痛的沉淪。今天中國改革開放確實取得成績，它之得來，與在生的中國人和為愛國失掉生命的中國人分不開！死在長安街青年，是一時衝動，聽信外國勢力造成！

安息吧！真正為國的英魂！那受騙而犧牲的青年，也應有所覺悟，西方政客永遠是想滅亡中華。西方將於 2035 年明顯衰亡必然到來。天地安泰，陰陽共安，中國永恆強盛無衰，人神共樂。不亦樂乎！

高興吧！努力，為振興中華民族的人們！

洗心革面吧！不義之財，理無久享，包括其本人、家人，尤其是兒孫！貪贓枉法定無好下場。

新霸權主義，它把中國民族當作假想敵人，它不但是中華民族的思想敵人，亦是全人類和平幸福的敵人！

要化解前進道路上的一切障礙，必須高舉老子的《道德經》義無反顧地前進！

　　以道治黨，以黨治國，以道治人，以法治民，並堅決做到「聖人無常無心。以百姓心為心」，「一黨主政」又有何妨！國家肯定強盛，社會必然太平！改革開放，世界共同體是中國強盛永恆國策。

　　「常無欲以觀其妙，有欲以觀其竅」，是老子哲學的思維方法，無論大大小小聖人，都能「慎終追遠。則無敗事」！

　　「吾有三寶。一曰慈。二曰儉。三不敢為天下先」，是建設國家民族的金科玉律，因時制宜，萬事暢通！

　　「反者。道之動。弱者。道之用。天下萬物生於有。有生於無。」，是中華民族振興、強大、統一、繁榮的歷程！

　　「甘其食。美其服。安其居。樂其俗」，是中華民族和世界人類推行老子《道德經》的必然收成！

　　「既以為人己愈有。既以與人己愈多」，老子鼓勵和指導全人類要時刻想着為人為己，實質是為己為人，是人跳出娘胎後既定的職責，人類才可成為「王居其一焉」。

　　老子《道德經》包羅萬有，萬古常新，是人類唯一的前無古人、後無來者的微型百科全書，它是一本人類永恆天書。

　　鄧小平先生是當代最偉大的老子道家思想繼承者，他的「改革開放」政策，是中華民族擺脫新霸權主義困擾、圍堵而永遠跳出災難漩渦的途徑。把全面推廣老子《道德經》思想，與他的「改革開放」政策結合起來，中國萬世不衰是必然而無可更改的將來！習近平先生更將改革開放政策發揮和擴大，提出一帶一路，世界共同體；在實踐中貫徹「慎終如始。則無敗事」；中國強盛永恆。始終緊抱以德報怨，天下無不欣欣

歡迎中國人貢獻世界大同。緊記：晨早當思謀生計，閑時應讀道德經；倘能如此，永恆強盛中國必然到來。

全體炎黃子孫要緊記，中華民族的衰落原因是五鬼鬧中華。將五大促使中華衰落原因歸納，外來落後思想掩蓋和污染中華民族老子道家思想，是一最主要的原因；這種現象仍然存在，**要大家明察秋毫，用老子《道德經》做顯微鏡和望遠鏡，細緻、耐心清除。任重道遠！中華民族，奮鬥永恆，中國人是促使人類大同的啟導者。**

還有，民主、自由、人權是最吸引人們耳朵和使人心猿意馬的詞語，對經濟富有的國家來説，暫時尚未表露其害，但其危機已露端倪；然而，對中國方興未艾的經濟來説，照別人那樣依樣畫葫蘆，除了那些無知此是新霸權主義者的陰謀外，其餘的盡是一些唯恐天下不亂的人；對於純潔愛國的中國青年來説，切勿輕舉妄動，要三思而後行。中國亂不得，中國已經完全消散任何革命因素，唯一的共同要求是全世界人民要統一，人類共同要求世界大同。**改革開放是中國永恆國策，亦是全人類永恆不變大道。**

中國亂不得，一切都要循序漸進，按部就班，全民同心共德幫領導的政黨，協助她以道治黨的自我改造。這才是國家和民族的福！中國必須和平統一。

中華民族，無分大小、先後、地區、語言、風俗、血緣、信仰、海內、海外，大家在鄧小平先生改革開放的政策照耀下，在一個中國的統一基調上，高舉老子《道德經》進行思想大融和；血液大融和，以普通話為催化劑，冶煉鑄造一個精鋼的民族！**在習近平先生天才發揮一帶一路，其世界共同體劃時代，**

心安理得奮勇向前。中國在一嶄新時代局面的形勢下永恆擺脫貧困和落後。

「天之道。利而不害。聖人之道。為而不爭。」

世界行道德，人類共大同！

《只有〈道德經〉能夠救世界》，必然「慎終如始。則無敗事」。

中華民族永繼拓展人類世界功勞而繼續，以德報怨啟導世界邁向世界大同。

中國人永遠緊記，堅持以德報怨贏得世界其飲人心，中國永恆強大富強無衰。

據陳子研究，道德經第十四章全文："視而不見，名曰夷。聽而不聞，名曰希。搏之不得，名曰微。此三者不可致詰。故混而為一。其上不皦，其下不昧。繩繩不可名。復歸於無物，是為謂無狀之狀。無物之象。是謂恍惚。迎之不見其首，隨之不見其後，執古之道。以御今之有。能知古始，是謂道紀。"反映中國人超世紀的物理科學天才，它將物理的整套理論全載於此。

老子的"無有入於無間"的物理科學觀，概括了物理學原子、電子、粒子一切的理論，道德經是物理科學總綱！全世界科學家全是中國物理學的後學。

老子是天下最偉大哲學家、物理學家，是世界科學之父。

一九九六年八月五日圓稿於香港
二零一九年五月十八日修訂
二零二零年五月二十五日（農曆四月十四日）修訂

第五節　推介一篇創世紀政論文

偉大新時代中國共產黨第十九屆中央委員會第四次全體會議的偉大創舉。

（一）召開時間地點、日期和出席人數：

日　　期：2019 年 10 月 28 日至 31 日

舉行地點：北京

出席人數：中央委員 202 人，候補中央委員 169 人。

主持機構：中國共產黨中央政治局

主 持 人：中央委員會總書記習近平作重要講話。

下面對此重要講話進行摘要和闡述。

（二）全文分二十一點摘要闡述和演譯：

(1)「全會充分肯定黨的十九屆三中全會以來中央政治的偉大工作成績」：

中國特色社會主義，「堅持馬列主義、毛澤東思想、鄧小平理論、「三個代表」重要思想、科學發展觀、習近平新時代中國特色社會主義思想為指導，全面貫徹黨的十九大和十九屆二中、三中全會精神」，在各項事業中取得歷史性偉大成就；並增強改革開放進行到底的信念。並永恆堅持「不忘初心，牢記使命」；推動黨和國家各項事業取得新的重大進展。

中國在黨領導下堅持與道德經的唯德唯能哲學思想，"慎終如始，則無敗事"（64 章）偉大科學哲理，邁向一帶一路，世界共同體的大同世界。

(2)「中國特色社會主義制度是黨和人民在長期實踐探索中形成的科學制度體系」：

習近平先生天才繼承鄧小平先生的實踐是檢驗真理唯一標準的觀點，光前啟後，促使中國永遠向前發展。充分體現 "慎終如始，則無敗事" 道德經哲學觀。反映堯天舜日，甘雨和風的盛世在中國現實展開，國泰民安必然到來。

(3)「全會認為，中國共產黨自成立以來，團結帶領人民，堅持把馬克思主義基本原理同中國具體實際相結合」，全面取得各項偉大成就：

中國為甚麼能取得偉大成功勝利這一問題，因採用馬克思原理生活結合中國實際情況，通過實踐找到中國特色社會主義制度，而取得經濟、文化、社會、生態文明、軍事、外事等各方面制度，加強和完善國家治理，取得歷史性成就。

這反映 "道可道，非常道；名可名，非常名"，這一科學唯能唯德的道德經科學哲學理論永恆主導中國傳統民族思想，即 "深厚中華文化根基，深得中華民族擁護" 而取必然無可抗拒的永恆勝利。

道德經是全人類總天書。

道德經第四十九章：

「聖人無常心，以百姓心為心。善者，吾善之；不善

者，吾亦善之。聖人之在天下，慄慄為天下渾其心，百姓皆注其耳目，聖人恉孩之。」

這是"為人民服務"的永恆具體的闡述。

"是能夠持續推動擁有近十四億人口大國進步和發展，確保擁有五千多年文明史的中華民族實現「兩個一百年」奮鬥目標進而實現偉大復興的制度和治理體系"（見原文）。

中國人拓展世界文明，亦必啟導全人類和全國人民邁向世界大同，世界共同體。

(4)「全會強調，我國國家制度和國家治理體系具有多方面的顯著優勢」：

堅持黨的集中統一領導；堅持人民當家作主；堅持全面依法治國；堅持各民族一律平等；堅持全國一盤棋；堅持公存制體系；堅持共同的理想信念；堅持人民為中心的發展思想；堅持改革創新，與時俱進；堅持德才兼備，選賢任能。

這裡有十項堅持，是固本培元，有效建設中國；完善實踐此十項要求建設途逕和方法，中國必然強盛永恆。

在此基本成功條件下，必須實現中國和平統一，為促使這目的必然成功；堅持「一國兩制」，保持香港、澳門長期繁榮穩定。鄧小平先生提出一國兩制有兩大目的，促使西方資本主義加速衰亡；對內主要警惕防左的出現。這一觀點連鎖習近平先生的天才發揮光揚思想，推行一帶一路，世界共同體，必將促進世界邁向世界大同。

中國國家制度和國家治理，體系具有多方面的顯著優勢，充分反映習近平先生"聖人無常心，以百姓心為心"的完全為

人民服務精神。

道德經第五十七章：

「以正治國，以奇用兵，以無事取天下；吾何以知其然哉，以此！天下多諱，而民彌貧；人多利器，國家滋昏；人多伎巧，奇物滋起；法令溢彰，盜賊多有；故聖人云：我無為而民自化，我好靜而民自正，我無事而民自富，我無欲而民自樸！」

習新平先生新時代中國特色社會主義必然擺在日程上。幸福像春天沿途的鮮花，迎送中國人民和平幸福的坦途。

(5)「全會強調，必須以馬克思列寧主義、毛澤東思想、鄧小平理論、「三個代表」重要思想、科學發展觀、習近平新時代中國特色社會主義思想為指導，實現中華民族偉大復興的中國夢提供有力保証」：

堅持黨國統一思想領導，推行人民當家作主，依法治國，堅持解放思想，實事求是，堅持改革創新，也就輕而易舉，毫無困難。

道德經二十八章：

「知其雄，守其雌，為天下蹊。為天下蹊，常德不離，復歸於嬰兒。知其白，守其黑，為天下式。為天下式，常德不忒，復歸於無極。知其榮，守其辱，為天下谷。為天下谷，常德足，復歸於樸。樸散則為器，聖人用之，則為官長，故大制不割。」

此反映堅持黨的領導，是天下蹊，是天下式，是天下谷，中華民族在黨統一領導下，永遠發展和前進不息。中國是全人

類文明的拓展者。中國民歌，“日出而作；日入而息；帝力與我何有哉”，一種芬芳樸素共產精神已勾畫出今天人說所謂共產主義理想，不謀而合直達今後將來。

　　中國永遠是世界和平中流砥柱。是世界共同體的保証和支柱。

(6)「全會提出，堅持完善中國特色社會主義制度。推進國家治理體系和治理能力現代化的總體目標」是：

　　這第六點，指出黨成立一百年時間，黨在各方更加成熟、更加定型並取得明顯成效；到 2035 年各方面制度更加完善，治理能力更全面現代化，使中國特色社會主義制度更加鞏固，優越充分展現。但西方資本主義更明顯走向衰亡。中國人以盛世去看西方衰亡！

　　中國共產黨由成立至今，充分體現道德經第七十八章科學哲理：

　　「天下莫柔弱於水，而攻堅強者莫之能勝，其無以易之。弱之勝強，柔之勝剛，天下莫不知、莫能行。是以聖人云：受國之垢，是謂社稷主；受國不祥，是為天下王。正言若反。」

　　共產黨是偉大的黨；毛澤東先生是偉大領袖，創立新中國；鄧小平先生是偉大革命家；習近平先生是中國新時代主導者。中國偉人世代相接，中國必然永恆強盛不衰。

　　豈虛言哉，誠全而歸之。

(7)「全會提出，堅持和完善黨的領導制度體系，提高黨科學執政、民主執政、依法執政水平」：

在中國共產黨領導下，堅持黨政軍民學，東西南北中凝鑄無縫完善結合，共導中國共產黨總攬中國全局，統指揮全國經濟、政治、文化、民生、外貿、國防、外交等一切事物。鐵統江山，天下無亂，中國永不亂，永恆抱以德報怨高貴品德貢獻全人類！

發揮唯德唯能科學哲學，永常不怠"常無欲以觀其妙，有欲以觀其竅"，堅持無為而無不為，促使永恆發展進步。中國永恆政通人和，國泰民安。

世界在一帶一路，世界共同體，朝著新時代中國特色社會主義啟導全人類邁向大同。偉大時代，偉大中華，聖人永恆輩出，國泰民安，啟導全人類邁向世界共同體的和平大同。

(8)「全會提出，堅持和完善人民當家作主制度體制，發展社會主義民主政治」：

堅持中國共產黨唯一領導地位和結合多黨合作和政治協商制度；完善人民代表大會制度這一根本政治制度，推動管理國家事務；管理經濟文化事業；管理社會日常事務。堅持發展發揮愛國統一成就；堅持和完善民族區域自治制度。

如此偉大政制正體現道德經第六十八章的科學哲理：

「善為士者，不武；善戰者，不怒；善勝敵者，不爭；善用人者，為之下，是調不爭之德，是謂用人之力；是調配天，古之極也。」

一種政制能稱之為配"天古之極"，是一種唯德唯能掌握

道是能量統稱，依其運作規律而啟導運用於社會，產生無為而無不為解決人類生活中一切問題。反映道德經是全人類永恆天書。中國共產黨永恆堅持唯德唯能發展中國永恆不衰。

(9)「全會提出，堅持和完善中國特色社會主義法治體系，提高黨依法治國依法執政能力」：

今後中國完善法治體系，並提高執法能力，促使中國全面法治普及化。中國將成全面法治國家、堅持法治政府、法治社會；全面健全憲法實施機制，立法機制；以達社會公平法治保障制並對法律實施的監督。

奉勸中國偉大共產黨員、偉大知識分子、偉大公安兵，大家決心與貪污害國的卑污行為分家，永恆接受共產黨領導，建立偉大的中國。

中國將來，必然國泰民安，豐衣足食，人間樂園。

道德經第八十章云：

「小國寡民，使有什伯之器而不用，使民重死而不遠徙，雖有舟輿，無所乘之；雖有甲兵，無以陳之；使人復結繩而用之。甘其食，美甚服，安其居，樂其俗，鄰國相望，雞犬之聲相聞；民至老死，不相往來。」

完美的社會是中國政制效能的充分發揮的必然。

中國共產黨萬歲。中國無為而無不為的聖人萬歲！

(10)「全會提出，堅持和完善中國特色社會主義行政體制；構建職責明確，依法行政的政府治理體系」：

如此新時代要求，必然達到一切行政機關為人民服務，對

人民負責，受人民監督，創新行政方式，提高行政效能，建設人民滿意的服務政府。

　　全民起來，監督檢舉一切貪污瀆職的害群之馬，讓共產黨領導下中國進步永恆，幸福永恆。

　　如此全心全意服務人民的政制保證中國永恆國泰民安。

　　道德經第二十二章云：

　　「曲則全，枉則直，窪則盈，敝則新，少則得，多則惑，是以聖人，抱一以為天下式；不自見故明，不自是故彰；不自伐故有功；不自矜故長；夫惟不爭，故天下莫與之爭。」

　　中國強盛，是天下莫與之爭的必然。

(11)「全會提出，堅持和完善社會主義基本經濟制度，推動經濟高質量發展公有制為主體，多種所有制經濟共同發展，按勞分配為主體，多種分配方式並存」：

　　這一經濟策略，堅持按勞分配為主體，多種分配方式並存，加速社會主義市場經濟體制，完善科技創新體制機制，建設更高水平開放型經濟體制。

　　這高水平開放型經濟新體制，必然促使中國經濟出　快速發展新面貌，中國必然強盛，全排在成功日程上。

　　道德經第三十七章云：

　　「道常無為，而無不為；侯王（聖人）若能守，萬物將自化。化而欲作，吾將鎮之，以無台之樸（指道）。無名之樸，亦將不欲（適當而止）；不以欲爭，天下自正。」

　　人類社會以經濟為社會基礎；一個國家經濟問題解決，一

切也就解決，加上唯德唯能道主儒輔社會公民教育，中國也就世界上衣食足文明國家。"衣食足，知榮辱"，永遠是文明國家。香港一國兩制，民主自由超越西方，香港為甚麼產生暴動破壞，原因是並未推行公民教育，宗教與教育分家，迷信神創造人，而並非"人創造鬼神"分工合作貢獻社會。暴動是必然平息而永無！

(12)「全會提出，堅持和完善繁榮社會主義先進文化的制度，鞏固全體人民團結奮鬥的共同思想基礎」：

要堅持馬克思主義在意形態領域指導地位的根本制度，牢牢把握社會主義先進文化前進方向，激發全民族文化創造力，更好構築中國精神、中國價值、中國力量。

建立健全把社會功效放在首位，社會效益和經濟效益和經濟效益指統一的文化創作生產體制機制。

國家文化政策與生產經濟相結合，啟動經濟發展經濟，與政治相結合，國家運作完備整體，一切發展將迅速前進。

(13)「全會提出，堅持完善統籌城鄉的民生保障制度，滿足人民日益增長的美滿生活需要」：

政治完全促進人的人民福祉，是根本重要的基礎，是立黨完全為公，執政完全為民，共產黨是破天荒唯一能做到的政黨，才可做到幼有所育、學有所教、勞有所得、病有所醫、老有所養、弱有所持，而達到逐步而至全面脫貧。

道德經第八十章有云：

……甘其食，美甚服，安其居，樂其俗……

唯德唯能，無為而無不為，而達 "聖人無常心，以百姓心為心" 的時代。

(14)「全會提出完善共建共治共享的社會治理制度，保持社會穩定維護國家安全」：

社會安全穩定是國家治理的首要重要方向；完善完美常委領導主導著政府負責、民主協商、社會協同' 公眾參與、法治保障、科學支撐的總主幹。為人民內部矛盾和永恆和諧協調，完善國家完全結構體系作了基礎的保證。

道德經第三章云：

……使夫知者，不敢為也；為無為，則無不治。

國家永恆國泰民安，雨順風調。

(15)「全會提出，堅持和完善生態文明制度體系，促進人與自然和諧共生」：

生態文明建設是關係中華民族永恆發展千年大計；堅持節約優先、保護優先、自然恢復為主的方針，而必然出現生產發展、生活富裕、生態良好的文明社會；生態環境保護制度、資源高效利用制、健全生態保護和修復制度、生態環境保護責任制度，全面永恆成為社會的常規。國家人民生活，此三者與黨的領導永恆有機統一結合。黨永遠活在人民心中。

黨、國家、民族永葆青春無衰。

道德經云：

孰能濁以澄，靜之徐清；孰能安以久，動之徐生。

中華民族在黨領導下萬壽無疆。

(16)「全會提出，堅持和完善黨對人民軍隊的絕對領導制度，確保人民軍隊忠實履行新時代使命任務」：

黨對人民軍隊的絕對領導是人民軍隊的建軍之本，強軍之魂。

必須牢固確立習近平強思想在國防和軍隊建設中的指導地位；確保實現黨在新時代的強軍目標，把人民軍隊全面建成一流軍隊，永葆人民軍隊的性質、宗旨、本色，要永恆堅持人民軍隊最高領導權和指揮權屬於黨中央，健全人民軍隊黨的建設制度體系，把黨對人民軍隊的絕對領導權貫徹到軍隊建設領域全過程。

黨全面領導指揮軍隊，黨永遠是人民的保障中流砥柱。

黨軍隊人民國家鐵統江山。

道德經第二十六章有云：

重為輕根，靜為躁君；是以聖人，終日行，不離輜重；雖有榮觀，燕處超然。

聖人永握輜重，保衛國家，保衛人民。

(17)「全會提出，堅持和完善『一國兩制』制度體系，推進祖國和平統一」：

「一國兩制」是黨領導人民實現祖國和平統一的一項重要制度，是中國特色社會主義的一個偉大創舉。必須嚴格依照憲法和基本法對香港特別行政區、澳門特別行政區實行管治。連鎖反映要堅持推行祖國和平統一進程，完善促進兩岸交流合作、深化兩岸融合發展、保証台灣同胞的福祉的制度妥善安排政策措施，團結廣大台灣同胞共同反對「台獨」、促進統一。

「一國兩制」是偉大當前世界發展策略。鄧小平先生推行

「一國兩制」有其偉大實踐意義，對內可以「防左」，對外可促使資本主義走向衰亡。這一富俱時代意義永恆政策，收到非常巨大效應。這一改革開放政策；習近平先生將之偉大發揮，提升為一帶一路，其世界共同體，更加產生偉大效能，牽動世界朝向中華。

習近平先生新時代中國特色社會主義思想，將更強烈牽動世界邁向大同。

道德經第四十九章云：

「聖人無常心，以百姓心為心；善者，吾善之；不善者，吾亦善之；信者，吾信之，不信者，吾亦信之；聖人之在天天下，慄慄為天下渾其心，百姓皆注其耳目，聖人皆孩之。」

道德經教導中國人傳統性思維：道可道，非常道；常無欲以觀其妙；有欲以觀其竅；慎終如始，則無敗事。還有孔聖先生：知錯能改，善莫大焉。這些傳統思維促使中國人是世界文明拓展者；改導世界大同的將來。

中國偉大成就，偉大以德報怨的世界共同體思想，美國政客怨恨天下不公平，而為害中國為害世界人民。美國政客永恆是全人類罪魁禍首；共而誅之。

(18)「全會提出，堅持和完善獨立自主的和平外交政策，推動人類命運共同體」：

必須統籌國內外、兩大局、高舉和平、合作、共贏旗幟、堅決維護國家主權、安全、發展利益，堅定促使維護世界和平、並促進共同發展，完善全方位外交佈局，並積極參與全體性改

革和建設，以達人類命運共同體。

這種全球性世界共同體的外交，唯有在中國共產黨的領導下才可進行而成功。

道德經第七章有云：

「天長地久；天地所以能常且久者，以其不自生，故能長生。是以聖後其身而身先，外其身而身存；非以其無私邪，故能成其私。」

國家永恆強大發展是黨培養接班人！黨是主幹而永恆而以法治國國家永恆國泰民安。

(19)「全會提出，堅持和完善黨和國家監督體系，強化對權力運行的制約和監督」：

黨和國家監督體系，黨長期堅持自我淨化、自我完善、自我革新、自我提高的偉大永恆決策，促使黨永恆不敢腐、不能腐、不想腐敗而全體國家幹部要全心全意為人民謀幸福。

道德經第八章有云：

「上善若水，水善利萬物，而不爭，處眾人三惡：居善地，心善淵，與善仁，言善信，正善治，事善能，動善時，夫唯不爭，故無尤。」

聖人永恆"愛以身為天下，乃可託於天下"。

(20)「全會強調，堅持完善中國特色社會主義制度、推進國家治理體系和治理能力理想化，是全黨的一項重大戰略任務」：

全面堅持要求各級黨委和政府以及各級領導要切實強化

制度意議，帶頭維護制度權威，做到制度執行的表率，帶動全黨全社會自覺尊崇度、堅決維護制度。推動廣大幹部嚴格按照制度履行職務、行使權力，開展工作，提高推行「五位一體」總體佈局和「四個全面」戰略佈局等各項工作能力和水平。

道德經第二十七章有云：

「善行無轍迹，善言無瑕謫，善計不用籌策；善閉不用關鍵，而不可開；足以善人常善救人，故無棄人；常善救物，故無棄物。是謂襲明。故善人者，不善人之師；不善人者，善人之資。不貴其師，不愛其資，雖智大迷，是謂要妙。」

毛澤東先生建立新中國，鄧小平先生改革開放，韜光養晦，實施一國兩制鞏固中國共產黨的領導、穩定黨的治國精明活力，徹底改善人民生活，中國經濟、政治、文化全面正常化。習近平先生繼承黨偉大事業推進一帶一路，世界共同體；勤政精明為國為民，促使世界共賀中華蒸蒸日上國泰民豐。

(21)「全會號召，全黨全國各族人民加緊加強更加密切團結在以習近平同志為核心的黨中央周圍，堅定信心，保持定力，開拓創新，為堅持和完善中國特色社會主義制度、推行國家治理體系和治理能力的現代化，實現「兩個一百年」奮鬥目標，實現中華民族偉大復興的中國而努力奮鬥」！

這是一篇震驚世界的政論文，想在道德經八十章中找一章歌頌讚揚它。翻揚查考時間超二十分鐘，認為最恰當是道德經中第三十三章：

「知人者智；自知者，明；勝人者，有力；自勝者，強；知足者，富；強行者，有志；不失其所者久；死而不亡者，壽。」

習近平先生是中國當代智者、明者、力者、強者、富者、志者，是永受敬頌者！當之無愧。

陳子提議全中國人民感應習近平先生這篇政論文，而"晨早當思謀生計，閑時應讀道德經"。

中國人朝著習先生指向前進永恆。中國永恆向無衰在中國共產黨領導下拭目以待，美國於 2035 年必然明顯衰亡！因西方自由和民主永恆矛盾互鬥，政客企圖採用欺騙政策，苟延殘喘，神州永盛世界寧。

　　　宏文長久化人心　廉政聖君習近平
　　　華夏必然如旭日　神州永盛世間寧

第六節　介紹如何認識道儒起始和鬥爭嚴重影響中國歷史

（一）何謂道家思想：

首先要知道甚麼是道家思想？

中國人知道者，稀矣，少矣！

道家，是講道理的學派；中國一開國就是講理的國家民族。不信且讀此民歌民諺。

日出而作；日入而息；帝力與我何有哉？

是歌頌一個樸素原始共產社會。這股馨香散出，圖文八卦、易經、詩經、道德經和論語以及諸子百家。諸子百家，全是人創造鬼神的觀點，並無鬼神創造人的觀點出現。也許生活出現特殊想不通的現像，才產生自然創造神仙的觀點，導致拉向妖鬼。大家可以考察，歷史上根本並未出現鬼神創造人的宗教。封神榜是集合性歷史性的幻想小說。人努力創造自己為神。

小說中的英雄俊傑全是有父有母有兄妹以師承。其餘是仙人。

嚴格說來，"封神榜"是人創造鬼神能人的故事。人創造鬼神是其基本思想。

人創造鬼神是中國人傳統性基本思想；神創造人是外界傳入的錯誤思維。如果用學術上觀點說，道家思想是中國社會的主流。其後被迫而回流社會並非單純道家思想，而造成社會出現混雜性政制；統治者從不怪責自己無能，國力走衰，面向國

外求取神力扶助。中國宗教複雜因此產生。總原因，中國人不徹底洞悉道德經所造成。

中國全民性歷史性是道家思想哺育的民族。

中華民族是拓展世界文明的民族，亦必然是啟導世界人民邁向世界共同體的世界大同。**"道主儒輔"將必成中國理想政制，而吸引世界相同。**

共產有誰知源於中國，但未營謀結合，所以未使用稱主義或黨。其代表公平、守法、尊重、互助、原諒一切均包含在內。共產和道家有共意而不同音之妙。是全人類共同追求的未來。"道主儒輔"是共產理想的前身的階梯。

中國一舉一動，一言一語，一思一想，全為以德報怨，貢獻全人類。這是強而有力的統一思想，這一思想，將導致受全人類尊敬和崇拜而學習。

世界共同體的願望必然到來。不過要永記，歷代帝王朝末落，皆由不懂"治人事天莫若嗇"所至。說得明白些，是指不懂世界人類天書道德經。

道德永恆天地智　神州強盛謝人間

（二）何謂儒家思想：

其實中國歷史開始，無所謂道家、儒家、百家、佛家、雜家。其後為了分別說清楚問題才有各家名稱出現。

從圖文八卦到道德經，道學文化是中國唯一文化，儒家文化還未面世。

孔子根本不知"道可道，非常道"是甚麼。因此孔子無知自然能量是甚麼而非常尊敬老子，超過三次的問禮，而只提"克己復禮"。其實"克己"是指孔子本人要"克己"，意思是叫弟子要學他，不要衝動批評老子；"復禮"，是表明他自己不明天道；孔子本人只對"周禮"尚能粗淺能明，既對道學一無所知，叫後學切勿亂以批評老子道學。

孔子週遊歷國一事無成；被認為儒家學說不合時宜；孔子趾高氣昂出門週遊歷國，但卻喪氣而回。投身萬世師表，造就歷代偉人。

到戰國末期，王朝急需要像儒家思想去凝聚，儒家為帝王起用。而儒家思想因當時無人理解，深感鬆散不羈，不會起政治作為。**在諸子，統治者找無可找，只好找儒家充數，儒家開始受重視。道儒爭鬥開始產生。尤其是儒家後學，更怕道家上位，而諸多貶低道家。**

（三）道、儒兩家思想鬥爭：

道、儒本來河水不犯井水，從孔子"問禮"和"克己復禮"完全可以推斷。

問題發生於帝王本身存在興衰，而要找綑索。帝王認為儒家比任何一家要好得多，因此選上儒家作為護國衛邦思想，在學界大力推行。"十年窗下無人問，一舉成名天下知"全部是對儒的推崇觀點。為了加深儒家思想保國衛鄉，儒家成了普及教育傳統思想。相對，道家思想受貶。道家思想只能間中有所表現：受用者三國孔明和唐朝徐茂公；明朝劉佰溫等人。但強

盛一時，不久又由儒家領導。主要道家能強盛國家，但會失掉世襲傾向，帝王因怕此而改轅易轍，回復採用儒家。

儒道在中國歷史上運作，產生，儒家在中國歷史的豐功偉績，"分久必合，合久必分"羅貫中先生批斷了中國歷史的循環規律直至 1911 年辛亥革命；到 1949 年改變更為徹底。道儒鬥爭，使帝制延表到 1911 年辛亥革命。西方 1784 年工業革命，西方社會超越中國，受盡西方凌辱割地賠款，人民受辱欺凌，中國成了半殖民地。有知產生此結果者的學者，可説少之又少。**中國落後完全由帝制與儒家思想相結合，綑綁中國思想而受西方凌辱。**

1949 年中國出現新局面，毛澤東先生建立偉大新中國；鄧小平先生改革開放並實現香港回歸，推行一國兩制；改革開放，中國出現飛躍進步。習近平先生天才繼承，一帶一路，世界共同體，促使世界邁向光輝大同。

（四）在一國兩制的兩制中推行 "道主儒輔" 策略：

道主為宗儒輔衛　環球政制盡殷求
香江實踐任君賞　世界同歡翹指頭

從中國歷史發展，藉香港特區推行 "道主儒輔政制" 促使香港新局面，填補 2019 年 6 月後香港暴動帶來社會無論經濟、文化、教育等大損失；更重要的啟示人們西方資本主義走向衰亡，從本次香港暴動反映清楚，香港推行 "道主儒輔政制"，既是傳統政制，以通過實踐比較，而優選劣棄，促使全港市民

生活經濟繁榮逐步踏上國內政制，這是方便 2047 年自然的過度。天衣無縫，同時反映實踐是檢驗真理唯一標準。

道主，教育全面性以道德經為指導，學校全面性學習道德經。儒輔，儒家思想全面性講解，其主導思想是道家哲學。儒家思想，無疑是一套非常完整的倫理社會結構思想遠比資本主義優越，如果有道家作啟導。

香港特區學校面目一新，推進世界學習香港特區教育和政制、經濟的進步和優越。**以達鄧小平先生所望，促使資本主義走向衰亡。暴動後的香港，推行道主儒輔對香港政制是最好不過。**

（五）總結香港特區推行道主儒輔向西方推介：

鄧小平先生一再提醒特區一國兩制作用；對內起防左作用，對外，促使資本主義加速衰亡。從 2019 年 6 月的香港暴動，反映全世界經濟走向衰落，唯獨中國欣欣向榮；因美國結合台灣掀起亂港暴動；美台藉此拖慢中國經濟，尤其是貿易戰，更幻想捉進其破壞作用。既然如此，香港既然不可推行社會主義，何不推行道主儒輔政制，道主儒輔政制，比西方和台灣政制進步，真可起平暴制衡覓作用。將道主儒輔與西方資本主義作全面比較，前者全面性超過後者，反映足以取代資本主義。

中國以民為本經濟政治，完全經得起西方經濟、政治挑戰。

西方必然江河日下，每況愈下，而面目無光而失敗收場。

中國經濟、政治成功，以香港道主儒輔政制勝利，中國一

帶一路，世界共同體，啟導世界邁向大同。

西方衰退是當然　　中國富強無用言

美國何須興貿戰　　環球富貴結華緣

母親自本人幼時常聽自喃，家無讀書子，官從何處來？但常喻錢財如糞土，仁義值千金，即警喻做官要清廉，切勿當貪官；兒子緊記終生。因此生活中總是領悟，為人切勿有違人、神、鬼，亦即天、地、人；這是天理；因此常喻自己，天地為我而生，我為天地而死，堅決完成，《陳子論道》、《陳子論政》、《陳子論宗教》、《陳子論報應》，以報謝母親生我而早逝！

還有《陳子論報應》待撰寫完成。有醫生讚我年齡可超百三十歲，吾決心寫更多著作酬謝知我者為懷。

無論世界歷史，抑或中國歷史，皆有其共同點，每一個災難產生，皆由當權者，無知唯德唯能的人類天書道德經所造成。直到今天世界上，仍然存在不少壞的殘餘：唯我獨尊，目空一切，剛愎自用；在民間口頭流行著易反易覆小人心，路遙知馬力，日久見人心等等。其實如果大家永恆掌握實踐是檢驗真理唯一標準，加上對道德經的洞悉；同時婚姻首以德為中心，而不以美為中心；夫婦相敬如賓，家庭永恆和睦，家安國安；則中國永恆富強國泰民安，世代出聖君，永無暴政暴君！

奉勸中國人謹遵道德經十五章此語：

「孰能濁以澄，靜之徐清；孰能安以久動之徐生。」

並謹記第二章此語：

「是以聖人處無為之事，行不言之教，萬事作焉而不辭；生而不有為而不恃，功成而不居。」

謹冀中國青年世代承傳，守法奉"公"，公字八分為國為民，兩分為己為私；中國永恆政通人和，萬邦來朝！不亦樂乎！

為國為家為人永恆成功無難。

天將救之，以慈衛之；慈是為人的根本道德。社會普遍存有人的根本道德，國泰民安應是必然。

為了表懷抒志撰寫了一對聯以作永恆鼓勵，決心為寫道德經而鞠躬盡瘁！

永恆政通人和，萬邦來朝！不亦樂乎！

但願誠心寫道德　何須著意做神仙
全心貢獻新中國　歷史永留印向前

改名《只有〈道德經〉能夠救世界》的說明

原名：《〈道德經〉的實用價值（政治部份）》

1997 年改名《只有〈道德經〉能夠救中國》

1993 年謹尊中國道教協會會長關智亭道長勸告，改名，只有〈道德經〉能夠救世界。

二千五百年前，老子留下了一個治國錦囊，一部只有五千字的《道德經》。於 2020 年 5 月 10 日改用此名稱出版。成為永恆的正名。以呼應覺今是而作非。

陳霖生鑽研《道德經》十多年後，大膽提出：

● 以道治黨，以黨治國，以道治人，以法治民；

● 以老子《道德經》為體系，作為擺脫人類災難的通途；

●「道法自然」的獨裁，不是洪水猛獸，而是人民生活的甘泉；

● 老子是第一個正確以唯能量認識宇宙初開和形成的世界科學鼻祖；

●《道德經》是世界上唯一最理想、最完善的經濟政治總天書，請大家深入研究，不用懷疑；人類必然共識只有《道德經》能夠救世界。鄧小平先生的改革開放、韜光養晦，香港特區一國兩制，實踐是檢驗真理唯一標準是永恆國策；習近平先生天才發揮和繼承，提一帶一路，世界共同體，建設習近平新時代中國特色社會主義思想為指導，世界永

恆走向和平大同。中國永恆是新時代的啟導者。

　　本書從政治、文化、宗教、等領域分析中華民族幾千年盛衰根本，立論見解獨到，詞鋒一針見血。作者撰寫本書的目的，是以老子《道德經》之哲學觀點，闡明近代中國正史上的各種政治爭端，並大膽向兩岸執政官員提出，以老子《道德經》治黨、治國、治民，以及推動經濟建設與實行兩岸和平統一的具體建議。兩岸和平統一，立竿見影，中國邁向富強。本著完全道德經觀去觀察當今中國，誰把中國推向先進的成就，大膽承認此一成就，而尊重此黨領導，中國統一也就輕而易舉。

　　本書初版原名《〈道德經〉的實用價值（政治部份）》，並未公開發行。作者為推動「以道治國」的理念，已將著作送交中、台、港各級政要，並收到不少官員對該書良好的評價。該書的出版實有其社會現實的意義。本書全無固執脫離現實的觀點去愚弄他人，蠱惑他人偏離國家民族為西方政客服務。

　　今再版公開發行，改名為《只有〈道德經〉能夠救世界》以祈將老子《道德經》救國的錦囊，送給活在這一個時代的炎黃子孫手上。得此錦囊者，家運亨昌，福澤綿長。本書待中國政治家、哲學家批評，並願按正確觀點改正，維護國家民族而永恆堅持服務。作正式道家修為，而應抱：天地為我而生，我為天地而死！

　　本書一九九六年十月第一版第一次印。一九九七年八月由聚賢館文化有限公司出版，**得趙善琪先生熱心指導和建議；原名《只有〈道德經〉能夠救中國》。1993 年北京羅天大醮期間，當時全國道教協會會長閔智亭道長善言勸拙作應改名為《只有〈道德經〉能夠救世界》；經深思而改名是有道德經普及世界**

思想；陳子認為其將定是必然，天命難違。謹再多謝趙善琪先生熱心指導。

趙善琪先生，陳子永致以感謝。

作者將出版《道德經》哲學著作專題系列如下：

《陳子論道》（已於 2019 年 6 月出版）、今有《陳子論政》出版；《陳子論宗教》、《陳子論報應》將接踵而面世，敬請大家言正詞嚴批評，以達不辱世界人類天書道德經。

陳子謹誠心誠意接受大家"貴以賤為本，高以下為基"，觀點指導和批評，為道德經付出代價。所以陳子說：

但願誠心寫道德，何須著意做神仙。

陳子唯一祈望是得到大家指導和批評，是福是幸。誠心真誠貢獻民族的人們幸福和長壽。

讀書人最偉大願望是為國為民，為光揚中華文化，誠待廣眾批評。

陳子自 1986 年接觸道德經，道是思考馬克思主義與道德偉大相輔相承，解決中國問題。終於想通；馬克思主義中國化，救了道德經，道德經發展了馬克思主義，兩者相輔相承，促使道德經是全人類唯一天書。謹撰一詩以抒志：

但願誠心寫道德　　何須著意做神仙
堅隨黨國獻餘歲　　著作全真報聖賢

道德經第三十六章的偉大實用價值重點介紹

世界上中國人偉大永恆光輝璀璨歷史

中國人是人類文明歷史的拓展者，世界沒有中國人就沒有今天的文明歷史。中國青年啟導全人類邁向世界大同，並促使世界永恆政通人和；因此，大家齊寄望於勤修道德經的中國青年人營造國家民族。寄望深明道德經的中國偉大母親，生育優秀兒童。這反映國民教育永恆推陳出新。

無邊宇宙雲橡瓦　聲色無分是一家

中國人始終堅抱以德報怨貢獻全人類，但西方政客仍然死心不改，以怨報德對待中國人；西方政客一天不死，世界永恆不會有和平的一天。全人類共同抵制各國政客，推行世界和平。國民教育和經濟發展永遠是世界和平的基礎。偉大母親和青年是國家發展推動力。

中國在前 62 世紀，前 6200 年已經出現圖文八卦。接著前 29 世紀，前 2900 年，神農氏醫學的出現；其後中國黃帝文字的創立，養蠶織布的出現；黃帝於前 2700 年登基立國。中國醫學已經享譽世界。

炎黃子孫是炎帝神農氏，和黃帝後人。炎黃時期是前 29 至 27 世紀，和前 2700 年的時代。這時期相當埃及第三皇朝

是古埃及王朝開始時期。西方政客無知八卦圖文之文明史，它早於埃及王朝。

西方歷史政客，想用埃及歷史否定中國世界歷史地位；其實中國圖文八卦文明，比埃及早得多。証明西方政客是歪曲人類歷史的罪魁禍首。

前 23 世紀前 2300 年舜帝在位。"商朝"使人聯想，中國在前 2300 公元，已經進入相當西方 1784 年進入工業革命時期的商業社會。也許，中國人早知商業發展不理想，而改轅易轍，將天下轉傳，治水有功的夏禹。

公元前 841 年，人類最偉大天書"易經"在周朝文王和姜尚共同思維成書出現，為道德經出現提供科學哲學思想基礎。

詩經，抒發人民對時代歌頌，為道德經的文藝藝術語言，提供榜樣的動向。道德經既是人類科學哲學經典，亦是一部詞藻美妙瑰麗哲學作品。是前無古人，亦可説難有後者。

老子生於東周定王十四年，即公元前 593 年；生於安徽渦陽成長於河南洛陽鹿邑。於周敬王二十七年，即公元前 493 年，也許，因道德經的唯德唯能的能量哲學思想受到當時政治排斥，為了避難而出關秦地。在出關前將早已發表道德經完整重寫交予尹喜。尹喜流傳的道德經是唯一完整完善的道德經。以河尚公、王弼兩者道德經版本最為全面標準。文中的"玄"字是後人因不懂"元之又元"、"元德"的內容，而改為"玄之又玄"、"玄德"。也許統治者特意更改其不可理解而愚騙人民，這是歷代帝王主使文人不斷修改的罪證，以配合其帝王永久統治要求。亦可演証老子出關是受統治者迫害。亦可演譯

中國人不懂道德經的根本原因。

敬希學者以河上公、王弼版本為藍本考究完成恢復其永恆哲學天書和文句瑰麗的文學作品原貌；恢復其"吾言甚易知，甚易行"的語言流暢通達的道德經原貌。而一改有辱老子、有辱中華文化受帝王御用文人曲解的歷史羞恥。中國道治社會為甚麼會好似發冷一樣，時興時廢嗎？相信知道少之又少。正因為道德經受排斥受亂改所造成。漢朝文景之治，唐朝貞觀之治等，足以說明道德經受歪曲所影響。

道德經是全人類永恆科學瑰麗文學唯一哲學天書。

陳子由 1986 年起研究道德經，深覺它是人類永恆不可修改的哲學天書。因此陳子提出："晨早當思謀生計，閑時應讀道德經"的讚揚和推崇。

道德經大概在公元前 570 年已經在中國流通面世。

孔子生於前 551 東周靈王 21 年；歲 18 歲，孔子已頗有名氣，通經熟典。但他對老子道德經無法透解。因而提出"克己復禮"的保留主張。孔子是倫理學的偉大社會學家；"克己"是表示自己對老子學說，要謹言慎語克己，但對周禮非常透解；"復禮"，是提倡把周禮大肆宣傳。孔子希望人們要好好理解道德經天書而解開對道德經實用價值的發揚，而實現其對道德經寄望的偉大理想。老子的道是能量統稱，"道可道，是指人類社會的道，非常道，是指自然能量"。社會能量和自然的道，組成老子道德經的道，難怪孔子無知道德經。時至今日能有幾人知道，道是能量統稱呢？稀若晨星！

然而，統治者和儒家的後學與文人卻將此一偉大的孔子願望曲解。

孟子（公元前 390-305）歷史偉人。他把孔子思想推前一大步。

孟子的仁政，他提出"民為貴，社稷次之；君為輕"。他更提出另一驚人意見：「聞誅一夫紂矣，未聞弒君也」。可惜這種大膽民主作風未為儒家大力提倡，而只發揮孔子較平淡的儒家倫理言論，適合帝王的需要。因此與道家思想，越走越離越遠。而到了宋明儒家為了找尋出路，而出現宋明理學；轉傳到歐洲，馬克思發展為偉大馬克思主義；在政治經濟上挽救了全人類，並促使中國人透解老子道德經，警醒全人類透解道德經是全人類天書，為全人類鋪出一條永恆"世界共同體"的康莊大道。另一方面促使在經濟上發展西方資本主義。1911 年的辛亥革命，受西方資本主義思想影響，並沿用太平天國的西方宗教民主思想，建立中華民國，提出五族共和，將古今中國興亡發展歷史縫補了中國完整歷史價值，孫中山永恆偉大應在於此。其當時能"聯俄容共"，亦是永恆偉大的難得思想。1921 年中國共產黨成立，陳獨秀先生任主席，中國新時代開始。偉大毛澤東先生將馬克思主義中國化終於 1949 年建立中華人民共和國。中國邁向永恆強盛的國際道路，促使中國人透解道德經和儒學。晶凝"道主儒輔"的中國傳統思想政制，中國永恆強盛不衰。

毛澤東先生將馬列主義中國化，天才創建新中國，促進鄧小平先生的改革開放，一國兩制，韜光養晦，將中國走在先進發展道路。和實踐是檢驗真理唯一標準，成為在國內永恆防左的錦囊。習近平先生天才繼承和發揮，提出"世界共同體，一帶一路"的偉大思維，促使中國更保証走向永恆強盛無衰。

陳子特為偉大鄧小平先生，和為當今中國領導人習近平先生寫一首頌詩：

> 中國恆強有兩平　前通富裕後斷貧
> 尊崇道德無倫比　從此江山鐵鑄金

道德經八十一章是治國安民的萬世永恆的著作，但其中第三十六章，推薦中國青年的應特別認識此章的偉大戰略意義。

道德經第三十六章

原文：

將欲噏之。必固張之。將欲弱之。
必固強之。將欲廢之。必固興之。
將欲奪之。必固與之。是謂微明。
柔弱勝剛強。魚不可脫於淵。國之利器。不可以示人。

語譯前提出說明：

老子用人體呼吸以啟導青年人如何理解治國整套完善策略。

譯文：

要經常吸一口充足的氣，必須經常張開吸氣的口。要將對象削弱，必須維持其強大而不動搖；要將對象廢棄不用，必須若無其事順應其興盛；要將對象奪取，必須應其要求予取爾求；策略必須保密不為別人知曉，這是柔弱勝剛強的良策，似魚不

能脫離深淵一樣重要；亦如國家利器，保密不可為他人知道。

中國青年世代接踵透徹理解和純熟運用道德經，對永恆自己效忠國家民族黨國有益無害，中國必然永恆強盛而無衰。

中國青年世代透徹掌握唯德唯能的科學天書道德經，堅持以德報怨，貢獻中華民族和全人類；支持先在亞洲組織共富世界聯合王國，組織亞洲自由貿易區。在亞洲選擇扶助一個小國由弱轉強，由貧轉富的模範國。以此作發展模範起點，影響全世界。堅持習近平先生"世界共同體，一帶一路"，世界必然政通人和。古云，普天之下，莫非后土，此是世界大同的必然。由習近平先生推動此新時代的車輪前進永恆。治貪防腐，最高明策略，先由領導做起，要求家人，圈及親朋。在中國社會中一圈套一圈，圈圈套套，並推行嚴懲褒獎，結合永恆公民教育，中國哪會不國泰民安。中國共產萬歲！"天地之所以能長久者，以其不自生，故能長生"。

陳子根據道德經是一本永恆人類哲學天書；孔子是偉大社會倫理哲學家；將兩者偉大思想結合，構成一套"道主儒輔"的世界永恆政體。世界永恆政通人和，全人類共樂的大家庭。

偉大中國共產黨將馬列主義中國化，推行以道德經永恆天書指導的"道主儒輔"，人類自然政通人和，永恆興盛不衰。

道德為宗永治本　推崇馬列掃門庭

道德經是全人類永恆天書。在天書永恆指導照耀下，永恆推行國民教育，發展科學，發展生產，改善人民生活，勤檢治國治家，中國人民永遠豐衣足食，國泰民安。

全人類永恆吟頌：

　　　　無邊宇宙雲橡瓦　　聲色無分是一家

　　陳子無厭多言，馬克思主義中國化救了道德經；道德經發展了馬克思主義；陳子因深究"馬列主義"而認識道是能量統稱，而透解道德經，是全人類永恆唯一天書。

2020 年 8 月 10 日

後記

謹謝國內、台灣、香港、澳門讀者先生女士來函來賀電陳子"陳子論道"一書。

"陳子論政"的出版冀不失眾望。歡迎指導和批評。

前秘書范婉文女士，現秘書林文懿女士均為此書打印作出獻力；總編輯陳舜書博士為此書設計張羅；銘謝陳湘記圖書有限公司精心設計排版督印。書法名家劉成湘先生是我香島九屆畢業同學賜題書名。勾連起難忘往事。

初中三下半年，考入香島中學直至回國升高校。

高中三下半年因上水石湖墟大火，學校免學費；並得廖笑薇同學照顧食住。回國升學前獲其母贈絨褸。

香島中學張仲熙、陳麗芳、陳啟鑠、葉肇安老師悉心啟導，終生難忘。

畢業執教湖南郴州市二中，得韓銳增校長、唐鎮國教務主任啟導，悉心許國。

　　旅英十年，因家中建樓回港；家人對換地權益書缺乏經驗，失却擁有三十六間地舖的機會。

　　堅持五千呎換地權益書，繼續發展父業之家。

　　立意為兩岸和平統一而盡力，參加區域議局選舉失敗；多謝黃秉善校長竭力幫助。藉張中定先生結識青松觀侯寶垣觀長，諫其回大陸重建黃龍觀工程，實現其愛國胸懷。

　　1986 年悉心研究道德經，編著道德經解說書籍。並發展"世界道學"成為兩岸學者論壇。有待社會學者名家支持指導和批評而求進。謹以一七律言志言謝。

> 知儒應識忠君節　　明道更加愛遮民
> 維嗇終生勤至潔　　先賢道德盡晶盈

　　永恆為道德經和國家苦其心志；但願誠心寫道德，何須著意做神仙。天地為我而生，我為天地而死；能聊抱菲薄貢獻乘化以歸盡，樂夫天命復奚疑。

作者陳霖生謹識

2021 年 4 月 1 日

/

陳子論政 - 只有《道德經》能夠救世界

（原名：只有《道德經》能夠救中國）

作　　者	陳霖生 編著
出　　版	陳湘記圖書有限公司
地　　址	新界葵涌葵榮路 40-44 號任合興工業大廈 3 樓 A 室
電　　話	2573 2363
傳　　真	2572 0223
電　　郵	info@chansheungkee.com
印　　刷	新設計印刷有限公司
出版日期	2021 年 5 月
售　　價	港幣 150 元
ISBN	978-962-932-196-3

© 版權所有 翻印必究